바이블
백신 2

Bible Vaccine

바이블 백신 2

양형주 지음

차례

들어가는 말 14

IV. 기독론 백신 – 다른 예수의 교묘한 유혹을 분별하라 21

1. 명칭 23
1.1 예수 23
1.2 그리스도 24
1.3 하나님 29
1.4 주 29
1.5 창조주 30
1.6 하나님의 아들 30
1.7 인자 31
1.8 말씀(로고스) 32

2. 예수 그리스도의 본질(속성) 33
2.1 예수는 사람인가, 하나님인가 34
2.2 예수의 신성 35
    1) 자존성(독립성) 35
    2) 편재성 36
    3) 영원성 36
    4) 전지하심 36
    5) 전능하심 37
    6) 영광스러우심 37
2.3 예수의 신적 사역 37
2.4 예수의 신성을 제거하려는 주장들 39
2.5 예수의 인성 41
2.6 예수의 인성을 제거하려는 주장들 42
2.7 신성과 인성의 조화 43
    1) 그리스도의 완전한 신성을 부인 – 아리우스주의 44
    2) 그리스도의 완전한 인성을 부인 – 아폴리나리아니즘 44

3) 한 위격이 아닌 두 위격-네스토리아니즘 44

4) 신성과 인성의 혼합-유티키아니즘 45

2.8 예수의 일인격성 46

1) 한 본성이 다른 본성이 할 수 없는 것을 한다 46

2) 두 본성 중 하나가 한 것은 그리스도의 위격이 한 것이다 47

3) 성육신의 이해 47

3. 예수 그리스도의 신분(지위) 48

3.1 그리스도의 비하 48

1) 성육신 49

2) 고난 49

3) 죽으심 49

4) 장사 49

3.2 그리스도의 비하에 대한 오해 50

1) 성육신에 대한 오해 : 구름 타고 오신 주님? 50

2) 그리스도의 비하는 하나님보다 열등한 피조물임을 나타낸다? 52

3) 예수가 십자가 지신 이유 53

★ 십자가는 우상 숭배인가 54

4) 예수께서 지옥에 내려가셨는가 56

3.3 그리스도의 승귀 58

1) 부활 58

A. 성경의 증거 58

B. 부활의 본질 59

C. 부활의 의미 61

2) 승천 63

3) 하나님 우편에 앉으심 64

4) 재림 65

3.4 그리스도의 승귀에 대한 오해 66

1) 그리스도는 영적으로 부활하셨다? 66

2) 보좌에 앉으심에 대한 오해-보좌 우편인가, 좌편인가 67

3) 영적 재림에 대한 오해 69

4. 예수 그리스도의 직분 71

4.1 선지자직 72

4.2 제사장직 73

4.3 왕직 73

4.4 성도가 감당해야 할 직분 74

5. 예수 그리스도의 속죄 75

5.1 속죄의 원인 75

5.2 속죄의 두 차원 76

    1) 그리스도의 고난 - 소극적 순종 76

    2) 율법에의 순종 - 적극적 순종 77

5.3 속죄의 의미 77

    1) 희생제사 77

    2) 구속 80

    3) 유화 80

    4) 화목 80

5.4 속죄의 성격 81

V. 구원론 백신 - 이신칭의 복음을 떠나게 하는 이상한 구원관을 경계하라 83

1. 구원이란 무엇인가 86

1.1 구원이란? 86

    1) 구원의 정의 86

    2) 삼위일체 하나님과 구원 87

    3) 구원의 두 가지 차원 87

    4) 그리스도와 성령의 사역적 관계 88

    5) 성령과 구원 서정 89

    6) 구원의 세 가지 시제 91

        A. 과거시제의 구원 91

        B. 현재시제의 구원 93

        C. 미래시제의 구원 94

        D. 시제의 균형과 하나님 나라 96

    7) 구원 서정과 그리스도와의 연합 100

1.2 구원의 배타성에 대한 오해 102

2. 구원의 과거시제 103

2.1 소명 103

    1) 소명이란? 103

    2) 두 종류의 소명 104

        A. 외적 부르심 104

        B. 내적 부르심 104

2.2 중생 106

2.3 회개 108

    1) 회개란? 108

    2) 회심과 회개 111

    3) 회개에 대한 오해 112

        A. 반복적 회개가 필요 없다는 오해 112

        B. 반복적 회개가 완벽해야 한다는 오해 113

        C. 고해성사가 회개라는 오해 114

        D. 회개는 공개적으로 해야 한다는 오해 117

        E. 반복적 회개의 불가능성에 대한 난점 118

            E.1 히브리서 6:4-6 118

            E.2 히브리서 10:26-31 121

2.4 믿음 123

    1) 믿음의 3요소 123

        A. 지식 123

        B. 동의 124

        C. 신뢰 124

    2) 믿음은 깨달음이 아니다 125

    3) 구원 서정에서 믿음의 역할 127

    4) 믿음과 회개 128

    5) 믿음과 행위 129

2.5 칭의 129

    1) 칭의란? 130

    2) 칭의에 관한 성경적 용례 131

    3) 칭의의 근거-그리스도의 칭의 131

    4) 칭의와 행실 133

    5) 칭의에 대한 오해 135

        A. 칭의는 과정이다? 135

        B. 칭의는 과거, 현재, 미래의 죄를 다 용서받는 것이다? 135

2.6 양자 137

    1) 양자란? 137

    2) 양자 됨의 근거 138

        A. 구약적 근거 138

        B. 신약적 근거 138

    3) 양자 됨과 칭의, 중생의 관계 139

    4) 양자가 되려면? 140

    5) 양자의 특권 140

3. 구원의 현재시제 141

3.1 성화 142

    1) 성화란? 142

    2) 성화의 근거-그리스도의 성화 142

    3) 성화의 두 단계 143

        A. 확정적 성화 143

        B. 점진적 성화 143

    4) 성화의 특징 144

    5) 성화의 방편 146

3.2 성화에 대한 오해 147

    1) 완전히 거룩해져야 한다-완전 성화 148

    2) 어떤 날을 지키느냐가 당신의 구원과 거룩을 결정한다

      -안식일 준수 150

    3) 먹는 것이 당신의 거룩을 결정한다-음식 규정 154

    4) 순간 성화 156

    5) 거룩함의 표징-기름 부으심과 임파테이션, 그리고 쓰러짐 157

        A. 성령의 요란한 나타나심 157

        B. 힌두교 '쿤달리니' 현상 158

        C. 성령 충만하려면 성령의 시들게 하는 역사에 주목하라 160

        D. 성령은 거룩한 수줍음이 있는 분이다 162

    6) 직통계시, 뒤틀린 성령의 음성을 경계하라 162

3.3 견인 167

    1) 견인이란? 167

    2) 견인에 대한 오해와 수정 167

    3) 견인에 대한 성경적 근거 169

4. 구원의 미래시제 170

4.1 영화 170

4.2 영화의 두 단계 171

    1) 영혼의 영화 171

    2) 육체의 영화 171

4.3 영화와 그리스도의 몸 172

VI. 교회론 백신 - 교회를 바로 알아야 교회를 든든히 세운다 173

1. 교회란 무엇인가 175
1.1 구약의 교회 175
1.2 신약의 교회 175
1.3 종말의 교회 176

2. 교회의 구분 176
2.1 형태적 구분 - 유형 교회와 무형 교회 176
2.2 언약적(시간적) 구분 - 구약 교회와 신약 교회 177
2.3 공간적 구분 - 지상 교회와 천상 교회 177
2.4 크기적 구분 - 지역 교회와 보편 교회 178

3. 교회의 본질 178
3.1 교회의 본질적 특징 178
    1) 임마누엘 178
    2) 대안가족 178
    3) 제자 공동체 179
    4) 그리스도의 몸 179
    5) 성령 공동체 179
    6) 영광이 머무는 공동체 179
    7) 성도의 교통 180
    8) 하나님의 백성 180
3.2 교회의 본질에 대한 오해 181
    1) 비유 속에 감추어진 참된 교회? 181
    2) 비유, 십자가와 부활로 완성되는 하나님 나라의 비밀 183

4. 교회와 하나님의 나라 185

5. 교회의 속성 186
5.1 통일성 187
5.2 거룩성 187
5.3 보편성 188
5.4 사도성 189

6. 참된 교회의 표지 191

6.1 말씀의 바른 전파　191
6.2 성례의 바른 시행　192
6.3 권징의 시행　192
6.4 참된 교회의 표지에 대한 오해　193
　　　1) 배타적 교회관 - 여기에만 진리와 구원이 있다　193
　　　2) 직통계시와 예언사역　194
　　　3) 요란한 영적 현상 추구　195
　　　4) 복음의 감격이 아닌 율법의 열심을 강요　196
　　　5) 가족을 버리라　197
　　　6) 삶의 현장을 뒤로 하고 단체에 올인하라　197
　　　7) 사도신경과 주기도문의 부재　198
　　　8) 생명책　198

7. 교회의 권세　199
7.1 가르치는 권세(선지자적 권세)　199
7.2 봉사하는 권세(제사장적 권세)　199
7.3 다스리는 권세(왕적 권세)　199

8. 교회의 직분　200

9. 은혜의 방편　200

VII. 종말론 백신 - 종말관이 정확해야 견고한 신앙으로 선다　201

1. 개인적 종말　205
1.1 육체적 죽음　206
　　　1) 죽음이란?　206
　　　2) 죽음의 원인　206
　　　3) 신자가 죽는 이유는?　207
　　　4) 죽음의 의미　208
1.2 영혼의 불멸　208
　　　1) 불멸성이란?　208
　　　2) 성경이 말하는 영혼의 불멸　209
1.3 중간 상태　209
　　　1) 의인의 영혼　210
　　　2) 악인의 영혼　211

1.4 중간 상태에 대한 오해 212

    1) 영혼수면설 212

    2) 영혼멸절설 213

    3) 연옥설 213

    4) 림보설 215

    5) 죽으면 귀신이 될까 217

2. 우주적 종말 220

2.1 그리스도의 재림 220

    1) 재림의 확실성 220

    2) 재림을 나타내는 용어 220

    3) 재림의 방식 221

        A. 육체적 강림 221

        B. 가시적 강림 221

        C. 단회적 강림 221

        D. 돌발적 강림 221

        E. 영광스러운 강림 222

        F. 인격적 강림 222

        G. 완성적 강림 222

    4) 재림의 시기와 징조 223

    5) 재림의 시기와 징조에 대한 오해 224

        A. 무화과나무 비유에 대한 왜곡된 해석 224

        B. 멸망의 가증한 것은 무엇인가 227

        C. 짐승의 표 666과 베리칩 228

        D. 적그리스도는 누구인가 233

        E. 은밀한 공중 재림? 235

        F. 재림 전에 있어야 할 조사심판? 236

        G. 1260일, 한 때 두 때 반 때, 마흔두 달, 3년 반? 239

        H. 70이레 241

        I. 14만 4천 명은 누구인가 244

        J. 재림과 강림 246

    6) 재림의 목적 247

        A. 죽은 성도들의 부활 247

        B. 살아 있는 성도들의 변화 248

        C. 구원의 완성 248

        D. 의인들에 대한 칭찬과 상급 249

        E. 악인의 심판과 악의 최후 249

　　　　　　F. 만물의 회복 250

　　　　　　G. 그리스도의 완전한 통치와 하나님 나라의 완성 250

2.2 천년왕국 251

　　　　1) 전천년설 251

　　　　2) 세대주의적 전천년설 253

　　　　★ 한국교회와 세대주의 종말론 256

　　　　3) 후천년설 257

　　　　4) 무천년설 260

　　　　5) 천년왕국 쟁점 이해 - 계 20장 262

2.3 죽은 자의 부활 267

　　　　1) 선인과 악인의 동시적 부활 268

　　　　2) 부활 쟁점 이해(고전 15:22-24, 살전 4:16-17) 271

　　　　3) 특별한 부활의 몸 272

2.4 최후의 심판 275

　　　　1) 심판의 이중적 차원 275

　　　　2) 최후의 심판이란? 275

　　　　3) 심판자와 조력자들 276

　　　　4) 심판의 대상 277

　　　　5) 심판의 근거 278

　　　　6) 최후 심판의 의미 280

2.5 최후의 상태 (1) - 지옥 281

　　　　1) 최후의 상태 - 음부와 지옥의 차이 281

　　　　2) 지옥은 없다? 282

　　　　3) 지옥에 대한 성경의 가르침 286

　　　　　　A. 예수 286

　　　　　　B. 사도들 289

　　　　4) 게헨나는 무엇인가 290

　　　　5) 지옥에 대한 성도의 자세 291

2.6 최후의 상태 (2) - 새 하늘과 새 땅 292

1) 왕의 귀환 292

2) 천국인가, 새 땅인가 295

3) 이 땅에 완성되는 하나님 나라 297

　　　　A. 새 에덴 동산 297

　　　　B. 새 예루살렘 298

　　　　C. 새 성전 299

3. 건강한 종말 해석의 원리 301

들어가는 말

필자가 지방의 한 교회에 부임한 지 얼마 되지 않았을 때, 성도들로부터 깜짝 놀랄 소식을 들었다. 부임하기 전, 그 교회를 섬기던 전도사 한 분이 교회를 사임하고 얼마 지나지 않아 주요 이단 중 하나인 S단체에 빠졌다는 사실이었다. 그 전도사님은 유쾌한 성품으로 성도들과 자주 연락하며 성도들의 마음을 샀던 분이었다. 더 놀라운 소식은 S단체에 빠진 이후로도 교인들과 수시로 연락하며 교회를 비방하면서 새로운 성경 공부 모임에 초대한다는 것이었다. 그리고 교인들 중 S단체의 성경 공부 모임에 참여하는 이들이 꽤 된다는 것이었다.

그러던 중에 그 교회의 청년부에서 일어났던 일도 듣게 되었다. 전에 20~30명씩 청년부에 모였는데, 그 당시에는 모두 흩어져 아무도 남지 않게 되었다. 청년부가 해체된 것이다. 알고 보니 청년부 회장이 S단체에 빠졌는데, 이후 청년부에서 교회와 리더들을 신랄하게 거짓으로 비난하며 험담하기 시작했다고 한다. 회장의 이야기를 들은 청년부원들은 커다란 충격을 받고 하나둘씩 교회를 떠나기 시작하다 결국 아무도 남지 않았다는 것이다. 그중 일부 청년은 그 회장의 권유를 받고 S단체로 넘어갔다고 한다. 알고 보니 교회가 전체적으로 S단체의 공격에 노출되어 서서히 물들어 가고 있었다.

안 되겠다 싶어 여기저기 자료를 수소문하고 인터넷에 나온 자료들을 뒤져 주일 오후예배 때 4주 연속 시리즈로 '바이블 백신' 특강을 시작했다. 첫 시간을 마치자, 교인들은 상당한 충격을 받았다. 강의 중에 교회 밖의 성경 공부에 참여하는 분들이 있으면 손을 들어 보라고 하니 60퍼센트 정도가 성경 공부에 참여하고 있었다. 성도들은 자신들이 참여한 것이 이단 성경 공부인 줄 몰랐다며 큰 충격을 받았다. 그렇게 많지 않은 성도 중에서도 상당수가 이단 성경 공부에 참여하고 있다는 사실에 필자도 큰 충격을 받았다.

이후 바이블 백신 특강은 성도들이 다시 돌아와 교회 중심의 신앙 생활을 하는 데 큰 도움이 되었다. 성도들은 외부 성경 공부의 위험성을 자각하고 교회 밖의 이단 성경 공부를 끊고, 집요하게 연락해 오는 이단과의 접촉을 차단했다. 그러자 교회는 회복되기 시작했다.

얼마 후 한동안 신앙 생활을 쉬던 권사 한 분이 다시 신앙 생활을 열심히 하겠다며 교회에 나오기 시작했다. 그러더니 새가족 리더를 하고 싶다고 요청했다. 별 의심 없이 그렇게 하라고 허락했다. 그런데 이상한 이야기가 들려왔다. 그 권사가 아직 S단체에 다니고 있고, 여기저기 사람들을 포섭한다는 이야기였다. 이것이 드러나기까지 3년이 걸렸다. 결국 그 권사는 교회를 나오지 않게 되었고 그녀의 딸 E양만 교회에 나오게 되었다. E양은 열심히 신앙 생활을 하였다. 그러나 주중에는 학과 모임이 바쁘다는 핑계로 청년부 모임에 나오지 않았다.

얼마 후, 교회의 한 청년으로부터 상담 요청이 들어왔다. 그는 대예배 때 피아노를 반주하는 대학생이었다. 겨울방학 때 E양이 자기네 학교 동아리 모임 겨울수련회의 찬양 반주를 그에게 부탁한 것이었다. 그 청년은 아무 생각 없이 동아리 모임에 갔는데, 이런저런 프로그램 후에 강사가 나오더니 비유 풀이 성경 공부를 하더라는 것이었다. 바이블 백신 특강 때 들었던 이야기가 생각난 이 청년은 무엇인가가 이상하다고 느껴서 곧바로 교회에 신고한 것이었다.

E양을 불러 자초지종을 물었다. 그리고 S단체에 대하여, 그곳이 어떤 곳인지, 왜 나와야 하는지 권면했다. E양은 이야기를 잘 듣는 것 같았다. 그런데 수시로 카카오톡을 하며 산만해졌다. 이상하다 싶어 곁에 있던 청년부 담당 교육 전도사가 핸드폰을 달라고 해서 내용을 보았다.

갑자기 전도사의 작은 눈이 커졌다. 그의 눈이 그렇게 커진 것은 교회 부임 후 처음 보았다. 그러더니, 하는 말이 "아니, 너, 어떻게 그럴 수가…"였다. 큰 충격을 받은 모양이었다. 알고 보니 E양이 수시로 보던 카카오톡에는 수십 명의 S단체 청년들이 거짓 목자들(?)인 필자를 비롯한 교회 리더들에게 둘러싸여 공격을 받고 있던 E양을 보이지 않게 응원하고 있었고, 행동 지침을 내리고 있었다. 끝까지 집요하게 숨기던 E양의 정체가 마침내 드러나고 말았다. 이후 E양에게 이단 상담을 수차례 권유하였지만, 결국 거절하고 그는 이단 단체로 숨어들어 갔다.

이후, 이단상담소에서 S단체에서 나온 사람들을 상담하고 있을 때였다. 필자도 상담에 함께 참여하고 있었다. 출산을 앞둔 한 자매가 필자가 섬기는 교회 이름을 듣더니 갑자기 이런 고백을 하는 것이다. "목사님, 죄송해요. 사실은 제가 E양을 S단체로 들어오게 했어요!" "예? 뭐라고요?!!" 상담을 하다 갑자기 소름이 쫙 끼쳤다. 알고 보니 그 자매는 이전에 문화센터를 운영하고 있었고, 거기에 나와 봉사 활동을 하던 E양이 열심히 하는 것을 보고 그녀를 처음부터 찍어 두고는 계속해서 접근했던 것이다. 그 자매가 문화센터를 운영했던 것은 처음부터 그곳을 드나드는 사람들을 S단체로 포섭하기 위해서였다고 한다. 그 자매는 E양의 봉사 활동을 크게 칭찬하고 장학금을 주기도 하며, 계속 가까워지도록 노력했고, 서서히 성경 공부를 시작해서, 마침내 S단체로 끌어들였다는 것이다.

위의 실례처럼 이단은 막연히 조심해야 할 것이 아니다. 정말 깨어 있지 않으면 우리도 모르는 사이에 당할 수 있다. 이후 필자는 계속해서 이단에 대해 관심을 갖고 자료를 모으고 공부했다. 그들이 배우는 내용과 이것들에 대해 효과적으로 반박할 수 있는 것들도 공부했다. 무엇보다 바른 교리에 대하여 공부했다. 그러던 중 어느 대형교회의 청년부 집회를 인도할 기회가 있었다.

집회 시간에 이단에서 가르치는 입문 과정의 내용을 소개하였다.

"여러분, 성경의 내용을 나누자면 크게 세 가지 정도로 나눌 수 있습니다. 첫째, 역사입니다. 성경은 역사적인 내용으로 구성되어 있습니다. 둘째, 교훈입니다. 성경에는 교훈적인 내용들이 들어 있지요. 셋째는 예언입니다. 예언은 앞으로 될 일을 미리 예고해 놓으신 것이죠. 구약의 예언은 신약에 예수님을 통해 성취되었습니다. 그런데 예수님께서 오셔서 장차 될 일들을 예언하신 것은 아직 감추어져 있습니다. 그 감추어진 진리가 바로 비유입니다."

이런 식으로 이야기를 하고 있는데, 앞에 있던 자매가 갑자기 질문을 했다. "목사님, 이거는 일반 교회에서 다 배우는 것이죠?" "아니요, 이 내용은 S단체에서 가르치는 내용입니다"라고 답하자, 이 자매의 눈이 커졌다. 안 그래도 눈이 컸는데 눈알이 튀어나올 것 같았다. 큰 충격을 받은 모양이었다. 집회 후 그 자매와 상담을 했다. 자매는 말했다. "목사님, 지금 저는 선교단체 간사 언니랑 성경 공부하는데, 똑같은 내용을 배우고 있어요." 그 간사가 이단이라고 말해 주자, 자매는 그럴 리 없다며 고개를 절레절레 흔들었다. 이미 그녀의 마음은 그 간사라는 언니에게 많이 빼앗겨 있었다. 상담을 통해 결국 그 자매는 이단이 가르치는 성경 공부에서 나오게 되었다. 알고 보니 그 자매는 그 대형교회 담임목사의 조카였다.

지금도 이단들은 수시로 우는 사자와 같이 성도들을 미혹하고 있다. 어떻게 이들의 미혹을 대비할 것인가? 깨어 있지 않고는 속수무책으로 당한다. 그렇다면 깨어 있다는 것은 구체적으로 어떻게 한다는 것일까? 이는 이단들의 미혹하는 교리를 알고 이에 대비 태세를 갖추는 것을 뜻한다. 나아가 우리가 믿고 따르는 교리가 무엇인지를 올바르고 확실하게 알아야 한다. 그동안 교회가 이단을 대처하는 방식은 주로 피하는 것이었다. 그러나 이단은 피하는 길목조차 집요하고 적극적으로 파고든다. 피하는 것은 더 이상 효과적인 대비책이 아니다.

여기 지난 10년간 건강한 성도와 교회를 세우기 위해 이단적 교리와 씨름했던 것들을 집약하여 《바이블 백신》을 내놓는다. 이 책은 우리가 믿는 바른 교리는 무엇이고, 이단들은 이것들을 어떻게 왜곡시키는지 알려 주고, 이것에 대한 올바른 반증은 무엇인지를 함께 공부함으로써 신앙의 골격을 튼튼히 세우도록 고안되었다. 여기서 다루는 이단의 교리들은 각 주요 교단들이 이단보고서를 통해 발표했던 여러 이단을 포함한다. 이를 통해 성도들은 무엇이 건강한 교리인지 바로 분별하며 건강한 신앙을 세워 갈 수 있을 것이다.

현재 '바이블 백신'은 필자가 섬기는 대전도안교회 성도들이 1년간 두 학기에 걸쳐 배우는 필수 성경 공부 과정 중 하나다. 교회에서의 임상실험을 통해 다진 바이블 백신의 내용을 장로회신학대학교와 대전신학대학교 신대원 과정에 있는 신학생들과도 한 학기 동안 나누어 보았다. 반응은 정말 뜨거웠다. 선택과목이었지만 수강 제한 인원이 꽉 찼고, 많은 이들이 진지한 관심을 갖고 수업에 임했다. 이 내용이 교회뿐 아니라 신학교에도 필요함을 절감할 수 있었다.

또한 해외에서도 바이블 백신의 필요를 요청하였다. 국내의 이단들이 해외로 많이 진출하는 상황에서 선교지의 혼란과 어려움은 이루 말할 수 없다. 한인세계선교사지원재단의 후원으로 지난여름 몽골에 이단전문사 과정을 개설하여, 현지의 몽골 목회자들에게 며칠에 걸쳐 온종일 바이블 백신을 강의하였다. 현지에서는 이미 많은 피해로 목회자가 당황해하고 있었다. 몽골의 한 현지 교회의 경우 성도들이 서로 다른 세 개의 이단으로 흩어져 나가는 불상사가 발생하기도 했다. 이렇게까지 피해가 큰 줄 미처 몰랐다. 몽골에서도 필자의 부족한 강의로 여러 현지 목회자들이 새 힘을 얻고 대처할 용기를 갖는 것을 보고 감사하였다.

《바이블 백신》이 나오기까지 많은 분의 도움을 받았다. 이단에 대한 심각성을 인지하고 바이블 백신에 큰 관심을 보이며 필자를 격려해 주신 장신대 임성빈 총장님께 감사드린다. '신약성경과 이단'이란 과목을 흔쾌히 개설하여 신학생들과 이 내용을 함께 나눌 수 있는 기회를 허락한 장로회신학대학교와 대전신학대학교에 감사드린다. 또 이단 연구의 새로운 지평을 열어 주신 한국기독교이단상담소협회 회장 진용식 목사님께도 깊이 감사드린다. 또한 같은 협회의 김종한 목사님, 그리고 대전서노회 이단상담소장을 역임했던 강종인 목사님, 신천지와 법적 소송까지 가서 승소하며 든든한 후원군이자 동역자가 되어 주신 심상효 목사님, 구원론의 균형을 잡도록 도와주신 총신대학교의 강웅산 교수님, 그리고 한때 신천지 인기 강사였던 K 전도사님 등 일일이 열거하지 못할 정도로 참 많은 분이 도움을 주셨다. 또 이 책의 추천사를 써주신 합동신학대학원대학교의 안상혁 교수님과 이단상담의 치열한 현장에서 묵묵히 수고하시는 신현욱 목사님께도 감사드린다.

이 책이 나오기까지 늘 기도와 내조로 도우며 변함없는 지지와 사랑을 보내 주었던 사랑하는 아내에게 감사한다. 또한 '바이블 백신' 시간에 총기 있는 눈망울로 필자의 부족한 강의를 경청하고 격려해 주었을 뿐 아니라 건강한 성도로 자라 가려 몸부림치는 대전도안교회 성도들께도 깊이 감사한다.

부디 이 책이 이단들의 공격에 취약한 교회의 면역력을 강화하고, 각 성도들을 튼튼하게 세워 가는 데 요긴하게 쓰임 받는다면 더할 나위 없겠다.

모든 영광을 오직 하나님께만 돌린다!

2019년 3월

양 형 주

IV. 기독론 백신

다른 예수의 교묘한 유혹을 분별하라

기독론(基督論)은 그리스도론(Christology), 즉 '예수님은 누구신가'에 관한 교리다. 기독교와 유대교의 결정적인 차이점이 바로 예수 그리스도다. 기독교 신앙의 핵심에 바로 예수 그리스도가 있다. 이 예수를 바로 알고, 바로 고백할 수 있어야 한다. 예수 그리스도를 사람이 되신 참되신 하나님이자 유일한 구세주로 믿는 것이 기독교의 핵심이다. 예수 그리스도를 바로 알아야 하나님의 특별계시를 온전히 이해할 수 있다. 이뿐만 아니다. 건강한 삼위일체 신론, 인간론, 구원론, 교회론, 종말론을 이해함에 있어 예수 그리스도에 대한 바른 이해는 결정적이다. 결국 예수 그리스도를 바로 이해하는 것이 건강한 교리를 세우는 핵심이다. 2천 년 교회 역사를 통틀어 예수 그리스도를 온전히 이해하지 못할 때 수많은 이단이 생겨났다. 수많은 이단 논쟁의 속을 들여다보면 결국 그 핵심에 예수 그리스도에 대한 왜곡된 이해가 자리 잡고 있다. 이것은 오늘날도 마찬가지다. 많은 이단이 가르치는 핵심 교리를 들여다보면 하나같이 예수 그리스도를 온전히 이해하지 못한 채 왜곡시킨다. 예수 그리스도를 하나님이 아니라 특별한 천사나 특별한 인간 또는 평범한 인간에 불과하다고 격하시킨다. 절대적인 구세주가 아닌 단지 2천 년 전에 왔던 '그 시대의 구원자', '사명자' 정도로 약화시킨다. 그렇게 하는 이유는 새롭게 나타난 교주를 재림 예수로, 새로운 그리스도로 믿도록 하기 위한 것이다. 예수 그리스도가 누구인지에 대한 정확한 이해가 없으면 이단들이 주장하는 교묘한 논리에 감쪽같이 속아 넘어가 다른 예수를 믿기 쉽다. 다른 예수를 믿는 순간 우리의 복음은 변질되어 다른 복음이 된다(고후 11:4). 그렇다면 우리는 예수 그리스도를 어떻게 믿고 받아들여야 할까?

1. 명칭

예수 그리스도를 보다 깊이 이해하기 위해서는 먼저 성경에서 언급하는 그에 대한 명칭들을 검토할 필요가 있다. 명칭에는 예수 그리스도에 대한 이해가 들어 있기 때문이다.

1.1 예수

예수는 성자의 인성을 표현하는 개인적인 명칭으로 히브리어 여호수아(수 1:1, 슥 3:1) 혹은 예수아(스 2:2)의 헬라어 형태다. 이는 '구원하다'(히. 야샤)는 동사에서 파생된 단어로 '구원자'라는 뜻이다. 하나님은 구약성경에서 고통 가운데 부르짖는 백성 가운데 한 구원자를 보내실 것이라 약속하셨다(사 19:20). 그리고 한 여인을 통해 그 구원자를 보내셨다. '아들을 낳으리니 이름을 예수라 하라 이는 그가 자기 백성을 그들의 죄에서 구원할 자이심이라 하니라'(마 1:21). 신약에 약속의 성취로 오신 예수는 '자기 백성을 그들의 죄에서 건지는 구원자'란 뜻이다. 이렇게 볼 때 성자의 개인적 명칭은 예수(구원자)이지만, '구원자'라는 이름은 구속사적 성취를 보여 주는 이름이기도 하다. 나아가 '구원자'란 호칭은 구약에서 성부 하나님을 가리키는 호칭으로도 등장한다(사 43:3, 11, 45:15, 49:26, 60:16, 63:8). 하나님은 분명 '나는 네 하나님 여호와라 나 밖에 다른 신을 알지 말 것이라 나 외에는 구원자가 없느니라'고 말씀하셨다(호 13:4).

예수의 이름을 구속사적으로 보는 것이 중요한 이유가 있다. 이단이 주장하는 소위 '새 이름 교리' 때문이다. 어떤 이단은 하나님의 이름은 구약에는 '여호와', 신약에는 '예수', 성약시대 즉 계시록 시대에는 교주의 이름으로 계시되었다고 주장한다. 하나님의 이름이 이렇게 시대마다 다르게 계시되었기에 이들은 이 시대에 구원을 주는 새 이름을 알고 믿어야 하며, 기도할 때도 교주의 새 이름으로 기도해야 응답받을 수 있다고 주장한다. 이들은 계시록 2장 17절을 인용해 '이기는 자(교주)가 감추었던 흰 돌을 줄 것인데 그 돌에는 새 이름이 새겨졌다'고 하면서 교주를 믿는 자들에게 교주가 자신의 이름을 구원받는 이름으로 준다고 주장한다. 하지만 여기서 '이기는 자'는 교주가 아니라 구원받은 성도를 말한다. 예수께서는 이 말씀을 통해 구원받은 성도들에게 구원을 주신다고 약속하는 것이다.

예수의 구속사적 이름의 연속성은 그 앞에 별칭 '나사렛'에도 나타난다. 예수께서 나사렛에서 사실 때 마태복음 2장 23절은 '선지자로 하신 말씀에 나사렛 사람이라 칭하리라 하심을 이루려 함이러라'고 했다. 여기서 선지자의 말씀은 '이새의 줄기에서 한 싹이 나며 그 뿌리에서 한 가지가 나서 결실할 것'이라는 이사야 11장 1절 말씀을 가리킨다. 이새의 뿌리에서 날 한 '가지'는 히브리어로 '네쩨르' 곧 헬라어 발음으로 '나사렛'과 동일한 말이다.[1] 예수께서 사신 나사렛이라는 동네 명칭이 유대인이라는 오랜 가지에서 그리스도라는 새 가지가 나올 것을 예견한 구속사적 호칭이었던 것이다. 이렇게 볼 때 나사렛 예수란 이름은 그 자체로 구약의 구속사적 전통을 잇는 이름임을 알 수 있다.

이상으로 '예수'라는 이름이 신약 시대만이 아니라 구약 시대에도 사용된 것을 살펴보았다. 이렇게 볼 때 시대별로 새 이름을 주신다는 이단들의 이러한 주장은 성립되지 않음을 알 수 있다. 이것은 '여호와'라는 이름도 마찬가지다. 구약의 '여호와'는 신약 시대의 예수에게도 적용되었다(자세한 사항은 뒤에 이어지는 〈1.4 주〉 항목을 참조).

1.2 그리스도

그리스도는 성자의 공적 직무를 표현하는 명칭으로 히브리어 '메

---

[1] 김진산, "하나님의 새로운 시작, 나사렛 예수 그리스도", 터치바이블 제28호, 2018. 8. 1. 2.

시아'의 헬라어 형태다. 그리스도(헬. 크리스토스)는 '기름 부음 받은 자'라는 뜻이며, 헬라어 어근 '크리오'는 히브리어 동사 '마샤흐'와 같은 의미로 '기름 붓다'는 뜻이다. '마샤흐'의 수동 명사형이 '마쉬아'(메시아)이고 그리스도와 동일하게 기름 부음 받은 자를 의미한다.

구약에서 기름 부음은 누가 받았는가? 한마디로 신정통치(theocarcy), 즉 하나님의 통치를 구현하는 직무를 받은 사람이다.[2] 이런 직무는 크게 세 가지로 나타난다. 먼저는 제사장이다. 대제사장은 '기름 부음 받은 제사장'으로 일컬었고 하나님과 죄 많은 그의 백성 사이를 화목하게 하는 일을 하였다. 둘째, 왕이다. 왕은 '여호와의 기름 부음 받은 자'로 일컫는다(삼상 2:10, 35, 24:10). 왕이 기름 부음을 받으면 하나님의 영이 그 가운데 머물렀다(10:1, 6, 10, 16:13). 셋째, 선지자다(왕상 19:16, 시 105:15). 기름 부음이 선지자에게 임하는 것은 하나님의 성령이 선지자에게 임하는 것을 상징했다(사 61:1, 슥 4:1-6). 이러한 기름 부음은 첫째, 기름 부음 받은 자가 공적인 직무를 감당하는 자임을 나타내는 공식적, 외적 증거였고, 둘째, 직무를 감당하기 위해 필요한 내적 능력을 성령께서 부어 주시는 합법적 출발점이었다. 이와 같은 기름 부음 받은 자의 직무들은 이스라엘을 구원하고 하나님의 통치 아래 머물게 하는 데 절대적으로 필요했다. 하지만 구약의 기름 부음 받은 자들은 이러한 직무를 온전히 감당하지 못하고 실패하였다.

구약성경은 장차 마지막 때에 이스라엘을 온전히 회복시킬 특별한 한 사람 그리스도(메시아)를 예언하는데(창 49:10, 사 9:7, 7:14, 시 2:2, 7, 110:4, 132:17, 삼상 2:10, 단 9:25, 미 5:2, 슥 4:14, 9:9, 12:10 등), 신약성경에는 그리스도 앞에 정관사 '호'를 붙여, 예수가 바로 '그 그리스도', '그 메시아'임을 나타낸다. 이는 구약성경에 예언된 바로 '그 메시아'라는 뜻이다. 예수는 하나님의 기름 부음 받은 자로서 구약의 불완전한 직무를 온전히 성취하고 온전한 구원과 하나님의 나라를 가져온 분이었다. 그는 메시아의 삼중 직무, 즉 제사장, 왕, 선지자의 직무를 온전히 감당하신 바로 '그 메시아'다. 그렇다면 예수는 기름 부음을 언제 받았을까? 예수

---

[2] ── Geerhardus Vos, *Reformed Dogmatics*, Vol 3, 9.

그리스도는 하나님의 아들로 영원 전에 그의 직분에 임명되셨지만, 역사적으로 볼 때 그의 기름 부음은 그가 성령으로 잉태되었을 때(눅 1:35)와 특히 그가 세례를 받을 당시 성령을 받으셨을 때(마 3:16, 막 1:10, 눅 3:22, 요 1:32, 3:34)였다.[3]

신약성경 고백의 핵심은 바로 이 예수가 '그 그리스도'(호 크리스토스, the Christ)라는 것이다. '그 그리스도'라는 것은 하나님의 유일한 그리스도라는 뜻이다. 여기에는 또 다른 그리스도가 들어올 여지가 없다. 예수가 그리스도라는 사실은 시대와 공간을 초월한 진리다.

> 오직 이것을 기록함은 너희로 예수께서 하나님의 아들 그리스도(호 크리스토스, the Christ)이심을 믿게 하려 함이요 또 너희로 믿고 그 이름을 힘입어 생명을 얻게 하려 함이니라(요 20:31)

누구든지 예수가 하나님의 유일한 그리스도임을 부인하는 자는 적그리스도다. 하지만 신약성경은 당시에 이미 예수가 유일한 그리스도임을 부인하는 자들이 있었음을 말씀하고 있다.

> 거짓말하는 자가 누구냐 예수께서 그리스도이심을 부인하는 자가 아니냐 아버지와 아들을 부인하는 그가 적그리스도니(요일 2:22)

많은 이단 교주가 자신이 마지막 시대에 예언된 다시 오실 그리스도라고 주장한다. 예수는 그 시대의 메시아, 그것도 십자가에서 못 박혀 죽은 실패한 메시아일 뿐이고, 우리는 마지막 성약시대 혹은 계시록 시대에 성경에 예언된 다시 오실 그리스도를 기다려야 하는데 '그 그리스도'가 바로 교주라는 것이다. 교주는 자신이 예언된 메시아임을 증명하기 위해 자신을 성경에 예언된 동방의 의인이라고 주장한다. 이들은 이사야 41장 1, 2, 9, 11, 25절과 59장 19절, 계시록 16장 12절 등을 인용하여 여기서 말하는 땅 끝이 동방이며 동방이 곧 한국이라고 한다. 한

---

[3] 루이스 벌코프, 권수경 역, 《조직신학 (하)》 (서울: 크리스찬다이제스트, 1991), 542.

국이 땅 끝인 이유는 세계지도를 펼치고 자로 동쪽으로 쭉 재다 보면 한국의 부산이 나온다는 것이다. 그래서 마지막 때의 그리스도는 부산 출신일 것이라 주장한다. 재미있는 것은 중국의 기독교 이단도 이런 주장을 되풀이하는데, 중국 교주들은 동방, 곧 땅 끝을 상해라고 주장한다. 그도 그럴 것이 한반도는 바다를 건너가야 하기에 땅 끝이라고 하기에는 무리가 있다. 그래서 중국 교주들의 주장이 그나마 설득력이 있다. 위의 이사야 구절의 원래 의미를 살피면, 여기서 나오는 동방은 이스라엘을 중심으로 할 때의 동쪽 땅 끝, 즉 페르시아(바사)이고, 여기서 나오는 의인은 예루살렘 성전 건축을 명할 페르시아의 고레스 왕을 의미한다(참조 사 44:28, 45:1-3).

이단 교주들은 자신이 메시아임을 주장하기 위해 자신이야말로 다윗의 위를 이은 자라고 주장한다. 이들은 다윗의 재위 기간이 40년인데, 예수님은 공생애가 3년밖에 되지 않으므로 다윗의 위를 온전히 잇지 못했는데, 교주가 나머지 37년간 복음 사업을 위해 힘써 다윗의 재위 기간 40년을 채운 재림 예수라고 한다.[4] 하지만 이는 다윗의 위를 제대로 이해하지 못한 주장이다. 다윗의 위란 말 그대로 다윗 왕조를 잇는 왕위로, 다윗 이후의 왕들이 그 위를 이어갔다. 솔로몬은 40년을 통치했지만, 그 아들 르호보암은 17년, 그다음 아비야는 3년, 아사는 41년 등, 각각 다른 기간을 통치했다. 성경은 다윗의 위로 오는 자는 다윗의 재위 기간 40년을 채워야 한다고 결코 말한 적이 없다. 이단 교주의 주장처럼 다윗의 위를 이으려면 혈통적으로 다윗의 후손이 되어 그 왕위를 계승해야 한다.

주목할 점은 성경에서 예언된 바로 그 메시아는 혈통과 지역이 분명하게 예언되어 있다는 점이다.

베들레헴 에브라다야 너는 유다 족속 중에 작을지라도 이스라엘을 다스릴 자가 네게서 내게로 나올 것이라 그의 근본은 상고에, 영원에 있느니

---

4 ─── 진용식, 《하나님의 교회 길자교 안상홍 증인회의 실체는?: 안상홍의 오류를 밝힌다》 증보판 (서울: 백승프린팅, 2007), 55-61.

라(미 5:2)

성경에 이르기를 그리스도는 다윗의 씨로 또 다윗의 살던 마을 베들레헴에서 나오리라 하지 아니하였느냐 하며(요 7:42)

미가서의 예언은 절대 막연하지 않다. 메시아가 땅 끝이나 동방에서 올 것이니 지도를 줄자로 재보면 나온다는 식으로 주장하지 않는다. 유다 족속 중에 가장 작은 베들레헴을 구체적으로 지목하여 예언하고, 또 분명히 다윗의 씨로 올 것을 예언한다. 즉 참된 그리스도는 시공간에 단 일회적으로 오신 바로 그 예수 그리스도 한 분뿐이다.

성경은 이런 거짓 주장들에 대하여 주의할 것을 오래전에 경고하였다.

예수께서 대답하여 이르시되 너희가 사람의 미혹을 받지 않도록 주의하라 많은 사람이 내 이름으로 와서 이르되 나는 그리스도라 하여 많은 사람을 미혹하리라(마 24:4-5)

그 때에 사람이 너희에게 말하되 보라 그리스도가 여기 있다 혹은 저기 있다 하여도 믿지 말라 거짓 그리스도들과 거짓 선지자들이 일어나 큰 표적과 기사를 보여 할 수만 있으면 택하신 자들도 미혹하리라 보라 내가 너희에게 미리 말하였노라 그러면 사람들이 너희에게 말하되 보라 그리스도가 광야에 있다 하여도 나가지 말고 보라 골방에 있다 하여도 믿지 말라(마 24:23-26)

혹 어떤 이단들은 그리스도가 '기름 부음 받은 자'이기에 성도들이 성령으로 기름 부음 받으면 그리스도가 된다고 주장하기도 한다. 그러나 이러한 주장은 성경의 사례를 보면 금방 거짓이 탄로 난다. 구약 시대의 제사장들은 기름 부음을 받고 메시아가 되었는가? 모세와 아론은 기름 부음을 받았다. 엘리야와 같은 선지자도 그렇다. 그러나 이들은 메시아가 아니었다. 우리에게 그리스도는 오직 한 분임을 기억해야 한다. 예수 그리스도만이 온전한 메시아의 사명을 감당하여 우리에게 구원을 선물로 주셨다. 우리는 이 예수 그리스도 외에 천하 인간에 구원을 얻을 만한 다른 이름이 없음을 명심해야 한다(행 4:12, 참조 요 14:6).

1.3 하나님

성경은 예수 그리스도가 하나님임을 증언한다(요 1:1). 예수 그리스도는 하나님의 품속에 있는 독생하신 하나님이다(1:18). 도마는 부활하신 예수를 향하여 '나의 하나님'이라 고백한다(20:28). 또한 히브리서 1장 8절도 시편 45편 6절을 인용하여 하나님의 아들 예수 그리스도를 '하나님'으로 부른다. 예수 그리스도는 크신 하나님이요(딛 2:13), 찬양받으실 하나님이며(롬 9:5), 참 하나님이다(요일 5:20). 이는 신약성경만이 아니라 구약성경에서도 명백하게 나타난다. 이사야는 한 아기로 오신 메시아가 '전능하신 하나님'이라고 선언한다(사 9:6).

예수가 하나님이기에 그는 영광과 찬송과 경배를 받기에 합당한 분이다(계 5:12-14). 만약 예수 그리스도가 하나님이 아니라 천사라면 우리는 그를 경배해서는 안 된다. 왜냐하면 천사는 하나님을 섬기는 종이기 때문이다(히 1:14). 요한계시록에 보면 사도 요한이 계시를 받고 이를 전해 주는 천사의 발 앞에 경배하려 하자 천사는 이를 만류하며 오직 하나님께만 경배하라고 한다(계 22:8-9). 하나님의 천사들은 마땅히 그에게 경배해야 한다(히 1:6). 그는 만왕의 왕이요, 만주의 주가 되셔서 경배받기에 합당하다(계 19:16).

1.4 주

예수가 하나님이기에 신약성경은 하나님의 고유한 이름인 '여호와'를 예수에게 적용한다. 이사야 8장 14절을 인용한 베드로전서 2장 8절은 여호와를 상징하는 '바위'를 예수에게 적용하였다. 또 이사야 40장 3절에 등장하는 '여호와의 길'을 예비하라는 말씀을 '주(예수)의 길'을 준비하라고 적용한다(마 3:1, 막 1:3, 눅 3:4, 요 1:23). '누구든지 여호와의 이름을 부르는 자는 구원을 얻을 것'이라는 요엘 2장 32절의 말씀도 '주(예수)의 이름을 부르는 자'로 적용한다(롬 10:13). '주'(헬. 키리오스, 히. 아도나이)는 여호와의 이름을 가리키는 또 다른 이름이다[1권 〈Ⅱ. 신론 백신〉의 4.1 이하 〈3〉주 (아도나이)〉 참조]. 이렇게 볼 때 성경은 예수 그리스도(메시아)를 주, 곧 여호와로 부른다. 예수의 탄생을 예고하는 천사들은 베들레헴의 목자들에게 '오늘날 다윗의 동네에 너희를 위하여 구주가 나셨으니 곧 그리스도(메시아) 주(여호와)시니라'고 알려 준다(눅 2:11). 메시아 예수가 곧 주 여호와라는 것이다(고전 12:3). 예수께서는 다윗이 시편 110편 1절에서 '주께서 내 주께 이르시되 내가 네 원수를 네 발 아래 둘 때까지 내 우편에 앉았으라'고 말씀하셨음에 주목한다(마 22:44). 이는 바꾸어 말하면 성부 하나님(여호와)께서 성자 하나님(메시아 주 혹은 메시아 여호와)께 너는 내 우편에 앉으라고 말씀하셨다는 뜻이다. 하나님은 모든 입으로 예수를 주라 시인하여 영광 돌리게 하셨다(빌 2:11).

1.5 창조주

예수 그리스도는 하나님으로 성부 하나님과 함께 세상을 창조한 '창조주'다(요 1:2-3, 참조 잠 8:30). 그는 태초에 땅의 기초를 두었고, 하늘도 지으셨다(히 1:10). 또한 예수 그리스도는 하늘과 땅에서 보이는 것들과 보이지 않는 것들, 왕권, 주권, 통치자, 권세를 비롯한 모든 만물을 창조하셨다(골 1:16). 만물이 그로 말미암았고 또한 우리도 그로 말미암았다(고전 8:6).

1.6 하나님의 아들

성부 하나님과 구별되는 성자 하나님을 구별하는 표현으로 '하나님의 아들'이 있다. 하나님의 아들은 하나님과 동등한 표현으로(요 5:17-18), 하나님이 친히 인정하고 부르신 호칭이기도 하다(마 3:17). 천사도 이를 알고 공포했다(눅 1:35). 마가복음에 따르면 예수께서 하나님의 아들이심은 하나님과 또 다른 영적 존재, 즉 마귀 외에는 아무도 몰랐던 일이었다(막 1:17, 3:11, 5:7, 9:7). 마귀는 예수가 하나님의 아들임을 폭로하려고 했지만 그때마다 예수께서는 마귀를 저지하셨다(1:25, 34, 3:12). 그 이유는 사람들이 하나님의 아들을 오해할 수 있기 때문이었는데, 그것은 바로 그가 감당해야 할 십자가 때문이었다(15:39). 예수께서는 하나님의 아들로서 하나님의 영광의 광채요, 그 본체의 형상이 되신다(히 1:3). 하나님의 아들은 예수 그리스도의 선재적 아들 됨(sonship)을 가리키는 하나님과 동등한 본질적 신성을 나타내는 명칭이다.[5]

1.7 인자

인자(the Son of Man)는 '그 사람의 아들'이란 뜻이다. 이는 예수께서 스스로를 부르는 자기 칭호였다. 이는 한편으로 고난받는 성자의 인성을 나타내는 표현이기도 하지만, 성경에 나타나는 인자의 용례를 살펴보면 이는 단순히 인성을 강조하는 것 이상임을 알 수 있다. 신약에서 인자에 관한 말씀은 크게 세 종류로 나누어 볼 수 있다.[6]

첫째, 인자의 지상사역에 관한 말씀들이다. 예수께서 제자들에게 사람들이 '인자'를 누구라 하더냐고 묻는다(마 16:13). 예수께서 지상사역 중에 '인자'를 설명한 말씀을 살펴보면 우리는 그가 누구인지 짐작할 수 있다. 인자는 먹기를 탐하는 사람이요 세리와 죄인의 친구다(11:19, 눅 7:34). 그는 잃어버린 자를 찾아 구원하려 왔다(눅 19:10). 하지만 인자는 안식일의 주인이다(마 12:8, 막 2:10). 죄 사함의 권세가 있다(마 9:6, 막 2:10). 여기서 인자가 안식일의 주인이고 죄 사함의 권세가 있다는 말은 바리새인들에게 신성모독으로 여겨졌는데 이는 이 표현들이 인자가 곧 하나님이라 주장하는 것과 같았기 때문이다(막 2:7).

둘째, 인자의 수난과 부활에 관한 말씀들이다. 인자가 온 것은 섬김을 받으려 함이 아니라 도리어 섬기려 하고 자기 목숨을 많은 사람의 대속물로 주려 함이다(10:45). 이를 위하여 인자는 사람들의 손에 넘기어져 죽임을 당하고 사흘 만에 다시 살아나야 한다(8:31, 9:31). 이러한 인자의 모습은 이사야 42-61장에 예언된 여호와의 종의 역할을 감당한다(참조 빌 2:7).[7]

---

[5] 루이스 벌코프, 《조직신학 (하)》, 543.
[6] 김세윤 저, 홍성희·정태엽 역, 《그 '사람의 아들'(人子)-하나님의 아들》 (서울: 엠마오, 1992), 21.
[7] 위의 책, 129.

셋째, 인자의 미래적 도래에 관한 말씀들이다. 인자는 종말에 하나님의 영광의 보좌에 앉아 세상을 심판할 것이다(마 19:28). 인자는 구름을 타고 큰 권능과 영광으로 하나님께 나아갈 것이고, 자기가 택하신 자들을 땅 끝으로부터 하늘 끝까지 사방에서 모을 것이다(막 13:26-27). 그리고 생각하지 않은 때에 인자가 올 것이다(눅 12:40). 예수 그리스도 외에 예수를 향하여 '인자'라고 고백한 사람은 스데반이 유일하다. 그는 '인자가 하나님 우편에 서신 것을 보노라'고 고백한 바 있다(행 7:56).

주목할 것은 이 표현 앞에 붙은 헬라어 정관사 '호'다. 이는 인자가 단순히 어떤 사람의 아들이 아니라, 성경에서 말씀하는 바로 '그 인자'임을 가리키고 있음을 나타낸다. 그렇다면 '그 인자'는 누구일까? 그 인자는 다니엘 7장 13절에서 말하는 '인자 같은 이'를 말한다. 다니엘서의 인자는 하나님께 나아가 그 앞으로 인도되어 권세와 영광과 나라와 모든 백성들의 통치권을 양도받는다. 이는 에스겔(1:26)에도 어느 정도 암시되고 있다. 이렇게 볼 때 인자는 구약에서 예언한 바로 그 천상의 인물이 예수 그리스도를 통해 성취됨을 나타내는 예수의 자기칭호이며, 십자가를 지시고 부활하여 세상을 심판하는 '하나님의 아들'과 동일한 의미를 갖는다(요 5:26-27).

1.8 말씀(로고스)

요한복음은 그 서두에 성자 하나님을 '말씀'(헬. 로고스)으로 선포한다. '태초에 말씀이 계시니라 이 말씀이 하나님과 함께 계셨으니 이 말씀은 곧 하나님이시니라'(요 1:1, 참조 요일 1:1). 여기서 말씀의 기원은 창조 이전으로 거슬러간다. 말씀이 곧 하나님이라는 것은 말씀이 성부와 동일본질의 하나님임을 말하는 동시에, 하나님과 함께 계셨다는 것은 성부와 구별되는 위격임을 나타낸다. 이를 윤철호는 다음과 같이 설명한다. "말씀은 하나님으로부터 말하여지고 출원된 구별된 실체로서 하나님과 동일시될 수 없으면서도, 이와 동시에 하나님으로부터 나오고 하나님을 계시하기 때문에 하나님과 한 존재이며 하나님의 연장이라고 할 수 있다."[8]

더욱 놀라운 것은 하나님이신 말씀이 육신이 되어 우리 가운데 거하셨다는 사실이다(요 1:14). 여기서 중요한 표현이 '육신이 되었다'는 표현이다. 육신이 되었다는 것은 말씀이 전인적인 인간이 되었다는 것이다. 하나님이 온전한 사람이 되었다는 것이다. 이는 말씀이 육신을 입은 것과는 차원이 다르다. 말씀이 육신을 입었다고 하면 그런 이해는 성육신을 오해할 수 있는 여지를 준다. 자칫 말씀이 예수라는 사람의 육체에 잠시 거한다는 인상을 줄 수 있다. 이는 이단 교주를 메시아로 믿게 하는 또 다른 그릇된 오해의 통로가 될 수 있다. 평범하다 못해 다소 모자라 보이는 교주를 사람들이 보고 열광하는 이유가 무엇인가? 고운 모양도 없고 풍채도 없고 흠모할 만한 아름다운 것도 없는 평범한 한 인간의 육신에 예수의 영, 보혜사의 영이 임했기 때문이라는 것이다(참조 사 53:2). 성자는 육신을 입지 않았다. 육신이 되셨다! 그리고 우리를 위해 십자가에서 피를 뿌리고 부활했다. 그리고 이 하나님의 말씀은 천국에서 피 뿌린 옷을 입고 만왕의 왕이요 만주의 주로 계신다(계 19:3, 16).

이 말씀이 우리 가운데 거했다. 여기서 '거했다'(헬. 스케노오)는 '장막을 쳤다'는 뜻이다. 이는 이스라엘 백성의 광야 생활 가운데 친 하나님의 성막을 연상시킨다. 하나님의 성막에는 낮에는 하나님의 영광의 구름기둥이, 밤에는 불기둥이 늘 임재해 있었다. 즉 하나님의 말씀이 육신이 되어 우리 가운데 거하셨다는 것은 성자 하나님이 육신이 되어 우리 가운데 하나님의 영광을 아는 빛을 비추셨다는 뜻이다(참조 고후 4:6). 이 빛에는 은혜와 진리가 충만하였다.

2. 예수 그리스도의 본질(속성)

교회 역사상 예수 그리스도의 본성에 대해 수많은 오해가 있었다. 예수 그리스도가 어떤 분인가에 대한 오해는 필연적으로 기독론의 오해와 구원론의 오해, 나아가 삼위일체 하나님에 대한 오해를 낳는다.

---

8 ──── 윤철호, 《너희는 나를 누구라 하느냐》 (서울: 대한기독교서회, 2013), 83.

2.1 예수는 사람인가, 하나님인가

예수 그리스도를 이해하는 데 가장 중요한 것이 예수의 본질에 대한 것이다. 예수는 사람인가 하나님인가? 아니면 사람의 모습을 한 하나님인가? 헷갈리기 쉽다. 성경에 나타나는 예수 그리스도의 인간적인 모습, 즉 사역하다 배고프고, 지치고, 불쌍히 여기고, 울고, 분노하고, 피곤하여 자는 모습을 살펴보다 보면 그분은 정말 인간적이고 완전한 사람인 것 같다. 하지만 그의 또 다른 모습 즉 변화산에서 영광 중에 변화되고, 오병이어와 같은 놀라운 기적을 베풀며, 죽음에 처한 병자들을 치유하고 귀신을 내어 쫓으며, 죽음의 권세를 이기고 부활 승천한 것을 보면 예수는 사람의 모습을 한 하나님 같기도 하다. 우리에게는 논리적 일관성을 추구하려는 성향이 있어서 둘 중 하나를 중심으로 나머지를 일관되게 이해하려 한다. 예수의 인성에 집중하면 그의 신성도 인간적인 관점에서 이해하려 한다. 반면 예수의 신성에 집중하면 그의 인성도 신성의 관점에서 이해하려 한다. 이처럼 둘 중 하나에 중심을 두고 이해하다 보면 예수 그리스도를 오해하게 된다. 우리가 예수의 인성에 기울다가도 때로는 신성에 기우는 이유는 그가 이 땅에 있는 동안 완전한 인성을 나타내는 동시에 완전한 신성을 나타내셨기 때문이다. 완벽한 두 본성의 모습에 중심을 잃고 그분을 둘 중 하나의 관점으로 이해하려 한다.

그러나 우리는 예수 그리스도를 바르게 이해하기 위해 다음의 네 가지 명제를 동시에 받아들여야 한다.

첫째, 예수는 참 사람이다. 둘째, 예수는 참 하나님이다. 셋째, 예수는 한 위격 안에 신성과 인성이 결합되었지만 그 안에서 구별된다. 넷째, 따라서 예수는 참 사람인 동시에 참 하나님이다.

인성과 신성을 각각의 위격으로 분리해서도 안 되고 하나로 뭉뚱그려 통일시켜도 안 된다. 이 둘을 동시에 성자 하나님의 인격으로 이해해야 한다. 교회사적으로는 예수의 신성을 부정한 이단(에비온파, 알로기파, 사모사타의 바울 등), 인성을 부정한 이단(영지주의자, 시벨리우스파), 신성과 인성의 완전성을 부정한 이단(아리우스파-신성 완전성 부정, 아폴리나리우스파-인성 완전성 부정), 인격의 통일성을 부정하고 두 인격을 주장한 이단

(네스토리우스파), 신성과 인성을 혼합한 이단(유티쿠스파) 등이 있다.[9]

예수 그리스도는 완전한 하나님이요 완전한 사람으로 신성과 인성을 한 인격 안에 함께 갖고 계시다. 그렇기에 그는 완전한 하나님이자 완전한 사람으로 하나님과 사람 사이에 완전한 중보자이자 구세주로 설 수 있다(딤전 2:5, 요일 4:2, 15, 롬 10:9). 그렇다면 예수 그리스도의 인성과 신성은 어떤 특징을 갖고 있으며, 각 성품을 제거할 때 어떤 일이 벌어질까?

2.2 예수의 신성

예수 그리스도는 진정한 하나님이다. 그의 신성을 살펴보면 가짜 재림주들이 절대 흉내 낼 수 없는 전적으로 다른 하나님임을 알 수 있다. 가짜 재림주들은 기껏해야 감추어진 말씀을 깨닫고, 예언하는 정도에 그친다면 예수 그리스도는 참 하나님의 신성을 보여 준다.

1) 자존성(독립성)

하나님은 스스로 계신 분이다(출 3:14). 마찬가지로 성자 하나님 역시 아브라함이 나기 전부터 스스로 계신 영존하시는 하나님이다(요 8:58, 사 9:6). 예수 그리스도가 '내가 있다' 혹은 '나는 ~이다'(I AM)라고 계시한 표현은 자신이 출애굽기에 계시된 스스로 계신, 자존하신 하나님임을 나타내는 표현이다(참조 마 14:27, 눅 22:70, 요 18:6, 요 8:59. 자존하신 하나님에 대해서는 1권 〈Ⅱ. 신론 백신〉의 4.2 이하 〈2〉 여호와〉에 자세히 기술되어 있다). 요한복음에서는 이러한 '나는 ~이다'(헬. 에고 에이미)라는 표현을 사용하여 예수 그리스도는 자신을 생명의 떡(6:35, 48), 세상의 빛(8:12, 9:5), 양의 문(10:7, 9), 선한 목자(10:11, 14), 부활이요 생명(11:25), 길이요 진리요 생명(14:6), 참 포도나무(15:1, 5)로 계시한다.

---

[9] 신복윤, "기독교 2천 년 교리 속에 나타난 이단 사상-기독론", 교회와신앙, 1994. 1. 1, http://www.kportalnews.co.kr/news/articleView.html?idxno=29.

2) 편재성

예수 그리스도는 언제 어디서나 우리와 함께하신다. 그의 편재성은 지상 사역 중에는 직접적으로 언급되지 않지만, 교회를 바라보며 '두세 사람이 내 이름으로 모인 곳에는 나도 그들 중에 있느니라'고 말씀하셨다(마 18:20). 또한 지상사역을 마치고 승천하시며 '세상 끝날까지 너희와 항상 함께 있겠다'고 약속하셨다(마 28:20). 이 약속대로 예수는 바울이 유대인에게 복음을 전하다 안토니온 요새에 갇혀 있을 때 바울 곁에 오셔서 '담대하라'고 격려하셨다(행 23:11). 제자들의 복음 전도에 함께 하셨다. 그와 동시에 그는 하나님 우편에 계시면서 만물 안에서 만물을 충만케 하신다(엡 1:20, 23, 골 1:17). 예수께서 부활 이후 문이 닫힌 가운데 제자들에게 나타나셨다가(요 18:26) 홀연히 사라지기도 하셨다는(눅 24:31) 사실은 이제 예수께서 부활의 몸으로 더 이상 공간의 제한안에 갇혀 있지만은 않다는 사실을 보여 준다.

3) 영원성

예수 그리스도는 태초부터 계셨다(요일 1:1). 상고부터, 창세 전부터, 영원부터 성부와 영광을 함께 가졌다(요 17:5, 미 5:2). 좀더 구체적으로 말하자면, 그는 '아브라함 전부터 계셨다'(요 8:58). 그는 처음이요 나중이며, 알파와 오메가다(계 1:8, 17, 22:13). 그는 어제나 오늘이나 영원토록 동일하신 분이고(히 13:8), 영존하시는 분이다(사 9:6).

4) 전지하심

예수 그리스도는 겉으로 드러나는 현상 너머 사람 속의 깊은 것까지도 알고 계셨다(요 2:24-25, 4:17-18, 13:27). 또한 공간을 초월하여 다른 장소의 일도 알고 계셨다(마 17:27, 요 1:48, 4:50, 11:11). 사람으로서는 알 수 없는 영적 세계와 하나님의 능력에 관한 일도 아셨다(마 22:29, 막 5:30). 영원하시기에 시간을 초월하여 과거, 현재, 미래를 알고 계셨다(마 8:11-12, 26:32, 막 14:30, 눅 9:30-31, 요 2:21-22, 6:64, 13:21). 이처럼 예수 그리스도는 모든 것을 아시는 하나님이다(요 16:30).

여러 이단이 소위 교주들이 계시를 받아썼다고 하는 책을 여러

권 펴냈다. 이런 책들의 내용을 보면 논리적 일관성이 결여되어 있고 산만하며 앞뒤의 내용이 서로 맞지 않는다. 특히 날짜에 관해서는 새로 나오는 책들이 이전 것들을 수정하여 나오는 일이 비일비재하다. 그리고는 이전 책들에 명시한 내용들이 거짓임이 탄로 나지 않기 위해 이전 책들의 출간과 유포를 중지시킨다. 이는 교주들의 지식이 불완전하고 오류투성이임을 보여 준다.

5) 전능하심

예수 그리스도는 그 말씀의 능력으로 바다의 폭풍을 잠잠케 하셨다(마 8:26-27). 현상계의 물리, 화학적 한계를 뛰어넘어 물로 포도주를 만드시고(요 2:1-11), 보리떡 다섯 개와 물고기 두 마리로 장년만 5천 명을 먹이셨다(마 14:19-21, 참조 15:36-38). 말씀만으로도 멀리 떨어진 이를 치유하시고(8:8, 요 4:45-53), 마귀를 물리치셨다(4:4, 7, 10). 그는 자신을 부활이요 생명으로 계시하실 뿐만 아니라(요 11:25), 친히 죽은 사람의 생명을 살리셨다(막 5:41-42, 요 11:43-44).

6) 영광스러우심

예수 그리스도는 아버지의 독생자의 영광이 충만하다(요 1:14). 그는 하나님의 영광의 광채이며 그 본체의 형상이다(히 1:3). 그래서 아버지와 나란히 언급되며 하나님을 선포하시며(요 10:30) 신적 영광을 받으신다(마 28:19, 고후 13:13). 그의 영광은 성전의 영광보다 더 크고(마 12:6), 능력과 부와 지혜와 힘과 영광과 찬송을 받기에 합당하다(계 5:12). 하나님은 하늘에 있는 자들과 땅에 있는 자들과 땅 아래 있는 자들로 모든 무릎을 예수의 이름에 꿇게 하시고 모든 입으로 예수 그리스도를 주라 시인하여 하나님 아버지께 영광을 돌리게 하셨다(빌 2:10-11). 그래서 성경은 성자에게 찬송과 존귀와 영광과 능력을 세세토록 돌릴 것을 선언한다(계 5:13).

2.3 예수의 신적 사역

예수 그리스도의 신성은 그가 행하신 신적 사역의 바탕이 된다.

그렇다면 그가 행하신 신적 사역에는 어떤 것이 있을까? 여기서는 크게 열 가지로 살펴보도록 한다.

① 예수 그리스도는 성부와 함께 세상을 창조하셨다(요 1:3). 하늘과 땅에 모든 곳에서 가시적인 것들과 비가시적인 것들, 왕권, 주권, 통치자들, 권세들까지 모두 그로 말미암고 그를 위하여 창조되었다(골 1:16).

② 예수 그리스도는 능력의 말씀으로 만물을 붙드시고 유지하시며 섭리하신다(히 1:3). 그는 성부 하나님으로부터 모든 것을 위임받았으며(마 11:27), 하늘과 땅의 모든 권세를 받으셨다(28:18).

③ 예수 그리스도의 가르침은 사람의 교훈 같지 않았다(7:29, 막 1:22). 그의 가르침은 하나님의 신적 권위를 갖고 선포했던 새 교훈이었다(막 1:27, 마 24:35). 심지어는 귀신들도 이 권세 있는 교훈 앞에 순종할 정도였다.

④ 예수께서는 이 세상의 자연법칙을 뛰어넘는 많은 기적을 베푸셨다. 예수의 기적은 그가 하나님의 전능하신 아들임을 생생하게 보여 준다(요 10:37-38).

⑤ 예수는 죄를 용서하셨다(막 2:7-10). 죄 용서는 하나님만이 하실 수 있다. 즉 예수 그리스도는 사람의 죄를 사하고 정결케 하는 권세를 하늘의 권위를 가지시고 죄 용서를 선포하신 권능의 하나님이다(마 9:6, 히 1:3). 이뿐만 아니라 예수는 죄로부터 참 자유를 주시는 분이다(요 8:31, 36).

⑥ 예수 그리스도는 인간에게 참된 안식을 주시는 안식일의 주인이다(마 11:28, 12:8, 눅 6:5).

⑦ 예수 그리스도는 우리의 기도를 들으시고 응답하시고 시행하는 분이다(요 14:13-14).

⑧ 예수 그리스도는 성령, 즉 보혜사를 우리에게 보내시는 분이다(15:26, 16:7).

⑨ 예수 그리스도는 죽은 자를 살리는 분이다(5:25). 그는 종말의 때에 이 세상에 살았던 모든 사람을 생명의 부활과 심판의 부

활로 나아오게 한다(5:28-29). 그를 믿는 자는 죽어도 살고, 살아서 믿는 자는 영생을 얻게 된다(11:25-26).

⑩ 예수 그리스도는 세상을 심판하는 분이다. 성부 하나님은 심판의 모든 권한을 다 성자에게 맡기셨다(5:22). 그는 종말에 온 세상을 심판한다(마 25:31-46, 딤후 4:1).

2.4 예수의 신성을 제거하려는 주장들

예수 그리스도가 성자 하나님임에도 불구하고 예수 그리스도의 신성을 부인하려는 시도는 역사를 통해 계속되어 왔다. 가장 초창기의 주장은 1세기의 에비온파(Ebionites) 이단이다. '에비온'이란 명칭은 히브리어 '에비오님'에서 온 것으로 '가난한 자들'(poor men)이란 의미다(참조 롬 15:26). 이들은 유대교에서 기독교로 개종한 이들로 이전의 유대교적 요소를 버리지 못한 채, 유대교적 틀에서 예수 그리스도를 인간적으로 받아들이려 했다. 유대교 신앙의 핵심은 이들이 믿는 여호와는 '오직 유일하신 한 분 하나님'임을 믿는 것이다(신 6:4). 하나님은 여호와 하나님 외에 없기에 이들은 예수의 신성과 그의 선재(先在)를 거부하였다. 따라서 동정녀 탄생을 믿지 않았다. 이들에게 예수는 율법을 온전히 순종한 경건한 사람에 불과하며, 그의 율법적 경건으로 인하여 메시아로 선택되었다고 주장한다. 그들에 따르면 예수는 그의 율법적 경건으로 인하여 세례받을 때 하늘이 열리며 성령이 강림하였고, 내 사랑하는 아들이라는 음성을 들을 때 이 사실을 깨닫게 되었으며 십자가에 못 박히기 전에 성령이 그에게서 떠났다고 한다.[10] 이들에게는 율법적 경건이 중요한 요소였다. 율법을 지켜야 구원을 받을 수 있다고 믿었다. 그래서 그리스도인이라면 이방인이라도 할례를 받아야 한다고 주장하였으며, 이런 면에서 이들은 바울을 배척했다. 그가 이방인에게 복음을 전하면서 할례를 받지 않도록 했기 때문이다(참조 갈 2:16, 5:6). 이들에게 바울은 유대교를 배반한 변절자였기에 이들은 바울 서신을 인정하지 않았다.

2세기 후반 약 170년경 소아시아 지역에 출현한 알로기파(Alogi)

---

[10] 신복윤, "기독교 2천 년 교리 속에 나타난 이단 사상-기독론", 교회와신앙.

이단도 이와 유사한 주장을 하였다. '알로기'란 '논리'를 의미하는 헬라어 '로기코스'(logikos)와 '없음'을 의미하는 부정접두사 '아'(a)가 결합된 단어로, '비논리적인 사람들'이란 뜻이다. 이들을 '알로기파'(the Alogians)라고도 부르는데 이는 부정접두사 '아'와 '말씀'을 의미하는 '로고스'가 결합된 단어로 '로고스가 없다'고 말하며 로고스 교리를 반대하는 자들이라는 뜻이다. 이들은 요한복음 1장에 등장하는 태초의 말씀(로고스)으로서의 성자의 신성을 인정하지 않았으며 요한복음 및 요한서신을 거부하였다. 나아가 이들은 요한의 저작과 요한계시록을 거부하였는데, 살라미스의 성 에피파니우스가 중심이 되어 확실한 근거와 논리도 없이 막무가내로 반대하는 데서 얻게 된 이름이다. 그는 동정녀 탄생은 하나의 기적으로 받아들였지만, 예수는 오직 인간일 뿐이며 세례받을 때 비로소 그리스도가 영으로 강림하여 초자연적 능력을 부여했을 뿐이라고 주장했다.

    이러한 주장은 3세기에 안디옥의 감독이었던 사모사타의 바울(주후 200-275)에 의해 더 크게 유행하게 된다. 그는 주후 260년부터 275년까지 활동하면서 예수는 단순히 한 인간이었지만 분투와 고행으로 선조들의 죄를 극복하여 거룩하고 공의롭게 되었고, 그가 세례를 받을 때 하나님의 신적 이성인 로고스가 충만하게 거주하여 비로소 '기름 부음 받은 자' 즉 '그리스도'라는 칭호를 수여받았다고 주장했다. 예수는 죄와 싸워 승리하여 그에게 거하는 로고스로 말미암아 죄 없이 기적과 능력과 커다란 과업을 수행하였다. 사모사타의 바울은 인간 예수와 그 안에 거한 특별한 하나님의 로고스를 구별하였으며 이 로고스가 예수 안에 거함으로 특별한 능력을 발휘한다고 하여 이를 '역동적 단일신론'(Dynamic Monarchism)이라 부른다.

    이러한 시도는 오늘날도 계속되고 있다. 여러 이단이 자신들이 신봉하는 교주가 이 시대의 그리스도요 보혜사임을 믿도록 하기 위해 예수의 인성을 강조하며 상대화시킨다. 그는 성자 하나님이 아니라 평범한 한 사람에 불과하며 그가 세례받을 때에 여호와의 영이 임하여 함께하기에 초림 시대의 구원자가 되었다는 것이다. 이렇게 예수의 인격을 강조하며 본유의 신성을 제거하고 상대화해야 교주가 재림주의 자리로 등극할 토대를 마련하게 된다.

이러한 예수의 인성을 극단적으로 주장하다 보면 예수께서 결혼하셨고, 일부다처였다는 기이한 주장에까지 이르게 된다. 이들은 결혼하지 않는 사람들은 천사가 되고 결혼한 사람들이 신이 되기에 예수께서 결혼을 하지 않았다면 천사 이상이 될 수 없기에 예수께서 결혼하신 것이 틀림없다고 주장한다.[11] 그럼 예수께서 언제 결혼하셨을까? 이들은 가나안 혼인잔치가 사실은 예수님의 결혼식이었다고 한다.

2.5 예수의 인성

예수 그리스도는 진정한 사람이었다. 여인의 후손으로 왔고(창 3:15), 아브라함의 씨이며(22:18), 이새의 줄기요(사 11:1) 다윗의 후손으로 이 땅에 태어났다(마 1:1, 12:23). 그는 살과 뼈가 있는 몸을 가지셨고(눅 24:39, 히 2:14), 영혼을 가지셨다(눅 24:46). 또한 그는 이 땅에 살아가면서 몸과 지혜가 자라가셨다(2:40, 42, 52).

그는 인간이기에 연약함을 친히 경험하였다(히 4:15). 그는 때로 피곤하였고(눅 4:6), 제자들이 흔들어 깨워도 일어나지 못할 정도로 곤하게 주무시기도 했으며(막 4:39), 목마르고(요 19:28), 배고프셨다(막 11:12).

그는 인간의 희로애락을 경험하셨다. 기뻐하시고(요 11:15), 탄식하고(막 7:34, 8:34), 분노하셨으며(3:5), 근심하고(3:5), 눈물을 흘리며(요 11:35) 우시고(눅 19:41), 때로 비통히 여기시고 불쌍히 여기셨다(요 11:33, 눅 7:13).

또한 그는 연약한 인간으로 우리와 마찬가지로 시험을 받으시며 번민하시고 심한 통곡과 눈물로 기도하셨다(히 2:17-18, 4:15, 5:7). 그는 육신의 정욕, 안목의 정욕, 이생의 자랑에 대하여 우리와 똑같이 사탄에게 시험받으셨다(마 4:3-11, 참조 요 2:16).

하지만 예수 그리스도와 우리는 결정적인 차이가 있는데 그것은 예수 그리스도가 완전한 사람으로 죄가 없다는 사실이다(요일 3:5, 벧전 2:22, 히 4:15). 무죄한 인간이어야 다른 이를 대신하여 속죄할 수 있기 때문이다(히 7:26). 그랬기에 그는 진정한 사람의 대표가 될 수 있었다(롬

---

11 ——— 진용식, 《여호와 증인·몰몬교는 과연?》 (서울: 백승프린팅, 2012), 77.

5:15, 고전 15:21). 하나님은 죄를 알지도 못한 그를 우리를 대신하여 죄로 삼으셔서 하나님의 의가 되게 하셨다(고후 5:21).

2.6 예수의 인성을 제거하려는 주장들

예수 그리스도의 인성을 제거하려는 시도는 초대교회 시대부터 일어났다. 대표적인 것이 영지주의(gnosticism)다. 영지(靈知, gnosis)는 구원에 이르게 하는 참된 지식으로, 그것을 신앙(헬. 피스티스)보다 높은 차원으로 보는 사상이다. 하지만 영지주의를 깊이 들여다보면 헬라 철학의 이원론에 기초해서 1세기 지중해 연안의 신비종교 사상과 결합하여 발전한 또 다른 세계관이자 종교다. 이들에 따르면 인간은 저급하고 악한 물질세계의 속박에서 벗어나 그 영혼이 천상의 기원으로 돌아가야 하는데, 이 세상을 벗어나 구원을 얻기 위해서는 비밀스러운 지식이 필요하다. 이들에게 예수 그리스도는 이 세상에 영지를 전하기 위해 온 천상의 계시자였다. 물질과 육체가 악하고 저급하기에 초기의 영지주의자들은 예수의 인성을 인정하지 않았다. 그의 육체는 진짜 육체가 아니라 육체처럼 보였을 뿐이다. 선한 영이 악한 육체를 입을 수 없기에 예수의 성육신을 부인하였다. 예수의 고난은 실재적인 것이 아니며 그의 십자가 죽음과 부활도 실재가 아니라 그렇게 보일 뿐이라는 가현설(假現說, docetism)을 주장했다. 이들 중 일부는 하늘의 그리스도는 인간 예수가 세례를 받으실 때 영으로 그에게 강림하셨다가 십자가에 못 박히기 전 하늘로 올라가고 인간만이 십자가에 죽었다고 본다.[12] 이들의 주장은 초대교회를 혼란스럽게 하기도 하였다.

> 사랑하는 자들아 영을 다 믿지 말고 오직 영들이 하나님께 속하였나 분별하라 많은 거짓 선지자가 세상에 나왔음이라 이로써 너희가 하나님의 영을 알지니 곧 예수 그리스도께서 육체로 오신 것을 시인하는 영마다 하나님께 속한 것이요 예수를 시인하지 아니하는 영마다 하나님께 속한 것이 아니니 이것이 곧 적그리스도의 영이니라 오리라 한 말을 너희가

---

12 ——— 신복윤, "기독교 2천 년 교리 속에 나타난 이단 사상-기독론", 교회와신앙.

들었거니와 지금 벌써 세상에 있느니라(요일 4:1-3)

미혹하는 자가 세상에 많이 나왔나니 이는 예수 그리스도께서 육체로 오심을 부인하는 자라 이런 자가 미혹하는 자요 적그리스도니 너희는 스스로 삼가 우리가 일한 것을 잃지 말고 오직 온전한 상을 받으라(요이 1:7-8)

이러한 영지주의적 가르침은 극단적인 금욕주의(딤전 4:1-3), 부활의 부인(딤후 2:16-18) 등의 거짓 지식으로 나타나(딤전 4:2, 6:20) 초대교회를 혼란하게 하였다.

4세기에 출현한 사벨리우스파(Sabellians)도 그리스도의 인성을 부정하였다. 이들은 그리스도가 하나님께서 자신을 나타내신 단순한 하나의 형태로 생각하였다. 하나님은 세계가 발전해 오는 과정에서 서로 다른 형태와 계시로 드러나는데, 이것이 바로 성부, 성자, 성령이다. 창조와 율법을 수여하여 구약의 경륜을 드러낼 때는 성부로, 성육신에는 성자로, 중생과 성화, 영감에 있어서는 성령으로 나타내신다. 이러한 형태는 하나님의 한 신적 본체가 자신을 다르게 나타내는 양식이며, 이를 가리켜 '양식적(樣式的) 단일신론'이라고도 부른다. 사벨리우스는 삼위의 관계를 설명하기 위해 성부를 태양 자체로, 성자를 태양의 빛으로, 성령을 태양의 열기에 비유하기도 하였다.[13] 이러한 주장은 일종의 양태론이다.

이러한 주장을 오늘날 여러 이단이 그대로 사용한다. 구약에는 여호와로 오신 하나님, 신약에는 예수로 오신 하나님, 이 시대에는 보혜사로 오신 교주 하나님이라는 주장이 삼시대 양태론의 대표적인 사례다.

2.7 신성과 인성의 조화

예수 그리스도의 신성과 인성에 관한 주장들은 초대교회에서부

---

[13] 필립 샤프, 이길상 역,《니케아 이전의 기독교》교회사전집 2 (서울: 크리스찬다이제스트, 2004), 532.

터 일어났고 시간이 갈수록 다양해졌다. 이러한 이해들은 점점 발전하여 주후 451년 칼케돈 공의회에 이르러 정리되었다. 이때 그리스도의 신성과 이성에 관해 거부된 견해는 크게 네 가지가 있었다.

1) 그리스도의 완전한 신성을 부인 - 아리우스주의

아리우스(주후 256-336년)는 로고스인 그리스도가 하나님의 모든 피조물 중 첫 번째 피조물이고 시간의 시작 이전에 무로부터 창조된 가장 높은 피조물이라 주장했다. 그리스도는 하나님과 동일본질이 아니라 유사본질을 가진 하나님과 인간 사이의 특별한 피조물이라는 것이다 (이에 대한 구체적인 논의는 1권 〈II. 신론 백신〉의 〈2.3 삼신론적 삼위일체론〉을 참조).

2) 그리스도의 완전한 인성을 부인 - 아폴리나리아니즘

아폴리나리아니즘은 주후 361년경 라오디게아의 감독이었던 아폴리나리우스가 주장한 것이다. 그는 예수 그리스도의 인성과 신성을 분리하여 그리스도는 인간의 육체에 그리스도의 영이 임한 분이라고 했다. 따라서 그리스도에게는 인간의 정신이나 영이 없고, 오직 신성이 육체와 결합한 것이다. 이런 그리스도는 온전한 인성을 가진 사람이 아니다. 오늘날 '신인합일' 또는 '영육합일'이라는 이름으로 여러 이단이 이와 같이 주장한다. 이들은 요한계시록 20장 4절을 인용하여 종말에 천상의 순교자들의 영과 이단에 속한 자신들의 육체가 결합할 때가 오는데 이렇게 되면 이들은 왕 같은 제사장이 되어 영생하게 되고, 전 세계에 수많은 부자들이 돈을 싸들고 와서 진리의 말씀을 배우러 몰려든다고 주장한다. 하지만 이러한 주장은 자칫 성도를 신인합일 하는 이상한 좀비로 만들 수 있다. 실제로 신인합일을 믿는 대부분의 이단은 신인합일이 되면 자신들의 영혼은 어떻게 되는가에 대한 명확한 답을 제시하지 못한다. 이러한 분리는 앞서 언급한 인간의 삼분설과 결합하여 더욱 큰 위력을 발휘한다(1권 〈III. 인간론 백신〉의 2.3부터 4까지 참조).

3) 한 위격이 아닌 두 위격 - 네스토리아니즘

주후 428년부터 콘스탄티노플의 감독이었던 네스토리우스는 예수 그리스도의 위격 안에는 신성과 인성의 두 본성이 있는 것이 아니라, 예수 그리스도 안에 신성이라는 위격과 인성이라는 위격, 즉 두 위격이 존재한다고 주장하였다. 전통적으로 위격(헬. 휘포스타시스)이란 삼위 하나님의 존재 방식을 말한다. 예수 그리스도의 위격이라고 할 때는 성자 하나님의 존재 방식을 말한다. 한 위격 안에 두 본성이 존재한다는 정통 주장에 반대하여 예수 그리스도 안에 두 위격이 있다고 주장하는 것은, 삼위일체가 아닌 사위일체를 주장하는 셈이다. 또한 예수 그리스도는 한 위격이 아니라 두 위격이 하나가 된 존재, 즉 이위일체의 이상한 존재가 된다.

성경적으로 성자의 두 위격을 이야기하는 것은 그 근거를 찾기 어렵다. 삼위일체 하나님의 경우 '우리'라는 표현을 종종 사용한다(창 1:26, 요 14:23). 만약 예수 그리스도의 위격이 둘이라면 '나'라는 표현과 함께 '우리', '그'라는 표현과 함께 '그들'이라는 표현도 사용해야 할 것이다. 만약 신성과 인성이 구별된 위격이라면 성경은 예수의 신성이 하신 일과 인성이 하신 일을 구별해야 할 것이다. 하지만 성경은 언제나 예수께서 행하신 일로 기록한다. 예수 그리스도는 신성과 인성을 가졌지만, 그럼에도 그는 한 위격으로 존재하신다. 한 위격 안에 신성과 인성이 함께 존재한다.

4) 신성과 인성의 혼합 - 유티키아니즘

콘스탄티노플 수도원의 대수도원장이었던 유티케스(주후 378-454년)는 네스토리아니즘에 반대하여 그리스도는 한 위격을 가지셨고 그 위격에는 신성과 인성이 아닌 제3의 본성이 자리 잡고 있다고 주장했다. 성육신 때 그리스도의 인성이 신성으로 흡수되어 제3의 혼합된 본성이 생겨나게 되었다는 것이다. 마치 물컵에 잉크를 떨어뜨리는 것과 같다. 이렇게 되면 잉크가 떨어진 물은 물도 아니고 잉크도 아닌 제3의 혼합된 물질이 되는데, 유티케스에 따르면 예수의 신성도 그와 같다.[14]

하지만 이러한 주장은 예수 그리스도를 진정한 하나님도 아니고

---

14 ——— 웨인 그루뎀, 노진준 역, 《조직신학 (중)》 (서울: 은성, 1996), 64.

진정한 인간도 아닌 애매한 제3의 존재로 전락시킬 수 있다. 그렇게 되면 그는 참된 인간의 대표가 될 수 없고, 참 하나님으로 우리의 구원을 이룰 수도 없다. 이런 면에서 예수 그리스도는 참 하나님, 참 사람이 되어야 한다.

2.8 예수의 일인격성

예수 그리스도는 완전한 하나님이요, 완전한 사람이다. 주후 451년에 열린 칼케돈 공의회의 결론처럼 성자 하나님의 한 위격(person) 안에서 그의 신성과 인성은 참되며, 변화나 혼합이나 혼동 없이, 분리할 수 없게 서로 결합되어 있다. 신성과 인성이 한 위격 안에 존재하는 방식, 이를 일인격성(Unipersonality)라고 한다.

하지만 성경을 보면 예수 그리스도의 사역 가운데 서로 모순되어 보이는 장면들이 나온다. 어떻게 예수 그리스도는 전능하시면서 동시에 연약할 수 있는가? 어떻게 전지하면서 배우고 자라갈 수 있는가? 어떻게 이 세상을 떠나가면서 세상 어디에나 함께 계실 수 있는가? 이러한 난점들은 그리스도의 일인격성이 지니는 다음과 같은 점들을 고려할 때 이해할 수 있다.

1) 한 본성이 다른 본성이 할 수 없는 것을 한다

신성과 인성은 서로가 모순되는 성격이지만 그리스도의 한 위격 안에서 서로 모순 없이 변화나 혼합 없이 결합되어 존재한다. 이러한 존재 방식으로 인해 그리스도는 인성에 있어 우리와 똑같이 시험을 받으셨다(히 4:15). 하지만 신성에 있어서는 악에게 시험을 받지 않으셨다(약 1:13). 그는 인성으로는 하늘로 올라가셔서 더 이상 이 세상에 계시지 않다(요 16:28, 17:11, 행 1:9-11). 하지만 신성으로는 두세 사람이 예수의 이름으로 모인 곳에 함께하며(마 18:20), 세상 끝날까지 함께할 것이다(28:20, 참조 요 14:23). 인성의 관점에서 그는 약 30세쯤 되었지만(눅 3:23), 신성의 관점에서 그는 영원히 존재하셨다(요 1:1-2, 8:58). 인성으로는 배고프고(막 11:12) 목마르고(요 19:28) 피곤하셨지만(눅 4:6, 막 4:39), 신성으로는 그 순간에도 능력의 말씀으로 만물을 붙들고 계셨다(히 1:3). 인성으로는 제한된 지식을 갖고 계셨지만(눅 2:52, 막 13:32), 신성으로는 모든 것을 알고 계셨다(요 2:24-25, 4:17-18, 6:64, 13:21, 13:27, 16:30, 막 5:30, 14:30, 마 8:11-12, 22:29, 26:32, 눅 9:30-31).

2) 두 본성 중 하나가 한 것은 그리스도의 위격이 한 것이다

예수 그리스도의 사역을 보면서 우리가 모순되게 느끼는 이유는 신성과 인성 중 하나에 맞추어 이해의 일관성을 유지하려는 습관 때문이다. 우리는 그리스도 안에 있는 두 본성을 혼동 없이 상호 이해하는 가운데, 두 본성 중 하나가 한 것이라도 그것이 곧 그리스도 자신이 한 것으로 이해해야 한다. 신성이 했든 인성이 했든 결국은 예수 그리스도 한 분의 위격 또는 인격이 행한 것이기 때문이다.[15] 예수께서는 나의 신성이 세상 끝날까지 너희와 함께 하겠다고 말씀하지 않았다(마 28:20). 아브라함 전에 나의 신성은 존재했다고 하지 않았다(요 8:58). 나의 신성이 모든 것을 알았다고 하지 않았다. 결국 인성이 했든 신성이 했든 간에 결국은 예수 그리스도의 일인격이 행한 것이다. 따라서 우리는 때로 서로 모순되어 보이는 신성과 인성의 사역을 모두 그리스도께서 행한 것으로 받아들여야 한다.

3) 성육신의 이해

성육신을 어떻게 이해해야 할까? 웨인 그루뎀은 성육신을 "그의 이전 모습을 유지하면서 이전 모습이 아닌 것이 되는 것"이라 설명하였다.[16] 이는 완전하신 성자 하나님의 모습을 계속 유지하면서 동시에 이전 모습이 아닌 완전한 인간이 되셨다는 것이다. 예수 그리스도는 인간이 되실 때 신성을 포기하지 않으셨다. 동시에 전에는 소유하지 않았던 인성을 취하셨다. 그리고 이 두 본성을 한 위격 안에 모순 없이 변화나

---

15 ────── 전통적으로 서방교회는 위격을 인격(페르조나)으로, 동방교회는 위격을 존재(휘포스타시스)로 이해한다. 여기서는 하나의 인격을 강조하는 통일성 측면에서 함께 사용하였다.
16 ────── 웨인 그루뎀, 《조직신학 (중)》, 74.

혼합 없이 결합하여 존재하신다. 이것이 신성과 인성이 한 인격 또는 위격 안에 존재하는 예수 그리스도의 일인격성이다. 따라서 한 위격 안에 신성과 인성이 연합되었기에 예수님의 인성도 예배를 받기에 합당하며, 다른 어떤 인간도 소유하지 않은 죄 지을 수 없는 능력을 부여받았다.[17] 또한 그의 신성은 고난과 죽음을 경험할 수 있는 능력과, 우리가 경험하는 것을 체험으로 이해할 수 있는 능력, 나아가 우리를 위한 대속의 희생 제물이 될 수 있는 능력을 부여받았다.[18] 이것은 정말 놀라운 신비요 은혜요 감격이다. 이처럼 예수 그리스도의 성육신은 그가 완전한 하나님이요 완전한 인간임을 보여 주는 신비이며, 하나님과 사람 사이의 완벽한 중보자요, 구세주의 자격을 갖춘 분임을 보여 준다(딤전 2:5, 요일 4:2).

3. 예수 그리스도의 신분(지위)

예수 그리스도의 신분은 크게 비하와 승귀로 나뉜다(빌 2:6-11). 좀더 근원적으로는 비하와 승귀 이전에 그의 선재하심(pre-existence)이 있었다. 그는 근본(헬. 휘파르콘) 하나님의 본체 또는 형체(헬. 모르페)셨다(6절). 여기서 '근본'이란 예수 그리스도의 선재를 나타낸다. 하나님의 '본체' 또는 '형체'란 태초부터 하나님의 영광을 함께 가진 하나님 존재의 장엄하고 아름다운 본질이자 실상이다.[19]

3.1 그리스도의 비하

그리스도는 하나님의 본체였지만 하나님과 동등됨을 취하지 않으시고(6절) 오히려 자기를 비워 스스로를 낮추시고 종의 형체를 가지사 사람들과 같이 되셨다(7절). 또한 사람이 되셔서 자기를 낮추시고 이

---

[17] —— 위의 책, 74.
[18] —— 위의 책, 74.
[19] —— 제랄드 호돈, 채천석 역, 《빌립보서》 WBC 43 (서울: 솔로몬, 1999), 193; 또한 Peter O'Brien, *The Epistle to the Philippians*, NIGTC, Grand Rapids, Eerdmans, 1991, 212를 참조하라.

땅에 내려오셔서 죽기까지 복종하여 십자가에 죽으셨다(8절). 이를 그리스도의 낮아지심 또는 비하(卑下, Humiliation)라고 한다. 이를 세분해서 살펴보면 다음과 같다.

1) 성육신

성자, 곧 하나님의 말씀이 육신이 되셨다. 성경은 신적 메시아의 출생을 예언한 바 있으며(사 7:14, 9:6, 미 5:2), 이 예언대로 그는 성령으로 잉태되어 여인의 몸에서 죄 없이 태어나셨다(마 1:18, 20, 눅 1:35, 히 4:15). 성경은 예수 그리스도의 성육신을 밝히 증거한다(요 1:14, 고후 8:9, 딤전 3:16, 요일 4:2).

2) 고난

예수 그리스도는 전 생애에 걸쳐 고난을 당하셨다. 그는 영혼과 육신 모두가 전인적으로 고난받으셨다(사 53:1-12, 막 14:34, 마 27:46).

3) 죽으심

그의 십자가 죽음은 고난의 절정이었다. 그래서 그는 십자가에서 마지막 숨을 거둘 때 '다 이루었다'고 말씀하셨다(요 19:30). 그의 죽음은 온 인류의 죄를 지고 죽은 사법적 성격의 죽음이었다. 율법에 따르면 십자가에 달려 죽는 것은 저주받은 죽음을 의미한다(신 21:23). 그는 우리를 위해 저주 아래 놓여(갈 3:13, 4:4) 십자가에 죽음으로 율법의 가장 극한적인 요구를 충족시켰다(롬 5:12, 6:23).

4) 장사

그리스도가 죽으셨음을 확실하게 증거하는 것이 바로 그리스도의 장사되심이다. 그가 무덤에 묻히셨다는 것은 하나님의 영광의 본체인 그리스도께서 세상의 가장 비천한 곳까지 낮아지신 것을 가리킨다(막 15:46, 행 2:27, 31, 13:34, 35).

3.2 그리스도의 비하에 대한 오해

예수 그리스도가 이 땅에 오신 사건은 우리의 이해를 초월한 하나님의 파격이자 기적이다. 어떻게 하나님의 말씀이 육신이 되어 우리에게 오실 수 있는가? 하지만 이를 온전히 믿기를 거부하는 이단은 그리스도의 비하에 대한 수많은 억측과 왜곡된 주장을 일삼는다. 이들이 왜곡하는 그리스도의 비하에 대한 주장들을 살펴보자.

1) 성육신에 대한 오해: 구름 타고 오신 주님?

여러 이단이 그리스도가 이 땅에 성육신한 사건은 여호와의 영이 예수라는 인간의 육체에 임한 사건이라고 주장한다. 이것을 구름을 타고 오는 사건이라고 주장한다. 여기서 '구름'은 '영'을 비유한 것이다.[20] 예수가 구름을 타고 왔기에 승천도 구름을 타고 하고, 재림도 다시 구름을 타고 오는데, 초림 때에 예수의 육체에 온 것처럼 또 다른 육체에 영으로 임한다는 것이다. 이런 논리로 이단 교주는 자신이 육체 사명자로, 자기 육체에 예수의 영이 구름 타고 임했다고 주장한다.

이들이 예수가 영적으로 임했다고 주장하는 배후에는 '영은 육을 들어 쓴다'는 전제가 있다. 영은 육을 들어 쓰기에, 하나님의 영이 예수라는 육체를 들어 쓴 것이다. 이는 결국 교주의 육체에 예수의 영이 임했다며 현재의 교주를 재림주로 둔갑시키기 위한 장치이다.

하지만 이들이 구름을 영으로 해석하는 것은 성경적 근거가 없다. 이들의 주장대로 예수께서 구름을 타고 왔다고 하는 해석은 예수의 재림을 해석할 때 자기 모순에 이르게 된다. 생각해 보라. 부활하신 예수께서 영이신데, 예수가 구름을 타고 재림한다면 영이 영을 타고 재림한다는 말이 된다. 영이 영을 타고 임할 수 있는가? 우리는 이런 미혹되는 말에 흔들리지 말아야 한다.

또 다른 이단은 '구름'을 '육체'의 비유라고 주장한다.[21] 따라서 재

---

20 ———— 김건남·김병희,《신탄》(서울: 도서출판 신천지, 1985), 354.
21 ———— 진용식,《하나님의 교회 길자교 안상홍 증인회의 실체는?: 안상홍의 오류를 밝힌다》, 63-65.

림주가 구름을 타고 온 것은 육신을 입고 온 것을 뜻한다는 것이다. 이들이 주장하는 근거 본문은 히브리서 12장 1절의 '구름 같이 둘러싼 허다한 증인들'이다. 여기서 구름은 곧 육체이기에 천상에 있는 수많은 영적 증인들이란 의미가 된다. 유다서 1장 12절도 이에 대한 증거 본문으로 사용한다.

> 그들은 기탄 없이 너희와 함께 먹으니 너희의 애찬에 암초요 자기 몸만 기르는 목자요 바람에 불려가는 물 없는 구름이요 죽고 또 죽어 뿌리까지 뽑힌 열매 없는 가을 나무요

이 구절에서도 '자기 몸만 기르는 목자'를 구름이라고 했으니 곧 구름은 육체를 말한다는 것이다. 하지만 이는 본문을 무리하게 짜 맞추는 해석이다. 히브리서 12장 1절의 '구름 같이 둘러싼 허다한 증인'은 구름이 곧 영임을 나타내는 것이 아니라 사람이 많음을 비유적으로 나타낸 것이다. '구름 같이'라는 것은 '구름이 빽빽한 것처럼 사람들이 많다'는 의미다. 따라서 '수없이 많은 증인들'이라는 뜻으로 표현한 것이다. 거짓 목자들을 '바람에 불려가는 물 없는 구름'이라고 한 것은 그들이 비 내리는 유익을 주는 것이 아니라 바람에 불려가는 것처럼 정처 없이 다니며 피해만을 끼치는 열매 없는 이들임을 비유적으로 나타낸 것이다.

만약 이들의 주장대로 구름이 인간이라면 이스라엘 백성들이 출애굽해서 광야에서 만난 구름기둥(출 13:21)은 육체들로 쌓아올린 인간기둥인가? 또 변화산에서 제자들을 덮은 구름(눅 9:34-35)은 제자들을 덮친 어떤 육체인가? 구름 속에서 난 소리는 이들을 덮친 육체에서 어떤 소리가 났다는 말이 된다. 나아가 주님께서 재림하실 때 살아 있는 성도가 구름 속으로 끌어 올려 공중에서 주를 영접하는 사건이 일어날 때(살전 4:17), 신자가 구름 속으로 끌어 올리는 것은 또 다른 육체로 끌어 올린다는 말인가? 이처럼 무리한 비유는 결국 교주를 재림주로 믿게 만드는 이상하고 기괴한 거짓말에 불과하다.

2) 그리스도의 비하는 하나님보다 열등한 피조물임을 나타낸다?

어떤 이단은 예수 그리스도의 비하는 예수의 열등함을 드러낸다고 주장한다. 그들은 '하나님과 동등됨을 취할 것으로 여기지 않고 자기를 낮추었다'는 표현(빌 2:6-8)이 예수가 성부 하나님보다 열등한 존재임을 드러낸다고 한다. 또한 성경은 예수가 모든 창조물 가운데 '처음 나신 분'이라 부르는데(골 1:15), 이를 요한복음 3장 16절은 '독생자'라고 한다. 그러나 그들은 하나님께 독생자가 있다는 것은 하나님께서 직접 창조하신 분이 예수뿐이라는 사실을 보여 주며, 독생자는 자기 아버지와 동등해지려고 생각해 본 적이 없다고 주장한다. 성경은 아버지께서 아들보다 크시다고 명백하게 가르친다는 것이다(요 14:28, 고전 11:3).[22] 이들은 예수가 아버지께서 하시는 일을 보지 않고는 아무것도 스스로 할 수 없다(요 5:19)고 말씀하신 것을 근거로 성자가 성부보다 열등하다고 주장한다.

과연 그리스도의 비하는 성자의 열등함을 드러내는가? 한마디로 결코 그렇지 않다!

첫째, 예수가 하나님과 동등됨을 취할 것으로 여기지 않고 자기를 낮춘 것은 동등됨을 포기했다는 말이 아니다. 오히려 성경은 예수가 근본 하나님과 동등한 분이었음을 말한다(히 1:3). 하지만 성자는 인류를 구원하기 위하여 그 동등됨을 잠시 보류했다(빌 2:6, 난하주 2번 참조). 보류는 포기가 아니다. 보류는 잠시 미루어 둔 것이다. 물론 이따금씩 성자는 자신이 하나님과 동등됨을 계시하기도 하였지만(요 5:18), 그는 십자가에 죽을 때까지 하나님과의 동등됨을 보류하셨다. 그리고 부활하여 하나님과 동등된 원래의 자리에 오르셨고, 모든 입이 그를 주 하나님이라 시인하여 영광을 돌리게 되었다(빌 2:10).

둘째, 예수가 모든 창조물 중 처음 나신 분, 또는 하나님의 독생자라는 표현은 그 자체로 하나님의 피조물이란 표현이 아니다. 여기서 독생하였다는 것은 성부, 성자, 성령의 삼위일체 안에서의 존재 방식을 말

---

[22] 워치타워성서책자협회, 《성서는 실제로 무엇을 가르치는가?》 (New York: 워치타워성서책자협회, 2016), 41-42.

한다. 성부의 존재 방식은 성자를 영원히 낳으시는 분이다. 여기서 낳았다는 것은 인간적인 출산을 의미하는 단회적인 사건이 아니다. 이는 성자와의 영원한 관계 속에서 아버지 되심을 나타내는 일종의 비유적 표현이다. 낳았다는 의미는 피조되었다는 의미가 아니라 영원히 같은 본질 가운데 아버지 되심을 강조하는 표현이다.

성부는 성자를 영원히 낳으시는 분이고, 성자는 영원히 성부로부터 낳아지는 관계다. 한 번의 사건으로 완료되는 것이 아니라 영원토록 낳으시는 관계로, 이는 성부 성자의 영원한 관계적 존재 방식을 나타낸다. 성경에서 낳았다는 표현은 물리적 출생이 아니라 근본적인 인격적 관계의 변화를 표현하는 데 종종 사용된다. 여기서 '낳다'를 의미하는 헬라어 '게나오'는 단순한 물리적 출생만이 아니라 어떤 새로운 결과나 관계를 일으키거나(cause), 발생시키는(generate) 것을 의미한다. 요한일서와 요한복음은 이러한 의미에서의 '낳다'는 것이 무엇인지를 잘 보여준다(요일 2:3, 3:9, 4:7, 5:1, 4, 18, 참조 요 1:12-13, 3:3-8).

이렇게 볼 때 골로새서 1장 15절의 '먼저 나신 자'(헬. 프로토토코스)는 가장 먼저 낳았다는 출생의 순서를 말하는 것이 아니라, 신분과 관계의 우위를 나타낸다. 성자는 영원히 성부의 첫아들이 되는 관계에 있어서 영원히 출생하는 관계로 존재한다(참조 히 1:6). 존재론적으로는 동등하지만, 하나님의 구원 역사를 이루어 가는 경륜적 관계에 있어서 아버지와 아들의 관계로 존재하신다는 면에서 아버지는 아들보다 크고, 아들은 아버지가 하시는 일을 보고 순종하는 관계다.

3) 예수가 십자가 지신 이유

예수께서 십자가 지심은 우리 죄 때문이다. 우리를 죄에서 구원하기 위함이다. 그러나 이단은 그 이유를 교묘하게 비틀어 버린다. 그렇다면 이단들은 예수께서 십자가 지신 이유를 무엇이라 설명하는가?

첫째, 예수께서 십자가를 지신 이유는 새 언약을 세우기 위함이라는 것이다. 하나님께서는 예레미야 31장 31-33절에 새 언약을 약속하셨고, 이 새 언약은 예수 그리스도의 피로 세운 새 언약이다(히 8:10-12). 주의할 것은 예수의 십자가는 언약을 성취한 것이 아니라, 새 언약을 세운 것까지다. 이 새 언약은 결국 교주가 재림한 오늘날의 계시록 시대에 성취되어야 한다는 것이다. 따라서 십자가의 강조점이 죄 사함과 구원보다는 새 언약을 세움에 있다. 이렇게 말한 것은 이들이 주장하는 시대별 구원자론에 따라 예수님은 구약 시대의 다른 구원자처럼(아담, 노아, 아브라함, 모세) 초림 시대의 구원자일 뿐이고, 오늘날의 계시록 시대에는 교주를 통한 구원이 있다고 주장하기 위함이다.

둘째, 예수께서 십자가를 지신 이유는 무지 때문이라는 것이다. 예수님 시대에 대제사장과 바리새인과 서기관과 같은 당시의 교권주의자들은 초림시대의 메시아에 대한 예언서의 지식이 없어 메시아를 알아보지 못했다. 예언서에는 메시아가 고운 모양도 없고, 풍채도 없어 흠모할 만한 아름다운 것이 없다고 했지만(사 53:2), 당시의 교권주의자들은 이를 알아차리지 못했다. 그래서 호세아 4장 6절은 '내 백성이 지식이 없으므로 망하는도다'고 탄식했다.

마찬가지로 오늘날의 계시록 시대 때 교주가 새 시대의 구원자로 왔지만, 세상 사람들의 기준으로 흠모할 만한 모습이 없다. 외모도, 학력도, 말하는 모습도 꼭 촌티 나는 구수한 시골 아저씨처럼 보인다. 말씀의 지식이 없으면 너무나도 평범한 이런 모습 때문에 다시 오신 재림주를 알아보지 못한다는 것이다. 결국 지식이 없는 장로교, 감리교, 침례교 등의 교권주의자들이 재림주를 이단으로 정죄하고 죽이려 한다. 결국 예수님이 십자가 지신 이유를 말씀에 대한 무지로 돌려 이단이 주장하는 교묘한 논리에 귀 기울이도록 하기 위함이다.

★ 십자가는 우상 숭배인가

일부 단체는 십자가를 우상 숭배라고 주장하며, 기성 교회는 우상 숭배를 한다고 주장한다. 이들의 주장을 요약하면 다음과 같다.
첫째, 십자가는 기독교에서 사용하기 전에 이교도들이 사용하던 종교적 숭배의 상징이었다. 이는 기독교가 이방 종교를 흡수하여 타락하였다는 증거다.

둘째, 초대교회에서 십자가를 사용하지 않았다. 십자가가 사용된 것은 주후 431년의 일이고, 주후 586년에 가서야 예배당 꼭대기에 십자가를 세워 두었다.

셋째, 성경은 십자가가 우상이라고 예언하였다. '열방의 규례는 헛된 것이라 그 위하는 것은 삼림에서 벤 나무요 공장의 손이 도끼로 만든 것이라. 그들이 은과 금으로 그것에 꾸미고 못과 장도리로 그것을 든든히 하여 요동치 않게 하나니 그것이 갈린 기둥 같아서 말도 못하며 걸어다니지도 못하므로 사람에게 메임을 입느니라 그것이 화를 주거나 복을 주지 못하나니 너희는 두려워 말라 하셨느니라'(렘 10:3-5, 개역한글). 여기서 '갈린 기둥'은 십자가를 가리키며 이는 삼림에서 베어다가 공장의 손으로 만든 것이므로 그 자체로는 우리를 구원할 수 없는 우상에 불과하다는 것이다.

이에 대한 주장을 우리는 어떻게 반박할 수 있을까?

첫째, 십자가는 예수 그리스도 이전부터 존재했던 사형틀로 여러 상징으로 사용된 흔적이 있으나, 이것과 상관없이 우리의 구속을 위한 하나님의 은혜와 사랑의 상징이 된 것은 예수 그리스도의 십자가 사건 때문이다. 이전에 다른 상징이었다 하더라도 그리스도 이후 그 의미가 완전히 바뀌었다.

둘째, 초대교회에서 십자가의 사용 흔적이 발견된다.[23] 3세기 초 테르툴리아누스는 십자가에 대하여 언급한 바 있고, 카타콤에서는 휴대용 십자가가 발견되었다. 이런 글귀가 쓰여 있는 십자가도 있었다. '나에게 십자가는 생명이지만, 오 원수여, 너에게는 죽음이다.'

셋째, '갈린 기둥'은 십자가가 아니다. 예레미야 10장 5절의 '갈린 기둥'이란 표현에서 '갈린'(히. 미크샤)은 '갈다' 혹은 '연마하다'라는 뜻으로, 원래는 망치질이나 주형으로 둥글게 한 것을 의미한다. 그래서 개역개정 성경은 이를 '둥근 기둥'이라고 번역하였다. 게다가 십자가는 로마 시대에 등장하는 사형틀로, 구약시대에는 좀처럼 등장하지 않는다.

---

23 ──── 진용식, 142.

4) 예수께서 지옥에 내려가셨는가

예수 그리스도의 비하와 함께 가장 많이 추측하고 의문을 제기하며 오해하는 부분이 있다. 예수 그리스도는 죽음 이후 과연 음부에 내려가셨는가 하는 것이다. 어떤 이단 단체는 예수 그리스노가 죽음 이후 음부 또는 지옥에 내려가셔서 지옥에 있는 이들에게도 복음을 전하고 구원받을 기회를 주었다고 주장한다. 이렇게 되면 지옥은 영원 형벌을 받는 곳이 아니라 다시 구원받을 가능성이 있는 곳이 된다. 그래서 어떤 이들은 예수님이 가신 곳은 연옥이며 이들에게 천국에 갈 수 있는 길을 주셨다는 주장까지 한다. 과연 이것은 사실일까? 이들이 주장하는 성경적 근거도 언뜻 볼 때 그럴듯하다. 이들이 주장하는 근거는 다음과 같다.

> 그가 또한 영으로 가서 옥에 있는 영들에게 선포하시니라 그들은 전에 노아의 날 방주를 준비할 동안 하나님이 오래 참고 기다리실 때에 복종하지 아니하던 자들이라 방주에서 물로 말미암아 구원을 얻은 자가 몇 명뿐이니 겨우 여덟 명이라(벧전 3:19-20)

언뜻 볼 때 예수께서는 지옥에 간 영혼들에게 영으로 찾아가셔서 그들에게 복음을 전하시고 다시 믿고 구원받을 기회를 주신다는 말처럼 들린다. 이것은 다음 구절에서도 마찬가지다.

> 이를 위하여 죽은 자들에게도 복음이 전파되었으니 이는 육체로는 사람으로 심판을 받으나 영으로는 하나님을 따라 살게 하려 함이라(벧전 4:6)

여기서 죽은 자들에게 복음이 전파되었다는 말은 무슨 뜻일까? 정말 예수께서 십자가 죽음 이후 영으로 지옥에 내려가셔서 복음을 전파하고 이들을 구원하신 것일까?

여기서 자칫 오해하기 쉽기에 주의해야 할 표현 세 가지가 있다.

첫째는 '옥'이란 표현이다. 여기서 '옥'이란 무엇일까? 흔히 '지옥'을 생각한다. '옥'은 헬라어 '필라케'로 주로 감옥 혹은 감금 상태를 말한다(마 5:25, 14:3, 10, 18:30, 25:36). 반면 성경은 '지옥'을 별도로 가리키는 단어로 '게헨나'를 사용한다(5:22, 29, 30, 10:28, 18:9, 23:15, 33, 약 3:6). 이는 공중 권세 잡은 하늘의 악한 영들이 임시로 감금되어 있는 곳을 의미한다.[24]

둘째는 옥에 있는 '영들'이 누구인가 하는 것이다. 이들을 지옥에 간 사람들로 생각할 수 있으나 여기서는 타락한 천사들, 즉 사탄과 그의 졸개들을 말한다. 이들은 노아의 시대에도 사람들을 충동하며 불순종하고, 불순종하게 하던 이들이다.

셋째는 '선포하시니라'는 표현이다. 이 말은 언뜻 듣기에 '복음을 전파했다' 또는 '복음을 선포했다'는 표현으로 들린다. 하지만 '선포하시니라'(헬. 케뤼소)는 표현은 복음을 전파했다(헬. 유앙겔리조)는 표현과 다르다. 여기서 '선포했다'(헬. 케뤼소)는 예수 그리스도의 십자가로 사탄의 세력을 깨뜨리고 승리하셨음을 '선포했다'는 의미다. 이들에게 선포한 이유가 무엇일까? 그것은 예수에게 지극히 높은 이름을 주어 하늘에 있는 자들뿐 아니라 땅 아래 있는, 즉 옥에 있는 영들에게까지 예수의 이름에 무릎을 꿇게 하기 위해서다.

이렇게 볼 때 넷째, '죽은 자들'(벧전 4:6)의 의미가 명확해진다. 여기서 '죽은 자들'은 예수를 신실하게 잘 믿던 자들을 의미한다. 믿지 않고 죽은 자들이 아니다. 따라서 베드로전서 4장 6절의 말씀은 '신실하게 믿던 신자들에게 죽음이 심판처럼 다가왔어도, 그들은 살아 있을 때 복음을 잘 믿었기에 다가오는 온전한 부활을 기다린다'는 뜻이다.

다섯째, '영으로는'(3:19)은 사람의 영혼을 말하는 것이 아니라 죽은 자를 살리는 '성령'을 말한다(참조 롬 8:11, 겔 37:5-6).

끝으로, 사도신경 일부 사본에 있는 '지옥으로 내려가사'라는 표현을 주의할 필요가 있다. 이것은 사도신경 새번역 난하주 1번에 나온 설명처럼 대부분의 초기 사본에는 없는 표현이다. 그만큼 예수님이 지옥에 내려가신다는 표현에 대한 초대교회의 생소함과 반감이 있었던 것

---

24 ──── 목회와신학 편집부, 《야고보서 벧전후·유다 어떻게 설교할 것인가》 How 주석 시리즈, (서울: 두란노, 2007), 263-264.

이다. 주후 390년 루피누스의 수정본 이전의 문서에는 이 표현이 전혀 나타나지 않는다. 루피누스는 당시 이것을 예수님이 지옥에 가셨다는 표현이 아니라 무덤에 내려가셨다는 의미로 이해했다.[25] 이후 이 표현은 삭제되어 이후에 나타나지 않다가 주후 650년이 되어서야 등상했다. 이때도 많은 이들이 이를 '지옥의 고통을 겪으셨다'는 의미로 이해했다. 따라서 이 표현은 앞의 논의를 종합하여 볼 때 '포괄적 표현'으로 이해해야 한다. 즉 예수 그리스도께서 십자가에 죽음으로 자신을 죄와 사망의 권세 아래 내어 주셨음을 나타내는 포괄적 표현이다.

3.3 그리스도의 승귀

그리스도는 죽음에서 부활하여 하나님 아버지께 높임을 받으셨다. 모든 이름 위에 뛰어난 이름을 주시고 하늘과, 땅과, 땅 아래에 있는 자들로 모든 무릎을 예수의 이름에 꿇게 하셨고, 모든 입으로 예수 그리스도를 '주'(퀴리오스, 아도나이)로 불러 하나님께 영광 돌리게 하셨다(빌 2:9-11). 이를 그리스도의 높아지심, 즉 승귀(昇貴, Exaltation)라고 한다. 그리스도의 승귀는 부활, 승천, 하나님 우편에 앉으심, 재림 등의 단계로 나누어 볼 수 있다. 이 각각의 단계들은 우리의 신앙에 매우 중요한 의미를 갖는다. 이를 구체적으로 살펴보도록 하자.

1) 부활
A. 성경의 증거

예수 그리스도는 죽은 지 사흘 만에 부활하였다. 그의 부활은 성경 곳곳에서 증거하고 있다. 먼저 가장 먼저 찾아간 막달라 마리아와 여인들이 천사들의 증거(마 28:5-6)와 빈 무덤을 보고(눅 24:1-3) 또 부활의 주님을 친히 만나 부활의 증인이 되었다(마 28:8-10, 막 16:9-10, 요 20:18). 이후 베드로와 요한도 예수님의 빈 무덤을 확인하였다(요 20:3-8). 이후 엠마오로 가는 두 제자에게 나타나셨고(눅 24:13-35, 막 16:12-13), 베드로에게 나타나셨다(눅 24:34, 고전 15:5), 이후 열한 제자에게도 나타나셨고

---

[25] ──── 웨인 그루뎀, 노진준 역,《조직신학 (하)》(서울: 은성, 1996), 118.

(눅 24:36-43, 요 20:19-23, 21:1-23, 26-29), 오백여 형제들에게 일시에 보이기도 하셨다(고전 15:6). 이런 부활은 예수께서 공생애를 하면서 미리 예언했던 부분이기도 했다(마 16:21, 17:9, 22-23, 20:19, 26:32, 27:63, 막 10:34, 눅 18:33, 24:5-9). 또한 요한계시록은 계속해서 하늘에서 다스리실 부활하신 그리스도를 증거한다. 그는 마침내 이 세상의 원수를 완전히 정복하고 이 세상을 새롭게 하여 영광 중에 이 세상에 다시 오실 것이다.

B. 부활의 본질

꽤 여러 이단 교주가 생전에 자신이 죽으면 부활할 것을 예언하였다. 그러나 아직까지 그 어떤 교주도 부활하지 못했다. 어떤 이단 신도들은 부활할 것이라는 교주의 말을 믿고 그의 시신을 처리하지 않고 일주일이 넘게 장례식장에 그대로 안치하여 두었다. 하지만 시간이 갈수록 시체가 심하게 부패해 역겨운 냄새가 진동하여 더 이상 버티지 못하고 매장하기도 하였다. 교주가 부활하지 못하자 그 이단들은 할 수 없이 영적 부활을 주장하기 시작했다. 교주가 이미 영적으로 부활했고, 종말의 날에 영으로 다른 사람의 육체를 입고 또 다른 형태로 강림한다고 주장했다.

주의해야 할 것은 여러 이단이 생각하는 교주의 부활은 죽었다가 다시 살아나는 일종의 '소생'의 차원이라는 점이다. 성경에는 죽음에서 다시 살아난 소생을 경험한 사람들이 있다. 나사로는 예수 그리스도의 능력으로 무덤에 장사된 지 나흘 만에 살아났다(요 11:39-44). 회당장 야이로의 딸도 죽음에서 소생했다(막 5:41-42). 구약에도 엘리야 선지자가 사르밧 과부의 아들을 살렸고(왕상 17:20-24), 엘리사 선지자도 수넴 여인의 아들을 살렸다(왕하 4:32-35). 만약 생명이 다시 소생하는 차원의 부활을 말한다면 부활은 이미 구약 시대에 일어났던 사건이다.

하지만 성경이 증거하는 예수 그리스도의 부활은 단순한 소생의 차원이 아닌 질적으로 다른 부활이다. 예수 그리스도가 부활한 몸은 다시 썩지 않는다(고전 15:42). 그리고 강한 몸이다(15:42). 더 이상 연약함, 질병, 노쇠, 죽음에 얽매이지 않고 영원히 살 수 있는 새로운 종류의 생명을 소유한 몸이다(15:42). 또한 그의 몸은 영광스러운 몸이다(15:43). 그의 몸은 천상의 광채로 빛이 나는 몸이고 신령한 몸(spiritual body)이다 (15:44, 계 1:13-16). 확실히 이전의 육체와는 다른 몸이다. 그래서 그는 때로 제자들에게 문이 닫힌 가운데 갑작스럽게 출현하고(요 20:19, 눅 24:36) 사라질 수 있었다(눅 24:31). 그래서 예수 그리스도를 알았던 제자들도 그의 부활하신 몸을 보고 단번에 알아보지 못했던 경우가 종종 있었다(24:13-32). 막달라 마리아도 예수님을 첫 번에 알아보지 못했다(요 20:14-16). 예수님을 알아보려면 육체만을 알아보던 눈이 새롭게 밝아져야 했다(눅 24:16, 31).

그의 몸은 신령한 몸인 동시에 물질적인 육체이기에 그는 떡과 생선을 잡수시고(요 21:13), 제자들은 그의 발을 붙잡고(마 28:9) 손과 옆구리를 만져 볼 수 있었다(20:27). 예수께서는 친히 자신의 손과 발을 보고 그를 만져 보라고 초대하셨다(눅 24:39). 이는 그가 영적으로 부활한 것이 아니라 육체적으로 부활하셨음을 확신시키기 위함이었다. 후에 베드로는 예수께서 부활하신 후 제자들과 함께 식사하셨음을 고넬료의 집에서 증언했다(행 10:41). 예수의 육체적 부활은 예수의 부활이 영적 차원의 부활이 아니라 전인적 차원의 부활임을 입증한다.

예수 그리스도께서 부활의 생명으로 얻은 신령한 몸은 타락 전의 아담도 얻지 못한 것이었다. 이런 신령한 몸은 아담이 행위언약 아래 하나님의 명령을 철저히 순종하고 지키면 얻게 될 모습일 수 있다. 그러나 아담은 불순종과 타락으로 인해 육에 속한 흙의 사람으로 죽음에 이르렀다. 감사한 것은 예수 그리스도께서 하나님께 죽기까지 순종하여 부활의 생명으로 신령한 몸을 얻은 마지막 아담이 되어, 온전한 하늘에 속한 이의 형상을 소유하게 되었다는 사실이다(고전 15:45-49).

꼭 기억해야 할 것은 이렇게 전인적으로 부활하신 예수 그리스도께서 부활하신 육체의 모습 그대로 이 땅에 재림한다는 것이다. 그리스도께서 제자들이 보는 앞에서 승천할 때, 천사들은 제자들에게 이 예수가 하늘로 가심을 본 그대로 다시 오실 것이라고 선언했다(행 1:11). 2천 년 전 부활하신 그 부활의 육체 모습 그대로 다시 오신다! 많은 이단이 예수의 재림은 예수의 영이 다른 육체를 통해 다시 등장하는 재림이라고 주장한다. 하지만 성경은 분명 2천 년 전 신령한 몸으로 부활하신 바로 그 그리스도가 그대로 이 땅에 다시 온다고 말씀한다.

C. 부활의 의미

첫째, 예수 그리스도의 부활은 선언적 의미를 갖는다. 예수 그리스도의 부활은 정의로운 하나님께서 예수 그리스도의 십자가 죽음을 성령의 능력으로 의롭다고 인정하여 선언한 사건이다(딤전 3:16). 이렇게 그리스도가 칭의받으신 사건이 바로 부활이다. 월터스토프에 따르면 정의란 그 사람에게 돌려야 할 마땅한 응분의 몫, 또는 권리, 또는 이를 돌려주려는 항구적 의지를 뜻한다.[26] 이 정의에 따르면 예수 그리스도가 모든 사람을 위하여 죽으신 그 죽음에 돌려야 할 마땅한 몫, 보상, 권리는 바로 부활이다. 공의로우신 하나님은 예수 그리스도의 죽음을 부활로 돌려주셨다. 이뿐만 아니라 그를 지극히 높이셔서 하나님의 정의를 실현하셨다. 예수 그리스도의 죽음이 죽어 마땅한 죽음이 아니라, 그렇게 죽어서는 안 될 의로운 죽음이라는 것을 부활을 통하여 인정하시고 온 천하에 선언하신 것이다.

하나님은 예수 그리스도의 부활을 통해 크게 두 가지를 인정하셨다. 첫째, 예수 그리스도가 아담이 불순종함으로 말미암아 온 인류에 퍼진 죄와 사망을 대신 지고 대속제물로 의롭게 죽으셨음을 인정하셨다. 율법이 요구하는 죄의 삯, 즉 사망의 값을 치르신 것이다. 이것은 율법이 갖는 부정적 요구다. 둘째, 예수 그리스도가 아담이 성취하지 못한 율법의 모든 요구를 온전히 이루시며 죄 없이 사셨음을 인정하셨다. 이것은 율법의 긍정적 요구다. 하나님은 예수 그리스도가 율법이 요구하는 하나님의 뜻을 온전히 성취하셨을 뿐 아니라, 그 율법이 요구하는 부정적 요구, 즉 온 인류에 대한 죄의 삯을 치르라는 요구를 죽기까지 순종하심으로 하나님의 뜻과 율법의 요구를 완전히 충족시켰음을 인정하셨다(참조 빌 2:8, 갈 4:4, 5:3).[27]

---

[26] ──── 니콜라스 월터스토프, 홍종락 역, 《사랑과 정의: 정의로운 사랑은 가능한가》 (서울: IVP, 2017), 157-166.
[27] ──── 강웅산, 《구원론》 (화성: 말씀과 삶, 2016), 307.

둘째, 예수 그리스도의 부활은 상징적 의미를 갖는다. 부활은 그리스의 몸 된 지체들에게 장차 일어날 온전한 부활을 상징한다. 하나님이 예수 그리스도를 부활시켰던 것처럼 그의 권능으로 우리 또한 다시 온전한 영광 중에 살리실 것이다(고전 6:14). 이런 면에서 예수 그리스도는 부활의 첫 열매가 되신다(15:20, 23). 종말에 우리는 그리스도와 연합하여 그의 부활과 같은 부활을 맞이할 것이다(롬 6:5). 이는 영혼의 부활만이 아닌 우리 몸의 부활을 포함하는 온전한 전인적 부활이다(8:11). 이는 인류의 조상 아담이 얻지 못했던 온전한 영광의 몸을 입는 부활이다(고전 15:49, 51). 이뿐만 아니라 부활하신 그리스도가 하나님 보좌 우편에 계셨던 것처럼 우리 또한 부활하여 하나님 앞에 서게 될 것이다(고후 4:14).

셋째, 예수 그리스도의 부활은 도구적 의미를 갖는다. 이는 예수 그리스도의 부활은 성도의 칭의, 중생, 성화, 부활 등을 이르게 하는 통로 혹은 도구가 된다는 뜻이다. 예수 그리스도는 우리의 칭의를 위하여 부활하셨다(롬 4:25). 그의 부활이 성도 칭의의 통로가 된다. 또한 그의 부활은 성도의 중생을 일으킨다(5:10, 벧전 1:3, 엡 1:20), 그의 부활의 능력을 통하여 우리는 거룩함을 이루어 간다(롬 6:22, 12:1, 고전 1:30, 6:11, 고후 7:1, 엡 4:24). 예수 그리스도의 부활은 모든 성도가 맞이할 부활의 통로가 된다(고전 15:21). 그리스도의 부활이 없으면 우리에게도 부활이 없다.

끝으로, 예수 그리스도의 부활은 윤리적 의미를 갖는다. 여기에는 크게 세 가지 의미가 있다.

먼저, 우리의 삶은 부활 이후의 영원이 있기에, 이 땅에서 흔들리지 않고 견고하여 주의 일에 더욱 힘써야 한다. 이 땅에서 주 안에서 힘쓴 일들이 헛되이 끝나지 않기 때문이다(15:58).

둘째, 하나님은 우리가 주님을 사랑함으로 애쓴 것에 대하여 상을 주신다(딤후 4:8, 약 1:12, 계 3:11, 참조 히 11:26). 만약 부활이 없고 이 세상에서의 생이 다라면 우리는 정말 불쌍한 사람들이다(고전 15:17-19).

셋째, 우리는 우리 안에 있는 부활의 능력으로 죄와 치열하게 싸워야 한다. 이제부터는 그리스도 예수 안에서 하나님께 대하여 살고 죄에 대하여 죽은 자로 여겨야 한다. 죄가 우리 몸을 지배하지 못하게 해야 한다. 오직 우리의 몸을 하나님께 의의 무기로 드려야 한다(롬 6:11-13).

2) 승천

예수 그리스도는 부활 후 40일간 제자들과 함께 있다가(행 1:3) 제자들이 보는 앞에서 하늘로 올려져 가셨다(눅 24:50, 행 1:9, 막 16:9). 그리스도의 승천은 예수께서 지상에서 사역하시면서 이미 수차례 예고하셨다(요 6:62, 14:2, 12, 16:5, 10, 17, 28, 17:5, 20:17). 그렇다면 승천이란 무엇이며, 어떤 의미를 가질까?

첫째, 승천은 예수 그리스도께서 '보류'했던 성자의 영광을 회복하는 사건이다(빌 2:6). 예수께서는 '창세 전에 아버지와 함께 가졌던 영광'이 있으셨다(요 17:5). 그의 승천은 이 영광으로 다시 올리우는 사건이다. 성부 하나님은 성자 예수를 지극히 높여(빌 2:9) 모든 입으로 예수 그리스도를 하나님, 곧 '주'라 불러 영광을 돌리게 하셨다(2:11). 그래서 그의 승천은 영광 가운데 올리우신 영광의 승천이다(딤전 3:16). 그는 승천하여 천사와 비교할 수 없을 정도로 위대하게 되셨을 뿐 아니라 더 뛰어난 이름을 얻으셨다(히 1:4). 또한 그는 하늘에서 천사들의 찬송과 영광을 받으신다(계 5:12).

둘째, 승천은 예수께서 하늘과 땅의 모든 권세를 소유하게 됨을 알리는 사건이다. 예수 그리스도는 승천하기 직전 하늘과 땅의 모든 권세가 있음을 제자들에게 선언하였다(마 28:18). 하늘과 땅과 땅 아래의 모든 이들은 승천하신 그리스도에게 무릎을 꿇고 그를 '주'로 고백해야 한다(빌 2:10-11). 이는 승천하신 그리스도가 하늘과 땅의 모든 권세를 소유한 통치자이자 주가 되심을 보여 준다.

셋째, 그리스도의 승천은 성도의 승천을 예고한다. 성도는 그리스도께서 승천하셨던 것처럼 구름 속으로 끌어 올려 공중에서 주를 맞이하고 영원토록 그와 함께 있을 것이다(살전 4:17).

넷째, 그리스도의 승천은 장차 그리스도를 따라 승천할 성도들의 처소를 예비하기 위한 것이기도 하다. 예수께서는 성도를 위하여 처소를 예비하러 갈 것이고, 처소를 예비하면 다시 성도들을 그곳으로 초대

할 것이라고 하셨다(요 14:2-3).

3) 하나님 우편에 앉으심

예수께서는 부활, 승천하여 하나님 보좌 우편에 앉으셨다(막 16:9, 롬 8:4, 골 3:1, 히 1:3, 8:1, 10:12, 12:2, 벧전 3:22). 이는 예수께서 지상사역 중에 예고하셨던 부분이다(마 26:65, 막 14:62, 눅 22:69). 더 이전에는 구약성경 시편에서 그리스도가 하나님의 우편에 앉을 것을 예언했다(시 110:1). 이 예언대로 그리스도는 하나님의 보좌 우편에 있는 어린 양의 보좌에 앉으셨다(계 22:1).

그렇다면 예수 그리스도가 하나님의 보좌 우편에 앉았다는 것은 어떤 의미가 있을까? 구약에서 왕의 우편에 앉았던 역사적 기록이 한 곳에 나온다. 솔로몬의 어머니 밧세바 왕비가 왔을 때, 어머니를 위하여 보좌 우편에 자리를 베풀고 앉도록 한 장면이다(왕상 2:19). 고대 근동에서 권력자의 우편에 앉는다는 것은 그 권력자의 특권과 권위와 동등한 자리에 앉는 것을 의미했다.[28] 그리스도께서 하나님의 보좌 우편에 앉으셨다는 것은 성부 하나님의 모든 특권과 권위를 갖고 모든 통치와 권세와 능력과 주권과 이 세상뿐 아니라 오는 세상에 일컫는 모든 이름 위에 뛰어나게 되어 만물을 그의 발 아래 복종하게 하시고 통치하심을 의미한다(엡 1:20-22, 참조 벧전 3:22). 이는 그가 성육신을 위하여 보류하셨던 성부와 동등한 하나님 되심의 권세와 통치를 회복하심을 의미한다.

성경을 보면 그리스도는 보좌에 앉아 계시기만 한 것이 아니라, 때로는 서 계시고(행 7:56), 우편에 계시기도 하며(롬 8:34, 벧전 3:22), 심지어는 금 촛대 사이를 거니시기도 한다(계 2:1). 이는 그리스도가 하나님 보좌 우편에 앉아 계시는 동안 신적 주권과 영광을 누리기만 하는 것이 아니라 능동적으로 이 세상을 향한 통치와 중보사역을 계속 수행하고 있음을 보여 준다.

그리스도는 모든 원수를 그 발 아래 둘 때까지 세상에서 적극적

---

28 ──── John Goldingay, *Psalms: Volmume 3: 90-150*, Baker Commentary on the Old Testament Wisdom and Psalms, (Baker Academic: Grand Rapids, 2008), 292.

으로 통치하고 다스리실 것이다(고전 15:25). 이런 사역의 일환으로 그리스도는 교회에 성령을 부어 주신다. 그리스도는 승천하여 하나님 보좌에서 약속하신 성령을 성자에게 받아 교회에 부어 주신다(행 2:33). 그리스도는 성령을 통하여 성도를 모든 진리로 인도하고(요 14:26), 그리스도의 영광을 알게 하신다(16:14).

또한 그리스도는 멜기세덱의 반차를 계승한 영원한 대제사장으로 지금도 성도들을 위한 중보의 사역을 계속하고 있다(히 5:6, 6:20, 7:11). 그는 자기를 힘입어 하나님께 나아가는 사람들을 구원하고, 그들을 위하여 항상 함께 동행하며 중보의 간구를 올린다(7:25). 그는 하늘의 대제사장으로 하늘 보좌 우편에 앉으신 분이다(8:1, 10:12).

그리스도의 우편에 앉으심은 성도에게 장래의 소망을 준다. 왜냐하면 하나님께서는 성도들도 함께 일으키셔서 그리스도 예수 안에서 함께 앉힐 것이기 때문이다(엡 2:6). 이 땅에 있는 동안 성도는 그리스도 안에서 악한 영들을 대적하는 권세와(6:12), 견고한 진을 파하는 권세를(고후 10:4) 받았지만, 장래에는 그리스도와 함께 만국을 다스리는 권세를 받아 그리스도의 보좌에 함께 앉아 온 세상을 다스릴 것이다(계 3:21, 2:26-27).

4) 재림

승귀하신 그리스도는 장차 이 땅을 심판하러 다시 오신다. 이는 그리스도께서 약속한 것이고 사도들도 확증한 일이다(마 24:30, 요 5:22, 27-29, 살전 4:16, 계 1:7).

그리스도의 재림을 강림이라고도 하고 헬라어로는 '파루시아'라고 한다(마 24:3, 27, 37, 39, 고전 15:23, 살전 2:19, 3:13, 4:15, 5:23, 살후 2:1, 약 5:7, 8, 벧후 3:4). 파루시아는 '곁에'를 의미하는 '파라'와 '있음' 또는 '존재'를 의미하는 '우시아'가 결합된 단어인데, 로마 황제의 방문을 뜻하는 단어로 종종 사용되었다. 이는 영광스런 왕이신 그리스도의 오심을 의미한다. 그리스도의 강림은 '나타나심'(헬. 아포칼립시스)이란 용어로도 사용되는데 이는 감추었던 그리스도의 영광과 위엄이 재림과 함께 드러나는 것을 강조한다(살후 1:7, 벧전 1:7, 13, 4:13). 이런 주님의 영광스런 출현을 의미하는 단어로 '에피파네이아'를 사용하기도 하는데 우리말로는 '나타나심'으로 번역된다(살후 2:8, 딤전 6:14, 딤후 4:1, 8, 딛 2:13).

그리스도가 강림하실 때 산 자와 죽은 자가 모두 심판받고, 인간과 천사들이 모두 심판받는다(마 24:30-31, 25:31-32). 이때 의인에게는 영생을 악인에게는 무서운 심판이 선고될 것이다(25:33-46, 요 5:28-29).

그리스도의 재림에 있어 중요한 점은 그가 영광의 몸으로 부활하신 그 모습 그대로 온다는 사실이다(행 1:11). 그리스도가 강림할 때는 특별한 사람만이 그의 재림을 알아보는 것이 아니라, 땅에 있는 모든 족속이 그가 오는 것을 볼 것이다(마 24:30, 계 1:7).

3.4 그리스도의 승귀에 대한 오해

그리스도의 승귀는 우리의 이성과 논리를 초월하는 놀라운 하나님의 역사다. 그래서 우리는 이를 믿음으로 받아들여야 한다. 하지만 이단은 이런 하나님의 놀라운 역사를 믿음으로 받아들이기를 거부하고, 그리스도의 승귀를 자신들이 이해할 수 있는 논리와 상식의 수준으로 격하시키며 자신들의 교리를 정당화하여 교주를 신격화하려 한다. 교주가 보혜사고 재림주라면 그에게도 그리스도와 맞먹는 부활과, 승천, 하나님 보좌에 앉으심, 재림 등의 역사가 일어나야 하지 않겠는가? 이단들은 승귀가 교주에게 일어났음을 주장하기 위해 기적이 아닌 상식으로 납득할 만한 승귀에 대한 억지스러운 주장들을 펼치려 한다. 과연 어떤 주장들이 있는지 함께 살펴보자.

1) 그리스도는 영적으로 부활하셨다?

많은 이단이 예수 그리스도의 부활을 영혼과 육체를 포함하는 전인적 부활이 아니라 영적 부활이라고 이야기하며 이것이 마치 자기들만 알고 있는 특별한 비밀인 것처럼 말한다. 이들이 주장하는 근거는 다음과 같다.[29]

첫째, 예수의 십자가 처형 이후 엠마오로 가던 두 제자는 부활하

---

29 ──── 정윤석, "신천지 측 책자 '예수는 영으로 부활'", 기독교포털뉴스, 2008. 3.

신 예수께서 함께 동행하셨음에도 불구하고 눈이 가리어져 알아보지 못했다. 길을 걷는 두 제자의 가리어진 눈은 육안이 아니라 영안이다. 육안이 가리어졌으면 아무것도 보지 못했을 것이기 때문이다. 영안이 가리어져 보지 못한 것은 예수의 부활이 육적인 것이 아니고 영적 부활임을 의미한다.[30] 3년이나 예수를 따르던 제자가 스승을 알아보지 못하고, 떡을 떼자 갑자기 사라진 것은 그의 부활이 육적 부활이 아닌 영적 부활임을 말한다. 따라서 제자들이 나중에 예수를 알아본 것은 그들의 영안이 열려 예수의 영혼을 본 것이다.[31]

둘째, 성경은 예수가 육체로는 죽임을 당하시고 영으로 살리심을 받았다고 증거한다(벧전 3:18, 롬 1:3-4). 이는 예수의 부활이 영적 부활임을 강조한다.

셋째, 예수께서 죽을 때 '내 영혼을 아버지에게 부탁하나이다'(눅 23:46)고 했는데, 만일 영육 간의 전인적 부활이었다면 영혼을 부탁한다고 말하지 않았을 것이다.[32]

이에 대한 반증은 다음과 같다.

첫째, 예수 그리스도의 부활은 전인적 부활이다. 그의 몸이 썩지 않는 영광의 몸이므로 제자들이 처음부터 예수 그리스도를 알아보지 못했다. 하지만 그의 음성을 듣고, 성찬식과 같은 이전의 익숙한 행동을 보고는 예수를 알아보는 눈이 밝아졌다. 만약 예수가 영으로만 부활했다면, 우리는 예수 그리스도 자신이 영만이 아니라 육체로도 부활했음을 강조하는 말씀을 이해할 수 없게 된다.

> 내 손과 발을 보고 나인 줄 알라 또 나를 만져 보라 영은 살과 뼈가 없으되 너희 보는 바와 같이 나는 있느니라(눅 24:39)

이 말씀에 따르면 예수 그리스도는 명백히 자신의 부활이 육체로

---

30 ──── 김건남·김병희,《신탄》, 424.
31 ──── 위의 책, 431.
32 ──── 위의 책, 430.

도 부활했음을 강조한다.

둘째, 예수가 육체로 죽임을 당하고 영으로 살리심을 받았다는 것은 어떤 의미인가? 베드로전서 3장 18절에서 '육체로'와 '영으로'는 도구적 의미가 아니다. '육체적으로' 죽임을 당하고, '영적으로' 살림을 받았다는 뜻이 아니다. 여기서 '육체로'와 '영으로'는 영역을 나타낸다. '육'은 육체적인 생명의 영역을, '영'은 성령이 주시는 생명의 영역이다. 즉 '육으로'는 지상적 존재의 질서를, '영으로'는 부활한 상태의 존재 질서를 의미한다.[33] 이렇게 볼 때 예수께서 '육체로' 죽임을 당했다는 것은 영적으로 죽은 것이 아니라 실제적인 죽음, 즉 육신의 호흡이 끊어지는 죽음을 당하셨다는 뜻이다. '영으로' 살리심을 받았다는 것은 예수께서 성령의 능력으로 영으로만 살아난 것이 아니라 육체로도 신령한 몸으로 살아났다는 뜻이다. 예수께서 하나님의 성령으로 육체를 포함한 전인적인 생명을 다시 얻으신 것이다. 여기서 '영'은 예수를 죽은 자 가운데서 살리신 분의 영(롬 8:11), 즉 성령을 의미한다.

셋째, 예수께서 내 영혼을 아버지께 부탁하는 기도는 예수의 영혼 부활을 지지하는 증거가 아니라 예수의 육체적 죽음을 확인하는 증거다. 예수께서는 십자가에서 구속사역을 다 이루시고 완전히 죽음을 맞이하셨다. 이런 죽음에서 다시 생명을 얻고 살아나는 것이 부활이다. 예수의 부활이 영적 부활이라면 죽은 뒤 육체와 분리되어 살아 있는 인간의 영혼과 예수 그리스도의 부활에는 별 차이가 없게 된다.

이들이 이렇게 예수의 영적 부활을 강조하는 이유는 무엇인가? 그것은 현재의 교주가 부활한 예수의 영이 임재한 재림 예수 내지는 보혜사임을 믿게 하려는 것이다. 이들은 예수는 영적 모습으로 이 땅에 나타났다가 사랑하는 제자들을 두고 영으로 승천하셨다고 주장한다. 이 것을 보여 주는 성경이 그가 '구름'을 타고 올라우셨다는 표현이다(마 13:26, 26:64, 눅 21:27, 행 1:9, 히 12:1, 계 1:7). 이단은 '구름을 타고 올라우셨다'는 것이 영으로 승천했다는 뜻이라고 주장한다. 동일한 논리로 이 땅에 다시 구름을 타고 온다는 것은 예수께서 교주의 육체에 영으로 재림

---

[33] ── 램지 마이클스, 박문재 역, 《베드로전서》 WBC (서울: 솔로몬, 2006), 432.

했다는 뜻이다. 따라서 현재의 교주를 재림 예수로 믿게 하기 위하여 이들은 예수가 육체적으로 부활하여 재림하지 않고 영적으로 부활하셨다고 주장한다.

하지만 성경은 이런 주장은 적그리스도적이라고 단호하게 못 박는다. 그리스도께서 육체로 오셨고, 육체로 재림하심을 부인하는 자는 미혹하는 자요 적그리스도다(요이 1:7).

2) 보좌에 앉으심에 대한 오해 - 보좌 우편인가, 좌편인가

어떤 교주는 자신이 기도하는데 하나님의 보좌 좌편이 비었다면서 하나님이 이 보좌 좌편을 교주에게 앉게 하겠다고 말씀하셨다고 주장한다. 그래서 자신도 하나님의 보좌 좌편에 앉아 성도들을 위해 변호하는 대언자가 된다고 한다. 하지만 성경은 하나님의 보좌 좌편을 언급하지 않는다. 특별한 동등된 권세의 자리로서 우편을 말할 뿐이다.

성경은 보좌 우편이 하나님과 같은 특별한 위엄과 권세의 자리이며 이 자리에 성자 예수께서 앉으셨다고 한다(엡 2:20). 더 놀라운 사실은 그리스도 예수를 믿는 성도 또한 그리스도가 앉으신 하나님의 보좌 우편에 함께 앉게 하실 것이라는 약속이다(2:6). 성도는 천국에서 그리스도와 함께 그의 보좌에 앉아 온 세상을 함께 다스릴 것이다(딤후 2:12, 계 5:10, 20:6, 22:5).

이러한 성경의 분명한 약속을 왜곡하여 보좌 좌편에 자신의 영이 있다고 주장하는 것은 전혀 성경적이지도 않고 자신을 신격화하기 위한 억지 주장에 불과하다.

3) 영적 재림에 대한 오해

어떤 단체는 예수께서 이미 1914년에 보이지 않게 영으로 임재하셨고, 이때를 기점으로 하늘에 하나님의 왕국이 건설되기 시작했다고 주장한다. 예수께서 재림하신 것을 본 사람은 이단 단체의 소수 몇 사람뿐이지만, 주님께서는 징조를 이 땅에 보여 주셨다고 주장한다. 첫째, 1914년부터 1918년까지 1차 세계대전이 일어났는데, 이는 예수의 재림으로 세상 나라를 심판하는 과정이며, 이방인의 때가 끝났음을 보여 주는 징조라는 것이다. 둘째, 이후 1919년에 이단 단체에 커다란 부흥을 허락하셨다는 것이다.

이들은 1914년에 예수 그리스도가 재림하셨다는 근거로 독특한 연대계산법을 제시한다. 다니엘 4장에 나오는 '일곱 때'(단 4:16)를 새 림의 시기를 알 수 있는 결정적인 단서로 보는데, 일곱 때는 느부갓네살 왕이 왕위에서 밀려 '찍혀 넘어진' 시기이자, 하나님이 원하는 대로 인간에게 통치권을 주기도 하고 빼앗기도 하는 참된 통치권을 가진 분임을 알려 주시는 시기이기도 하다(4:17). 일곱 때는 성경에서 하나님이 이방 나라에 이 땅을 다스리도록 허용하신 기간을 상징하는 표현으로, 예수 그리스도의 지상 사역 때도 계속되는 것으로 본다. 누가복음에서 예루살렘이 이방인의 때가 차기까지 짓밟힐 것을 암시하는 예언이 대표적인 근거다(눅 21:24). 이들은 일곱 때의 계산 근거를 요한계시록에서 말하는 '한 때와 두 때와 반 때', 즉 세 때 반, 1260일의 기간과 연결시킨다(단 7:25, 계 12:6, 14). 세 때 반이 1260일이라면, 일곱 때는 1260일의 두 배인 2520일이다. 이는 성경에 종종 등장하는 것처럼 하루를 일 년으로 계산할 때 2520년이 된다. 그렇다면 그리스도가 재림하는 때는 이스라엘이 이방 나라의 다스림을 받기 시작한 이후로 일곱 때, 곧 2520년이 지날 때인 것이다. 이스라엘이 이방 나라에게 짓밟힌 것이 이스라엘의 마지막 왕 시드기야가 왕좌에서 쫓겨난 주전 607년이다. 이때로부터 2520년을 계산하면 1914년이 된다. 이것이 이들이 주장하는 1914년 재림의 근거다.[34]

하지만 이러한 주장은 작위적이고 억지스러운 주장이다.

첫째, 성경은 예수께서 재림하실 때 소수만 알아볼 수 있는 영적 재림이 아닌 각 사람이 그리스도의 재림을 직접 볼 것이라 말씀한다(계 1:7, 눅 21:27). 그리스도의 재림은 조용한 영적 재림이 아니라 모든 사람이 보는 역사의 큰 사건이다.

---

[34] 워치타워성서책자협회, 《계시록 - 그 웅대한 절정은 가까웠다!》 (안성: 워치타워성서책자협회, 1988), 105-106; 워치타워성서책자협회, 《성경을 사용하여 추리함》 (안성: 워치타워성서책자협회, 1985), 263-266.

둘째, 예수께서 부활하실 때 죽은 성도의 부활과 성도의 휴거가 있다(살전 4:16-17). 만약 그리스도가 재림했다면 이단 단체에 속한 이들 중 죽은 이들은 부활하고 살아 있는 성도들은 휴거되어야 한다. 그러나 1914년에 휴거된 일은 없다.

셋째, 1914년이란 연대 계산은 근거가 없다. 1일을 1년으로 계산한다는 근거는 작위적이다. 또한 '일곱 때'는 느부갓네살 왕의 정치 인생 중 문자적 7년간의 고난의 시기를 예고하는 예언일 뿐, 이것을 종말의 예언으로 확대하여 적용하는 것은 지나친 비약이다. 또한 이스라엘의 마지막 왕으로부터 종말의 때를 계산하라는 성경의 근거가 없다.

4. 예수 그리스도의 직분

예수 그리스도의 직분이란 예수께서 온전히 감당하신 선지자, 제사장, 왕으로서의 직분을 말한다. 이를 세 개의 중요한 직분이라 하여 삼대 직분이라고도 부른다. 이러한 직분들은 구약의 이스라엘 백성들이 하나님께 나아가기 위해 반드시 필요한 것들이었다. 선지자는 하나님의 말씀을 전했고, 제사장은 하나님께 제사와 찬양을 드렸고, 왕은 하나님을 대리하여 백성들을 통치했다.

원래 이 직무는 타락 이전 아담이 감당했던 직무이기도 하다. 아담은 타락 이전에 하나님에 대한 참된 지식을 소유하고 하나님의 말씀을 받고 하와에게 전했던 선지자였다. 또한 아담은 제사장이었다. 범죄 이전의 에덴 동산에는 제사가 없었지만 아담은 하나님께 감사와 찬송의 제사를 드렸다(참조 히 13:15-16). 그는 또한 하나님의 형상을 입은 통치의 대리자, 즉 왕이었다. 그는 하나님의 명령을 따라 세상의 모든 피조물을 다스리고 정복했다(창 1:26-27).

하지만 아담의 범죄와 타락 이후로 아담은 더 이상 선지자의 역할을 할 수 없게 되었다. 죄가 그들을 하나님 앞에서 쫓아내었기에 제사장 역할을 감당할 수도 없었다. 더 나아가 온 피조물에 대한 통치권을 상실하였다. 오히려 이들은 죄로 인해 저주를 받은 거친 땅과 피조물의 위협에 고통당하며 시달리게 되었다(3:17-19).

이후 이스라엘 왕국이 시작되면서 하나님은 선지자, 제사장, 왕에게 각각의 직분을 세우셨다. 그러나 여전히 죄의 영향력으로 인하여 각 직분은 온전히 수행되지 못하였다. 이스라엘 역사 가운데 거짓 선지자, 타락한 제사장, 불경건한 왕들이 끊임없이 등장하며 이스라엘을 위기로 몰아갔다.

그리스도께서는 불완전했던 이 직분들을 처음으로 온전히 감당하셨다. 그렇다면 그는 어떻게 이 직분들을 감당하셨는지 살펴보자.

4.1 선지자직

선지자는 하나님의 말씀과 뜻을 백성들에게 전하는 직분이다. 구약의 가장 대표적인 선지자로 모세를 들 수 있다. 그런데 모세는 훗날 하나님께서 자신과 같은 선지자를 일으키실 것이라고 예고했다(신 18:15, 18). 성령강림 이후 베드로는 예수 그리스도야 말로 모세가 말했던 바로 그 선지자였다고 선언한다(행 3:22-24). 예수 그리스도는 이 땅에 오셔서 하나님의 말씀을 선포하시며 그분의 온전한 뜻이 무엇인지를 가르치셨다. 그러나 그는 구약의 선지자들과 근본적으로 다른 점이 있었다.

첫째, 그는 구약에서 선지자들이 예언했던 바로 그 메시아였다. 구약 예언의 궁극적 대상이 된 것이다. 그래서 그는 엠마오로 가는 제자들에게 나타나서서 '모세와 모든 선지자의 글로 시작하여 모든 성경에 쓴 바 자기에 관한 것을 자세히 설명해 주셨다'(눅 24:27). 예수 그리스도는 하나님의 뜻이 자신을 통해 성취되었음을 가르침과 사역을 통해 선포하셨다(4:18-21, 막 1:39). 베드로도 구약 예언의 최종적 성취가 바로 그리스도를 통해 이루어졌음을 말한다(벧전 1:10-11).

둘째, 예수 그리스도는 하나님의 말씀을 전달하는 사자(messenger)가 아니라, 그 자신이 곧 하나님의 말씀이자 계시의 근원이었다. 구약의 선지자들이 '여호와께서 말씀하시되'라고 하며 하나님의 말씀을 전했다면, 예수께서는 '내가 너희에게 말하노니'(마 5:22, 6:29, 11:11, 17:12, 19:9, 24:34 등)라는 권세 있는 선언으로 하나님의 뜻을 선포하셨다.

4.2 제사장직

제사장은 하나님께 제사를 드려 죄 사함을 중재하고, 백성들을 대표하여 하나님께 찬양과 감사의 기도를 드린다. 예수 그리스도는 우리의 대제사장으로서 이러한 구약 제사장의 직분을 더욱 온전하게 이루셨다(히 2:17, 4:14).

첫째, 그리스도께서는 우리 죄를 위해 단번의 완전한 제사를 드리셨다(히 9:26). 그는 지상에 있는 예루살렘 성전의 지성소로 들어가지 않으시고 하늘의 지성소에 직접 나아가, 자신을 완전한 제물로 하나님께 드렸다(9:24-26).

둘째, 그리스도는 제사장으로 하나님과 우리 사이를 중재하는 사역을 감당하신다. 그는 하나님과 사람 사이에 막힌 담을 허시고 십자가로 하나님과 화목하게 하셨다(엡 2:14-16). 그는 지금도 하나님 우편에서 성도들을 위하여 간구하며(롬 8:34, 히 7:25), 중보자가 되시고(딤전 2:5), 성도들의 죄를 변호하는 대언자 혹은 변호인이 된다(요일 2:1).

많은 교주가 자신을 재림주라고 주장하지만, 그 근거를 들여다보면 대부분이 말씀을 깨닫고 특별한 계시를 받은 자라는 선지자직을 강조한다. 하지만 제사장직을 언급하는 교주는 드물다. 이는 인간의 죄 문제를 해결해야 하기 때문이다. 죄 문제를 완벽하게 해결한 이는 예수 그리스도 외에는 없다.

셋째, 그리스도는 제사장이 성도들을 축복하듯(민 6:24-26), 성도들을 축복한다. 그리스도는 하늘에 속한 모든 신령한 복을 성도에게 주신다(엡 1:3). 그의 복은 부족하거나 모자람이 없는 충만한 복이며(롬 15:29), 항상 하나님 앞에 성도들을 위해 축복한다(참조 히 7:1-3).

4.3 왕직

그리스도는 성도와 교회와 온 세상의 왕이 되어 다스린다. 그의 왕권은 크게 두 가지로 나눌 수 있다.

첫째, 교회적 왕권이다. 그리스도는 성도와 교회의 왕이 되어, 말씀과 능력으로 교회를 보호하시며 성도들의 마음과 신앙생활을 다스리신다(계 1:20, 17:14, 요 17:11-12)

둘째, 우주적 왕권이다. 그리스도는 하늘과 땅의 모든 권세를 갖고(마 28:18), 모든 만물을 그 발 아래 복종하게 하시며(엡 1:21-22, 고전 15:27), 성도와 교회의 유익과 구원을 위하여 온 민족과 우주를 통치하신다(엡 1:23).

그리스도가 온 세상의 왕임을 극적으로 보여 주는 것이 그의 축사와 치유 사역이다. 그리스도는 이 세상의 왕으로 오셔서 그동안 이 땅을 장악하고 지배했던 사탄의 권세를 몰아내고 모든 아픈 것과 질병을 몰아내셔서 참된 왕임을 보여 주셨다(마 4:23-24, 9:35, 눅 11:20).

4.4 성도가 감당해야 할 직분

성도는 그리스도 안에서 새로운 직분으로 부름받았다.

성도는 왕 같은 제사장으로 부름받았다(벧전 2:9). 성도는 하나님이 기쁘게 받으실 신령한 제사를 드릴 거룩한 제사장이다(2:5). 우리는 우리 몸을 하나님이 기뻐하시는 거룩한 산제사로 드려야 하고(롬 12:1), 그 이름을 증거하는 입술의 열매인 찬미의 제사를 드려야 하며(히 13:15), 선을 행함과 서로 나눔의 제사를 통하여 하나님을 기쁘시게 해야 한다(13:16). 또한 성도는 복음의 제사장으로 부름받았다(롬 15:16). 이는 복음을 모르는 이들에게 복음을 전하여 그들 또한 하나님이 기쁘게 받으실 거룩한 산 제물이 되도록 하기 위한 것이다. 이는 제사장의 직분인 동시에 선지자적 직분이기도 하다.

성도에게 선지자적 사역은 사람들에게 그들을 향한 하나님의 뜻을 전하는 것이다. 불신자에게는 구원의 말씀 즉 복음을 전하여 선지자적 역할을 감당한다. 동시에 신자를 향하여는 그들을 향한 하나님의 선하시고 기뻐하시고 온전하신 뜻이 무엇인지를 분별하여 전하는 역할을 감당해야 한다(12:2). 성도들을 향한 하나님의 뜻을 전하는 선지자적 사역을 고린도전서 14장은 특별히 예언 사역으로 말한다. 예언은 성도를 향한 하나님의 뜻을 전함으로 성도의 덕을 세우고 권면하고 위로하는 사역이다(고전 14:3).

성도는 그리스도의 왕적 통치에 동참한다. 성도에게는 공중권세 잡은 악한 세력을 대적할 수 있는 왕적 권세가 있다(엡 6:10-17, 약 4:7, 벧전 5:9, 요일 4:4). 또한 장래에는 그리스도 안에서 함께 하늘 보좌 우편에 앉을 것이다(엡 2:6). 그리고 세상을 심판하고, 천사를 심판할 것이며, 그와 함께 영원토록 다스릴 것이다(고전 6:2-3, 계 22:5).

5. 예수 그리스도의 속죄

속죄란 그리스도께서 우리의 구원을 이루기 위해 우리를 대신하여 그의 생애와 죽음을 통해 이루어 놓으신 일을 말한다. 구체적으로는 그리스도께서 우리의 죄값을 치르기 위해 십자가에서 죽으신 사건을 말하지만, 넓게는 그의 생애를 통해 이룬 역사까지 포함한다.

5.1 속죄의 원인

첫째, 속죄는 하나님의 기쁘신 뜻을 따라 우리에게 이루어졌다(갈 1:14). 하나님은 이 악한 세대에 있는 우리를 건지기 원하셨다. 그러려면 우리의 죄 문제를 해결해야 하는데 그리스도는 이를 위하여 자기 몸을 내어 주셔서 우리 죄를 대속하셨다. 원래 구약 시대의 제사 제도는 하나님 백성들의 죄를 용서하기 위한 제도였다. 그러나 이스라엘은 부패하여 더 이상 중심으로 하나님께 제사드리지 않았고, 제사 제도 또한 부패하여 하나님이 역겨워 하시는 것이 되었다. 제사 제도가 더 이상 효력을 발휘하지 못하게 되었다(사 1:11-15, 호 8:13, 암 5:22, 히 10:6-10). 히브리서는 그리스도께서 더 이상 효력을 발휘하지 못하는 제사 제도를 폐하시고 그리스도께서 자신의 몸을 단번에 드리심으로 새로운 속죄의 길을 세우셨다고 말씀한다(히 10:6-10).

둘째, 속죄는 성경에 나타난 하나님의 두 가지 성품에 근거한다. 바로 하나님의 공의와 사랑이다. 하나님은 사랑이시다. 그러나 동시에 의로우시다. 하나님은 세상을 사랑하셔서 모든 사람이 구원을 받기 원하신다(딤전 2:4, 벧후 3:9). 하지만 그렇게 되기 위하여 죄의 값을 치를 것을 요구하신다. 이런 하나님의 사랑과 공의를 동시에 충족시키기 위해 하나님은 독생자를 주셔서 저를 믿는 자는 멸망치 않고 영생을 얻게 하셨다(요 3:16). 독생자는 하나님의 화목제물이 되어 자기를 믿는 사람의 죄를 간과하시고 동시에 자기의 의로움을 나타내셨다(롬 3:25-26).

5.2 속죄의 두 차원

그리스도의 속죄 사역은 크게 두 가지로 나눈다. 첫째는 우리를 위하여 죄값을 담당하시고 십자가에서 고난받고 죽으신 것이다. 이는 소극적 차원이다. 둘째는 우리를 위하여 율법의 요구에 순종하시고 우리를 대표하여 하나님의 뜻에 온전하게 순종하신 것이다. 이는 속죄의 적극적 차원이다. 이를 구체적으로 살펴보자.

1) 그리스도의 고난-소극적 순종

그리스도는 우리의 죄값을 지불하기 위해 필요한 고난을 담당하셨다. 그리스도의 고난은 두 가지 차원에서 펼쳐졌다. 먼저는 전 생애를 통해 받은 고난이고 둘째는 십자가에서 받은 고난이다.

첫째, 그리스도께서 전 생애를 통해 받은 고난은 그가 타락한 세상에서 하나님의 뜻을 이루기 위해 순종하며 받은 고난이다. 그는 광야에서 40일간 금식할 때 사탄의 공격으로 고난과 시험을 견디셨다(마 4:1-11). 유대인들의 반대와 조롱을 수없이 감수하셨다(히 12:3). 많은 질고를 겪고 아셨으며 이로 말미암아 이 땅에 계실 때에 심한 통곡과 눈물과 간구로 기도하셨다(5:7, 참조 사 53:3). 그는 하나님의 아들이었지만 이 땅에서 많은 고난과 질고를 겪으며 온전히 순종하셨고, 자기에게 순종하는 모든 이들에게 영원한 구원의 근원이 되셨다(히 5:8-9).

둘째, 그는 십자가에서 우리의 죄값을 위해 큰 고통을 받으셨다. 그리스도의 고통은 크게 네 가지 차원으로 볼 수 있다.

먼저, 육체적인 고통과 죽음의 차원이다.

둘째, 우리의 죄를 담당하며, 더 큰 내면의 고통이 있었다. 완전히 거룩하신 그가 끔찍이도 싫어하고 혐오하는 세상의 모든 죄를 친히 다 감당할 때의 고통은 말할 수 없이 큰 것이었다(요 1:29, 사 53:6, 12). 거룩한 하나님의 아들이 친히 나무에 달려 우리를 위한 저주가 되고(갈 3:13, 신 21:23), 죄가 되었다(고후 5:21).

셋째, 버림받음이다. 예수 그리스도는 홀로 십자가의 고난을 겪으셔야 했다. 환호하던 유대인들은 적대적으로 돌아섰고, 제자들은 예수를 버리고 도망갔으며(마 26:56), 하나님 앞에서도 홀로 철저히 버림받았다. 예수는 십자가에서 버림받음의 고통으로 절규하셨다(마 27:46).

넷째, 하나님의 진노를 받으심이다. 가장 큰 사랑을 받았던 하나님의 아들이 세상의 모든 죄를 지고 하나님의 가장 무섭고 두려운 진노 앞에 섰다(히 10:31, 12:21). 그가 하나님의 진노를 담당한 것은 하나님과 우리 사이를 화목하게 하기 위함이다. 그래서 성경은 예수의 죽음을 화목제물이라고 말한다(롬 3:25, 히 2:17, 요일 2:2, 4:10).

2) 율법에의 순종 - 적극적 순종

그리스도는 우리의 의를 이루기 위해 적극적으로 완전한 순종의 삶을 사셨다. 이는 한 사람 아담의 순종하지 않음으로 많은 사람이 죄인 된 것 같이 한 사람 그리스도의 온전한 순종으로 많은 사람이 의인이 되도록 하기 위함이다(롬 5:19). 예수 그리스도는 세례 요한에게 세례를 받으며, '이같이 하여 모든 의를 이루는 것이 합당하다'고 하셨다(마 3:15). 그리스도께서는 죄가 없는 분이었지만 그 상태로 곧바로 십자가에 달린 것이 아니라, 33년간 온전한 순종의 삶을 사셨다. 이는 우리의 의를 온전히 이루기 위해서다. 그는 율법 아래 온전히 순종하심으로 율법의 저주 아래 있는 자들을 온전히 속량할 수 있는 자격을 충족시켰다(갈 4:4-5). 그리스도가 율법을 온전히 지키지 못한다면 그 역시 율법에 흠 있는 자가 되기 때문이다. 예수 그리스도는 율법이 요구하는 하나님의 뜻을 온전히 성취하여 흠 없는 자가 되셨을 뿐 아니라, 율법이 요구하는 부정적 요구, 즉 온 인류에 대한 죄의 삯을 치르라는 요구를 죽기까지 흠 없이 온전히 순종하심으로 하나님의 뜻과 율법의 요구를 완전히 충족시켰다.

5.3 속죄의 의미

1) 희생제사

구약성경에서 희생제사(Sacrifice)의 기본적인 목적과 효과는 속죄다. 제물이 죄인을 대신하여 형벌을 받는 것이다. 예수 그리스도는 우리 죄로 인하여 우리가 받아야 할 죽음의 형벌을 대신 담당하기 위하여 희생제물로 죽으셨다. 그리스도의 희생제사에 대하여 히브리서는 다음과 같이 말씀한다.

> 대제사장이 해마다 다른 것의 피로써 성소에 들어가는 것 같이 자주 자기를 드리려고 아니하실지니 그리하면 그가 세상을 창조한 때부터 자주 고난을 받았어야 할 것이로되 이제 자기를 단번에 제물로 드려 죄를 없이 하시려고 세상 끝에 나타나셨느니라 (히 9:25-26)

> 이와 같이 그리스도도 많은 사람의 죄를 담당하시려고 단번에 드리신 바 되셨고… (히 9:28)

> 제사장마다 매일 서서 섬기며 자주 같은 제사를 드리되 이 제사는 언제나 죄를 없게 하지 못하거니와 오직 그리스도는 죄를 위하여 한 영원한 제사를 드리시고 하나님 우편에 앉으사 (히 10:11-12)

> 그가 거룩하게 된 자들을 한 번의 제사로 영원히 온전하게 하셨느니라 (히 10:14)

이상의 말씀은 그리스도의 희생제사가 갖는 몇 가지 특징을 구체적으로 알려 준다.

첫째, 그리스도의 속죄는 영원히 자주 고통받는 것이 아니라, 단번에 완전한 죄의 값을 치름으로 완결되었다. 더 이상 속죄를 반복할 필요가 없다. 또 다시 반복적인 희생제사를 치러야 한다면 그리스도의 속죄는 불완전한 속죄다. 만약 우리가 우리의 죄값을 치러야 했다면 우리는 우리 죄로 인해 하나님의 진노의 심판 아래 죽어야 마땅했다. 그렇게 되었다면 우리는 절대 살아서 하나님과 바른 관계로 회복되지 못했을 것이다. 어떤 인간도 죄값을 온전히 대신 치를 수 없다. 치르려 해도 자기 죄로 죽고 말 것이다.

하지만 그리스도께서는 완전한 인성과 완전한 신성을 갖고 온전히 율법에 순종하신 분이었기에 우리 죄에 대한 하나님의 진노를 끝까지 담당하실 수 있었다. 예수 그리스도의 피는 우리의 죄값을 치르기 위해 일시불로 지급된 매입 대금이 되었다(계 5:9).[35] 예수 그리스도는 십자가의 고난으로 우리 죄에 대한 하나님의 진노를 담당하셨고 더 이상 지불해야 할 값이 남지 않았다. 이런 그리스도의 희생제사는 하나님의 요구를 만족시키기에 충분했다(사 53:11). 만일 그리스도께서 우리의 죄값을 온전히 다 지불하지 않았더라면 아직까지 우리에게 정죄함이 남아 있을 것이다(롬 8:1).

둘째, 희생제사로 뿌려진 그리스도의 피는 우리의 죄책을 가져가셨을 뿐만 아니라(벧전 1:18-19), 우리의 양심을 깨끗하게 하고(히 9:14), 기도와 예배를 통해 하나님의 보좌에 담대히 나아가게 하고(10:19), 우리의 자범죄를 씻음받고(요일 1:7-10), 우리를 깨끗하게 하는 성결의 수단이 되었다(계 7:14).

셋째, 죄값은 성부 하나님이 성자 예수님께 담당시켰다. 예수 그리스도가 우리의 죄값을 지불하신 것은 우리의 구원에 지대한 관심을 갖고 계신 성자 하나님이 우리의 죄값을 요구하셨기 때문이다. 성자 하나님은 이러한 요구를 자발적으로 담당하셨다. 이에 대하여 성경은 다음과 같이 말씀한다.

> …여호와께서는 우리 모두의 죄악을 그에게 담당시키셨도다(사 53:6)

> 여호와께서 그에게 상함을 받게 하시기를 원하사 질고를 당하게 하셨은즉…(사 53:10)

> 하나님이 죄를 알지도 못하신 이를 우리를 대신하여 죄로 삼으신 것은 우리로 하여금 그 안에서 하나님의 의가 되게 하려 하심이라(고후 5:21)

---

[35] 이병학, 《약자를 위한 예배와 저항의 책 요한계시록》 (서울: 새물결플러스, 2016), 85.

2) 구속

구속(Redemption)이란 붙잡혀 있는 노예 혹은 죄수를 비용을 받고 풀어 주는 것을 말한다.[36] 죄인인 우리의 죗값을 치르고 우리를 다시 되찾으려면 어떤 대가가 필요할까? 그리스도께서는 우리를 죄와 사망의 노예 상태에서 되찾기 위해 그의 피로 죄에 매인 우리를 사셨다. 우리는 죄인으로 죄와 사망에 매인 바 되었기에, 우리를 그와 같은 매임에서 구속해 줄 누군가가 필요했다. 그렇지 않으면 우리는 한평생 죄에 매여 종노릇해야 했다(히 2:15). 그리스도께서 이 일을 행하심으로 우리를 죄책과 형벌에서 건져 내셨다(갈 1:4, 골 1:14).

귀한 값으로 구속받은 우리는 더 이상 죄와 사람의 종으로 살 것이 아니라(고전 7:23), 하나님께 영광을 돌리며 죄악 된 삶의 방식에서 새롭게 살아야 한다(6:20, 벧전 1:18-19, 22).

> 그가 우리를 대신하여 자신을 주심은 모든 불법에서 우리를 속량하시고 우리를 깨끗하게 하사 선한 일을 열심히 하는 자기 백성이 되게 하려 하심이라(딛 2:14)

3) 유화

유화(Propitiation)란 분노를 달래고 누그러뜨리는 것을 말한다. 그리스도께서는 온 인류의 죄를 대신 지고 십자가에 죽으심으로 우리의 죄에 대한 하나님의 진노를 가라앉히시고 제거하셨다(롬 3:25, 참조 창 32:20).

4) 화목

화목(Reconciliation)이란 죄로 인한 적대적 관계를 제거하고 좋은 관계로 회복됨을 의미한다. 예수 그리스도는 우리가 받아 마땅한 하나님의 진노를 십자가에 죽으심으로 거두어 가시고 우리를 다시 하나님과 화해시켜 교제하도록 하셨다(롬 5:10-11, 고후 5:18-19, 엡 2:16, 요일 4:10).

---

36 ──── 양형주, 《평신도를 위한 쉬운 로마서》 (서울: 브니엘, 2016), 82.

5.4 속죄의 성격

그리스도의 속죄는 크게 네 가지 특징을 갖는다.

첫째, 그의 속죄는 2천 년 전 유대 땅에서 이루신 역사적(historical) 사건이었다. 영적으로 임하거나 이루어진 사건이 아닌 역사적 이벤트로 일어난 사건이다.

둘째, 그리스도의 속죄는 객관적(objective) 사건이다. 단순히 우리의 마음속에 주관적인 효과를 끼치는 것으로 끝나는 것이 아니라 성자 하나님의 뜻을 따라 객관적으로 우리의 죄 문제를 이미 해결하셨다(롬 5:8, 요 19:30).

셋째, 그리스도의 속죄 사역은 대리적(substitutionary, vicarious)이다. 그는 하나님의 백성들을 대신하여 죽으셨다(고후 5:14, 21, 벧전 3:18, 참조 창 22:13, 레 16:6-22).

넷째, 그리스도의 속죄 사역은 완전하다(perfect, complete). 우리의 구원을 위한 충분하고 완벽한 구원 사역을 이루셨기에 우리는 오직 그리스도의 십자가를 통하여 구원을 얻는다. 더 이상의 속죄제사가 필요하지 않다. 속죄는 그리스도의 십자가와 부활로 완결되었다(히 9:12, 10:18, 고전 1:30).

V. 구원론 백신

이신칭의 복음을 떠나게 하는
이상한 구원관을 경계하라

한미준(한국교회 미래를 준비하는 모임)이 한국갤럽과 함께 교회에 출석하는 성도들에게 신앙생활을 하는 이유가 무엇인지 물었다. 가장 많은 응답이 '구원과 영생을 위해서'였다.[1] 그렇다면 그 가운데 구원의 확신을 갖고 있는 성도는 얼마나 될까? 설문 결과 구원의 확신이 있는 성도는 출석 성도 중 69.6퍼센트인 것으로 나타났다.[2] 이는 뒤집어 보면 교회에 출석하는 성도들 중 약 30퍼센트의 성도들이 구원의 확신이 없는 명목상의 교인(Nominal Christian)임을 알 수 있다.

    구원의 확신이 없는 성도들이 많다는 것은 그만큼 한국 교회의 많은 성도들이 이단의 공격에 취약하다는 뜻이다. 이단들의 교세를 대략 200만 명이라고 볼 때, 이들은 그동안 구원의 확신이 약한 이들을 참 많이도 노리고 공격했다. 이들이 노리는 대상은 신앙생활을 게을리 하는 이들이 아니다. 주로 열심히 하는 성도를 주요 전도 대상으로 삼고 포섭한다. 열심이 있는 것과 구원은 관계가 있을 수도 있고 없을 수도 있다. 구원의 감격과 확신이 있기에 이에 대한 감사의 표현으로 신앙생활에 열심을 내는 경우도 있지만, 반면 구원의 확신이 없기에 구원에 이

---

1 ──── 한미준, 《한국교회 미래리포트》 (서울: 두란노, 2005), 111.
2 ──── 위의 책, 95.

르기를 바라며 열심을 내는 경우도 있다. 이단들은 주로 구원의 확신이 약한 열심 있는 성도들을 공략하여 그들의 구원관을 흔들고 다른 구원관을 심어 이단으로 끌고 간다. 이들이 성도의 구원을 흔들기 위해 던지는 질문들은 다음과 같다.

당신은 구원받았는가? 만약 받았다면 그 날짜와 장소를 정확하게 기억하는가? 사람이 자신의 육적인 생일을 기억하는 것이 당연한 것처럼, 영적인 생일을 기억하는 것도 당연하다. 당신은 몇 월 며칠 몇 시에 구원받았는가? 제대로 기억하지 못한다면 당신은 구원받은 것이 아니다.

성경 마태복음 7장 21절에 보면 '나더러 주여 주여 하는 자마다 천국에 들어가지 못하고 아버지의 뜻대로 행하는 자라야 천국에 간다'고 했는데 그렇다면 당신은 천국에 갈 확신이 있는가?

당신이 그동안 신앙생활 하면서 안식일을 어느 요일로 지켰는가? 혹 일요일이라면 그날이 원래 이집트의 태양신을 섬겼던 이교도의 날이었다는 것을 아는가? 로마 황제 콘스탄티누스가 변개한 그 이교도의 날을 여전히 안식일로 지킨다면 당신은 안식일을 더럽히는 것이고 그렇다면 구원받지 못한다. 성경에는 분명 안식일을 더럽히면 그 생명이 끊어질 것이라고 말씀하기 때문이다(출 31:13).

당신은 비유를 제대로 아는가? 비유에 감추어진 마지막 시대의 비밀을 깨닫지 못하면 당신은 계시록이 성취되는 이 시대에 구원받지 못한다.

이러한 질문들은 때로 무방비 상태에 있던 우리를 멈칫하게 하고 우리의 구원관을 흔든다. 이러한 질문들은 하나같이 믿음만으로는 부족하고 구원을 위해서는 무엇인가가 더 필요하다고 주장하는 것들이다. 이런 질문에 의외로 많은 성도들이 불안을 느끼는 이유는 구원에 대한 명확한 확신이 없기 때문이다. 게다가 자신의 행위를 면면이 돌아볼 때 구원 얻을 만하다고 자신하기도 어렵다. 그렇다면 나의 구원은 확실한 것일까? 믿음으로 구원받는다고 하지만 정말 믿음만으로 충분한 것일까? 자꾸만 부족하게 느껴지는 이유는 무엇일까? 믿음 외에 무엇이 더 필요한 것일까? 진정한 구원이란 무엇일까? 이러한 부분들을 명확하게 정리하지 않고는 우리의 구원은 이단의 공격에 여전히 흔들리는 불안전한 구원이 되기 쉽다.

1. 구원이란 무엇인가

1.1 구원이란?

그렇다면 구원이란 무엇인가? 성경은 구원을 어떻게 말씀하고 있는가?

1) 구원의 정의

성경에 나오는 구원은 몇 가지 차원으로 정의할 수 있다.

첫째, 이 땅에서 우리를 억압하는 죄와 사망의 세력으로부터 해방되는 것이다. 이스라엘이 애굽(이집트) 바로(파라오)의 압제 가운데 해방된 것은 하나님의 큰 구원 역사 덕택이다(출 15:2). 이스라엘은 크고 작은 대적의 위협으로부터 하나님의 도움을 받아 승리하였으며 이를 '구원' 역사로 찬송했다(신 20:4, 삿 6:14).

둘째, 구원은 이스라엘 공동체를 향한 것일 뿐만 아니라 개인 및 집단에게도 적용되었다. 재난, 질병, 환난 등 스스로의 힘으로 빠져나올 수 없는 가운데 하나님의 손길을 힘입어 빠져나오는 것을 성경은 '구원'이라 한다(창 19:19, 45:7, 50:20, 삿 15:18, 삼상 2:1).

셋째, 하지만 진정한 구원은 예수의 이름에서 나타난다. '예수'는 '그가 자기 백성을 저희 죄에서 구원할 자'라는 뜻이다(마 1:21). 하나님의 아들은 우리를 죄에서 구원하고 영생을 주기 위해 오셨다. 즉 진정한 구원은 죄에서 해방되어 건짐받는 것이다. 그렇게 볼 때 성경은 창세기 3장부터 요한계시록 22장까지 모두가 구원에 관한 책이라 할 수 있다.

넷째, 나아가 진정한 구원은 예수 그리스도를 통하여 인간이 죄 사함을 받고, 인간이 두 발을 디디고 살아가는 온 피조세계가 죄의 영향으로부터 회복되어 하나님의 영광에 이르는 것에까지 이른다(롬 8:21,

계 21:1, 5). 구원은 하나님이 온 세상을 다스리시는 하나님 나라의 최종적인 완성을 목표로 한다.

2) 삼위일체 하나님과 구원

구원에 관해서 우리가 분명히 해야 할 것이 있다. 구원이 우리에게서 비롯되는 것이 아니라는 사실이다. 구원은 우리에게 주시는 하나님의 선물이다(엡 2:8). 하나님의 선물이란 삼위일체 하나님의 선물이란 뜻이다. 삼위 하나님은 우리에게 구원의 선물을 주기 위해 함께 협력하셨다.

첫째, 성부 하나님은 우리의 구원을 계획하셨다(1:3-6). 계획은 누군가가 실행하지 않으면 현실이 될 수 없다.

둘째, 성자는 성부의 계획을 실현하기 위해 이 땅에 오셨다. 그는 율법의 의를 이루시고 십자가에서 우리의 죄를 대신하여 죽임을 당하심으로 하나님의 구원 계획을 완성하셨다(1:7-12, 요 19:30). 하지만 이렇게 이루신 하나님의 구원 역사 즉 구속사는 우리에게 자동적으로 주어지는 것이 아니다.

셋째, 구원 역사는 성령 하나님을 통하여 각 개인에게 적용된다(엡 1:13-14).

3) 구원의 두 가지 차원

삼위일체 하나님의 구원 역사를 고려할 때 우리는 구원이라는 단어가 크게 두 가지 차원을 갖고 있음을 기억해야 한다. 먼저는 하나님이 우리를 위해 예수 그리스도를 통하여 이루신 구원이고, 둘째는 내가 예수 그리스도를 믿음으로 말미암아 받게 되는 구원이다. 전자의 구원은 2천 년 전 유대 땅에서 일어난 사건이고 우리 자신에게는 일어나지 않은 사건이다. 반면 후자는 지금 우리에게 일어나는 사건이다. 전자를 그리스도가 완성한 객관적 차원의 구원(redemption accomplishd)이라 한다면 후자를 지금 믿음으로 내게 주관적으로 주어지는, 적용되는 구원(redemption applied)이다. 객관적 구원은 기독론 차원에서 그리스도의 사역에 속하고, 주관적 구원은 구원론적 차원에서 성령의 사역에 속한다.

그래서 구원론은 성령론이기도 하다. 이를 정리하면 다음과 같다.[3]

	구원	
주체	그리스도	성령
성격	구속사	구원 서정
대상	객관적	주관적
분류	기독론	성령론
성경	복음서	사도행전 및 서신서, 계시록

예를 들어 누가복음 24장 44장부터 49절은 구원의 두 차원을 잘 보여 준다. 예수께서는 엠마오로 가는 제자들에게 나타나셔서 구약성경을 통해 예수 그리스도가 이루신 하나님의 구속 역사를 설명하고 (44-46절), 이 구속사가 예수의 이름으로 죄 사함을 받게 하는 회개의 역사를 통하여 모든 족속에게 성령의 능력으로 적용될 것을 선명하게 설명한다(47절).

4) 그리스도와 성령의 사역적 관계

성령께서 그리스도의 구속사역을 적용하신다면, 그리스도와 성령은 어떠한 사역적 관계를 갖는가?

첫째, 성령은 사역적으로 그리스도가 하신 일을 보충하는 종속적 관계에 있다. 요한복음 14-16장에 따르면 성령은 진리의 영이다 (요 14:17, 15:26, 16:13). 원문에는 관사가 붙어 있어 이를 직역하면 '그 진리의 영'이 된다. 이는 예수께서 앞서 자신을 '길이요 진리요 생명'(14:6) 이라고 소개하신 것을 전제한다. 즉 성령은 진리이신 예수와 긴밀한 관련이 있는 영이시다. 이를 잘 보여 주는 것이 성령이 '내 아버지께서 내 (예수 그리스도의) 이름으로 보내실 영'이라는 것이다(14:26). 예수 그리스도의 이름으로 온다는 것은 예수 그리스도의 권세로, 예수 그리스도의 목적을 위하여, 예수 그리스도를 위하여 오신다는 것이다. 이런 면에서

---

3 ──── 강웅산, 《구원론》, 15-18을 참조하라.

성령은 사역의 범위와 목적이 그리스도에게 제한된다. 성령은 그리스도께서 공생애 동안 가르치신 것들을 가르치시고 기억나게 하신다. 성령의 가르침의 사역이 특별한 것이 아니라 그리스도께서 가르치셨던 내용으로 국한되는 것이다. 진리의 성령은 그리스도의 가르침과 별도로 특별한 자신만의 가르침 혹은 계시를 전달하는 분이 아니고 오직 그리스도의 말씀과 사역을 기억나게 하고 깨닫게 하고 개인과 공동체에 적용하게 하신다.

둘째, 자기를 드러내지 않고 오직 예수 그리스도의 것으로 예수 그리스도의 영광만을 드러낸다(14절). 성령은 '거룩한 수줍음'이 있으신 분이다.[4] 성령은 오직 그리스도만을 증언하실 것이고(15:26), 제자들은 이 성령이 오심으로 그리스도에 대한 증언 사역을 감당할 것이다(15:27). 사도행전 2장에서처럼 성령은 불같이 강림하셨다. 이때 제자들은 성령이 오심으로 그리스도가 누구인지를 온전히 깨닫고 확신하였으며, 이러한 성령의 증언 사역을 통해 본격적인 복음 증거의 사역을 시작하였다.

셋째, 성령은 예수 그리스도의 사역을 따라 '살려 주는 영' 즉 생명을 주는 영(a life-giving spirit)이다(고전 15:45). 성령은 죽음에서 살아나셔서 죄인의 생명을 살리는 예수 그리스도의 사역을 하시는 분이다. 이 성령은 장차 구원 얻은 성도들의 죽을 몸도 영광스러운 부활의 몸으로 살리실 것이다(롬 8:11). 이런 면에서 성령의 사역은 곧 그리스도의 사역을 계승한다. 고린도후서 3장 17절은 '주는 영'이라고 고백한다. 이는 하나님이신 그리스도의 사역이 곧 성령의 사역과 같음을 의미한다. 성령은 그리스도께서 그 피로 세우신 새 언약을 각 성도에게 몸의 부활에 이르기까지 이루시는 분이다.

5) 성령과 구원 서정

그리스도가 완성하신 구원을 성령께서 개개인에게 적용하시는 사역을 '구원 서정'(order of salvation, ordo salutis)이라고 한다. 신약성경은 성도에게 적용되는 구원을 다양한 표현으로 설명한다. 죄 씻음, 회개,

---

4 ──── 박영돈, 《일그러진 성령의 얼굴》 (서울: IVP, 2011), 57-59.

믿음, 거듭남, 칭의, 거룩해짐, 하나님의 자녀 됨, 끝까지 견디어 이김, 영생, 연합, 영광에 들어감 등으로 구원의 여러 측면을 다양하게 표현한다. 이를 좀더 일목요연하게 말하자면 소명, 중생, 믿음, 회개, 칭의, 양자, 성화, 견인, 영화 등이다. 각각의 의미를 간략하게 나열하면 다음과 같다.

① 소명: 예수 그리스도 안에서 주어진 구원을 받아들이도록 죄인들을 초청하시는 하나님의 은혜로운 부르심이다.
② 중생: 성령의 역사로 죄로 죽었던 우리의 영혼이 다시 살아나 죄 된 성향이 근본적으로 변화되는 것이다.
③ 믿음: 그리스도 안에서 하나님이 이루신 것을 진리로 받아들이는 것이다.
④ 회개: 인생의 방향을 죄로부터 전환하여 죄를 떠나 하나님께로 나아가는 것이다.
⑤ 칭의: 예수 믿는 자들을 의롭다고 선언하시는 하나님의 법정 선언이다.
⑥ 양자: 칭의받은 이들이 자녀의 신분을 얻어 하나님의 자녀로 입양되는 것을 말한다.
⑦ 성화: 성도가 하나님의 형상으로 점점 거룩하게 변화되어 가는 과정이다.
⑧ 견인: 구원받은 자들이 은혜의 상태에서 떨어지지 않고 인내하여 영원한 구원에 이르도록 끝까지 붙들어 주는 것이다.
⑨ 영화: 구원의 완성 단계로 마지막 날 성도는 온전히 거룩하게 되고, 그의 몸 또한 완전히 부활하여 영광스럽게 되어 그리스도를 완전히 닮는 상태에 이르게 된다.

이처럼 성령께서는 그리스도께서 이루신 구속사역을 우리의 전 일생을 통하여 적용하는 역사를 이루신다. 이러한 과정은 시간적 순서로 이루어지는 것은 아니다. 때로는 동시적으로 즉각적으로 이루어지기도 한다. 중생이 있어야 성화가 일어나지만, 중생과 성화가 반드시 시간적 순서를 두고 일어나는 것은 아니다. 중생과 함께 즉각적, 동시적으로 일어나기도 한다. 따라서 여기서 소개하는 구원 순서는 시간적 순서라기보다 신학적, 논리적 순서다.

6) 구원의 세 가지 시제

구원의 확신에 관해 성도를 혼란스럽게 하는 질문들을 보면 '나는 구원받았는가', '나는 지금 이 상태로 구원받을 수 있는가?' '나는 장차 과연 구원받을 수 있을까'에 관한 것들이다. 구원의 시제에 대한 분명한 정리가 되지 않고는 확신을 갖고 대답하기 어려운 질문들이다. 우리는 이러한 질문에 대답하기 위해서 구원의 시제를 정리할 필요가 있다. 성경은 '구원'을 단일한 시제로만 말하지 않는다. 성경에는 구원의 세 가지 시제, 즉 과거시제, 현재시제, 미래시제가 언급된다.

A. 과거시제의 구원

먼저, 과거시제를 살펴보자. 성경은 구원을 우리가 믿음으로 '이미'(already) 얻었다고 말씀한다.

> 내가 진실로 진실로 너희에게 이르노니 내 말을 듣고 또 나 보내신 이를 믿는 자는 영생을 얻었고 심판에 이르지 아니하나니 사망에서 생명으로 옮겼느니라(요 5:24)

이 말씀에 따르면 예수 그리스도의 말씀과 그를 믿는 자는 이미 영생을 얻었다. 사망에서 생명으로 옮겨졌다. 믿음과 동시에 구원이 이미 일어난 것이다. 이처럼 성경은 믿음으로 말미암아 우리가 구원을 얻은 것으로, 과거시제로 말씀한다. 다음의 구절들을 살펴보자.

> 모든 사람이 죄를 범하였으매 하나님의 영광에 이르지 못하더니 그리스도 예수 안에 있는 속량으로 말미암아 하나님의 은혜로 값없이 의롭다 하심을 얻은 자 되었느니라(롬 3:23-24)

여기서도 우리는 의롭다 하심을 얻은 자가 되었다. 이미 그리스도 안에서 의롭다 하심을 얻은 것이다.

> 그러므로 이제 그리스도 예수 안에 있는 자에게는 결코 정죄함이 없나니 이는 그리스도 예수 안에 있는 생명의 성령의 법이 죄와 사망의 법에서 너를 해방하였음이라(롬 8:1-2)

여기서도 성도는 죄와 사망의 법에서 해방된 존재로 선언한다. 주목할 것은 죄로부터의 해방, 즉 구원을 '그리스도 예수 안에 있음'(in Jesus Christ)으로 표현한다는 점이다. 이는 믿음으로 그리스도 예수 '안에' 그와 '함께' 연합됨을 일컫는 표현이다. 그리스도 예수 안에 있다는 것은 그리스도의 구원 사역의 혜택이 연합으로 말미암아 우리의 것이 되게 함을 의미한다.

> 허물로 죽은 우리를 그리스도와 함께 살리셨고 (너희는 은혜로 구원을 받은 것이라)(엡 2:5)

여기서 '그리스도와 함께'는 그리스도와의 연합 안에서 그리스도의 부활과 구원이 성도에게 적용됨을 의미한다. 성도는 그리스도 안에서 그의 살아나심을 인하여 구원을 이미 받은 존재다. '그리스도 안에서'의 또 다른 표현으로 '아들 안에서'가 있다.

> 그가 우리를 흑암의 권세에서 건져내사 그의 사랑의 아들의 나라로 옮기셨으니 그 아들 안에서 우리가 속량 곧 죄 사함을 얻었도다(골 1:13-14)

이처럼 믿음을 통한 아들과의 연합으로 우리는 죄 사함을 얻고, 아들의 나라로 이미 옮겨가게 되었다.

> 또 증거는 이것이니 하나님이 우리에게 영생을 주신 것과 이 생명이 그의 아들 안에 있는 그것이라 아들이 있는 자에게는 생명이 있고 하나님

의 아들이 없는 자에게는 생명이 없느니라(요일 5:11-12)

이 말씀에 따르면 아들 안에 이미 생명이 주어졌고, 우리가 믿음으로 아들 안에 있으면 생명을 소유한다.

그런즉 누구든지 그리스도 안에 있으면 새로운 피조물이라 이전 것은 지나갔으니 보라 새 것이 되었도다(고후 5:17)

그리스도 안에 있으면 이전 것은 이미 지나간 과거가 된다. 새로운 피조물이 된다. 새 창조의 능력을 덧입는다. 이처럼 구원은 그리스도 안에서 믿음으로 말미암아 '이미 얻은' 과거의 확실한 사건이다.

이상으로 볼 때 우리가 믿음을 통하여 그리스도 안에, 그리스도와 함께 연합할 때 우리는 죄 사함을 얻고 영생을 얻는다. 이것은 우리가 믿음을 통하여 이미 얻은 구원이다.

B. 현재시제의 구원

둘째, 성경은 구원을 종종 현재시제로 말씀한다. 구원은 이미 얻은 과거의 확실한 사건이지만, 동시에 지금 이루어 가고 있는 현재진행형 사건이다.

십자가의 도가 멸망하는 자들에게는 미련한 것이요 구원을 받는 우리에게는 하나님의 능력이라(고전 1:18)

여기서 구원은 현재진행형이다. 구원은 지금 이루어져 가고 있다(being saved). 이를 고린도전서 1장 8절은 '주께서 너희를 우리 주 예수 그리스도의 날에 책망할 것이 없는 자로 끝까지 견고하게 하시리라'고 말씀한다. 이는 지금 계속해서 성도들을 붙드시고 구원을 이루어 가시는 예수 그리스도의 역사를 보여 주며, 현재의 구원 역사가 미래의 구원을 결정함을 암시한다.

> 그러므로 나의 사랑하는 자들아 너희가 나 있을 때뿐 아니라 더욱 지금 나 없을 때에도 항상 복종하여 두렵고 떨림으로 너희 구원을 이루라 (빌 2:12)

여기 '이루라'(헬. 카테르가제스테)는 단어는 '성취하다, 도달하다' 등의 의미를 갖고 있으며, 이는 빌립보 교인들이 함께 도달해야 할 구원이 있음을 의미한다. 이러한 구원을 이루는 태도로 '두려움과 떨림'을 말한다. 이는 종말적인 하나님의 심판대 앞에 설 것을 의식하는 전제하는 표현이다. 이는 현재 이루어 가고 있는 구원이 종말의 최종 구원에 있어서 매우 중요함을 의미한다. 현재 이루어 가는 구원은 죄로부터 의롭다 함을 받은 성도가 실제적으로 죄의 권세와 능력으로부터 벗어나 거룩함을 이루어 가는 과정을 말한다. 여기에는 죄의 세력과의 치열한 영적 씨름이 동반된다.

> 오호라 나는 곤고한 사람이로다 이 사망의 몸에서 누가 나를 건져내랴 (롬 7:24)

이는 죄와 치열하게 싸우는 가운데 필요한 현재적 구원의 중요성을 내포하고 있다. 성도는 믿음으로 얻은 온전한 구원의 선물이 우리에게 계속해서 현재적으로 구현되도록 인내하며 싸워가야 한다.

C. 미래시제의 구원

셋째, 미래시제의 구원이다. 성경은 이미 얻은 구원과 지금 이루어 가는 구원과 함께 장차 완성될 최종적인 구원에 대하여 말한다.

> 또한 너희가 이 시기를 알거니와 자다가 깰 때가 벌써 되었으니 이는 이제 우리의 구원이 처음 믿을 때보다 가까웠음이라 (롬 13:11)

이미 구원받았다면 왜 구원이 처음 믿을 때보다 가까이 왔다고 할까? 이는 미래시제의 구원을 의미한다.

그러면 이제 우리가 그의 피로 말미암아 의롭다 하심을 받았으니 더욱 그로 말미암아 진노하심에서 구원을 받을 것이니(롬 5:9)

여기서 '진노하심에서 구원을 받을 것' 역시 미래시제로 사용되었다. 이는 믿는 자가 죄와 사망과 최후의 심판으로부터 건짐을 받는 것을 의미한다. 구원은 그리스도 안에서 이루어지지만, 마지막 날에 가서야 최종적으로 실현된다.[5] 신자는 의롭다 함을 얻지만, 그럼에도 불구하고 마지막 날에 쏟아질 하나님의 진노로부터의 구원과 우리 몸의 최종적인 구원(롬 8:23, 빌 3:21)은 아직 이루어지지 않았다. 최종적인 구원의 구체적인 모습은 다음 구절에 나타난다.

그뿐 아니라 또한 우리 곧 성령의 처음 익은 열매를 받은 우리까지도 속으로 탄식하여 양자 될 것 곧 우리 몸의 속량을 기다리느니라(롬 8:23)

여기서 성도는 '성령의 처음 익은 열매'를 얻은 자들이다. 성령의 처음 익은 열매란 무엇인가? '처음 익은 열매'는 헬라어로 '아파르게'인데, 이는 '공탁금, 보증금 또는 지불할 비용의 첫 납입금'이란 의미의 헬라어 '아를라본'과 같은 의미다. 보증금은 현재적으로 실현되지 않았지만, 미래의 확실한 실현을 담보하는 것이다. 이는 성령께서 적용하는 구원 서정의 시작을 의미한다. 구원의 성도가 처음 익은 열매로 탄식, 즉 신음하는 것은 죄의 영향력으로 고통받는 세상에서 아직 온전한 구원이 실현되지 않았기 때문이다. 성도는 온전한 구원을 갈망하며 탄식한다. 따라서 첫 열매란 장차 있을 추수의 첫 부분을 의미하며, 이는 장차 성도가 온전한 부활의 생명으로 몸까지도 부활하신 예수님과 같이 영광스러운 몸으로 덧입는 것을 의미한다.[6] 이는 성도가 미래에 얻게 될 구원의 한 단면을 잘 보여 준다.

---

5 ──── 더글라스 J. 무, 손주철 역, 《NICNT 로마서》 (서울: 솔로몬, 2011), 433.
6 ──── 양형주, 《병신도를 위한 쉬운 로마서》, 193.

평강의 하나님이 친히 너희를 온전히 거룩하게 하시고 너희의 온 영과 혼과 몸이 그리스도께서 강림하실 때에 흠 없게 보전되기를 원하노라 너희를 부르시는 이는 미쁘시니 그가 또한 이루시리라(살전 5:23-24)

여기서 '온전히 거룩하게 하기를 원한다'는 표현은, 성도가 하나님의 자녀로서 부름받은 것만이 아니라 장차 그리스도께서 재림하여 그의 심판대 앞에 설 때까지 이루어 가야 할 성화의 전 과정을 포괄하는 표현이다.[7] 성도가 이루어야 할 구원의 완성은 그리스도께서 장차 다시 오실 때까지 끝나지 않는다(살전 3:13). 한편 이런 표현 앞에 과연 우리가 어떻게 그리스도께서 오실 때까지 온전한 구원을 이룰 수 있을까 하는 의구심이 들 수 있다. 하지만 성경은 이것은 분명 우리를 구원으로 부르신 신실하신 하나님이 이루어 가시는 하나님의 사역임을 강조한다. 종말에 그가 반드시 이루실 것이다(5:24). 이때 모든 죄와 죽음과 사탄의 세력은 영원한 불못에 던져져 영원토록 밤낮 괴로움을 받을 것이다(계 20:10). 결국 하나님께서 모든 악의 세력을 심판하시고 우리의 완전한 구원을 이루실 것이다. 이를 빌립보서 1장 6절은 다음과 같이 말씀한다.

너희 안에서 착한 일을 시작하신 이가 그리스도 예수의 날까지 이루실 줄을 우리는 확신하노라(빌 1:6)

D. 시제의 균형과 하나님 나라

구원은 시제의 어느 하나로만 단절하여 보지 말고, 종말론적 긴장 가운데 현 세대 가운데 하나님께서 이루어 가실 그의 나라의 틀 안에서 전체적인 하나의 과정으로 보아야 한다. 다음의 도표를 보자.

---

[7] ——— Charles Wanamaker, *The Epistles to the Thessalonians: A Commentary on the Greek Text* (Grand Rapids, Eerdmans, 1990), 206.

하나님 나라의 구원 시제 1

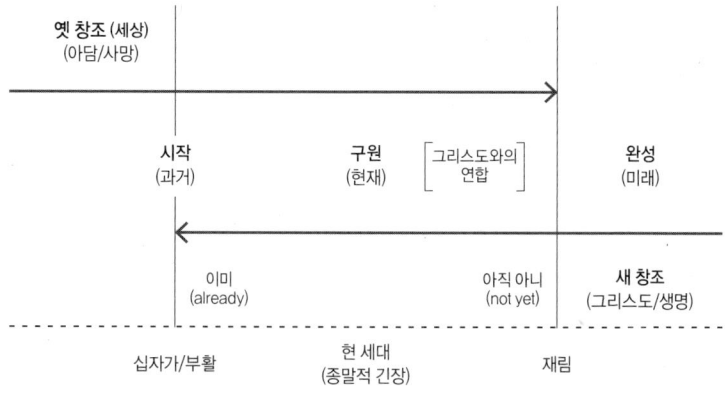

예수 그리스도의 십자가와 부활로 사망이 지배하던 이 세상에 하나님의 나라와 구원이 시작되었다. 하지만 이 나라는 완성된 나라가 아니다. 온전한 완성을 향하여 나아가고 있고, 그리스도의 재림과 종말의 새 창조에 최종적으로 완성될 것이다. 현 세대에 임한 하나님의 나라는 어둠을 뚫고 새 세대의 생명인 성령의 능력으로 시작되었다. 성령께서 현 세대의 성도에게 임하셔서 시작하는 역사가 바로 구원 서정의 역사다. 부르시고, 중생하게 하시고, 믿고 회개하게 하시고 거룩하게 하신다. 이러한 구원 역사의 서정 중에 이 땅에는 옛 세대와 새 창조의 세대가 겹치는 현 세대의 종말적 긴장이 발생한다. 하나님의 통치 아래 하나님의 뜻대로 살아가기 원하지만, 가운데는 공중권세 잡은 자가 휘두르는 죄의 영향력과 풍조 속에 긴장하며 살아간다. 공중권세 잡은 자의 유혹과 공격은 때로 치명적이고 집요하다. 성령께서는 끝까지 구원을 이루어 갈 수 있도록 우리를 끝까지 붙드시며(견인) 거룩하게 하신다.

사도 바울은 갈라디아 교인들에게 '너희가 이같이 어리석으냐 성령으로 시작하였다가 이제는 육체로 마치겠느냐'(갈 3:3)라고 묻는다. 여기에는 구원의 종말적 긴장이 녹아 있다. 그리스도의 십자가와 부활로 시작된 구원이 이미 성도에게 임하였지만, 이것이 아직 온전히 완성되지 않았고 끝까지 싸우며 온전히 이루어 가야 할 것을 보여 준다. 여기서 성도의 구원의 종말적 긴장이 발생한다.

하나님 나라의 관점에서 구원을 바라볼 때 구원의 시제에는 균형과 긴장이 필요하다. 구원의 어느 한 시제만을 강조하다 보면 극단으로 치달을 수 있다. 만약 과거적 구원만을 강조한다면, 현재적 성화의 필요성이 약화된다. 이미 구원받았으니 모든 죄의 문제가 해결되었기에 이제는 죄로부터 완전하게 자유롭다고 주장하는 것이다. 그러나 우리는 그리스도 안에서 이미 구원을 받았지만, 그것이 더 이상의 회개가 필요 없고, 더 이상의 성화가 필요 없는 단번에 완전에 이르는 이단적 구원은 아니다. 여전히 현 세대에는 종말적 긴장이 있다. 온전히 완성될 그 나라를 바라보며 우리는 그리스도 안에 계속적으로 머물며 구원을 이루어가야 한다. 만약 이미 시작된 하나님 나라의 과거시제만을 강조하다 보면, 우리는 구원받음으로 모든 율법의 문제가 해결되었고, 죄가 제거된 완전 성화의 상태가 되었다는 이단적 주장에 미혹되기 쉽다. 그렇다면 더 이상 회개도 성화도 필요 없어진다. 여기서 구원의 증거는 자기에게 '죄책감'이 제거되는 것이다. 무율법적 방종주의를 부추기는 것이다.

한편 구원의 현재적 상태와 성화를 강조하다 보면 내가 지금 구원받았는지 확신이 흔들린다. 지금 죄와 싸우고 씨름하고 죄책감을 느끼는 것은 내가 완전히 구원받지 못해서 그렇다는 것이다. 하지만 이는 구원을 받지 못한 증거가 아니다. 도리어 구원의 시제 전체를 놓고 보았을 때 이는 구원받은 증거다. 이미 하나님 나라의 통치 가운데 들어왔기 때문에 나를 실효적으로 지배하려는 죄에 대한 민감성이 생겨나고, 이에 깨어 기도하고 싸우며 나아가는 것이다. 하나님 나라의 종말적 긴장이 우리에게 있기에 그런 것이다.

또한 구원의 미래시제만 강조하다 보면 현재 내가 얻은 구원과 과거에 이미 얻은 구원이 불완전해진다. 미래시제를 강조하는 단체들은 최종적으로 천국에 들어가야 진짜 구원이지 지금은 알 수 없다고 한다. 지옥에 가는 그리스도인들도 수없이 많고, 그렇다면 예수 그리스도를 믿는 믿음만으로는 구원이 무엇인가 부족하게 된다. 계시록에서 말한 천상의 14만 4천 무리에 들어가려면 지금 무엇인가를 부가적으로 더 열심히 해야 한다고 강조한다. 안식일을 지켜야 하고, 유월절을 지켜야 하고, 음식을 구약의 음식법에 따라 먹어야 하고, 전도의 열매가 있어야 하고, 거룩한 행실을 쌓아야 한다고 주장한다. 율법주의, 금욕주의에 몰두한다. 하지만 행위로 자신의 의로움을 입증할 수 있는 사람은 아무도 없다. 구원의 확신이 없는 이들은 여기에 미혹되어 불안함 마음으로 따라간다. 어떤 이들은 미래적 구원을 강조하면서 내가 천국 가는가 아닌가는 죽어봐야 안다고 하며 현재적 구원의 확실성을 흐려 버린다. 결국 그리스도 안에 누리는 하나님의 통치와 그리스도와의 사귐이라는 어마어마한 선물을 별 것 아닌 것처럼 취급한다. 이는 구원의 현실을 매우 취약하고 불안하게 만든다. 미래의 불안함이 크면, 지금 이곳에 임한 하나님 나라의 실존이 약화되고 두려움이 앞선다.

우리는 구원의 확신을 붙든 가운데 각 시제를 연속선상에서 균형 있게 바라보아야 한다. 우리는 분명 그리스도 예수 안에서 믿음으로 말미암아 하나님의 은혜로 이미(already) 구원받았음을 확신해야 한다. 동시에 아직(not yet) 이루어 갈 구원이 있음을 기억해야 한다. 아직 완전히 이룬 것이 아니다. 이미 부활을 통해 구원을 완성하신 그리스도께서 아직 재림을 통한 구원의 최종완성을 남겨 놓고 있다.[8] 따라서 현재를 그리스도와 동행하며 성화를 이루어 가기에 힘써야 한다.

이러한 구원 서정의 과정을 아더 핑크는 죄의 쾌락에서 구원(중생), 죄의 형벌에서 구원(칭의), 죄의 지배에서 구원(성화), 죄의 실존에서 구원(영화)으로 구분한다.[9] 따라서 성도는 죄의 쾌락에서 벗어나 죄의 형벌에서 구원받은 것에 만족하고 머무는 것이 아니라 날마다 그리스도를 닮아 가며 죄의 지배와 영향력에서 벗어나 두렵고 떨림으로 계속해서 구원을 이루어 가야 한다. 이 모든 성화의 과정이 나 혼자의 힘이 아닌, 성령의 능력으로 이루어져 감을 믿고 성령의 역사를 의지하며 나아가야 한다. 그리고 언젠가 모든 죄와 사망의 세력으로부터 벗어나 영화롭게 될 그날을 기대하며 나아가야 한다.

---

8 ——— 강웅산, 《구원론》, 121.
9 ——— 아더 핑크, 정시용 역, 《사중 구원: 구원이란 무엇인가?》 (서울: 프리스브러리, 2015).

7) 구원 서정과 그리스도와의 연합

구원의 시제를 과거, 현재, 미래의 시간 순으로 이해할 때 우리는 구원의 확신이 흔들리는 긴장을 경험하기 쉽다. 이러한 긴장을 어떻게 해결할 수 있을까? 우리가 기억해야 할 것은 구원은 종말직 긴장 가운데 즉각적으로 일어나는 동시에 점진적으로 진행된다는 것이다. 이를 해결해 줄 수 있는 것이 '그리스도와의 연합'(uni cum Cristo)이다. 그리스도와의 연합에 관하여 성경이 말하는 특징을 살펴보자.

첫째, 성경은 그리스도와의 연합의 상태를 종종 성도가 '그리스도 안에' 거하는 상태로 선언한다(롬 3:24, 6:11, 23, 8:1-2, 39, 고전 1:4, 15:22, 고후 5:17, 19, 갈 2:17, 5:6, 빌 2:5, 4:2, 살전 5:16-18). 둘째, 우리가 '그리스도 안에' 거하는 것은 그리스도가 '우리 안에' 거하는 상태이기도 하다(갈 2:20, 골 1:27, 엡 3:17). 셋째, 그리스도와 연합한 상태는 '그리스도와 함께' 있는 상태이기도 하다(골 3:4, 롬 6:8, 고후 4:14, 13:4, 롬 8:16-17).

성령을 통해 성도는 부활하신 그리스도와 연합하여 이미 시작된 하나님 나라의 통치 안으로 들어간다. 여기서 성령은 그리스도께서 이루신 구원을 성도 개인에게 적용시켜 구원을 일으킨다. 여기서부터 시작된 그리스도와의 연합은 하나님의 나라가 완성될 때까지 성도를 구원 서정 전반에 머물며 주와 함께 사귀게 하여 효과적으로 최종 구원에 이르게 한다.

그리스도와의 연합은 흔히 말하는 것처럼 구원 서정의 한 단계로 보기에는 영향력을 축소시키는 것이다. 구원 서정의 모든 과정은 그리스도의 연합을 전제로 한다.[10] 이는 구원 서정의 각 단계를 개별적으로 다루며 단절되기 쉬운 부분을 보완하는 데 큰 도움이 된다.

그리스도와의 연합은 우리가 그리스도의 신성을 갖게 되어 신인, 즉 하나님-사람(God-Man)이 되는 것이 아니다. 그리스도와 존재론적인 일체를 이루는 것도 아니다. 그렇다면 그리스도와의 연합이 의미하는 바는 무엇인가?

---

10 ——— Andrew Murray, *Redemption Accomplished and Applied* (Rand Rapids: Eerdmans, 1988), 161. 김웅신, 《구원론》, 120-121쪽 각주 2에서 재인용.

첫째, 영적 연합(spiritual union)이다. 이는 존재적 연합이 아니라 관계성에 근거한 연합이다. 성령은 '그리스도의 영'으로 우리 안에 내주하심으로 우리를 그리스도와 연합시킨다(롬 8:9, 고전 6:17, 19, 요일 3:24). 이럴 때 우리가 성령을 통하여 그리스도 안에 거하고 그리스도가 우리 안에 거하게 된다(요 15:4, 갈 2:20, 요일 4:13).

둘째, 인격적 연합이다. 성령의 내주는 인격적인 하나님의 내주다. 따라서 성령의 인격적 임재는 우리와 그리스도를 인격적 관계로 친밀하게 연결시킨다.

셋째, 총체적(holistic) 연합이다. 그리스도와의 연합은 우리 삶의 모든 영역에서 그리스도의 영으로 충만하게 전인격적으로 일어나는 총체적인 차원의 것이다.

넷째, 신비적 연합이다. 그리스도와의 연합은 성령께서 우리의 이해를 초월하여 결속의 주체가 되어 이루시는 비밀이고, 신비다(엡 5:32, 롬 16:26, 골 1:27). 그리스도와 함께 죽었다 살아나고 그리스도 안에서 사는 모든 과정이 놀라운 신비다.

다섯째, 그리스도와의 연합은 성도가 하나님의 언약 백성이 되었음을 나타낸다. 언약 사상의 핵심은 '나는 너의 하나님이 되고 너희는 나의 백성이 되는 것'이다(출 6:7). 자기 백성과 연합하기를 원하시는 하나님은 성령을 통한 그리스도와의 연합을 통해 성도를 하나님의 새 언약 백성으로 삼으신다.

다음의 도표를 보자.

하나님 나라의 구원 시제 2

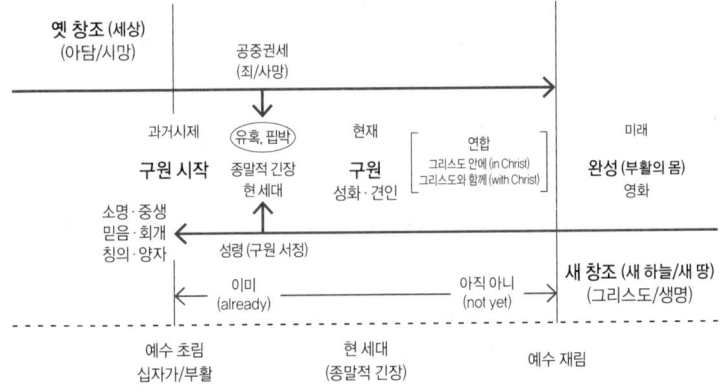

이 도표는 그리스도와의 연합이 구원의 과거·현재·미래 시제와 어떤 관련이 있는가를 종합적으로 보여 준다. 공중권세 잡은 자가 현 세대에 휘두르는 죄와 사망의 권세 아래 성도는 그리스도 안에 들어가 다가오는 새 세대의 능력으로 그리스도와 연합함으로 현 세대 가운데 그리스도 안에 머무르며, 그리스도가 재림할 때 그 능력으로 몸의 부활까지를 경험하며 그리스도와 같은 모습으로 영광스럽게 변화한다. 이때가 바로 성도의 구원이 완성되는 때다.

1.2 구원의 배타성에 대한 오해

구원은 오직 예수 그리스도를 믿음으로만 얻을 수 있다. 하나님은 천하 만민에 구원 얻을 다른 이름을 주신 일이 없다(행 4:12). 그럼에도 많은 단체가 예수 그리스도만으로 구원이 불충분하다고 주장하며, 새 시대에 새로운 구원을 받아야 한다고 교묘하게 주장한다. 이를 뒷받침하기 위해서 이들은 여러 주장을 동원한다.

예수의 이름 말고, 새 시대에 구원 얻을 새 이름을 주셨다는 새 이름 교리, 교주가 또 다른 보혜사라는 주장, 유월절·안식일과 같은 특정한 날을 지켜야 구원받는다는 논리 등 다양한 주장을 동원한다. 이런 주장은 대부분 예수 그리스도의 구속사역과 그의 이름으로 구원 얻기에 불충분하다는 주장들이다. 이러한 주장을 단호하게 배격해야 한다.

2. 구원의 과거시제

구원의 과거시제는 비신자에서 신자로 넘어오는 과정을 다룬다. 이는 우리가 어둠 가운데 세상풍조에 있다가 빛 가운데 하나님의 나라 안으로 들어오는 과정이고 또한 그리스도와 연합하는 과정이다. 이 과정은 앞서 잠시 언급한 것처럼 시간적 순서라기보다는 신학적 질서 안에서 일어나는 과정으로 보아야 한다. 우리가 전도를 받고, 예수 그리스도를 믿고, 회심하여 하나님의 의로운 자녀가 되는 것은 각 단계별로 일어나지만, 이 단계는 때로 동시적으로 일어난다. 듣고, 믿고, 회개하여, 하나님의 자녀로 의롭다 함을 받는 사건이 각각의 신자에게 별개의 사건이 아닌 거의 동시적으로 일어날 수 있는 것이다. 따라서 소명 안에 중생과 회심이 있고, 회심 안에 소명과 중생이 있기도 하고, 중생 안에 소명과 회심이 있기도 하다. 핵심은 구원의 과거시제를 통해 하나님의 나라가 신자에게 이미 시작된 현실로 다가온다는 사실이다. 여기서 신자는 그리스도와 연합하여 그리스도 안에 머문다.

2.1 소명

1) 소명이란?

소명이란 하나님이 그리스도 예수 안에서 죄인에게 구원의 선물을 받으라고 초대하시는 은혜의 행위다(마 11:28, 갈 1:15). 구원은 부르심에서 출발한다. 하나님이 부르시는 것은 아무 계획 없이 무작위적으로 부르는 것이 아니다. 인류를 향한 계획과 작정하심이 있기 때문이다. 태초부터 하나님은 미리 아셨고, 그 아들의 형상을 본받게 하기 위하여 미리 작정하셨다(롬 8:29-30). 그래서 부르심은 태초부터 있던 삼위일체 하나님의 계획을 전제한다.

하나님이 먼저 부르지 않으면, 우리는 어둠과 죄 가운데서 절대 스스로의 힘으로 깨닫고 구원의 길로 나아갈 수 없다. 사람이 자기 지혜로 하나님을 알지 못하기 때문이다. 따라서 모든 신자는 부름받은 사람들이고, 이 부름에 믿음으로 응답한 사람들이다. 교회는 에클레시아, 즉 부름받은 사람들의 모임이다. 교회를 의미하는 헬라어 '에클레시아'

는 '~로부터'를 의미하는 '에크'와 '부르다'를 의미하는 '클레오'가 결합된 말로 어둠 가운데 부름받아 빛으로 나온 이들의 모임을 의미한다(벧전 2:9).

2) 두 종류의 소명

부르심은 크게 두 가지 통로를 통하여 이루어진다. 먼저는 외적 부르심이고, 둘째는 내적 부르심이다. 이를 구체적으로 살펴보자.

A. 외적 부르심

외적 부르심이란 전도를 통하여 사람들을 구원으로 초대하는 것이다. 하나님은 모든 사람이 구원을 받으며 진리를 아는 데 이르시기를 원하기에(딤전 2:4), 우리는 때를 얻든지 못 얻든지(딤후 4:2) 대상을 차별하지 말고 기회가 있는 동안에(갈 6:10) 열심히 사람들을 복음으로 초대해야 한다. 하나님이 구원얻을 백성을 태초부터 계획하고 택하셨지만 그 부르심은 복음의 증인을 통한 전도를 통해 구체적으로 이루어진다. 전도하는 자가 없으면 세상은 복음을 들을 기회를 잃는다. 전파하는 자 없이 하나님의 부르심은 이루어지지 않는다(롬 10:13-15).

하지만 전도는 갈수록 성도들이 꺼리고 망설이는 것이 되어 가고 있다. 지앤컴리서치가 조사한 한 통계에 따르면 성도 10명 가운데 7명 정도(71.4퍼센트)가 복음 전도를 못하고 있는 것으로 나타났다.[11] 과거 1년간 전도 경험을 묻는 질문에는 절반이 넘는 50.1퍼센트가 '없다'고 대답했다. 그만큼 전도에 대한 자신감을 잃어버렸다. 하지만 우리가 전도에 대한 내적 부르심을 이해할 때 보다 용기를 갖고 적극적으로 나아갈 수 있을 것이다.

B. 내적 부르심

내적 부르심이란 하나님이 성령을 통해 죄인들을 구원으로 효과

---

[11] 박재찬, "기독교인 2명 중 1명 '지난 1년간 전도한 적 없다'", 국민일보, 2018. 3. 31.

적으로 부르시는 것을 말한다. 우리가 전도를 통해 비신자를 부를 때 성령께서 함께 역사하여 그 외적 부르심이 효과적이 되도록 하신다. 내적 부르심은 외적 부르심이 있는 곳에서 일어난다. 우리는 성령의 내적 부르심을 기대하면서 때를 얻든지 못 얻든지 부지런히 이웃을 부름으로 초대해야 한다. 전도란 때로 사람들에게 어리석어 보이고, 거리끼는 것이지만(고전 1:23), 그럼에도 성도는 그 가운데 성령께서 효과적인 내적 소명으로 부르심을 확신해야 한다. 전도의 미련한 것을 통해 성령의 효과적 부르심이 함께하므로 이 부르심을 받은 이들은 하나님의 능력과 지혜를 경험한다(1:24).

유효한 부르심은 우리로 그리스도와 연합하게 한다. 하나님이 성도를 부르시는 것은 그리스도와의 연합으로 들어가 이전과는 다른 삶의 질(quality)을 맛보게 하기 위함이다. 하나님은 우리를 부르셔서 예수 그리스도와 더불어 교제하고(1:9), 그리스도 안에 있는 참 자유를 맛보도록 초대하셨다(갈 5:13). 이는 확실히 세상 가운데 있었던 것과는 다른 삶의 차원이다. 이런 차원의 삶을 허락하시는 것은 하나님 나라의 유업을 얻도록 하기 위한 것이다(히 9:15). 따라서 성령의 내적 부르심 안에는 하나님의 언약 백성으로의 부르심이 들어 있다. 이는 지옥에 가지 않고 천국에 가는 차원만을 포함하지 않는다. 지금 이곳에 이미 임한 하나님 나라의 영광을 경험하고 찬송하도록 하기 위함이다(살전 2:12, 참조 엡 4:1, 딤전 6:12).

하나님의 내적 부르심은 주권적이다. 성령의 불가항력적 은혜다. 하나님이 영원 전부터 그의 기쁘신 뜻대로(엡 1:5), 그 뜻의 비밀을 따라(9절), 그의 뜻의 결정(11절)대로 우리를 부르시기로 작정하셨기 때문이다. 따라서 하나님의 뜻대로 이루어진 성령의 효과적인 내적 부르심으로 인해 죄인들은 반드시 그 앞에 나아오게 된다(롬 8:28). 외적 부름만으로는 안 된다. 성령께서 내적으로 불러주시지 않으면 누구도 예수 그리스도께 나아올 수 없다(요 6:44).

하나님의 부르심은 복음의 말씀을 통해 이루어진다. 하나님은 우리를 복음으로 부르셨고(살후 2:14), 그 말씀을 받은 사람들이 믿고 세례를 받는다(행 2:41). 따라서 성령의 내적 부르심은 성령과 복음의 말씀을 통해 이루어진다.

2.2 중생

중생이란 거듭남 또는 '새롭게 다시 태어남'(regeneration)을 의미한다. 이는 하나님께서 새로운 영적 생명을 부여하셔서 영혼의 지배적인 성향을 거룩하게 하시는 신비스런 하나님의 행위다. 사람은 하나님을 떠나 죄 가운데 죽어 있는데, 이 상태로는 하나님의 부르심에 반응할 수 없다. 타락한 인간을 지배하는 죄의 성향을 전적으로 누군가가 풀어주어야만 소명에 반응할 수 있다. 부르심이 밖에서 일어나는 일이라면, 중생은 우리의 존재 안에서 일어난다. 성령이 내주하심으로 새 생명의 원리가 심겨지고, 죄의 사슬이 끊어지고, 사람의 마음 중심에 있는 지배 성향이 바뀌고 삶의 목적과 동기와 방향이 바뀐다.

바람이 임의로 불 때 그 소리는 들어도 어디로 와서 어디로 가는지 모르는 것처럼(요 3:8), 중생은 우리도 모르는 사이에 일어나는 무의식적 변화다. 중생은 인간의 의지와 결단으로 생기는 것이 아니요, 세례를 받으면 자동으로 생기는 것도 아니다. 이는 그리스도와의 연합 가운데 일어나는 성령의 무의식적 차원의 역사다. 연합의 의식적 차원이 믿음으로 일어난다면, 중생은 모르는 사이에 일어나는 내적 변화다.

이러한 변화는 육적으로 다시 태어나는 것이 아니라 위로부터 새롭게 태어나는 것이다(3:3-4). '거듭난다'(born again)는 표현은 이중적 의미를 갖고 있다. 첫째, '거듭'(헬. 아노텐)은 '다시'(again)라는 뜻이고 둘째는 '위로부터'(above)라는 뜻이다. 거듭난다는 것은 다시 새로운 생명을 얻는다는 의미와 함께 위로부터 오는 새로운 생명의 변화, 즉 성령으로 말미암는 사람 마음의 중심에서 일어나는 새로운 변화를 말한다. 요한복음 3장에 나오는 니고데모는 이 두 가지 의미의 차이를 알지 못했다. 그래서 예수께서 '사람이 거듭(헬. 아노텐)나지 아니하면 하나님의 나라를 볼 수 없다'고 했을 때, 그는 '늙은 사람이 어떻게 날 수 있느냐고, 모태에 다시 들어가야 하느냐'고 물었다(3:4).

예수께서는 거듭나는 것의 육적 차원이 아닌 영적 차원을 말씀하신 것이었다(3:6). 그래서 이를 '물과 성령'으로 나는 것이라 하셨다(3:5).

'물과 성령'은 죄 씻음과 정결의 역사를 강조하는데, 크게 두 가지 차원의 의미가 있다.

첫째, 물과 성령은 구속사적 성취와 완성의 도식을 나타낸다. '물'이 구약의 정결례와 죄 씻음의 역사를 성취하는 것을 나타내는 것이라면(출 29:4, 30:17-21, 레 14:52, 민 19:17-19, 시 51:7-11), '성령'은 신약 시대에 죄 문제 해결을 상징한다. 죄 씻음에 대한 구약의 성취와 신약의 완성을 구속사적으로 연결시킨 표현이 '물과 성령'인 것이다. 이는 죄 씻음의 원리는 구약적 씻음을 요구하지만, 완성은 성령에 의해 온전히 이루어짐을 의미한다.

둘째, '물과 성령' 사이를 연결하는 접속사 '과'(헬. 카이)를 설명의 접속사로 보는 것이다. 이는 '물, 즉 성령'으로 이는 성령의 정결케 씻고 생명을 주는 물의 기능을 의미한다(참조 요 7:37-38). 이는 종말에 하나님의 언약 백성에게 이루어질 물과 영의 역사를 반영하는데, 그 대표적인 것이 에스겔서가 예고하는 새 언약 본문(겔 36:25-28)이다. 여기서 물은 모든 더러운 것에서 정결하게 하고, 영은 마음을 변화시킨다. 이처럼 물과 성령은 강력하게 서로 결합되어 하나님의 구속사적 새 언약의 역사를 이루어 깨끗하고 새롭게 하는 새로운 출생을 이루어 간다.[12]

성도의 중생은 그리스도의 부활에 근거한다. 하나님은 '예수 그리스도를 죽은 자 가운데서 부활하게 하심으로 말미암아 우리를 거듭나게 하사 산 소망이 있게' 하셨다(벧전 1:3). 이 말씀에 따르면 우리의 거듭남은 예수 그리스도의 부활하심으로 말미암아 이루어진 것이다. 따라서 그리스도께서 우리의 죄를 담당하여 죽으시고 '다시 살아나심' 곧 그리스도의 '중생'이 우리가 경험하는 중생의 근거가 된다. 그가 중생하셨기에, 우리도 그 안에서 다시 살아날 수 있는 것이다(롬 6:4, 5, 8, 11).

중생이 일어나는 순간은 우리가 정확하게 알 수는 없지만, 중생은 하나님의 말씀이 한 사람에게 임할 때, 그의 반응을 통해 알 수 있다. 성령의 효과적 부르심에 반응할 때 중생이 일어나는 것이다. 여기서 말씀은 중생에 중요한 도구가 된다(벧전 1:23). 중생한 사람들에게는 하나님

---

12 ——— D. A. 카슨, 박문재 역, 《요한복음》 PNTC (서울: 솔로몬, 2017), 347-348.

말씀에 대한 믿음과 순종이 일어나고, 죄에 대해 애통하고 회개하는 마음이 생겨나며, 예수 그리스도에 대한 믿음과 사랑이 생겨나고, 하나님을 사랑하고 형제를 사랑하게 된다.

중생은 어떤 이들이 주장하는 것처럼 도덕적 변화, 인격의 변화만을 의미하는 것이 아니다.[13] 이들은 겉으로 볼 때 행동과 인격의 도덕적 변화가 나타나지 않으면 중생하지 않았다고 쉽게 결론 내리려 한다. 물론 중생은 이러한 변화를 가져올 수 있다. 하지만 중생은 근본적으로는 성령의 효과적인 부르심으로 말미암아 하나님의 말씀에 대해 반응하는 변화를 의미한다.

2.3 회개

세계적인 복음전도자 빌리 그레이엄 목사가 1974년 여의도 광장에서 열린 대규모 전도집회 '엑스플로 74'에서 열정적으로 복음 설교를 했다. "당신의 죄를 회개하고 예수님을 구주와 주님으로 받아들이라"고 설교했다. 그러나 당시 한 이단종파의 목사는 이 설교를 듣고 '빌리 그레이엄 목사는 구원받은 줄 알았는데 알고 보니 그도 구원을 받지 못했다'고 탄식했다고 한다. 도대체 어떤 부분 때문에 구원받지 못했다는 것이었을까? 바로 '회개하라'는 메시지 때문이었다. 이단종파의 목사는 왜 그렇게 생각했을까? '회개'를 제대로 이해하지 못하면 우리는 자칫 이단이 주장하는 바에 흔들리게 되고, 더 나아가 우리의 구원이 휘둘릴 수 있음을 주의해야 한다. 그렇다면 회개란 무엇이고 어떤 것이 바른 회개일까?

1) 회개란?

회개(悔改)란 돌이킬 '회'(悔)에 고칠 '개'(改)가 합쳐진 말이다. 문자적으로 돌이켜 고친다는 뜻이다. 즉 회개란 죄에서 돌이켜 뉘우치고 마음을 고쳐먹는 것을 의미한다. 여기에는 두 가지 요소가 포함되어 있다.

---

[13] ──── 변승우, 《지옥에 가는 크리스천들》 수정증보판 (서울: 큰믿음, 2011), 181; 이인규, "웨슬리안 입장에서 본 큰믿음교회 변승우 목사의 주장", 예레미야이단연구소, 2015. 5. 20.

먼저는 뉘우치고 돌이키는 것이고, 둘째는 바로잡는 것이다. 웨인 그루뎀은 회개를 "죄로 인한 참된 애통과 단념이며, 그것을 멀리하고, 그리스도께 순종하며 행하겠다는 신실한 헌신"으로 정의한다.[14] 죄는 하나님을 떠나 반대 방향을 지향한다. 그런데 회개는 이것을 뉘우치고 하나님께로, 즉 하나님이 원하시는 방향으로 다시 돌아오게 한다. 인생의 방향이 바뀌면 삶이 바뀐다.

성경은 회개를 나타내는 용어를 다양하게 사용한다.

먼저 구약성경의 용례를 살펴보자.

① 나함: 어떤 일에 대해 마음가짐이나 생각을 바꾼다는 의미로 '후회하다', '생각을 바꾸다'는 뜻이고, 이는 내면의 심정적 변화를 강조하는 단어다(삿 21:6, 욥 42:6, 렘 8:6). 때로 언약관계에서 하나님께도 사용된다(창 6:6-7, 출 32:12, 14, 삿 2:18, 삼상 15:11).

② 슈브: 회개의 의미로 구약에서 가장 많이 사용되고 보편적인 용어다. '나함'이 심정적 변화를 강조한다면, '슈브'는 행동의 변화를 강조하는 의미로 '돌이키다', '돌아서다', '돌아오다' 등을 의미한다. 슈브는 크게 두 가지 의미에서 돌이킴을 의미한다. 먼저는 부정적 의미다. 이는 죄에서 떠나(왕상 8:35) 악행을 그치고(느 9:35), 죄악에서 돌이키고(욥 32:10), 악한 마음과 행위에서 돌이키고(겔 3:19), 죄과를 떠나는(사 59:20) 등 죄악으로부터(from) 떠나는 행동을 의미한다. 둘째는 긍정적 의미다. '슈브'는 죄악에서 떠날 뿐만 아니라 적극적으로 하나님께로 나아가는 행동을 의미한다(시 51:13, 사 10:21, 렘 4:1, 호 14:10, 암 4:8, 말 3:7). 때로 이 두 단어는 함께 사용되어 강력한 전인적 의미의 돌이킴을 의미하기도 한다(렘 31:19).

신약성경에서의 용례는 다음과 같다.

① 메타노에오: 신약성경에서 회개를 나타내는 가장 보편적인 단어로 '~이후'를 의미하는 '메타'와 '마음', '이성' 등을 의미하는 '누스'가 결합된 단어다. 이는 죄에 대한 회한과 애통, 뉘우침으

---

14 ——— 웨인 그루뎀, 《조직신학 (중)》, 338.

로 돌이킨 이후의 변화된 마음을 뜻한다. '메타노에오'는 히브리어 '나함'에 해당하는 단어로 주로 내면의 변화에 강조가 있다. 이 단어는 또한 긍정적이고 미래지향적 측면으로도 사용되는데, 회개에 합당한 열매(마 3:8), 생명 얻는 회개(행 11:18), 구원에 이르게 하는 회개(고후 7:10), 진리를 아는 데로 인도하는 회개(딤후 2:25) 등과 같은 표현에 나타나 있다.

②에피스트레포: '돌아서다', '돌아오다'라는 뜻으로, 내적 변화보다 돌아오는 외적 행동과 삶의 실질적인 변화를 강조하는 단어이며, 히브리어 '슈브'에 해당하는 단어다. 돌이키는 행동은 크게 두 가지로 나눌 수 있다. 먼저는 죄악으로부터(from) 돌이키는 부정적 의미에서의 돌이킴이다(행 3:19, 26, 약 5:20). 둘째는 하나님께로(to) 돌아가는 긍정적 의미의 돌이킴이다(눅 1:16, 17, 행 9:35, 11:21, 14:15, 26:18, 고후 3:16, 살전 1:9). 때로는 이 둘을 함께 사용하여 내면의 회개와 돌이키는 외적 행동을 함께 강조하는 경우도 있다(행 3:19, 26:20). 이렇게 뉘우쳐 하나님께 돌이키는 대표적인 이야기가 '탕자의 비유'다(눅 15:11-32).

회개는 우리의 전인적인 돌이킴을 요구한다.

첫째, 지적인 돌이킴이 있어야 한다. 우리는 죄가 하나님께 대한 반역이며, 이 죄가 하나님의 진노를 받아 마땅한 것임을 깨달아야 한다.

둘째, 감정적 돌이킴이 있어야 한다. 우리는 죄를 좋아하던 것을 버리고 죄에 대해 깊이 슬퍼하고 통회해야 한다.

셋째, 죄에 대한 의지적 돌이킴이 있어야 한다. 지적으로 깨닫고 감정적으로 슬퍼하는 상태로만 있어서는 안 된다. 우리는 우리의 죄를 의지적으로 고백하고 버려야 한다.

서두에 말한 빌리 그레이엄 목사가 구원받지 못했다는 주장은 전인적인 돌이킴을 오해한 것에서 나왔다. 구원은 죄 사함의 비밀을 지적으로 알고 깨달아야 받는 것인데, 그레이엄 목사가 죄를 회개하고 예수님을 믿고 영접하라고 설교한 것은 결국 이 비밀을 모르고 깨닫지도 못한 증거가 되기 때문이다. 하지만 회개는 지적인 깨달음과 돌이킴뿐만 아니라 감정적, 의지적 돌이킴을 함께 수반해야 한다.

2) 회심과 회개

회개는 우리가 죄로부터 돌이켜 하나님께로 나아가는 것이지만, 어떤 상태로 돌이키느냐에 따라 두 가지로 나눌 수 있다. 첫째, 회심(conversion)이다. 둘째, 회개(repentance)다.

회심이란 믿음으로 하나님을 떠나 있던 죄에서 그리스도께로 돌이키는 사건, 죽음에서 영생으로 돌이키는 단회적 사건이다.[15] 하나님을 모르고 그리스도 밖에 있던 사람이 복음의 부르심을 통하여 자신의 죄인 됨을 깨닫고 뉘우치고 과거의 삶에서 돌이켜 그리스도의 몸 된 교회로 돌아온다. 회심은 그리스도 밖에 있던 자가 죄로부터 돌이켜 그리스도 안으로 들어가는 일이다. 이러한 회심은 구원을 받기 위한 돌이킴이고, 단회적이며, 이때 세례는 그 사람의 회심을 확인하는 교회적인 인증이 된다(행 2:38).

반면 회심과 구별되는 회개는 이미 그리스도 안에 있는 성도가 그리스도 안에 계속적으로 거룩하게 머물기 위하여 날마다 삶을 돌이키며 죄 용서를 구하며 하나님께 더욱 가까이 나아가는 것이다. 따라서 회개는 반복적이다. 성도는 구원받은 이후에도 싸워야 할 싸움이 있다. 아직 그에게 남아 있는 죄성과 이 세대의 공중권세 잡은 세력과의 싸움이다. 회개가 죄로부터 벗어나(from) 하나님께로(to) 나아가는 것이라고 할 때, 날마다 하나님께 더욱 가까이 나아가기 위해 성도는 반복적으로 회개해야 한다.

이러한 반복적 회개는 그리스도의 연합의 관점에서 이해할 수 있다. 회개는 그리스도와 연합한 자가 그리스도와 더욱 친밀하게 거하기 위하여 날마다 죄로부터 멀어지도록 돌이키는 것이다. 따라서 회개는 구원 서정 안에 포함된다. 우리는 예수의 이름으로 회개할 때 언제든지 어떤 죄든지 사함을 받고 하나님 아버지께로 가까이 나아갈 수 있다(요일 1:9). 이런 면에서 회개는 하나님을 아버지로 고백하는 이들이 누리는 특권이고, 구원의 삶을 사는 증거다.

회심과 회개는 우리가 결단하고 돌이켜야 하지만, 이는 동시에 하

---

15 ──── 강웅상, 《구원론》, 279.

나님이 우리에게 주시는 성령의 사역이기도 하다. 사람의 일인 동시에 하나님의 일이다. 하나님께서 우리에게 그분께 돌아가도록 회개함을 주셔야 우리의 회개가 가능하다(행 11:18, 딤후 2:25). 하나님께서 오게 하여 주지 아니하시면 누구든지 하나님께로 돌아갈 수 없다(요 6:65).

3) 회개에 대한 오해
A. 반복적 회개가 필요 없다는 오해

'죄 사함 거듭남의 비밀'에 대해 들어보았는가? 죄 사함 거듭남에 도대체 어떤 비밀이 들어 있을까? 이 비밀의 핵심은 일단 우리가 예수 그리스도를 믿고 구원을 얻으면 우리의 과거, 현재, 미래의 죄가 다 용서받았기 때문에 더 이상 정죄함이 없고(롬 8:1-4), 정죄함이 없기에 반복적으로 회개할 필요가 없다는 주장이다. 예수께서 십자가에서 구약의 모든 율법을 폐하셨기에(엡 2:15), 더 이상 우리를 정죄할 기준이 존재하지 않는다는 것이다(참조 롬 7:1-4). 기준이 없기에 정죄가 없고 정죄가 없기에 반복적으로 회개할 필요가 없다는 것이다. 이것을 깨닫는 것이 바로 '죄 사함 거듭남의 비밀'이다. 깨닫는 순간 아담의 죄책이 자동적으로 사라진다. 죄로부터 해방된다. 하지만 이는 양심의 가책을 무시하고 방종을 초래하는 일이다. 죄 사함의 비밀을 깨달았다고 하는 이들이 때로 끔찍한 범죄에 연루되는 이유가 여기에 있다.

예수께서 과연 십자가에서 모든 율법을 폐하셨는가? 그렇지 않다. 주님은 이 땅에 오셔서 율법의 일점일획이라도 완벽하게 다 이루신 분이다(마 5:17-19). 하나님을 사랑하고 이웃을 사랑하는 율법의 근본정신(22:37-40, 참조 신 6:5, 레 19:18)을 보다 완벽하게 이루시기 위해 예수께서 십자가를 지시고 죄와 사망의 권세를 이기고 부활하셨다. 사랑의 정신과 계명은 동일하지만 이를 이루기 위한 죄 사함을 얻는 방식은 달라졌다. 일시적인 짐승의 제사에서 자신을 제물로 단번에 드리신 십자가에서의 제사로 새롭게 대체되고 새 언약이 체결되었다(히 7:27, 9:12, 26). 따라서 이와 관련한 구약의 절기, 제사, 정결법은 그리스도 안에서 폐지되고(골 2:16-17), 그리스도 안에서 주어지는 생명의 성령의 법으로 대체되었다(롬 8:2)

성도에게는 생명의 성령의 법이 있다. 우리가 이 법에서 멀어진다면 우리는 반복적으로 회개해야 한다. 이는 현재 이루어 가는 현재적 구원을 요구한다. 이렇게 볼 때 죄 사함 거듭남의 비밀은 과거시제의 구원이 절대적인 것처럼 강조하는 왜곡된 구원관임을 알 수 있다.

이들은 예수께서 가르치신 주기도를 하지 않는다. 왜? 반복적인 회개를 명시했기 때문이다. "우리가 우리에게 잘못한 사람을 용서한 것 같이 우리 죄를 용서하여 주시고"라는 구절은 우리로 하여금 반복적인 회개를 요청하는데, 이는 본인들이 깨달은 죄 사함의 비밀에 맞지 않는다. 결국 성경 말씀 자체도 부인하려 한다. 하지만 성경은 곳곳에서 반복적 회개를 말씀한다. 고린도 교회를 향해서는 이들의 회개하지 아니함 때문에 슬퍼한다고 말하고(고후 12:21), 계시록 2-3장에는 일곱 교회에 대한 회개를 촉구한다(계 2:5, 16, 21, 22, 3:3, 19).

성경은 여기서 더 나아가 우리가 구원 얻은 이후에도 자범죄에 대해 회개하지 않을 때 징계가 임할 수 있음을 경고하고 있다(히 12:6-8, 시 89:30-34). 회개하지 않으면 그리스도와의 친밀한 연합에 금이 가기 시작한다. 성령을 거두고, 구원의 기쁨을 잃어버린다(시 51:11-12, 살전 5:19). 평강이 없다(사 48:21, 57:21, 렘 6:14, 8:11). 기도의 응답이 없다(요일 3:20-22). 징계는 하나님의 사랑의 표현이며 죄를 미워하시는 하나님이의 뜻을 나타내는 것이다. 이러한 징계를 부인하면 결국 양심이 화인 맞아 무뎌지고 죄책감을 느끼지도 않고 담대하게 범죄하게 된다(딤전 4:1-2). 우리는 현재적인 구원을 이루어 가야 한다(고전 1:18, 빌 2:12).

B. 반복적 회개가 완벽해야 한다는 오해

어떤 이들은 회개가 완벽해야 한다고 주장한다. 믿는 자라도 그 죄를 하나라도 회개하지 못하면 지옥에 간다고 주장한다. 여기서 회개는 뉘우치고 그리스도께 돌이키는 것이 아니라, 모든 죄를 끊고 모든 죄에서 떠나는 것이다. 성도라도 여러 가지 죄를 지어야만 지옥에 가는 것이 아니라 한 가지라도 끊지 못한 죄가 있다면 그 죄와 함께 지옥에 던져진다고 주장한다.[16] 따라서 천국에 가려면 단 한 가지라도 회개할 죄가 남아 있으면 안 된다. 모든 죄를 다 회개해야 한다는 것이다. 이러한 주장은 이 땅에서 성도의 회개가 완벽해야 하고, 따라서 성화도 완벽해야 한다는 결론에 이르게 되는데 이는 성도에게 스스로 거룩한 의가 있어야 의롭다 함을 받는다는 괴상한 행위 구원론을 낳는다. 이들에 따르면 사람에게는 스스로 의가 있어야 의롭다 함을 얻는다. 성도라 하더라도 자신 안에 자기 의가 없으면 하나님 앞에 의롭다 함을 얻을 수 없다. 사람은 믿음으로만 의롭다 함을 받을 수 없다. 완전한 회개에 따른 행위에 의한 의가 있어야 한다. 사람은 믿음으로만 아니라 행위로도 의롭다 함을 얻는다는 것이다. 하지만 이는 갈라디아서 2장 16절의 말씀을 정면으로 거스르는 것이다.

> 사람이 의롭게 되는 것은 율법의 행위로 말미암음이 아니요 오직 예수 그리스도를 믿음으로 말미암는 줄 알므로 우리도 그리스도 예수를 믿나니 이는 우리가 율법의 행위로써가 아니고 그리스도를 믿음으로써 의롭다 함을 얻으려 함이라 율법의 행위로써는 의롭다 함을 얻을 육체가 없느니라(갈 2:16)

C. 고해성사가 회개라는 오해

어떤 단체에서 회개를 하나님이 아닌 사제와 같은 종교지도자에게 한다. 고해성사 또는 고백성사라고도 하는 이러한 회개의 절차는 구원을 흔들 수 있다고 주장하는 치명적인 대죄를 고백하는 것인데, 이때 사제는 대죄에 대한 고해성사를 받고 죄 사함을 선언한다. 이런 단체의 교리에 따르면 사람의 원죄는 세례에 의해 사해지고, 자범죄 중 구원에 치명적인 영향을 끼치는 대죄는 고해성사와 성찬을 통해 사해진다고 한다. 구원에 영향을 끼치지 않는 가벼운 죄를 소죄라고 하는데 이는 개인적인 회개를 통해 용서받을 수 있다고 한다. 하지만 대죄는 반드시 고해성사와 성찬을 통해 죄 사함을 받아야 한다. 고해성사를 통해 죄 사함을 선언하고, 성찬에서 떡을 받아먹는 순간 죄가 용서된다. 고해성사를 하지 않으면 당사자는 구원에 치명적인 문제가 일어난다.

---

16 ──── 변승우, 《지옥에 가는 크리스천들》, 36.

'카노사의 굴욕'을 아는가? 이는 로마의 교황권과 황제권이 충돌했던 사건이다. 1076년 1월 하인리히 4세가 교황 그레고리우스 7세를 폐위하자, 그레고리우스 7세는 그다음 2월에 로마 주교회의를 소집하고 황제와 그의 영향권 아래 있던 독일인 신자들을 파문했다. 이는 독일 지역 교회의 예배 금지와 성찬 금지로 이어졌다. 어떤 단체는 신자들은 성찬을 받지 못하면 천국에 갈 수 없다고 믿었다. 결국 이런 심각한 영적 상황을 깨닫게 된 백성들이 황제에게서 등을 돌리자 급기야 황제는 그해 말 교황이 머물던 북이탈리아의 카노사 성에 가서 그 앞에 무릎을 꿇고 굴욕적으로 용서를 구한다. 이 사건에서 보는 것처럼 가톨릭 신자들에게 고해성사와 성찬은 구원을 잃지 않도록 하는 데 필수적인 요소다.

　고해성사는 그 배후에 사제가 죄를 사하는 권세가 있음을 전제한다. 하지만 우리의 죄를 사하시는 분은 오직 하나님 한 분뿐이다(마 9:2, 6, 막 2:7, 10, 요 5:2-18, 8:1-11). 우리가 우리의 죄를 회개하면 우리는 모든 불의에서 사함을 받을 수 있다(요일 1:9). 어떤 단체는 예수께서 부활하신 후 제자들에게 '너희가 누구의 죄든지 사하면 사하여질 것이요 누구의 죄든지 그대로 두면 그대로 있으리라'(요 20:22, 참조 마 16:19)라고 하신 말씀을 인용하여 사제들에게 죄 사함의 권세가 있기에 대죄를 사할 권세가 있다고 주장하기도 한다. 그러나 이 말씀은 고해성사를 위해 주신 말씀이 아니다. 이는 예수께서 제자들에게 성령으로 충만하여 복음을 전할 때 일어날 일을 말씀하신 것이다. 복음을 믿고 받아들이면 죄 사함을 받지만, 복음을 거부하면 그대로 있게 될 것이라는 뜻이다.[17] 나아가 이 죄 사함의 권세는 제자 개인에게 주어진 권세가 아니라, 공동체의 지체들이 공동체 내에서 저지른 범죄에 대하여 서로 용서를 구하고 회개하고 변화되면 교회가 그를 받아들이고 용서를 선언했던 권세를 의미한다(참조 엡 4:2, 32, 골 3:13, 약 5:16).[18]

---

17 ──── D. A. 카슨, 박문재 역, 《요한복음》, 1222.
18 ──── 가톨릭의 사제의 사죄권과 면벌부의 발전 과정에 대해서는 신광은, 《전하무적 아르뱅주의》 (서울: 포이에마, 2014), 34-52를 참조하라.

고해성사는 사제의 죄 사함과 함께 죄의 보속(補贖)을 요구한다. 죄 사함을 받아도 죄의 형벌은 남아 있게 되는데, '남아 있는 벌'이란 뜻으로 '잠벌'(暫罰)이라 부른다. 남은 형벌에 대하여서는 자신이 그 대가를 치러야 한다. 도둑질을 한 사람이 고해성사를 통해 죄를 용서받았지만, 훔친 것을 아직 돌려주지 못했다면 마땅히 돌려주어야 한다. 이 보속을 통하여 죄는 완전히 말소된다. 이 보속은 교회가 정한다. 기도, 금식, 구제, 성경 읽기, 주기도문 암송 등 여러 형태가 있으나, 여전히 이런 죄의 형벌이 우리에게 남는다. 이러한 죄의 형벌이 남아 있으면 천국에 가지 못하고 연옥에서의 고통을 통하여 모두 다 갚아야 한다. 이때 필요한 것이 '조력은총'이다. 이는 우리의 마음을 움직여 선을 행하고 악을 피하도록 돕는 은총인데, 이 은총은 하늘나라에 들어갈 때까지만 필요한 은총이다. 이 땅에서 우리는 조력은총을 힘입어 선을 행하며 공로를 쌓는데, 이 공로가 쌓이면 이 은총을 타인에게 양도할 수 있다. 공로를 많이 쌓은 이들이 '성인'(saint)이다. 성인들의 공로는 하늘나라의 창고에 쌓여 있어 다른 이들에게 나누어 줄 수 있다.

성도는 하늘 성인들의 공로에 의지하여 연옥에서 고통받고 있는 죽은 성도들을 위해 기도하여 속히 보속이 이루어지도록 한다. 또한 성도는 자신의 보속을 위하여 성인들에게 기도할 수 있다. 자신의 고해성사 가운데 이전에 범한 죄를 잊고 고백하지 못한 죄가 아직 남아 있을 수 있고 이에 대한 벌이 남아 있을 수 있다. 또한 고해성사 이후 신부가 지시한 보속이 죄에 비례되지 못할 수 있다. 이렇게 되면 잠벌은 항상 남아 있을 가능성이 크다.

교회는 이따금씩 대사(大赦)를 선포하여 죄에 따른 잠벌이 풀릴 기회를 제공한다. 대사는 타인에게 양도 가능하기 때문에 당사자가 받을 수도 있고 연옥 영혼에게 양도할 수 있다고 한다. 우리의 잠벌이 모두 없어지는 것을 '전면대사' 혹은 '전대사'(全大赦), 일부가 없어지는 것을 '부분대사' 또는 '한대사'(限大赦)라고 한다. 이러한 대사는 15세기 중엽에 이르러 현금 지불로 가능해졌고, 이는 16세기 초 낡은 성 베드로 성당의 재건축에 필요한 재정 모금에 많은 기여를 했다.[19] 돈을 주고 대사를 획득할 때 '대사 증서'를 발급했는데, 이것이 오늘날 알려진 면벌부다.

위와 같이 회개에 대한 그릇된 이해가 공로, 연옥, 면벌부 등 다양한 비성경적 주장들을 초래하게 되었다. 우리는 행위로 구원받지 못한다. 우리의 죄 용서와 구원에 관해서 자신의 공로를 자랑할 수 있는 여지는 절대 없다! 우리는 오직 은혜에 의하여 믿음으로 말미암아 구원을 받은 것이다(엡 2:8). 이것이 바로 종교개혁의 정신이고, 복음의 정수다.

D. 회개는 공개적으로 해야 한다는 오해

회개를 사제 한 사람에게 하는 것이 아니라 교회의 회중 전체 앞에서 공개적으로 해야 한다고 주장하며 이를 격려하는 단체들이 있다. 이들은 '그러므로 너희 죄를 서로 고백하며'라고 말씀한 야고보서 5장 16절을 인용하며 공개 자백의 성경적 정당성을 주장한다. 또 요한일서 1장 9절을 인용하여 우리 죄를 공개적으로 자백해야 한다고 주장한다. 어떤 단체의 경우 이런 공개 자백이 대부분 음란에 관련된 자백에 집중되어, 이런 죄를 고백하지 않으면 죄 사함을 온전히 받지 못한 사람처럼 느끼게 하기도 한다. 그렇다면 회개는 공개적으로 해야 할까?

웨스트민스터 신앙고백 제15장 6항은 "사람은 자기의 죄를 사적으로 하나님께 고백하면서 그의 용서를 기구해야 한다"고 명시한다(시 32:5, 6, 51:4, 5, 6, 9, 14). 이는 개인으로 하나님께 드리는 죄 고백을 말하는 것이다. 이런 원칙으로 웨스트민스터 신앙고백은 성도가 다른 지체에게 상처를 주었을 때는 그와 단독으로 만나 자기의 죄를 자백하며 회개해야 하고, 공동체에 상처를 주었을 때는 그 공동체 앞에서 공적으로 자백하고 회개할 것을 권면한다. 공적 회개를 해야 할 경우는 공동체를 향해 범죄했을 경우로 한정한 것이다. 나머지 경우에는 하나님을 향하여, 그리고 각 지체를 향하여 사적으로 회개하면 된다.

그렇다면 우리는 서로 죄를 고백하라는 야고보서 5장 16절의 말씀을 어떻게 이해해야 할까? 이 말씀을 이해하는 데 중요한 것은 전후의 문맥이다. 전후의 문맥을 보면 죄 고백의 권면은 치유를 위한 것임을

---

19 ── 신광은, 《천하무적 아르뱅주의》, 51.

알 수 있다. 죄는 때로 병의 원인이 될 수 있기에, 죄를 품은 상태에서는 치유가 어려울 수 있다. 그러니 서로 고백하며 병 낫기를 위하여 기도하라는 것이다. 또한 요한일서 1장 8-10절도 말씀의 흐름을 살펴볼 때 공개 자백이 아니라 하나님을 향한 개인적인 죄 고백임을 알 수 있다.

E. 반복적 회개의 불가능성에 대한 난점

E.1 히브리서 6:4-6

반복적 회개의 불가능성을 언급하는 히브리서 6장 4-6절은 신약성경에서 가장 어려운 난해구절 중 하나로 꼽힌다. 이를 어떻게 이해해야 할까? 먼저 본문을 살펴보자.

> 한 번 빛을 받고 하늘의 은사를 맛보고 성령에 참여한 바 되고 하나님의 선한 말씀과 내세의 능력을 맛보고도 타락한 자들은 다시 새롭게 하여 회개하게 할 수 없나니 이는 그들이 하나님의 아들을 다시 십자가에 못 박아 드러내 놓고 욕되게 함이라 (히 6:4-6).

이 본문이 당황스러운 것은 성경은 여러 곳에서 대부분 구원에 대한 확신을 선언하고 있기 때문이다. 작은 자 중 하나라도 잃는 것은 하늘 아버지의 뜻이 아니다 (마 18:14). 주님은 우리에게 영생을 주시고, 또 이 주님의 손에서 빼앗을 자가 없다 (10:28). 이런 주께서 우리를 책망할 것이 없는 자로 끝까지 견고하게 하실 것이다 (고전 1:8). 우리 안에 착한 일을 시작하신 이가 그리스도 예수의 날까지 확실하게 이루실 것이다 (빌 1:6). 사망이나 생명이나 천사들이나 권세자들이나 현재 일이나 장래 일이나 능력이나 높음이나 깊음이나 다른 어떤 피조물이라도 그리스도 예수 안에 있는 하나님의 사랑에서 결코 끊을 수 없다 (롬 8:38-39). 그 외에도 성경은 곳곳에서 구원의 확실성을 강조한다 (8:29-30, 10:13, 요일 3:6). 그럼에도 불구하고 본문에서 말하는 회개할 수 없는 자들로 지목된 이들은 누구인가?

첫째, 이들은 한 번 빛을 받았던 사람들이다. 이는 구원의 메시지를 받아들이고 단회적으로 회심하여 그리스도께로 돌아온 이들이다. 둘째, 이들은 천상의 은사(gift), 곧 선물을 맛본 사람들이다. 이 선물은 구원의 선물이다. '맛보았다'(헬. 규오마이)는 것은 '실제적이고 개인적인 경험'을 의미하는 단어로 이는 구원을 지적인 동의를 넘어 전인적으로 깊이 체험한 것을 의미한다. 셋째, 성령에 참여한 바 되었다. 이는 성령을 체험하고, 성령의 사역에 동참하여 그리스도의 몸 된 지체를 이루어 가는 역사를 경험한 것을 말한다(참조 히 3:14). 넷째, 하나님의 말씀과 내세의 능력, 곧 장차 오는 새 시대의 생명력을 맛본다.

그런데 충격적인 '가정'이 등장한다. 그것은 그럼에도 불구하고 타락할 경우, 이들은 다시 새롭게 하여 회개할 수 없다! 여기에서 '타락한다'(헬. 파라핖토)는 '곁에서 떨어진다', '이탈한다'는 뜻이다. 구원에서 떨어져 나가거나 이탈하는 것이다. 그리고 '할 수 없다'(헬. 아뒤나톤)는 '불가능하다'(impossible)는 강력한 의미의 단어다. 반복적 회개가 불가능한 이유가 무엇인가? 이런 자들의 배교는 '스스로 하나님의 아들을 다시 십자가에 못 박아, 공개적으로 그분을 욕되게 하는 것'이기 때문이다. 이는 그리스도께서 단번에 이루신 완벽한 제사를 거부하는 것과 같다(참조 히 7:27, 9:12, 26, 28, 10:2, 10).

이러한 주장의 이해를 돕기 위해 이어지는 히브리서 6장 7-8절은 농사를 비유로 들어 설명한다. 땅이 비를 흡수하여 사람에게 유익한 농작물을 내면 그 땅은 하나님께 복을 받는다(7절). 하지만 그 땅이 가시덤불과 엉겅퀴를 내면 쓸모가 없어져 저주를 받아 마침내 불에 타고 말 것이다(8절). '가시와 엉겅퀴'는 아담의 타락으로 인한 저주의 결과를 연상시킨다(창 3:17-18).

여기서 중요한 것은 땅의 차이다. 좋은 땅은 좋은 결실을 맺지만, 나쁜 땅은 나쁜 결실을 맺는다. 두 경우 모두 하늘로부터 비를 받았지만 땅에 따라 결과가 달라진다. 처음에 누리는 영적 유익은 동일하지만 결과에서 그 차이가 드러나는 것이다.[20] 이는 예수께서 말씀하신 씨 뿌리는 비유와 가라지 비유를 반영한다(마 13:1-9, 참조 사 5:1-7).

씨 뿌리는 자의 비유를 보면 땅의 상태에 따라 그 결과가 달라진

---

[20] 양용의, 《히브리서 어떻게 읽을 것인가》 (서울: 성서유니온, 2014), 170.

다. 돌밭에 뿌려진 씨는 말씀을 듣고 기쁨으로 받아들여 싹이 나지만, 환난과 박해 앞에 넘어진다. 가시 떨기에 뿌려진 씨는 싹이 피고 자라지만 세상의 염려와 재물의 유혹에 말씀이 막혀 결실하지 못하는 자들이다. 반면, 좋은 땅에 뿌려진 씨는 30배, 60배, 100배의 결실을 맺는다. 처음 싹이 나는 단계에서는 어떤 땅이 좋은 땅인지 구분이 어렵다. 이는 오직 하나님의 주권에 속한다. 그렇다면 우리는 모든 이들을 좋은 밭으로 신뢰하고 장성함에 이를 것이라는 확신을 갖고 격려하는 것이 마땅하다.[21] 여기서 본문의 목회적 권면의 특징이 잘 드러난다. 본문을 중심으로 전후 문맥의 흐름을 면밀히 검토하면 본문이 갖는 목회적 권면의 특징이 잘 드러난다.[22]

먼저, 완전한 데(perfection)로 나아갈 것을 강력하게 피력한다(1-3절). 둘째, 엄한 경고를 피력한다(4-6절). 셋째, 엄한 경고 후에 땅의 비유를 통해 엄한 분위기를 누그러뜨린다(7-8절). 넷째, 부드럽게 좋은 결과를 확신하며 기대를 촉구한다(9-12절).

이렇게 볼 때 엄한 경고에 해당하는 본문(4-6절)은 핍박과 환난 중에 배교의 유혹에 사로잡힌 성도들에게, 그들 중 어떤 이들은 돌밭이나 가시밭에 뿌려진 씨앗처럼 떨어져 나갈 수 있다는 엄연한 사실을 인식하도록 하면서 믿음의 인내로 선한 경주를 달려갈 것을 권면하는 것이다. 이러한 권면은 9절에 이르러 보다 명확해진다.

> 사랑하는 자들아 우리가 이같이 말하나 너희에게는 이보다 더 좋은 것 곧 구원에 속한 것이 있음을 확신하노라(히 6:9)

이에 따르면 본문은 구원의 기쁨을 경험하고도 타락한 자들(8절)과 대조되는 '사랑하는 자들' 곧 '우리'가 대조된다. '우리'는 히브리서 공동체의 구원받은 성도들이며, 이들은 '더 좋은 것'(7절), 곧 분명한 구원을 확신하는 이들이다(10절 참조).

---

[21] 위의 책, 172.
[22] 이풍인, 《히브리서 강해: 은혜와 책임》 (서울: 킹덤북스, 2016), 148-151.

히브리서는 이처럼 엄중한 경고와 함께 예수 그리스도로 인한 구속 사역의 확실함을 종종 피력한다(2:17-18, 5:9-10, 6:9).[23] 목양적 차원에서 이런 두 가지 가르침이 함께 공존하는 것은 배교의 위험에 처한 성도들에게는 용기와 결단을, 다른 한편 구원의 확신에 대하여 불안을 느끼는 이들에게는 확신과 믿음을 더해 주기 위해서다.

만약 이러한 긴장관계를 교리적으로만 접근하면, 교회사에서 예정을 주장하는 칼뱅주의자들과 구원의 탈락 가능성과 행위를 강조했던 알마니안주의자들이 첨예한 갈등을 빚었던 것처럼 서로를 배척할 수 있다. 따라서 우리는 구원의 확신 가운데 히브리서 본문을 목양적 관점에서의 흐름에 집중해야 한다.

E.2 히브리서 10:26-31

회개의 불가능성에 대해 언급하는 또 다른 본문인 히브리서 10장 26-31절은 앞서 설명한 6장 4-6절보다는 좀더 명확하게 이해할 수 있다. 먼저 본문을 살펴보자.

> 우리가 진리를 아는 지식을 받은 후 짐짓 죄를 범한즉 다시 속죄하는 제사가 없고 오직 무서운 마음으로 심판을 기다리는 것과 대적하는 자를 태울 맹렬한 불만 있으리라 모세의 법을 폐한 자도 두세 증인으로 말미암아 불쌍히 여김을 받지 못하고 죽었거든 하물며 하나님 아들을 짓밟고 자기를 거룩하게 한 언약의 피를 부정한 것으로 여기고 은혜의 성령을 욕되게 하는 자가 당연히 받을 형벌은 얼마나 더 무겁겠느냐 너희는 생각하라 원수 갚는 것이 내게 있으니 내가 갚으리라 하시고 또 다시 주께서 그의 백성을 심판하리라 말씀하신 것을 우리가 아노니 살아 계신 하나님의 손에 빠져 들어가는 것이 무서울진저

본문은 회개 불가능성의 이유를 다음과 같이 말한다.

첫째, 본문은 신자의 회개 불가능성을 그의 고의적인 죄로 명시하

---

23 ────── 이필찬, 《히브리서: 이보다 더 좋을 수 없다》 (고양: 엔크리스토, 2011), 206.

기 때문이다. 26절의 '짐짓'(헬. 헤쿠시오스)은 '고의로', '의도적으로'라는 뜻으로 이는 알고 있음에도 일부러 범죄한 것을 말한다. 모세오경은 죄를 해결하는 속죄제에서 부지중에, 우발적으로 지은 죄를 속하는 효력을 발휘한다(레 4장, 참조 민 15:22-31장). 만약 죄임을 알고도 고의로 범죄했을 경우에는 백성들에게 끊어짐, 곧 죽임을 당해야 했다. 그만큼 성경은 고의로 지은 죄를 엄중하게 본다.[24]

둘째, 고의적인 죄는 단회적이 아니라 지속적으로 자행된 죄다. 26절의 '죄를 범한즉'(헬. 하마르타논톤)은 현재형 분사로 지속적인 범죄를 말한다. 진리에 대한 지식을 받은 후, 즉 구원의 소식을 듣고 회심한 이후 지속적으로 고의로 죄를 짓는다는 것은 충격적이다. 여기서 이들이 짓는 죄는 신앙의 근간을 뒤흔드는 죄들이다(29절).

셋째, 예수 그리스도의 단번에 이루어진 제사를 고의적으로 거부하면 그 이후 그의 죄를 위해 속죄할 제사가 없다(29절). 예수 그리스도께서 세상 죄를 지신 최종 제물이 되었는데 이 최종 제사와 제물을 거부하면 더 이상 그의 죄를 위한 제물이 남아 있지 않게 된다.

넷째, 이들이 짓는 신앙의 근간을 뒤흔드는 죄들은 공개적으로 예수 그리스도를 거부하고, 언약의 피를 부정하고, 특별히 은혜의 성령을 욕되게 하는 것들이다(29절). 먼저, 이들은 하나님의 아들을 짓밟는다. 하나님의 아들을 짓밟는 것은 예수 그리스도를 부인하는 것을 넘어 모욕하는 것까지를 포함한다. 이는 앞서 하나님의 아들을 다시 십자가에 못 박아 드러내 놓고 욕되게 하는 것을 연상시킨다(6:6). 또한 언약의 피를 부정한다. 이는 예수 그리스도의 피로써 세운 새 언약을 거부하는 것이다(9:15-20).[25] 끝으로 은혜의 성령을 짓밟는다. 성령은 성도가 구원받았음을 확증하는 언약의 보증이다(고후 1:22, 5:5). 성도가 새 시대에 누릴 생명인 동시에, 그의 썩을 몸도 다시 살릴 생명의 능력이다(롬 8:11). 예수께서는 이런 성령을 모독하는 죄는 사함받지 못한다고 말씀하셨다(막 3:29, 눅 12:10).

---

[24] ─── 톰 라이트, 이철민 역,《모든 사람을 위한 히브리서》(서울: IVP, 2015), 158-159.
[25] ─── 양용의,《히브리서 어떻게 읽을 것인가》, 316.

이상으로 살펴볼 때 이런 자들의 회개의 불가능성은 이해가 간다. 그럼에도 본문 다음에 이어지는 32-35절은 성도들에게 구원 이후 겪었던 많은 고난과 인내의 싸움을 견디어 냈던 시간들을 되돌아보며, 더 좋고 영구한 것들을 확신하며 상 주심을 바라며 달려갈 것을 권면한다. 여기에도 목회적 권면이 빠지지 않고 등장하는 것이다. 이렇게 볼 때 히브리서 10장 26-31절의 회개의 불가능성 역시 환난 가운데 믿음의 인내의 싸움을 멈추지 말고 계속해서 싸워나갈 것을 진지하게 권면하는 말씀으로 이해해야 한다.

2.4 믿음

우리는 믿음으로 말미암아 구원을 받는다. 또한 믿음으로 말미암아 구원을 이루어 간다. 구원 서정에 있어 믿음이란 무엇을 의미할까? 웨스트민스터 신앙고백 14조 2항은 믿음을 '은혜언약에 의해 약속된 칭의와 성화와 영생을 위해 그리스도만을 영접하고(accepting), 수납하고(receiving), 그 안에서 쉬는 것(resting upon)'으로 정의한다. 특이한 것은 여기서 믿음은 단순히 확신하는 것을 너머 그리스도와 적극적으로 연합하는 동작으로 설명하고 있다는 것이다. 그리스도를 신뢰하고 받아들이고, 그분을 껴안고 기대며 그와 연합하여 그 안에서 평안함을 누리는 것이 믿음인 것이다.

1) 믿음의 3요소
A. 지식

믿음은 지식을 필요로 한다. 이는 믿음의 대상에 대한 내용이 있어야 함을 뜻한다. 우리가 예수 그리스도를 믿는다면 예수 그리스도에 대한 지식이 있어야 한다. 이는 특별계시인 성경이 말하는 예수 그리스도의 탄생과 사역, 그리고 죽음과 부활에 대한 지식을 의미한다. 이를 역사적 믿음(historical faith)라고 한다. 믿음은 그 대상에 대한 역사적 지식을 요구하고 이 지식을 받아들이는 기관이 우리의 지성 혹은 이성이다. 그래서 믿음은 들음에서 난다(롬 10:17). 누군가가 예수 그리스도의 복음에 대한 지식, 즉 구원계시를 전해 주어야 이에 대한 믿음이 일어날 수 있다. 듣지 않고는 알 수 없고, 알지 못하고는 믿을 수 없다(10:14). 우리는 하나님이 우리의 구원을 위하여 예수 그리스도 안에서 행하신 구원 역사를 먼저 듣고 알아야 한다.

B. 동의

믿음은 지식에 대한 의지적 동의를 필요로 한다. 우리가 예수 그리스도의 복음을 알게 되었을 때 이 지식이 참되다는 것과 그 내용이 내게 필요하다는 것을 인정하고 받아들여야 한다. 내가 복음을 믿는다는 것은 다음과 같은 사실에 대해 동의하는 것이다.

첫째, 나는 죄인이다. 둘째, 나는 스스로를 구원할 수 없다. 셋째, 나에게는 구원자가 필요하다. 넷째, 하나님의 아들 예수 그리스도가 나를 위해 죽으시고 부활하신 구세주다. 다섯째, 예수 그리스도를 믿으면 하나님의 자녀가 되고 영생을 얻는다.

이러한 사실에 동의하고 받아들일 때 우리는 예수 그리스도를 우리의 구원자로 믿을 수 있다. 이런 동의는 우리의 의지를 요구한다. 우리는 구원 계시의 지식을 의지적으로 확신하고 결단하여 마음에 받아들여야 한다. 이런 의지의 결단과 함께 기쁨과 평안과 감사의 감정이 함께 찾아온다. 그래서 복음은 구원의 '기쁜' 소식이다. 따라서 의지적 동의에는 감정적 동의가 함께 찾아온다. 감정적 요소로 인하여 죄에 대한 아픔과 애통함, 동시에 구원으로 인한 기쁨을 경험한다.

하지만 의지적 동의 없이 일시적인 감정적 요소로 인하여 동의했다면, 이런 믿음은 얼마 못가 시들어 버리는 연약한 믿음이 되기 쉽다. 따라서 동의에는 의지적 결단이 반드시 수반되어야 한다. 의지는 감정의 흥분과 시듦에 상관없이 끝까지 굳건하게 믿고 나아가게 한다.

C. 신뢰

믿음은 지식과, 이에 대한 동의와 함께 깊은 신뢰가 함께 할 때 참 믿음이 된다. 신뢰란 예수 그리스도에 대한 지식과 의지적인 동의를 거쳐 그에게 자신을 맡기는(commit) 것이다. 자신을 온전히 맡긴다는 것은 구체적으로 그리스도께 위탁하며(entrust), 복종하고, 자신을 내어 드리고, 그에게 항복하고 자신을 포기하고, 그 안에 머물며 쉬는 것이다. 온전한 신뢰를 통해 우리는 온전한 연합으로 들어갈 수 있다. 만약 우리가 지식과 지식에 대한 동의가 있다 하더라도 신뢰하지 못하면 그 믿음은 지금 나에게 살아 역사하는 믿음, 구원에 이르게 하는 믿음이 아니다.

2) 믿음은 깨달음이 아니다

우리는 복음을 믿음으로 구원받는다. 그러나 이단들을 보면 유달리 '깨달아야' 구원받는다고 주장하는 이들이 많다. 이들을 한데 묶어 '깨달음파'라고 불러야 할 것 같다. 그렇다면 무엇을 깨달아야 할까? 여기에는 우리에게 익숙한 용어들을 들이댄다. 말씀을 깨달아야 구원받는다. 복음을 깨달아야 구원받는다. 언뜻 듣기에는 옳은 말 같지만, 결국 자기들이 주장하는 다른 복음, 다른 구원을 깨달아야 구원받는다는 말이다. 말씀을 깨달아야 구원받는다고 주장하는 이들의 말을 좀더 깊이 파고 들어가면, 예언을 깨달아야 한다고 하고, 비유를 깨달아야 한다고 하고, 죄 사함 거듭남의 '비밀'을 깨달아야 한다고 한다. 여기서 믿음으로 구원받는다는 말은 슬그머니 자취를 감춘다. 하지만 믿음으로 구원을 얻는 '이신칭의'의 복음은 교회가 서고 넘어짐을 결정하는 항목이다. 구원은 절대 깨닫는 것으로만 일어날 수 없다. 지적으로 알고 깨닫는 것만이 아니라 신뢰하고 나를 내어맡기는 데까지 나아가야 한다. 즉 이 모든 요소를 포괄하는 믿음이 있어야 한다.

어떤 이단들은 깨닫기만 하면 구원이 그 순간 거의 자동적으로 일어나는 것처럼 주장한다. 마치 득도하는 것처럼, 깨닫는 순간 죄 없는 의인이 된다고 한다. 예수께서 십자가에서 아담의 죄책(죄에 대한 책임)을 담당하셔서 우리의 과거, 현재, 미래의 모든 죄를 제거하셨기에, 우리는 구원받을 때도 회개할 필요가 없고, 단 이 사실을 깨닫기만 하면 구원받는다고 한다. 깨닫는 순간 죄 사함을 얻고 죄에서 해방되며 더 이상 정죄함이 없어진다. 이후로는 더 이상 죄가 없다. 깨달음이 중요하기에 제대로 구원받은 사람이라면 반드시 그가 깨달은 날, 즉 구원받은 날짜와 시간을 정확하게 기억해야 한다. 그래서 그들은 구원받았냐고 물은 후, 그럼 몇 년, 몇 월, 몇 시에 구원받았냐고 묻는다. 이것을 제대로 모르면 죄 사함 거듭남의 비밀을 제대로 깨닫지 못했다는 말이고 결국 그는 구원받지 못한 사람이라고 주장한다.

그러나 예수를 믿는 순간 과거, 현재, 미래의 죄가 다 사라지는 것은 아니다. 우리는 여전히 날마다 죄의 오염과 영향력에 대항하여 싸우고 있다. 그러나 그리스도 안에 들어와 있기에, 과거의 죄의 문제가 해결되었고, 현재에도 그리스도 안에 거하며 죄와 싸워 이겨 나가고 있으며, 미래에도 그리스도와 영원히 함께 거할 것이다. 따라서 성도는 그리스도 안에 들어가 연합함으로 과거, 현재, 미래의 죄 문제를 해결받았다. 그러나 이것이 곧 죄 지을 가능성 자체마저 다 없어서 더 이상 죄 지을 수 있는 가능성조차 사라졌다는 것은 아니다.

중요한 사실은 지금 내가 그리스도를 구주로 믿고 영접하여 그 안에서 그와 연합하며 믿음으로 살아가고 있다는 사실이다. 중요한 것은 이런 자가 바로 영생을 소유한 자라는 사실이다. 그래서 성경은 '내가 하나님의 아들의 이름을 믿는 너희에게 이것을 쓰는 것은 너희로 하여금 너희에게 영생이 있음을 알게 하려 함이라'(요일 5:13)고 말씀한다. 구원의 확신이 있다는 사실이 중요한 것이다. 내가 초등학교에 입학한 연월일시를 정확하게 기억하지 못한다고 해서 초등학교를 다니지 않은 것이 아니다. 초등학교에 들어가서 공부했다는 사실이 중요하다.

결국 이들이 말하는 구원은 성경적인 것 같지만 성경이 말하지 않는 괴상한 구원이다. 이들이 말하는 죄는 성경이 말하는 죄 같지만 결코 성경이 말하지 않는 괴상한 죄다. 죄 사함 또한 성경이 말하지 않는 괴상한 죄 사함이다. 마찬가지로 이들이 말하는 깨달음도 믿음이 아닌 괴상한 깨달음이다.

믿음에는 지식, 동의, 신뢰의 요소가 필요하다. 좀더 전통적인 구분으로는 지식, 감정, 의지의 요소가 모두 함께 동반되어야 한다. 만약 깨달음으로 구원받는다고 하면 이는 믿음의 일부인 지적 요소에만 기대는 믿음이 된다. 깨달음은 온전한 믿음이 아니다. 이는 영지주의자들이 구원의 비밀한 지식(영지)을 깨달아야 한다고 주장하는 것과 비슷하다. 이러한 특별한 깨달음은 동양의 수행종교에서 말하는 것과도 유사하다. 그래서 김정우 교수는 깨달음으로 구원얻는다는 주장은 '기독교를 불교화'하는 이단적 주장이라 주장한 바 있다.[26] 우리는 온전한 믿음을 통하여 구원받아야 한다.

이에 대하여 1992년 예장통합 제77회 총회에서는 "믿음의 한 가지 기능인 깨달음만으로 구원받는다는 이들의 주장은 영지주의적인 사고에 틀림없으며, 구원의 확신이 곧 구원이라고 생각하는 점은 구원의 역사에 대한 하나님의 주권(롬 9:6)을 무시하는 처사"라고 규정한 바 있다.

3) 구원 서정에서 믿음의 역할

믿음은 인간 편에서의 지식, 의지적 동의, 그리고 신뢰가 있어야 가능한 사람의 일이다. 그러나 동시에 우리가 갖는 믿음은 하나님의 선물이다. 하나님이 우리로 하여금 믿을 수 있도록 은혜를 베풀어 주셨기에 믿을 수 있었다. 따라서 우리는 은혜(선물)로 인하여 믿음으로 말미암아 구원을 얻는다(엡 2:8). 하나님은 우리에게 은혜(선물)를 주셔서 예수 그리스도를 믿게 하셨다(빌 1:29).

그렇다면 인간 편에서의 믿음은 어떤 역할을 수행할까? 우리가 믿음으로 구원을 받지만, 여기서의 믿음은 나의 공로가 아니다. 내가 믿은 공로 때문에 구원받는 것이 아니라, 내가 믿는 대상인 예수 그리스도 때문에 구원받는다. 믿음은 자기를 부인하고 믿음의 대상인 예수 그리스도만을 붙잡는 것이다. 따라서 믿음은 그 자체로 나를 구원하는 것이 아니라 그리스도를 붙잡는 도구에 불구하다. 믿음은 그리스도를 붙잡는 것 외에 구원에 있어 어떤 유효한 공로를 세우지 못한다. 그래서 '믿음으로'(by faith) 구원받는 것이지, '믿음 때문에' 구원받는 것이 아니다. 구원은 '그리스도 때문에', '그리스도를 통하여' 구원받는 것이다. 믿음은 그리스도의 공로를 붙잡는 것 외에 그 어떤 공로도 허용하지 않는다.

'믿는다'는 동사는 전치사를 필요로 한다. 믿는다는 표현은 영어로 'believe in'이다. 이는 믿는 행위가 어떤 대상 안으로 나를 내어던지는 행위임을 의미한다. 영어 전치사 'in'에 해당하는 헬라어 전치사는 '엔'(in) 또는 '에이스'(into)다. 이는 어떤 대상 안으로 혹은 그 속으로 깊

---

[26] 최삼경·박형택·정동섭, "박옥수 구원파의 문제점", 교회와신앙, 2014. 9. 11.

이 자신을 위탁하는 것이다. 이러한 행위는 그리스도의 연합을 이해하는 데 유익한 도움이 된다. 믿음은 그리스도의 연합 안으로 들어가는 것이고, 그 안에 계속적으로 머무는 것이다.

4) 믿음과 회개

믿음과 회개는 동전의 양면과 같다. 회개가 '죄로부터 떠나 돌이키는 것'을 의미한다면, 믿음은 그리스도를 붙들고 그분과의 연합으로 들어가 그 안에 계속적으로 머물게 한다. 믿음이 그리스도를 향하고 그리스도를 붙잡을수록 우리는 죄를 슬퍼하며 죄로부터 멀어지게 되는데, 이는 우리를 깊은 회개로 인도한다. 따라서 믿음이 성도를 그리스도와 연합하게 하는 동시에 성도를 죄로부터 멀어지게 하는데 이는 회개를 일으킨다.

앞서 회개는 인간의 상태에 따라 크게 두 종류로 구분했다. 바로 회심과 회개다. 회심과 회개는 각각 단회적 회개와 반복적 회개가 요구된다.

> 회심: 그리스도 밖에 있는 사람이 죄를 뉘우치고 그리스도께로 돌아가는 것. 단회적 회개가 요구됨.
> 회개: 그리스도 안에 있는 성도가 그리스도와의 친밀한 연합을 방해하는 죄로부터 돌이키는 것. 반복적 회개가 요구됨.

믿음이 그리스도를 붙잡는 것이라고 할 때, 여기서의 믿음도 회심과 회개에 따라 그 기능상 구분할 수 있다. 불신자가 회심할 때, 이때의 믿음은 예수 그리스도를 인생의 주인으로 붙들고, 그와의 연합 안으로 들어가는 칭의를 위한 믿음이 된다. 반면 성도가 회개할 때, 이때의 믿음은 예수 그리스도 안에 지속적으로 친밀하게 머물기 위하여 붙드는 성화를 위한 믿음이다. 하지만 이 믿음은 구별되는 별도의 다른 믿음이 아니다. 그리스도를 붙들고 그와 연합하는 데 필요한 한 가지 동일한 믿음이다. 우리는 믿음으로 의인이 되고, 의인은 믿음으로 말미암아 산다(롬 1:17).

5) 믿음과 행위

믿음이 그리스도 안으로 들어가는 것이고, 나아가 그 안에 지속적으로 머무는 것이라면, 우리는 믿음과 행위에 대한 문제를 보다 명쾌하게 이해할 수 있다. 우리는 믿는다고 하면서 믿음에 따른 행위가 따라주지 않을 때 고민한다. 그렇다고 마땅히 행위가 따라야 함을 강조하다 보면 자칫 행위가 율법적인 강요처럼 비춰질 수 있다. 그리스도와의 연합의 관점에서 볼 때 행위는 우리가 그리스도를 믿고 그를 붙들 때 자연스럽게 나타나는 열매다. 그리스도 예수를 붙들고 그 안에 있을 때, 사랑으로 역사하는 믿음의 열매가 맺힌다(갈 5:16). 회개라는 단어의 사전적 의미가 내포하는 것처럼, 죄를 향해 가다가 방향을 하나님께로 돌이키면 우리 삶에 변화가 일어난다. 중요한 것은 행위는 믿음과 별도의 것이 아니라 동전의 양면과 같이 그리스도 안에 있을 때 일어나는 자연스런 삶과 행동양식이라는 것이다. 믿음이 행함과 함께 일하고 행함으로 믿음이 온전함을 이룬다(약 2:22). 믿음으로 그리스도를 붙잡고 그 안에 거할 때 자연스럽게 열매가 맺힌다(요 15:5). 믿음은 그리스도와 연합을 이루게 하고 연합은 행함의 열매를 가져온다.[27]

2.5 칭의

종교개혁가 마르틴 루터는 하나님 앞에 의롭다 함을 얻어 구원을 받기 위해 몸부림쳤다. 선행, 노동, 고행, 철야기도, 성경 읽기 등 구원을 위해 할 수 있는 것은 다 시도했다. 심지어는 예수께서 재판을 받으러 올라가신 계단을 로마로 옮겨온 28개의 성 계단(Scala santa)을 직접 무릎으로 기어오르기까지 했을 정도였다. 그랬던 루터가 로마서 1장 17절을 통해 그토록 갈구했던 '의'에 대한 새로운 깨달음을 얻어 복음을 재발견하게 되었다. 그것은 노력과 공로 등 자기 의에 근거하여 의롭다 함을 얻는 구원이 아닌 '이신칭의', 즉 믿음으로 의롭다 칭함을 얻는 복음이었다. 그렇다면 의롭다 칭함을 얻는 의, 즉 칭의란 무엇일까?

---

[27] 강웅산, 《구원론》, 243.

1) 칭의란?

칭의란 예수 그리스도께서 십자가와 부활로 이루신 완전한 의에 근거하여 죄인인 우리를 의롭다고 선언하는 하나님의 법적 행위다.

이러한 칭의가 갖는 특징이 있다.

첫째, 칭의는 종말의 최후 심판에 대한 현재적 선언이다. 이는 예수 그리스도께서 우리를 대신하여 심판받으심으로 장차 다가올 종말의 심판에 앞서 우리를 이미 의롭다고 선언하는 것이다. 미래의 심판에 대한 현재적 선언이 칭의인 것이다. 따라서 칭의는 종말론을 전제한다.

둘째, 칭의는 법정적 의(forensic righteousness)다. 법정적 선언은 신분의 변화와 관련 있다. 칭의로 말미암아 죄인 되었던 우리가 의인이 되는 것이다. 신분에 있어서 죄인에서 의인이 되는 것이지, 내면적으로 변화되어 의인이 된 것이 아니다. 죄인이 법정적으로 의롭게 여김을 받은 것이다.

셋째, 칭의는 우리에게 더 이상 죄책(guilt), 즉 죄의 법정적 책임을 묻지 않겠다는 의미다. 죄의 법정적 책임을 묻고, 죄라고 선언하는 것을 정죄(condemn)라고 한다.

넷째, 칭의는 의롭다고 선언할 근거를 필요로 한다. 법정적 선언은 결코 근거 없이 선언할 수 없다. 그래서 법정에서는 바른 선언의 근거를 확보하기 위해 증인과 증거 자료를 필요로 한다. 우리가 의롭다 함을 받는 근거는 바로 예수 그리스도께서 우리를 위해 대신 정죄받으신 그의 십자가와 부활이다.

다섯째, 따라서 칭의는 우리 내부에서 이룬 의가 아니라 전적으로 우리 밖에서 이룬 외래적인 의(alien righteousness)다.

여섯째, 원래 이 의는 예수 그리스도께서 이루신 의인데, 그가 가진 의를 우리에게 전해 준 '전가된 의'(imputed righteousness)다. '전가'(imputation)의 사전적 정의는 잘못이나 책임을 남에게 떠넘겨 덮어씌우는 것이다. 우리는 나의 불의를 마치 예수 그리스도의 것인 양 그에게 전가시키고, 내 것이 아닌 예수 그리스도의 의를 마치 내 것인 양 떠넘겨 받아 그의 의로 덮어씌운다. 따라서 칭의를 얻은 성도는 의인인 동시에 죄인이요, 의롭게 된 죄인(justified sinner)이다. 그 이유는 우리의 속사람이 의롭게 되지 않은 채, 예수 그리스도의 의를 떠넘겨 받아 덮어씌웠기 때문이다.

어떻게 의의 전가가 가능할까? 그것은 믿음을 통해서다. 믿음은 그리스도를 붙잡고 그리스도와 연합하게 한다. 이 연합으로 인하여 그리스도의 의가 나의 의가 된다. 이를 세 단계로 나누어 설명하면 다음과 같다. 첫째, 아담 안에 있을 때는 아담의 타락으로 죄가 인류에게 전가되어 우리가 죄인이 되었다. 둘째, 그러나 신자의 회개를 통해 죄는 그리스도께 전가되어 그가 대신 정죄를 받았다(고후 5:21). 그리고 셋째, 이제 믿음으로 그리스도의 의가 죄인에게 전가되었다. 믿음으로 말미암는 칭의로 인하여 이제 성도에게는 더 이상 정죄가 없다(5:17).

2) 칭의에 관한 성경적 용례

칭의를 나타내는 대표적인 단어가 헬라어 동사 '디카이오오'다. 이 동사가 주로 수동태 형태로 '의롭다 함을 받다'는 의미로 사용된다(마 12:37, 행 13:39, 롬 2:13, 3:20, 24, 28, 4:2, 25, 5:1, 9, 16, 18, 6:7, 11, 딛 3:8). 이는 의롭다 하시는 주체는 하나님이시고, 선언을 받는 대상이 사람임을 나타낸다. 신약의 칭의 개념은 구약성경에서 발견할 수 있는데, 구약에서도 법정적 칭의 개념을 나타내기 위하여 히브리 동사 '짜다크'를 사용한다. '짜다크' 동사를 사역형 의미를 갖는 히필 동사(신 25:1, 출 23:7, 욥 27:5, 잠 17:15, 사 5:23, 45:25, 50:8, 53:11)로 사용하여 '의롭게 하다', '의롭게 여기다'는 선언적 의미로 사용된다. 때로는 강조를 나타내는 능동형인 피엘 동사 형태로도 사용한다(욥 23:2, 33:32, 렘 3:11, 겔 16:51).

3) 칭의의 근거-그리스도의 칭의

칭의가 법적 선언이기에, 칭의는 반드시 법적 근거를 필요로 한다. 의롭다 칭함받은 우리의 근거가 우리 자신의 의가 아닌 외부의 의, 곧 그리스도의 의에 근거한다면, 그리스도의 의가 하나님이 선언하시기에 흠결 없는 완전한 의라는 것은 무엇에 근거할까? 이를 보여 주는 것이 바로 그리스도의 부활이다. 디모데전서 3장 16절은 그리스도께서 '성령으로 의롭다 하심을 받았다'고 한다. 여기서 '의롭다 하심을 받았다'는 것은 법적 칭의를 나타낸다. 의로우신 그리스도께서 칭의받으신 이유가 무엇일까? 성도의 칭의를 위해서다. 그리스도께서는 성도를 의롭다 하시기 위하여, 즉 성도의 칭의를 위하여 부활하셨다(롬 4:25). 이처럼 성도의 칭의는 그리스도의 부활을 기반으로 한다.[28] 이를 좀더 구체적으로 이해하기 위하여 우리는 언약신학의 구조를 살펴볼 필요가 있다.[29]

사람은 아담 안에서 사망을 선고받았다(고전 15:22, 롬 3:23, 10). 이는 아담이 선악과를 먹지 말라는 하나님의 명령에 순종하지 않았기 때문이다. 하나님의 법을 순종하면 법이 지켜지고 그 법이 담보하고 있는 의가 세워진다. 반면 법을 불순종하면 불순종에 따른 형벌이 따른다. 만약 아담이 하나님의 말씀을 순종하여 행위언약을 온전히 지켰으면 '의'가 세워졌을 것이다. 그러나 불순종으로 인하여 죽음의 형벌이 따랐다. 아담은 첫 번째 언약의 대표로 하나님이 제시한 언약의 법을 충족시키는 데 실패했다. 이로써 인류는 아담을 대신할 새로운 대표를 필요로 하였고, 그래서 마지막 아담(고전 15:45)으로 오신 분이 바로 예수 그리스도다. 예수 그리스도는 첫 언약(행위언약)을 대신하여 새 언약(은혜언약)을 세우셨다. 먼저 예수 그리스도는 첫 언약의 실패한 지점, 즉 율법의 불순종을 그의 순종으로 충족시켰다(갈 4:4-5, 5:3). 그는 공생애를 통하여 율법을 일점일획도 남김없이 온전히 순종하였다(마 5:18). 그리하여 율법(행위언약)의 긍정적 요구를 충족시켰다. 둘째 그는 행위언약의 불순종으로 인해 인류에게 찾아온 율법(행위언약)의 부정적 요구인 죽음을 해결하기 위해 온 인류를 대신하여 이들의 대표로 십자가에서 죽으셨다. 이는 자신이 대표한 인류가 율법을 불순종했기에 율법의 불순종에 대한 요구(죽음)를 죽기까지 순종하여 충족시켰음을 의미한다(빌 2:8). 결국 그리스도는 그의 전 생애를 통하여 훼손된 하나님의 의를 온전히 세우셨다.

그리스도의 부활 사건은 하나님께서 그리스도의 생애와 죽음을 의로운 것으로 인정하신 사건이다(2:9-11). 의(공의)를 온전히 세우기를

---

28 ──── 리차드 개핀, 유태화 역, 《구원이란 무엇인가》 (고양: 크리스찬출판사, 2007), 156.
29 ──── 이하의 논의는 강웅산, 《구원론》, 299-311을 참조하라.

원하시는 하나님은 예수 그리스도가 모든 사람을 위하여 죽으신 그 죽음에 돌려야 할 마땅한 몫, 보상, 권리를 회복시키셨다. 이것이 부활이다. 공의로우신 하나님은 예수 그리스도의 죽음을 부활로 돌려주셨다. 이뿐만 아니라 그를 지극히 높이셔서 하나님의 정의를 실현하셨다. 예수 그리스도의 죽음이 죽어 마땅한 죽음이 아니라, 그렇게 죽어서는 안 될 의로운 죽음이라는 것을 부활을 통하여 인정하시고 온 천하에 선언하신 것이다.

아담 - 행위언약
율법의 긍정적 요구 - 선악과를 따먹지 말라 - 따먹고 불순종 - 의의 훼손
율법의 부정적 요구 - 죽음(정녕 죽으리라) - 불순종과 죽음 - 의의 훼손

그리스도 - 은혜언약
율법의 긍정적 요구 - 전 생애를 통한 온전한 순종과 성취(능동적 순종) - 하나님의 의를 세움
율법의 부정적 요구 - 십자가의 대속적 죽음(수동적 순종) - 죽기까지 순종, 성취 - 하나님의 의를 세움

위의 도식은 아담과 그리스도 사이의 유사점과 차이점을 보여 준다. 이처럼 그리스도의 순종이 아담의 순종을 대신하여 하나님의 의를 세웠기에 아담은 그리스도의 모형이자 그림자에 불과했고, 그리스도는 새 언약의 중보자가 되셨다(9:15, 히 12:24). 그리스도의 의는 단번에 이루어졌고(롬 6:10, 히 7:27, 9:12, 26, 28, 10:10), 믿음으로 그리스와 연합한 성도는 단번에 그리스도의 완전한 의를 전가받는다. 이는 점진적인 의를 이룬다고 주장하는 일부 단체와는 분명한 차이를 보인다.

4) 칭의와 행실

칭의받기 전의 행실과 칭의받은 후의 행실은 선명한 차이가 있다. 우리가 하나님 앞에 의롭다 함을 선언받은 이후 우리가 하는 행실과, 칭의받기 이전의 행실은 같은 형태의 행동이라도 분명 다르다. 자녀

가 아버지의 구두를 닦는 것과 구두닦이가 구두를 닦는 것은 분명 다른 행동이다. 자녀는 아버지를 존경하고 사랑하는 마음으로 구두를 닦지만 구두닦이는 돈을 벌기 위해 구두를 닦는다. 아버지는 구두닦이의 수고를 기뻐하며 칭찬하지 않는다. 그가 마땅히 해야 할 일을 했기 때문이다. 반면 자녀의 수고에 대해서는 크게 기뻐하며 아낌없이 칭찬한다. 구두 닦는 비용 이상의 용돈을 듬뿍 준다.

대청댐 인근에 대통령의 별장이었던 청남대가 있다. 이곳에 가면 대통령이 머물렀던 방의 집기류, 대통령이 사용했던 운동기구, 용품 등이 세세하게 전시되어 있다. 사실 그런 용품은 일반인이 사용했던 용품과 그다지 차이가 없다. 그런데 이런 평범한 물건이 사람들의 주목을 받는 자리에 전시되어 있는 이유가 무엇인가? 그것은 그 용품들을 사용했던 이가 대통령이라는 특별한 신분을 갖고 있었기 때문이다. 특별한 신분으로 행한 행동은 특별하게 여겨진다. 이처럼 사람이 죄 가운데 있을 때의 행동과 칭의받은 이후의 행동은 다르다.

칭의받은 성도의 선한 행실은 하나님이 기뻐 받으신다. 왜? 그가 칭의되어 하나님 앞에 의로운 자로 여겨졌기 때문이다. 행실 자체가 선해서라기보다 행실의 주체인 그 사람이 칭의되었기 때문이다. 칭의된 자의 행실은 그리스도 안에서 행한 것이다. 칭의되지 않은 사람의 행실은 다른 사람이 칭찬할 만한 선한 행실이라 하더라도 하나님이 보시기에 선하고 의로운 것일 수 없다. 믿음이 없이는 하나님을 기쁘게 할 수 없다면, 믿음으로 의롭다 함을 받고 믿음으로 행하는 것만이 하나님을 기쁘시게 할 수 있다. 여기서 장차 성도가 받을 상급에 대한 근거가 있다. 칭의된 자가 행하는 행위만이 하나님을 기쁘시게 하고 상급을 받게 된다(히 11:6, 마 5:12, 10:41, 고전 3:8, 엡 6:8, 딤후 4:8, 참조 롬 14:23). 이런 면에서 상급도 은혜다. 믿음으로 말미암아 은혜로 구원을 받은 자가 행한 것을, 부족함에도 불구하고 잘했다 칭찬하고 선하게 보시는 것은 그가 그리스도 안에 있는 은혜 때문이다.

5) 칭의에 대한 오해

A. 칭의는 과정이다?

일부 단체는 칭의를 일종의 과정으로 본다. 이들에게 의롭게 여겨지는 사건은 세례다. 세례를 통하여 그리스도의 은혜가 신자에게 주입된다. 여기서부터 신자의 칭의 과정이 시작된다. 세례 이후 신자는 지속적으로 고해성사를 통하여 하나님의 은혜를 주입받아야 하며, 하나님이 받으실 만한 선행을 함으로 자신의 의를 입증해야 한다. 그때 비로소 천국에 들어갈 만한 의인으로 인정받는다는 것이다. 이런 면에서 칭의는 이 땅에서 지속적으로 의롭다 함을 인정받는 과정이다. 신자는 세례 때 주어지는 믿음으로 마지막까지 최선을 다 하여 하나님이 받으실 만한 선한 일을 하여야 한다. 최후의 의롭다는 선언은 하나님의 심판대 앞에서 결정된다. 그러니 죽고서 하나님의 심판 앞에 서 봐야 안다.[30]

그러나 앞서 언급했듯이 칭의는 법정적 선언이다. 칭의는 은혜가 충분히 주입되었을 때 의롭다고 인정받았다가 은혜가 떨어지면 고해성사를 다시 하고, 큰 행위로 보속을 해야 할 정도로 죄를 지으면 의를 상실하게 되어 연옥에 떨어지는 그런 가변적인 상태가 아니다. 법정에서 무죄로 선언이 되면 그 판결을 뒤집을 수 없다. 따라서 누구든지 그리스도 예수 안에서 칭의받은 자에게는 그의 내면의 상태로 인하여 의롭다 한 선언이 번복될 수 없다.

B. 칭의는 과거, 현재, 미래의 죄를 다 용서받는 것이다?

칭의는 우리가 그리스도 안에서 의롭다 칭함을 받는 것이기에, 우리의 과거, 현재, 미래의 죄를 다 용서받는 것이라는 주장이 있다. 우리는 그리스도 예수 안에서 이미 의롭다 함을 얻었다. 법적으로 아무 문제가 없기 때문에, 더 이상 반복적으로 회개할 필요가 없고 이제부터는 더 이상 죄가 성립되지 않는다. 따라서 칭의는 과거, 현재, 미래의 죄를

---

30 ──── 종교개혁가 마르틴 루터는 이러한 교리를 '아무도 구원의 확신을 가질 수 없게 하는 스콜라주의자들과 수도승들의 위험한 교리'라고 비판하였는데, 이에 대한 반발로 오직 은혜, 오직 믿음의 복음을 회복하는 계기가 되었다. 강웅산, 《구원론》, 313, 각주 40을 참조하라.

단번에 다 용서함 받는 것이라고 주장한다.

　칭의가 믿음으로 얻는 단회적 법적 선언이기에 우리를 죄의 형벌에서 벗어나게 한 것은 사실이다. 그러나 이 칭의가 우리를 죄의 실효적 지배로부터 벗어나게 한 것은 아직 아니다. 이는 마치 우리나라가 일제의 압제에서 해방되었다 하더라도 여전히 경제, 사회, 문화, 언어 등에서 제국주의의 영향 아래 있는 것과 같다. 칭의는 구원의 과거시제의 한 단면을 반영하지만, 칭의가 구원의 전부는 아니다. 칭의는 구원의 일부다. 구원은 칭의의 측면도 있지만 현재적 측면의 성화, 즉 죄의 실효적 지배로부터 끊임없이 벗어나는 과정을 포함한다.

　우리는 구원에 다양한 측면이 있음을 기억해야 한다. 믿음도 구원이고, 회개도 구원이고, 칭의도, 성화도 구원이다. 각각의 서정이 구원을 다 대변하지 않는다. 오히려 각 서정의 국면들이 구원 전체를 더욱 풍성하게 한다. 이는 성령의 열매와 유사하다. 사랑도 성령의 열매이고, 희락도 성령의 열매이며, 자비와 양선과 충성과 온유와 절제도 성령의 열매다. 한 부분이 성령의 열매 전체를 말하지 않고 오히려 성령의 열매는 이 모든 부분을 다 포함하여 열매의 풍성함을 보여 준다. 그래서 성경은 성령의 열매를 단수로 표현하고(the fruit of the Spirit is…) 나머지 특성들을 이 열매 하나에 다양하게 나타나는 특징들로 묘사한다(갈 5:22-23).

　구원이 갖고 있는 다양한 국면은 구원이 거룩을 향해 나아가는 특성을 갖고 있음을 반영한다. 칭의가 죄의 형벌에서 벗어나게 하는 국면을 강조하는 것이라면 이는 자연스럽게 죄의 실효적 지배로부터 벗어나는 거룩을 향해 나아가도록 이끈다. 따라서 칭의받은 성도라면, 이제부터 정죄함이 없다고 아무렇게나 자신의 육체의 소욕을 따라 살 것이 아니라, 자연스럽게 성령의 소욕을 따라 거룩을 향해 나아가야 한다(참조 갈 5:16-18).

　따라서 우리는 칭의로 얻은 구원을 과거시제로 끝낼 것이 아니라, 현재적인 구원으로 확증하며 계속적으로 거룩을 이루어 가야 한다. 왜냐하면 구원은 과거시제로만 그치는 것이 아니라 현재적으로 계속해서 확증하며 나아가야 하는 것이기 때문이다(고후 13:5). 처음 믿음을 저버리지 말고(딤전 5:12), 그리스도 안에 현재적으로 계속 거하며(롬 8:1) 죄와 싸우며(히 12:4) 나아가야 한다. 만약, 칭의로 우리가 과거, 현재, 미래의 모든 죄를 다 용서받았다고 하면 이는 자칫 현재적 구원에 무관심해질 수 있는 도덕폐기론을 초래할 수 있다. 칭의는 죄책, 곧 죄에 대한 책임을 묻지 않겠다는 것이지만, 그렇다고 실질적으로 죄가 완전히 사라졌다는 말은 아니다. 따라서 칭의 후 우리는 두렵고 떨림으로 죄와 싸우며 성령의 역사를 따라 거룩을 이루어 가야 한다(빌 2:12). 또한 칭의받은 자에게는 성화의 역사가 따라야 한다. 우리가 낙심하지 않고 선을 이루며(갈 6:9) 선한 싸움을 싸워갈 때(딤후 4:7-8), 우리에게는 성화의 역사가 나타나고 칭의받은 자로서의 상급을 은혜로 얻게 될 것이다.

2.6 양자

1) 양자란?

양자는 원래 친자녀가 아닌 사람을 입양에 의해 자녀의 자격을 주어 자녀로 삼은 사람을 말한다.[31] 입양은 양친과 양자가 법률적으로 친부모와 친자식의 신분 관계를 맺는 법률적 용어다. 양자를 의미하는 헬라어 '휘오데시아'는 '아들'(휘오스)이라는 단어와 '놓다, 두다, 세우다' (티데미)라는 단어가 결합된 단어로, '아들'이라는 신분을 세우는 하나님의 주권적 사역을 의미한다. 구원 서정에서 양자 됨이란 본질상 '진노의 자녀'(엡 2:3)이자 '불순종의 자녀들'(2:2, 5:6)이었던 우리를 하나님이 자녀로 삼아주시는 것(adoption)을 말한다. 이는 법적 신분이 바뀌는 것이다. 양자가 되면 이전 가족의 모든 권리를 잃어버리고 새로운 가족 내에서 법적인 자식으로 모든 권리를 얻게 된다.[32] 요한복음에 따르면 본래 우리의 아비는 마귀다(8:44). 즉 우리는 마귀에 속했던 자녀로 마귀의 통치와 영향력 아래 있었다. 그랬던 우리가 성령의 효과적 부르심에 응답하여 예수 그리스도의 이름을 믿고 그를 영접할 때 하나님의 자녀가 된다(요 1:12). 단순히 믿고 의롭다 함을 얻는 정도가 아니라, 하나님의 자녀로 새 신분을 얻은 것이다. 법정적으로 단순히 의롭다 함을 얻는 칭의

---

[31] 양형주, 《평신도를 위한 쉬운 로마서》, 183.
[32] 브루스 B. 바톤 외, 《로마서》 (서울: 한국성서유니온선교회, 2002), 258.

에 비해 신분이 아들로 바뀌는 양자 됨은 커다란 차이가 있다. 천사들도 부러워 할 일이다(참조 히 1:14).

성도가 양자된 것은 자연적 관계에 의한 것이 아니다. 하나님의 자연적 관계로 인한 아들은 독생자 예수 그리스도 한 분뿐이다. 우리는 하나님의 피조물로서 하나님이신 예수 그리스도께서 하나님의 아들인 것과 질적으로 다르다. 우리는 감히 하나님의 아들이라 불릴 자격이 없는 이들이다. 그러나 예수 그리스도께서 인류의 대표로 십자가에 못 박히신 것은 우리를 법정적으로 의롭다 하시기 위해서 뿐만 아니라, 법적인 신분에 있어서 우리가 아들의 명분을 얻게 하기 위함이다(갈 4:4, 5). 성도의 양자 됨은 오직 예수 그리스도의 하나님의 아들 됨에 근거한다. 그렇다면 양자 됨의 근거를 좀더 구체적으로 살펴보자.

2) 양자 됨의 근거

A. 구약적 근거

구약성경에서 하나님은 이스라엘을 종종 '내 아들', '내 장자', '여호와의 자녀' 등으로 부른다(출 4:22, 신 14:1, 사 63:8, 호 1:10). 드물기는 하지만 하나님이 바로 '네 아버지'라고 선언한다(신 32:6). 하나님의 피조물인 이스라엘이 하나님의 아들이자 장자로 불리는 것은 하나님과의 언약에 기초한다. 언약관계는 공식적으로 이스라엘이 하나님의 통치를 받는 하나님의 소유된 백성임을 나타내지만, 다른 한편으로 이것이 단순한 주종관계가 아닌 하나님의 약속의 기업을 잇는 아버지와 자녀의 친밀한 관계로 나타난다(출 19:4, 참조 롬 9:4).

B. 신약적 근거

신약에서는 양자 됨의 근거가 명시적으로 나타난다. 우리가 양자 됨의 명확한 근거는 예수 그리스도의 가르침이다. 예수께서는 하나님을 '너희 아버지'로 소개하며(마 5:16, 45, 48, 6:1, 8, 15, 7:11, 10:20, 18:14, 막 11:25, 눅 6:36, 12:30, 32, 요 8:42, 20:17), 신약 시대의 백성이 하나님의 아들임을 명시적으로 드러내었다. 이는 예수 그리스도를 통한 구속 역사의 진행의 목적이 우리로 하나님의 아들이 되게 하는 데 있음을 나타낸다. 이를 보여 주는 것이 갈라디아서 4장 4-6절의 말씀이다. 4절의 '때가 찼다'는 말은 우리가 아들의 명분을 얻는 것이 구속사적 진행을 통하여 구약 시대로부터 면면이 이어져 왔다는 것을 의미한다.

신약 시대의 양자 됨의 성취는 구약 시대의 양자 됨(롬 9:4)과 정도에 있어서 큰 차이를 보인다. 언약 밖에 있던 이방인들도 예수 그리스도 안에서 믿음으로 하나님의 아들이 되었기 때문이다(갈 3:26). 양자에게는 아버지의 유업, 즉 그가 다스리는 하나님 나라의 유업이 주어진다(고전 6:9, 10, 15:50, 갈 3:18, 4:1, 7, 5:21, 골 3:24, 히 11:9, 약 2:5, 벧전 3:9, 계 21:7). 여기서 유업이란 하나님의 아들이 누리는 특권과 혜택을 말한다.

우리는 예수 그리스도를 믿음으로 말미암는 은혜로 양자가 되었지만, 예수 그리스도는 우리를 위하여 십자가에 죽으시고 부활하여 하나님의 아들로 선포되셨다(롬 1:4). 여기서 '선포되었다'는 말은 하나님의 영원한 아들인 예수 그리스도가 십자가와 부활을 통하여 온 천하에 아들로 확인되셨다는 뜻이다. 성자 그리스도는 영원부터 하나님의 아들이기에 이를 하나님 앞에 다시 입증하기 위해 확인되실 필요는 없다. 이는 그리스도의 죽음과 부활이 바로 우리의 양자 됨을 위한 것임을 보여 준다. 예수 그리스도는 우리를 위하여 십자가와 부활을 통과하여 우리를 위한 양자 됨을 완성하셨다.

3) 양자 됨과 칭의, 중생의 관계

양자는 칭의와 동시적으로 발생한다. 의롭다 하심을 얻음과 동시에 하나님의 자녀가 된다. 하지만 칭의가 법정적 변화를 강조한다면, 양자 됨은 칭의됨을 포함할 뿐 아니라 이를 뛰어넘어 하나님과의 관계에 있어 절정이라 할 수 있는 자녀 됨의 특별한 관계를 강조한다. 여기서 양자 됨은 하나님과의 친밀한 관계와 마음의 변화까지를 포함한다. 왜냐하면 우리가 양사가 되면서 하나님께서는 그 아들의 영, 즉 성령을 보내어 하나님을 '아빠 아버지'라 부르게 하시기 때문이다(갈 4:6). 성령의 역사는 두려워하는 종의 마음을 아버지를 기뻐하며 사랑하는 자녀의 마음으로 변화시킨다.

다른 한편 양자는 중생과 동시적으로 발생한다. 성경은 중생으로 양자 됨을 설명하기도 한다. 영접하는 자 곧 그 이름을 믿는 자들을 양자로 삼으셨는데, 이들은 하나님께로부터 난 자들, 즉 중생한 자들이라고 설명한다(요 1:12-13). 위로부터 난, 중생한 자가 곧 하나님의 자녀인 것이다(요일 3:9-10, 5:1-2). 하지만 중생은 내적 변화를 강조하는 면에서 신분의 변화를 강조하는 양자 됨과 구별된다. 이렇게 볼 때 양자 됨은 칭의와 중생의 개념을 포괄하는 보다 넓은 개념임을 알 수 있다.

4) 양자가 되려면?

우리에게는 하나님의 자녀가 될 만한 자격과 조건이 없다. 그러나 하나님이 그 기쁘신 뜻대로 우리를 예정하사 예수 그리스도로 말미암아 하나님의 아들로 삼아주셨다(엡 1:15). 양자 됨은 나의 노력과 공로로 얻을 수 있는 것이 아니다. 하나님의 주권 가운데 오직 믿음으로 주어지는 은혜다. 양자 됨은 성령의 내주로 확증된다. 우리가 믿음으로 예수 그리스도를 붙잡을 때 예수 그리스도와 연합하게 되는데, 이때 하나님은 성령을 보내셔서 우리로 하나님을 '아빠 아버지'라 부르게 하신다(갈 4:6). 이런 역사를 이루는 성령은 '양자의 영'이라고도 한다(롬 8:15). 이를 통해 우리는 하나님의 아들 되신 그리스도와의 연합을 통해 함께 아들 됨의 은총을 누리게 된다.

우리는 믿음으로 양자가 이미(already) 되었지만, 아직(but not yet) 완성되지 않았다. 성령의 내주로 하나님을 아버지로 고백하는 양자된 우리는 여전히 탄식하며 양자 됨의 최종 완성을 기다리는데, 이는 우리 몸의 속량, 곧 우리 몸이 그리스도처럼 영화롭게 되는 것에까지 이르러야 한다(롬 8:23). 하나님의 양자 됨은 우리가 부활하신 예수 그리스도의 형상과 같이 전인으로 부활할 때 비로소 완성된다.

5) 양자의 특권

양자 됨에는 특별한 권리가 주어진다.

첫째, 하나님을 아버지로 부를 수 있다. 이 특권을 사용하여 하나님을 아버지로 부르며 대화하는 것이 기도다. 기도는 자녀의 특권이다. 우리는 우리의 형편을 살피시고 아시는 하늘 아버지께 기도하며 이 땅에서 우리의 염려와 근심을 내려놓고 그의 나라와 의를 구할 수 있다(마 6:8-11, 6:25-34).

둘째, 자녀는 아버지의 보호하심과 돌봄과 인도를 받는다(마 7:11, 10:30-31).

셋째, 자녀는 아버지의 유업을 이어 받는 상속자가 된다. 우리가 하나님 아버지의 상속자가 되면, 그리스도와 함께 유업을 이어받는 공동 상속자가 된다(롬 8:17). 그렇다면 이 유업은 무엇일까? 바로 하나님의 나라다(고전 6:9, 10, 15:50, 갈 3:18, 4:1, 7, 5:21, 골 3:24, 히 11:9, 약 2:5, 벧전 3:9, 계 21:7).

넷째, 자녀에게는 자유의 특권이 있다. 더 이상 죄의 멍에, 종의 멍에를 메지 않고 그리스도가 우리를 위해 주신 자유를 만끽하며 사랑으로 섬기는 특권을 갖는다(갈 5:1, 13, 참조 갈 4:2-9).

다섯째, 자녀는 하나님의 대가족을 선물로 받는다. 하나님의 양자된 우리는 믿음으로 양자된 다른 성도들과 함께 주 안에서 형제자매가 되어 그리스도의 몸 된 공동체, 곧 믿음의 대가족을 이룬다(마 12:48-50, 엡 2:19).

여섯째, 자녀는 때로 하나님의 징계를 받는다. 자녀가 부모의 뜻을 거스르고 제멋대로 행할 때 부모는 그 자녀를 혼낸다. 이는 그릇된 길을 깨닫고 돌이켜 다시 바른 길로 가도록 하기 위함이다. 혼내지 않고 제멋대로 행하게 방임하는 것은 부모가 아니다. 마찬가지로 하나님은 때로 그 자녀가 하나님의 뜻을 불순종하고 제멋대로 죄의 소욕을 따라 살아갈 때 징계하신다. 징계가 없으면 사생자요 친아들이 아니다(히 12:5-11). 따라서 징계가 임하면 우리는 속히 회개하고 하나님이 기뻐하시는 의와 평강의 열매를 맺기에 힘써야 한다.

3. 구원의 현재시제

지금 이루어 가는 현재적 구원으로 크게 성화와 견인이 있다. 건강한 이해가 그릇된 오해를 막는다. 이를 구체적으로 살펴보자.

3.1 성화

1) 성화란?

성화란 칭의받은 죄인을 죄의 오염에서 건지고 전 인격이 예수 그리스도의 형상을 닮게 하는 성령의 사역이다. 칭의가 법정적 측면에서의 '의로움'을 기준으로 했다면, 성화는 내면적 측면에서의 '거룩함'이 기준이다. 칭의가 죄의 형벌에서의 구원이라면, 성화는 죄의 실효적 지배로부터의 구원이다.

거룩이란 히브리어로 '카도쉬', 헬라어로 '하기오스'이며, 이는 '구별, 분리'를 의미한다. 구약에서는 주로 제사장이나 제물을 다른 부정한 것과 구별하여 분리하는 의미로 사용한다(출 13:2, 28:2, 30:29, 레 6:18, 11:44, 20:26, 민 3:3, 13, 민 7:1). 신약에서는 주로 우리의 구원과 관련하여 죄로부터 구별, 분리된 것을 의미한다(엡 5:26-27, 골 1:22, 살전 2:10, 3:13, 5:23, 딤후 2:21). 성도는 칭의를 통해 그리스도 안에 거하게 된다. 전에는 그리스도 밖에 있었으나 이제는 그리스도 안에 있다. 그리스도 안에 그와 연합하면 세상과 구별된다. 누구든지 그리스도 안에 있으면 이전 것은 지나가고 새로운 피조물이 된다(고후 5:17). 그리스도와 연합함으로 내 존재 전 영역에서 일어나는 그리스도 밖의 삶과의 구별이 생긴다. 이것이 거룩이다.

2) 성화의 근거-그리스도의 성화

그리스도가 성도의 칭의를 위하여 칭의받으신 것처럼(롬 4:25), 그는 또한 우리의 성화를 위하여 성화되셨다.[33] 고린도전서 1장 30절은 그리스도가 우리에게 의로움과 거룩함과 구원함이 되셨다고 선언한다. 그리스도께서 구속사적으로 칭의받으셨을 뿐 아니라 완전한 성화를 이루신 것이다. 성도는 성화되신 그리스도 안에 거하기 때문에 성화의 삶을 살아갈 수 있고, 우리의 몸을 죄가 아닌 의에 복종시킬 수 있다(롬 6:19). 성도는 그리스도와 함께 연합하여 살리심을 받았기에, 위의 것을 추구하는 성화의 삶을 살아갈 수 있다(골 3:1, 롬 6:6).

---

[33] 강웅산, 《구원론》, 363.

3) 성화의 두 단계
성화에는 확정적 성화와 점진적 성화가 있다.

A. 확정적 성화
흔히 '성화'라고 하면 점진적인 변화를 생각하지만, 성경은 이에 못지않게 확정적인 성화의 개념을 말한다. 신자는 '그리스도 예수 안에서 거룩하여지고 성도라 부르심을 받은 자'다(고전 1:2). 여기 '거룩하여지고'라는 표현은 수동태 완료시제로 거룩하게 되는 일이 완료되었음을 의미한다. 성도는 성령 안에서 씻음과 거룩함과 의롭다 하심을 받았다(6:11). 성도는 이미 거룩케 하심을 입은 자들이다(행 20:32).

성경은 이처럼 성화를 확정적으로 진술한다. 그 이유가 무엇일까?

첫째, 이는 성도가 칭의를 통하여 그리스도 안에 거하는 것이 이미 세상과 구별된 거룩이기 때문이다. 그리스도와 연합했기에 세상과 구별된 거룩함을 받은 자들이 되었다.

둘째, 성도가 그리스도 안에 거할 때 성령을 보증으로 받았기 때문이다. 성령은 부활의 생명의 영으로 성도에 내주하여 죄가 더 이상 성도를 주관하지 못하게 한다(롬 6:14). 그리고 날마다 하나님을 대하여 살아나게 된다(6:4-11). 여기서 '살아난다'는 표현은 죄에 대하여 죽는 것과 대조되어 단회적 의미를 갖는다. 이는 성령의 능력으로 죄가 아닌 그리스도 안에 거하는 성도의 실존을 강조하는 표현이다. 성령은 우리의 실존을 그리스도에게 묶어준다.

이렇게 볼 때 성도가 예수를 믿고 의롭다 함을 얻고 하나님의 자녀가 되면 그의 삶은 조금씩 변하는 것이 아니라 급격한 변화를 겪는다. 이것이 바로 확정적 성화이며 새로운 생명의 출발점이 된다.

B. 점진적 성화
성화는 확정적인 개념과 함께 점진적 개념을 갖는다. 여기서 점진적이란 말은 단계적으로 점점 높은 차원으로 올라간다는 의미보다는 '지속적'이라는 의미다. 단계적 의미가 강조되면 자칫 성화를 개인의 공로와 노력으로 이룰 수 있는 것으로 오해할 수 있는 여지가 있다. 그러나 성화의 지속적인 의미가 강조되면 이는 그리스도와의 친밀한 연합과 지속적인 관계를 이어가는 것에 대한 건강한 방향을 설정할 수 있다.

우리에게는 아직 죄성이 남아 있어 그리스도 안에서 날마다 그와의 연합을 방해하는 유혹과 불순물들을 제거하니 지속적으로 죄를 죽여야 한다. 이러한 성화는 우리의 일생에 걸쳐 진행된다. 점진적 성화는 부정적인 의미에서 보면 날마다 죄와 싸우며 몸의 행실을 죽이는 것이다(고전 15:31, 히 12:1, 약 1:22, 롬 8:13, 골 3:5). 하지만 긍정적인 의미에서 보면 날마다 지속적으로 그리스도를 닮아 가는 것이다. 이를 위해 우리는 마음을 새롭게 함으로 변화를 받아야 한다(롬 12:2). 그래서 그리스도와 같은 형상으로 변화하여야 한다(고후 3:18). 여기서 '변화를 받아', '변화하여'라는 표현은 성경에서 모두 수동태 현재시제로 사용되었다. 이는 계속해서 현재 지속적으로 나타나는 성령의 역사를 의미한다. 우리는 이런 역사를 위하여 날마다 믿음으로 그리스도를 붙들고 그 안에 거하기를 힘써야 한다. 이런 면에서 지속적 성화는 행위로 이루는 것이라기보다 지속적으로 그리스도를 붙드는 믿음으로 이루어 가는 것이다. 구원도 오직 믿음으로 이루어지는 것처럼 성화 역시 믿음으로 이루어진다.[34]

4) 성화의 특징

성화라고 하면 왠지 우리가 힘들게 노력해야 한다는 생각이 든다. 성화는 우리가 애써야 하는 것일까, 아니면 하나님이 성도를 거룩하게 하시는 일일까?

성화는 무엇보다 삼위일체 하나님의 주도적인 구원 역사다(히 13:20-21). 평강의 하나님이 친히 우리를 온전히 거룩하게 하신다(살전 5:23). 하나님은 우리 안에 행하시며 자기의 기쁘신 뜻을 위하여 우리로 소원을 두고 행하게 하신다(5:23). 우리가 거룩하게 되는 것은 성령의 거룩하게 하시는 역사 덕분이다(벧전 1:2, 살후 2:13).

하지만 성화는 하나님의 일인 동시에 사람의 일이기도 하다. 우리는 날마다 우리 자신을 의의 병기로 하나님께 드리기를 힘써야 한다

---

[34] 박영돈, 《성령충만, 실패한 이들을 위한 은혜》 (서울: SFC, 2008), 207.

(롬 6:13). 우리 몸을 하나님이 기뻐하시는 거룩한 산 제사로 드려야 하며(12:1), 성령으로 우리 몸의 죄 된 행실을 죽여야 한다(8:13). 우리는 열심으로 거룩함과 화평함을 좇아야 하며(히 12:14), 음란을 버리고(고전 6:18, 살전 4:3), 자신을 깨끗하게 하여야 한다(요일 3:3). 게으름을 피우며(롬 12:11, 히 6:12, 벧후 1:8) 잠에 취해선 안 된다(살전 6:6). 술 취하지 말고 오직 성령으로 충만하여(엡 5:18, 롬 13:13), 거룩함을 이루어 육과 영의 온갖 더러운 것에서 자신을 깨끗하게 해야 한다(고후 7:1). 그리하여 성령의 열매를 맺어야 한다(갈 5:22-23).

성화는 개인의 차원만이 아니라 공동체적 차원, 즉 교회의 성화를 포함한다. 교회는 예수 안에 거룩하여지고 성도라 부르심을 받은 이들의 모임이다(고전 1:2). 성도 개인이 거룩해지는 것처럼 교회도 거룩해져야 한다(엡 5:27, 참조 4:12). 교회는 세상의 소금이고 빛이 되어야 한다(마 5:13-14). 성도는 하나님의 거룩하게 하시는 역사에 반응하여 순종함으로 협력해야 한다.

성화는 전인적으로 우리 삶의 전 영역에 일어난다.

첫째, 성화는 지식에까지 새롭게 하심을 받아, 하나님을 아는 일이 자라가야 한다(골 3:10, 1:10). 마음이 새로워져(롬 12:2) 우리의 모든 생각을 사로잡아 그리스도에게 복종케 하여야 한다(고후 10:5).

둘째, 성화는 우리의 감정에도 변화를 일으킨다. 우리의 정욕을 제어하며(벧전 2:11), 세상에 있는 것을 사랑하지 않게 된다(요일 2:15). 모든 악독과 노함과 분냄과 떠드는 것과 훼방하는 것을 멀리하게 된다(엡 4:31). 나아가 사랑과 희락과 화평 가운데 하나님의 뜻을 행하는 것을 기뻐하며 마음으로 순종하게 된다(롬 6:17).

셋째, 성화는 우리의 의지에 변화를 일으킨다. 하나님의 선하시고 기뻐하시는 뜻을 위하여 새로운 소망을 품으며(2:13), 소망 중에 인내한다(5:4, 15:4, 살전 1:3).

넷째, 성화는 우리의 몸을 거룩하게 한다(살전 5:23, 고전 7:1, 6:13, 19-20).

다섯째, 성화는 하나님의 영광을 드러낸다(엡 1:6, 12, 14, 빌 1:11, 벧전 2:9). 하지만 성도의 성화는 세상에서 고난을 초래할 수 있다. 성화는 하나님의 영광의 빛을 세상의 어둠 속에 비추는 일이기 때문이다. 어둠은 빛을 싫어한다(요 1:12). 때로 성도에게 손해와 어려움을 초래한다. 이런 어려움 가운데 성도 홀로 거룩을 지키는 것은 참 어렵다. 그렇기에 성도의 성화는 교회의 성화와 함께 가야 한다. 교회는 서도를 격려하고 모이기에 힘쓰며, 서로를 위해 기도하고 용서하며, 거룩을 격려하여야 한다.

성화는 이 땅을 살아가는 동안 계속된다. 최종 완성은 이 땅에서가 아니라 종말에 우리가 최종적인 천국에 들어갈 때 완성된다. 이것이 영화다. 이 땅을 살아가며 우리는 이미(already) 시작된 확정적 성화, 그러나 아직(not yet) 완성되지 않았으나 장차 이룰 성화를 위하여 달려가야 한다. 그렇다고 성화는 완성할 수 없고 끝도 없는 것, 고단하고 지치며 불가능한 것, 포기해야 할 무거운 짐이 아니다. 성화에는 그리스도와 연합하여 그의 뜻을 행하는 기쁨과 감격이 주어진다. 성화 가운데 희락과 화평을 경험하며 그리스도와 더욱 친밀한 교제와 연합을 맛보게 된다. 더 나아가 그리스도를 이전보다 더욱 깊이 사랑하게 된다.

5) 성화의 방편

성화는 하나님이 주시는 은혜이지만, 동시에 우리는 이 은혜에 반응하여 거룩에 이르도록 힘써야 한다(딤전 4:7-8). 소극적인 측면에서는 그리스도 안에 거하는 것을 방해하는 죄의 유혹을 차단하고 멀리하고 피해야 한다. 반면 적극적인 측면에서는 (점진적) 성화를 위해 주신 은혜의 방편들을 적극 활용해야 한다.

첫째, 우리는 진리의 말씀을 통해 거룩하게 되어야 한다(요 17:17). 진리는 우리를 그리스도 안에 거하게 한다. 성경은 하나님의 감동으로 된 것으로 교훈과 책망과 바르게 함과 의로 교육하기에 유익하여 성도로 온전하며 거룩하게 설 수 있도록 한다(딤후 3:15-17). 따라서 성도는 늘 진리의 말씀을 즐거워하여 묵상하며 그 안에 거하도록 해야 한다(시 1:1-2). 여기서 말씀 안에 거하는 것은 율법을 지킴으로 구원 얻을 만한 공로를 쌓는 것이 아님을 기억해야 한다. 죄를 억제하고 하나님이 기뻐하시는 선한 뜻 안에 머물기 위함이다.

둘째, 우리는 믿음을 통해 거룩하게 되어야 한다. 여기서의 믿음은 자기를 부인하고 믿음의 대상인 예수 그리스도만을 붙잡는 것이다. 따라서 우리는 믿음으로 그리스도를 붙잡고 그 안에 거할 뿐 아니라, 지속적인 연합을 통하여 계속해서 그 안에 머물러야 한다(엡 3:17). 이것이 성도의 구별된 삶이고 거룩한 삶이다. 이를 잘 보여 주는 것이 갈라디아서 2장 20절 말씀이다.

> 내가 그리스도와 함께 십자가에 못 박혔나니 그런즉 이제는 내가 사는 것이 아니요 오직 내 안에 그리스도께서 사시는 것이라 이제 내가 육체 가운데 사는 것은 나를 사랑하사 나를 위하여 자기 자신을 버리신 하나님의 아들을 믿는 믿음 안에서 사는 것이라

이렇게 지속적으로 믿음을 통해 그리스도를 붙드는 행위는 곧 성령을 따라 행하는 삶이기도 하다(갈 5:16, 20, 25). 이럴 때 성도는 거룩한 성화의 열매를 맺게 된다(5:22-23).

셋째, 성도는 그리스도와 연합하여 그 안에 거하며 그를 닮아 가야 한다(롬 8:29, 고전 11:1, 엡 5:1). 그리스도는 우리에게 주신 하나님의 형상이다(고후 4:4, 골 1:15, 히 1:3, 요 14:9). 우리 안에 죄로 인하여 일그러진 하나님의 형상이 그리스도 안에 지속적으로 연합하며 거할 때 점차 아름답게 회복되게 될 것이다.

넷째, 이러한 성도의 성화를 돕는 방편으로 예배와 기도가 있다.

3.2 성화에 대한 오해

우리 민족의 단군신화에는 재미있는 이야기가 나온다. 그것은 곰이 햇빛이 들지 않는 동굴에서 쑥과 마늘만 먹다가 21일 만에 사람으로 완전히 변화되었다는 이야기다. 그래서 그런지 우리는 성화에 대해서도 이와 유사한 방식으로 생각하려는 경향이 있다. 먼저는, 성화에 대한 기준은 곰이 사람으로 변하는 것처럼 완전하게, 완벽하게 변해야 한다는 것이다. 둘째, 성화의 수단이 음식이라는 것이다. 쑥과 마늘을 먹고 변화된 것처럼, 우리도 무엇인가를 먹어야 거룩하게 된다는 기이한(?) 생각을 큰 저항 없이 받아들인다. 셋째, 날짜를 지켜야 성화된다는 것이다.

곰과 함께 갔던 호랑이는 약속한 날을 채우지 못해 완전한 사람으로 변화되는 데 실패하였다. 반면 곰은 성화되었다. 이렇게 볼 때 음식, 날짜, 완전한 변화에 대한 개념은 우리의 성화에 대한 이해에 상당한 영향을 끼쳤다. 흥미로운 것은 이러한 사고방식이 이단들에게 고스란히 드러난다는 사실이다. 그렇다면 성화에 대한 잘못된 견해를 주장하는 이들을 살펴보도록 하자.

1) 완전히 거룩해져야 한다 - 완전 성화

어떤 단체는 성도는 이 세상에 살면서 완전한 성화를 이루어야 하며 그 품성이 예수님과 같은 완전한 품성으로 변하지 않고는 재림 때 구원을 얻지 못하고 상실한다고 주장한다. 이들에 따르면 구원은 두 단계가 있다. 첫째는 믿음으로 얻는 구원으로 이를 '큰 구원', 또는 '첫째 구원'이라고 한다. 우리는 이 구원을 통해 의롭다 함을 얻지만, 불완전하여 상실될 수 있는 구원이다. 둘째는 재림 시에 얻는 구원으로 이를 '얻을 구원' 또는 '영원한 구원'이라고 한다.[35] 이 구원은 행함으로 얻는 성화를 통하여 미래에 얻게 된다. 이 구원은 율법의 행위로 받는 구원이기에 이를 위해서는 예수님과 같은 완벽한 품성의 변화가 있어야 한다. 믿음으로 구원을 얻었어도 품성이 예수님과 같이 흠도 없고 점도 없이 되지 않으면 영광의 천국에 들어갈 수 없다. 이에 대한 이들의 주장을 들어 보자.

> 우리의 품성 가운데 점이나 흠이 있는 한 우리 중 아무라도 하나님의 인을 결코 받지 못할 것이다.[36]

> 단 한 개의 결함일지라도 이를 극복하지 않고 배양하면 그에게 거룩한 도성에 들어가는 문을 닫게 한다. 하늘에 들어가는 자는 점이나 주름이나 또는 아무러한 것이 없는 품성을 가지지 아니하면 안 된다.[37]

---

[35] ──── 진용식, 《안식교의 오류》 (서울: 복음사역, 1998), 22.
[36] ──── 엘렌 지 화잇, 《교회에 보내는 권면 2권》 (서울: 시조사, 1965), 596.

이들은 에베소서 1장 4-5절을 인용하여 하나님이 그 앞에 우리를 거룩하고 흠이 없게 하시려고 그 뜻대로 우리를 예정하사 구원 얻도록 하기 위하여 사람들이 구원 얻을 자격을 이루는 품성을 미리 얻기를 원하셨다고 주장한다.[38] 이러한 주장에 따르면 예수 그리스도의 복음과 보혈이 구원의 길이 아니라 완전한 품성 변화가 구원의 길이 된다.

이들에게 완전한 품성의 변화는 곧 완전한 율법의 준수를 의미한다. 이들은 예수께서도 율법을 폐하지 않고 일점일획이라도 다 지켜야 한다고 말씀하셨기에(마 5:1-18), 우리도 율법을 완전히 지켜야 구원을 얻을 수 있다고 주장한다. 그렇기에 이들은 율법을 완전히 지켜야 하며 신약에 와서 폐기된 음식의 정결법과 안식일과 절기의 준수까지도 철저하게 지켜야 한다고 주장한다(참조 골 2:16-17). 심지어 어떤 단체는 예수께서 하나님의 어린 양이시기에 양과 같은 온순한 성품을 위해서는 양처럼 육식을 금하며 채식을 해야 한다고 주장한다.

하지만 성경에 따르면 율법의 행위로는 의롭다 하심을 얻을 육체가 없다(갈 2:16, 롬 3:20). 만약 율법을 준수함으로 얻는 구원을 가르친다면 실제로 이런 단체에서 율법을 완벽하게 지켰다는 사람들이 꽤 나와야 마땅하다. 하지만 이런 단체일수록 자신은 완벽하게 율법을 지켰다는 사람은 없다.[39] 만약 우리가 율법을 완벽하게 지킬 수 있다면 예수 그리스도의 구속사역이 필요 없게 된다(갈 2:21). 모든 사람이 죄를 범하여 하나님의 영광에 이르지 못하고(롬 3:23), 이 세상에 의인은 하나도 없기에(롬 3:10) 그리스도께서 우리를 대신하여 십자가의 구속을 이루셨던 것이다.

그렇다면 예수께서 율법을 폐하러 온 것이 아니라 일점일획도 없어지지 않게 하려고 오셨다고 하신 말씀의 뜻은 무엇일까? 이는 예수

---

[37] 엘렌 지 화잇, 《청년에게 보내는 기별》 (서울: 시조사, 1962), 183.
[38] 왕대아, 《최대의 책에서 얻는 문답》 (서울: 시조사, 1965), 107-108, 진용식, 《안식교의 오류》, 29에서 재인용.
[39] 전에 안식교 목사였던 진용식은 자신이 안식교에 몸담으며 율법을 지키려 몸부림을 쳤으나 불가능했음을 토로하며, 안식교에 있던 28년간 그의 주변에서 율법을 완벽하게 지켰다는 사람을 만나보지 못했다고 고백한 바 있다. 진용식, 《안식교의 오류》, 36쪽 참조.

께서 구약의 모든 예언과 말씀을 폐하러 오신 것이 아니라 더욱 완전케 하러 오신 것이고, 이는 곧 하나님의 아들이자 메시아인 자신을 통해 완성될 것을 말씀하신 것이다. 따라서 우리는 구약 율법으로 불완전했던 우리의 죄와 구원의 문제를 예수 그리스도를 통해 더욱 완전하게 해결하게 되었다(히 9:11-15).

2) 어떤 날을 지키느냐가 당신의 구원과 거룩을 결정한다 - 안식일 준수

어떤 단체는 안식일이 하나님 백성의 표징이기에 안식일을 지켜야만 하나님의 인침을 받을 수 있고, 이 표를 받지 못하면 구원받지 못한다고 주장한다. 안식일 준수는 심지어 천국에 가서도 계속된다고 한다.

이들은 일반 성도들에게 다가가 '안식일을 무슨 요일로 지키는가'라고 묻는다. 그러면 보통 성도들은 '안식일? 그거 주일, 일요일에 지키는 것 아니냐'고 되묻는다. 그러면 이들은 기다렸다는 듯이 '구약의 안식일은 원래 토요일이었다'고 하며, '거룩한 안식일을 주후 321년 로마의 콘스탄티누스 황제가 일요일로 변개시켰다'고 주장한다. 그러면서 콘스탄티누스 황제는 원래 우상 숭배하는 사람이었는데 이집트의 태양신을 숭배하기 위해 토요일을 일요일, 즉 태양신을 섬기는 '선(Sun)' 데이(day)로 바꾸었다고 한다.[40] 구약성경에는 안식일을 제대로 지키지 못하면 돌로 쳐 죽이라고 했는데, 사람이 만든 가짜 안식일을 지키면 구원을 받지 못한다고 위협(?)하면서 그럴듯한 증거자료를 모은 책자 하나를 가져와 교회사 사전에서 일부만 발췌한 해당 항목을 보여 주며 안식일을 지켜야 한다고 강변한다. 여기까지 들으면 사전지식이 없는 성도들은 미혹되기 쉽다. 지금 내가 지키는 주일은 태양신의 숭배일이고, 이날에 예배하는 것은 우상 숭배하는 것이라고 하면 얼마나 당황스럽겠는가? 이들은 자신들이 옛날 안식일로 핍박받고 있으며 이제는 이 잃어버린 안식일을 목숨 걸고 다시 지켜야 한다고 주장한다.

그렇다면 이들이 주장하는 안식일의 문제를 어떻게 이해해야 할

---

[40] 리차드 토드, "콘스탄틴 대제와 기독교 제국", 《교회사 핸드북》 (서울: 생명의말씀사, 1989), 130-131 참조.

까? 성경은 안식일을 어떻게 다루고 있을까? 중요한 점은 구약 시대의 안식일은 신약 시대에 폐지되어 더 이상 유효하지 않다는 사실이다. 이는 성경에 예언되어 이루어졌으며, 초대교회에서도 이를 받아들였다. 이를 성경적, 역사적 근거로 살펴보자.[41]

첫째, 안식일 규정은 구약성경에 이미 폐할 것이 예언되었다.

> 내가 그의 모든 희락과 절기와 월삭과 안식일과 모든 명절을 폐하겠고 (호 2:11)

'모든 희락'(celebrations, NIV)이란 이스라엘이 지키는 모든 절기와 축제를 말한다. 여기 절기는 매해 지키는 유월절, 무교절, 칠칠절, 초막절 등을 말한다. 월삭은 이스라엘 백성들이 매달 초 지켰던 제사다. 그리고 안식일도 있다. 이는 타락하고 배역한 이스라엘을 향하여 하나님께서 앞으론 더 이상 이런 절기들이 유효하지 않게 폐할 것이라 말씀한다.

둘째, 신약성경은 구약의 예언대로 이러한 구약의 안식일과 절기 규정을 폐한 것을 기록하고 있다.

> 우리를 거스르고 불리하게 하는 법조문으로 쓴 증서를 지우시고 제하여 버리사 십자가에 못 박으시고 … 그러므로 먹고 마시는 것과 절기나 초하루나 안식일을 이유로 누구든지 너희를 비판하지 못하게 하라 이것들은 장래 일의 그림자이나 몸은 그리스도의 것이니라 (골 2:14, 16-17)

이 말씀에 따르면 구약의 먹고 마시는 음식법, 절기, 월삭(초하루), 안식일은 예수 그리스도의 그림자에 불과하고, 이제는 그리스도의 십자가에 이 과거의 율법 법조문들을 못 박으시고 지우셨다. 이것들을 지키지 않는다고 누구도 성도를 비판할 수 없다.

셋째, 신약에는 안식일을 지키라고 하는 명령이 나오지 않는다. 이는 구약의 안식일이 절기, 월삭과 더불어 신약 시대에는 폐지되었다

---

41 ──── 위의 책, 84-125를 참조하라.

는 것을 보여 준다. 하지만 어떤 이들은 누가복음 4장 16절과 사도행전 17장 2절을 들어 예수께서도, 사도 바울도 '규례대로 안식일에 회당에 들어갔다'고 주장한다. 안식일을 지켰다는 것이다. 하지만 여기서 '규례' 라는 단어는 헬라어 '에도'로 풍습, 문화, 관습(custom) 등을 의미하는 단어다. 만약 이것이 강제적 율법 규정이 되려면 헬라어 '디카이오마'(눅 1:6) 또는 '도그마'(행 16:4)를 사용하여야 한다. 즉 예수께서, 그리고 사도 바울이 관습대로 안식일에 회당에 들어갔다는 것은 안식일을 지키려고 들어간 것이 아니라, 유대인의 관습에 따라 유대인들이 모인 곳에서 복음을 전하기 위해 간 것이다. 도리어 예수께서는 안식일 규례를 범하시곤 했는데(마 12:1-6), 이는 예수께서 안식일의 주인이고(막 2:28), 참된 안식이 예수 안에 있기 때문이다(마 11:28).

넷째, 그렇다면 안식일이 폐지된 이유가 무엇일까? 이는 복음 때문이다. 복음은 법조문으로 된 율법의 계명을 폐하고 예수 그리스도 안에서 새 사람을 만든다(엡 2:15). 안식일은 구약 시대에 속한 율법이다. 구약의 율법은 하나님의 선민인 이스라엘 백성과 이방인들을 구별하는 일종의 구별법적 특성을 갖는다(참조 엡 2:12). 이런 구별법이 갖는 독특한 표현이 있다. 먼저는 '대대로', '영원히' 지키라는 표현이다(창 17:7, 출 12:14, 17, 레 3:17, 6:18, 민 10:8, 18:12). 그리고 구별법의 특징을 나타내는 표현으로 '나와 이스라엘(그들) 사이에 세운 영원한 표징'이 있다(출 31:13, 17, 겔 20:12, 20). 이처럼 '영원한 표징'의 대표적 율법에는 할례와 안식일 규정이 있다. 이것들은 하나님의 선민을 구별하는 규정이기에 이스라엘 자손 대대로 지켜야 할 표징이다. 그러나 신약에 와서 할례는 더 이상 유효하지 않게 되었다(갈 5:6, 6:15). 이는 안식일도 마찬가지다. 이 모든 율법 조문을 십자가에 못 박고 제하여 버리셨다(골 2:14).

신약 시대에는 더 이상 선민 이스라엘과 이방인 사이의 구별이 없다. 하나님은 십자가로 이 구별법을 폐하시고 한 성령 안에서 그를 믿는 모든 자녀를 아버지께 나아가게 하셨다(엡 2:15-18). 그리스도 안에서 이방인은 더 이상 이방인이 아니요, 성도들과 동일한 하늘나라의 시민이요, 하나님의 권속(가족)이다(2:19). 게다가 신약 시대에는 이제 모든 성도가 왕 같은 제사장이 되어 레위인과 일반 백성의 구별이 없어졌다(벧전

2:5, 9). 이러한 구별은 장소, 날, 정결법 등을 포함한다.

①구약에는 구별된 성소가 따로 있었다(신 12:13). 그러나 신약 시대에는 두세 사람이 예수 그리스도의 이름으로 모인 곳이 성전이 되었다(마 18:20, 요 4:21, 고전 3:16). ②구약에는 거룩한 날(절기, 월삭, 안식일 등)이 있었다. 그러나 신약에는 모든 날이 거룩한 날이다(롬 14:5, 갈 4:10-11, 골 2:16-17). ③구약에는 선민들을 위해 구별한 정결 규정이 있었다(레 5:3). 그러나 신약에는 그리스도 안에서 속되고 부정한 것이 없어졌다(롬 14:14).

다섯째, 초기 그리스도인들이 잘 지키던 안식일을 콘스탄티누스 황제가 역사적으로 변개시켰다는 것은 사실인가? 《교회사 핸드북》에서 마이클 스미스(Michael A. Smith)가 묘사하는 초기 기독교인의 예배 모습을 살펴보자.

> 기독교의 예배일인 주일은 기독교회의 초기부터 성수되었다. 그것은 안식일(주간의 일곱째 날)을 지키는 유대교로부터의 기본적인 이탈이었다. 한 주간의 첫날로 옮긴 것은 예수께서 부활하신 날을 주마다 상기하기 위해서였다. 4세기 초 콘스탄티누스 황제의 시대까지는 주일(일요일)이 공휴일로 지켜지지 못했다. 그때까지 그리스도인들은 주일의 이른 아침이나 늦은 시간에 예배 모임을 가졌다.[42]

이렇게 볼 때 콘스탄티누스 황제는 안식일을 폐지한 것이 아니라 초대교회 성도들이 지키던 주일을 공휴일로 선포함으로써 주일에 예배를 드리던 성도들로 보다 온전히 예배를 드릴 수 있도록 자유롭게 해준 것이었다.

만약 콘스탄티누스 황제가 안식일을 변개했다면 321년 이전의 초대교회와 이후 교부 시대의 교회들은 안식일을 지켰어야 했다. 그러나 주후 100년경에 쓰인 것으로 알려진, 베드로의 후계자이자 안디옥 교회의 감독인 이그나티우스의 편지, 그보다 전에 쓰인 바나바 서신 등에

---

[42] 마이클 스미스, "예배와 기독교력", 《교회사 핸드북》 (서울: 생명의말씀사, 1989), 9.

는 구약의 관습인 안식일을 끝내고 주일에 예배해야 하는 이유들이 설명되어 있다.⁴³ 무슨 말인가? 초대교회부터 주일예배가 드려지고 있었던 것이다. 게다가 콘스탄티누스 황제가 안식일을 변개했다면 그 당시 안식일을 지키기 위해 성도들은 많은 박해를 감수했어야 했을 것이다. 그러나 도리어 콘스탄티누스 황제는 기독교인들의 박해를 풀어 준 왕이었다.

속사도 교부로 알려진 안디옥 교회의 이그나티우스 감독이 마그네시아인들에게 쓴 편지에는 초대교회 때 안식일에 대한 인식이 어떠했는지 잘 나타나 있다.

> 잘못된 가르침이나 오래된 이야기로 인해 미혹을 당하지 않도록 하십시오. 우리가 아직 유대주의의 관심을 계속 지킨다면 우리가 은혜를 받지 못했음을 드러내는 것이 될 것입니다. 옛 관심에 따라 살던 사람들이 이제는 새로운 소망에 이르게 되었습니다. 그들은 이제 안식일을 지키지 않고 주의 날에 의해 살게 되었습니다. … 나쁜 누룩을 피하십시오.⁴⁴

심지어 제롬은 일요일 예배에 대하여 다음과 같이 말했다.

> 이교도들이 이 날을 태양의 날이라고 부른다면, 우리도 그 호칭을 기꺼이 받아들인다. 왜냐하면 세상의 빛이 나타나시고 공의의 아들이 다시 살아나신 날이 바로 이날이기 때문이다.⁴⁵

3) 먹는 것이 당신의 거룩을 결정한다 - 음식 규정

어떤 이들은 먹는 것이 신자의 거룩을 결정하는 중요한 요소이기에 레위기 11장에 나오는 부정한 음식물에 대한 규례를 지키고, 육식을 금하고 노아 홍수 이전처럼 채식을 해야 한다고 주장한다. 이들에 따

---

43 ──── 진용식, 《안식교는 왜 이단인가》 (서울: 성산, 1995), 99-100.
44 ──── 김명혁, 《초대교회의 형성》 (서울: 성광문화사, 1995), 66.
45 ──── 그랜트 제프리, 《성경의 27가지 미스터리》 (서울: 생명의말씀사, 2004), 261.

르면 부정한 음식을 먹는 자는 계시록에 나오는 7재앙을 받게 될 것이다.[46] 신자는 채식을 해야 양처럼 성품이 온순해져 거룩한 완전 성화를 이룰 수 있다. 육식을 하면 질병이 일어날 뿐 아니라 사람에게 짐승의 성질을 조장하기에 육식하는 자는 천국에 들어갈 수 없다고 한다.

분명히 알아두어야 할 것은 신약 시대에 와서 안식일과 절기뿐 아니라 먹고 마시는 문제도 십자가 안에서 폐지되었다는 사실이다(골 2:16-17). 그리스도 안에서 더 이상 속된 것은 없다(롬 14:14). 속되게 여기는 자에게만 속될 뿐이다(14:20). 우상에게 드렸던 제물조차 믿음으로 먹으면 그것은 더 이상 속되지 않는다(고전 10:25). 이를 잘 보여 주는 것이 사도행전 10장에 나오는 베드로의 환상 장면이다. 베드로가 기도할 때 환상 가운데 하늘에서 한 그릇이 보자기에 싸여 내려왔다. 그 안에는 유대인들이 금하는 온갖 부정한 음식들이 들어 있었다. '그것을 잡아먹으라'는 주님의 음성에 베드로는 속되고 깨끗한 것을 결코 먹지 않겠다고 거부한다. 그러나 거듭되는 환상을 통하여 주님은 '하나님께서 깨끗하게 하신 것을 속되다 하지 말라'고 알려 주셨다. 이것이 계기가 되어 예루살렘 공의회에서는 특별한 경우, 곧 우상의 제물과 피와 목매어 죽은 것을 제외하고는 유대인들이 혐오했던 이방인들의 부정한 음식을 허용한다(행 15:28-29, 참조 행 10장).

하나님께서는 우리에게 육식을 허락하셨다. 심지어는 예수님도 육식을 하시지 않았는가?(요 21:9-10) 채식만 하는 것이 결코 사람의 성품을 거룩하게 만들지 않는다. 오히려 육식을 통하여 균형 잡힌 식단을 섭취할 때 호르몬과 생체 리듬의 균형으로 평안이 찾아온다. 성경은 육식과 같은 음식을 폐하라고 하는 자는 '마귀의 영을 받은 자'라고 한다(딤전 4:1-4). 초대교회 때도 이러한 음식에 관한 이단적 가르침이 있었던 모양이다. 우리는 이에 대한 히브리서 말씀에 귀 기울일 필요가 있다.

여러 가지 이상한 교훈에 끌려 다니지 마십시오. 음식 규정을 지키는 것으로 마음이 튼튼해지는 것이 아니라, 은혜로 튼튼해지는 것이 좋습니

---

46 ──── 진용식, 《안식교의 오류》, 161-162.

다. 음식 규정에 매여 사는 사람들은 유익함을 얻지 못하였습니다(히 13:9, 새번역)

4) 순간 성화

순간 성화는 죄 사함의 비밀을 깨닫는 순간 우리의 영혼이 완전해져서 거룩해지며, 육체로 범하는 죄는 더 이상 영혼에 영향을 끼치지 못한다는 주장이다.[47] 심지어는 거짓말, 도둑질, 사기, 간음, 살인 등 육신적인 죄를 저질러도 영혼에는 영향을 끼치지 못하기에 문제가 되지 않는다고 한다. 영혼에는 하나님이 거하시지만, 육에는 사탄이 거하기에 이런 육적인 죄를 저지를 수도 있다. 하지만 이들의 주장에 따르면 사람은 일단 거듭나면 완전한 의인이 된다. 이때 구원은 영으로 받는 것이고, 구원 이후 육으로 범하는 죄는 영과 관련이 없으며 죄를 지어도 죄가 되지 않는다. 그리스도 안에 정죄가 없기에 더 이상 회개할 필요가 없다는 것이다.

이에 대한 마틴 로이드 존스 목사의 말을 들어 보자.

> 사실 저는 아직도 이 삶과 이 세상에 있습니다. 저는 여전히 이 몸 안에 있는 죄와 싸우고 있습니다. 따라서 요한은 다음과 같이 진술합니다. "주를 향하여 이 소망을 가진 자마다 그의 깨끗하심과 같이 자기를 깨끗하게 하느니라"(요일 3:3) … 성령의 능력은 제 안에서 역사하시며, 저는 그것을 하도록 격려를 받으며, 그것을 행하기를 원하는 이것이 바로 성화입니다. 우리는 이 세상에서 죄를 완전히 제거했다거나 죄로부터 완전히 구원받았다고 말하는 모든 것들을 반드시 거절해야만 합니다.[48]

우리는 순간 성화에 대한 거짓 가르침에 미혹되어서는 안 된다.

---

[47] ── 정동섭, 《구원 개념 바로잡기: 구원과 교리에 대한 성경적 비판》 (서울: 새물결플러스, 2015), 131-134.
[48] ── 마틴 로이드 존스, 《성령 하나님》 (서울: CLC, 2000), 330.

5) 거룩함의 표징-기름 부으심과 임파테이션, 그리고 쓰러짐
A. 성령의 요란한 나타나심

성령은 거룩한 영으로 성도들을 거룩하게 하고, 교회를 거룩하게 한다. 그러나 최근 들어 성령의 역사하심을 요란한 나타남과 표징에 주목하는 경우가 많다. 대표적인 것이 쓰러지는 현상이다. 때로는 강한 떨림과 진동이 찾아오기도 하고, 금가루가 나타나기도 하며, 정상적인 이가 금니로 변하기도 한다. 집회 중에는 무질서한 웃음소리가 끊이지 않으며 짐승의 울부짖는 소리 등도 빈번하게 나타난다. 이러한 현상은 분명 우리가 이해할 수 없는 신비한 현상들이다. 특이한 점은 이런 현상이 성경에도 나타나지 않는다는 사실이다. 물론 이에 대해 그럴듯한 구절들을 제시하기도 한다.

이들은 에스겔 1장 28절과 다니엘 8장 17절을 근거로 쓰러지는 현상은 에스겔과 다니엘이 엎드러진 것처럼 성령 안에서 안식하는 현상이라고 주장한다. 하지만 본문을 자세히 살피면 에스겔이나 다니엘은 하나님의 영광을 보고 스스로 엎드렸음을 알 수 있다. 하나님을 경외하는 마음으로 스스로 '앞으로' 엎드린 것이지 주체할 수 없는 감정과 힘으로 '뒤로' 넘어진 것이 아니었음을 볼 때 이는 성경적으로 합리화할 수 없는 현상에 속한다.[49] 성경은 이렇게 거꾸러지고 쓰러지는 현상을 도리어 성령의 역사가 아닌 귀신의 역사로 설명한다(막 9:20, 눅 4:35).

또 웃음을 설명하기 위해 창세기 17장 17절과 21장 6절을 인용한다. 이에 근거하여 성경에도 사라의 웃음이 있었고, 성령이 임하면 성도도 하나님 앞에 거룩한 웃음(holy laughter)을 갖게 된다고 주장한다. 그러나 여기서 사라의 웃음은 하나님의 약속을 믿지 못하고 어이없어 하는 웃음이었지, 거룩한 웃음과는 거리가 멀었다.

짐승의 울부짖는 울음소리를 내는 것은 계시록 5장 5절과 아모스 3장 8절 등을 인용하여 유다 지파의 사자의 영이 임했다고 한다. 그러나 성경에서 어떤 하나님의 일꾼도 성령이 임하여 짐승의 울부짖는

---

[49] [이단사이비 총회 주요 결의] 빈야드-81회, 1996년, http://new.pck.or.kr/bbs/board.php?bo_table=SM04_06&wr_id=9&page=8.

소리를 낸 적이 없다.

이들은 신비 현상을 체험하려면 전이, 즉 임파테이션(impartation)을 통해 기름 부음이 임해야 하고, 이를 통해 신비주의 현상들이 나타나기 시작한다고 주장한다. 그래서 이러한 신비주의 운동을 추구하는 이들은 임파테이션을 위한 안수기도를 중요하게 생각한다. 임파테이션은 신비 현상이 많이 나타나는 기름 부으심이 있는 사도적 일꾼을 통해 전수되며, 이런 일종의 영적 스승을 통해 임파테이션을 전수받아야 한다.[50] 이러한 주장은 언뜻 그럴듯하지만 성경적 근거가 빈약하다. 성령은 임파테이션을 통해 임하는 것이 아니라 회개하여 예수 그리스도를 믿음으로 세례를 받고 죄 사함을 얻을 때 받는 것이기 때문이다. 도리어 우리는 이것이 성령이 아닌 '다른 영'을 받는 것이 아닌가 주의할 필요가 있다(고후 11:4). 우리는 이런 신비 현상에 대하여 건강한 분별력을 갖지 못하고 너무 쉽게 용납하려는 경향이 있다.

이들은 예언을 해야 한다고 하면서 예언을 훈련시킨다. 이들이 훈련시키는 예언이란, 자의로 떠오르는 생각을 말하는 훈련을 하는 것이다. 하지만 예레미야서는 마음에 떠오르는 작위적인 생각을 예언의 이름으로 말하는 것에 대하여 경계하고 있다(렘 23:16-17, 25-27).

1996년 대한예수교장로회 통합 제81차 총회에서는 이러한 성령 운동에 대하여 '성령과 그 사역에 대한 이해가 치우쳐 있고, 거룩한 웃음, 떨림, 쓰러짐, 짐승소리 등을 정당화하기 위한 성경 해석은 올바르지 않으며, 또한 무질서한 예배도 바람직하지 않음'을 명시하며, 이런 것들을 무분별하게 예배에 도입하지 말고, 이런 운동에 참여하는 것을 삼가할 것을 권고하고 있다.[51]

B. 힌두교 '쿤달리니' 현상

비교종교학적 관점에서 볼 때 앞에서 말한 신사도적 신비 현상들은 힌두교의 쿤달리니 각성(Kundalini Awakening) 현상과 매우 흡사하

---

50 ──── 정이철, 《신사도 운동에 빠진 교회》 (서울: 새물결플러스, 2012), 263.
51 ──── [이단사이비 총회 주요 결의] 빈야드-81회, 1996년.

다. 쿤달리니란 '똘똘 감겨진 것', '똬리를 튼 것'이란 뜻의 산스크리트어로 힌두교에서 말하는 인간 안에 잠재된 우주의 원초적 에너지다.[52] 평소 쿤달리니는 척추 하단 엉덩이 꼬리뼈 부근에 뱀처럼 감겨 있다. 그래서 이를 뱀의 능력(the Serpent Power)이라고도 한다. 잠재되어 있는 쿤달리니를 깨울 때 그 사람의 생명력을 강화하고 질병을 치유하게 되고 우울증과 같은 감정도 해소된다. 특이한 것은 이런 각성의 시기에 뱀 꿈을 꾸는 경우도 종종 생겨난다.

쿤달리니를 일깨우는 방법은 참선과 요가와 같은 명상을 통해서도 가능하지만 보다 직접적인 방법은 이미 쿤달리니 각성을 경험한 힌두교의 스승(구루)이 다른 수련자의 이마에 손을 대는, 일종의 안수를 행하는 것이다. 이렇게 스승을 통해 쿤달리니 각성을 경험한 사람은 또 다른 사람에게 안수를 통하여 쿤달리니 각성을 경험케 할 수 있다.

힌두교 구루에 의해 쿤달리니 각성을 경험한 한 경험자의 간증을 들어 보자. 그녀는 인도에서 온 구루가 자신을 주시하고 손으로 이마를 몇 차례 때릴 때 놀라운 일을 경험했다고 고백한다.

> 갑자기 나는 높은 전류에 닿은 것처럼 몸이 흔들리는데 도무지 통제할 수 없었습니다. 호흡이 저절로 가빠졌으며 어떻게 할 수 없었습니다. 나의 의식 속에서는 수천만 개의 비전들이 스쳤습니다.[53]

이런 강렬한 경험은 유사한 신비주의를 추구하는 집회에서 성령의 기름 부으심으로 포장되어 행해지고 있다. '임파테이션'이란 이름으로 안수를 행하며 기름 부으심을 전수한다고 하는 행위가 결국 힌두교에서 쿤달리니를 각성시켜 그 안에 있는 뱀처럼 감겨 있는 생명력을 활성화시키는 것과 유사한 것이다. 이런 힌두교의 안수를 통하여 수련자의 쿤달리니가 각성될 때 몸에 진동과 떨림이 오고, 쓰러짐의 현상, 금

---

[52] 위키백과, "쿤달리니", https://ko.wikipedia.org/wiki/%EC%BF%A4%EB%8B%AC%EB%A6%AC%EB%8B%88.
[53] 정이철, 《신사도 운동에 빠진 교회》, 306.

가루가 뿌려지고 금니로 변하는 현상, 주문을 외는 것 같은 이상한 언어로 흥얼거리는 현상, 멈출 수 없는 계속되는 웃음이 흘러나오는 현상, 짐승의 울부짖는 울음소리와 요가의 자세와 유사한 이상한 자세 등이 나타난다. 강렬한 환희의 감정이 계속된다. 성령의 기름 부으심이란 이름으로 힌두교의 신비 현상을 포장한 것이다. 이러한 현상은 단순한 생명의 각성 현상이 아니다. 광명한 천사로 가장한 공중권세 잡은 교묘한 미혹의 영, 성령이 아닌 다른 영의 역사다(고후 11:14, 엡 2:2).

흥미로운 것은 감리교의 창시자였던 영국의 웨슬리가 집회할 때도 이런 현상들이 나타났다는 사실이다. 그의 집회에도 거룩한 웃음이 임했었다. 또 찬송을 반복해서 부를 때 성도들의 몸이 떨리는 진동이 나타났다. 웨슬리는 이런 현상에 대해 하나님의 역사를 불신하게 만드는 사탄의 장난이라고 규정했다. 웃음 현상에 대해 웨슬리는 사람들이 사탄에게 아주 강력하게 사로잡혀 숨이 넘어갈 때까지 웃었다며, 이들이 웃음의 영에 현명하게 대처하지 못하고 사탄에게 농락당하는 것을 보고 놀라웠다고 고백한 바 있다.[54] 또한 진동이 오고 펄쩍펄쩍 뛰는 열광주의적인 현상은 사탄의 책략이라고 규정하였다.

우리는 신비로운 현상과 표적이 나타난다고 무조건 성령의 역사로 받아들일 것이 아니다. 아무리 놀라운 일이 일어나고 불이 하늘에서 떨어져도 이것이 하나님께 속한 것인지 분별해야 한다(마 7:15-16, 딤전 4:1, 7, 살후 2:9-10). 다음의 말씀을 주목하자. '영을 다 믿지 말고 오직 영들이 하나님께 속하였나 분별하라. 많은 거짓 선지자가 세상에 나왔음이라'(요일 4:1).

C. 성령 충만하려면 성령의 시들게 하는 역사에 주목하라

성령의 기름 부으심이란 무엇일까? 성경적으로는 성령의 내주하심을 의미한다. 즉 회개하고 그리스도를 생명의 구주로 영접할 때 그리스도와 연합하며 그 안에 거하게 되는 역사인 것이다. 사실 신약 성경

---

[54] 행크 해네그래프, 이선숙 역, 《빈야드와 가짜 신사도의 부흥운동》 (서울: 부흥과개혁사, 2009), 329.

은 성령의 기름 부으심에 대하여 요한일서 2장 20절과 27절을 제외하곤 그다지 언급하지 않는다. 요한일서에서 기름 부음은 '성령의 내주'를 의미한다.[55] 신비적인 현상이 나타나고 쓰러지는 것이 기름 부으심이 아닌 것이다. 나아가 성경은 기름 부으심보다 '성령 충만'을 더 자주 사용한다. 성령 충만이란 무엇일까? 능력과 신비 현상으로 충만한 것을 말하는 것일까? 우리는 성령 충만에 대해 바른 이해를 갖고 있어야 한다.

성령이 충만하다는 것은 개인과 교회 공동체의 전 존재와 삶이 성령의 임재와 영향력에 침투되어 성령에 의해 지배되고 인도되는 것을 뜻한다.[56] 성령으로 충만하려면 전제조건이 있다. 그것은 주님 외에 다른 것으로 채웠던 것들을 온전히 비우고, 죄 사함으로 정결함을 얻고, 인생의 주권을 주님께 맡기고 그의 인도하심에 순종해야 한다. 성령 충만은 한마디로 우리를 시들게 하는 역사다.[57] 성령으로 충만하면 육신의 소욕이 죽고 성령의 소욕이 살아나기 시작한다. 육신의 정욕, 안목의 정욕, 이생의 자랑이 죽고, 오직 그리스도를 사랑하며 그와 함께 걸어가기를 갈망한다.

이렇게 볼 때 우리가 성령 충만하지 못한 이유는 신비주의자들이 말하는 기름 부으심의 능력을 받지 못했기 때문이 아니다. 이는 우리의 삶 전체가 성령께 주관되는 삶을 원하지 않았기 때문이다. 우리는 그동안 세상과 육신의 정욕을 따라 살며 성령을 근심시켜 왔다. 그렇다면 성령이 우리에게 오셔서 기름을 부으실 것이 아니라, 오순절 이후 우리에게 이미 오신 성령께 회개하고 돌이켜야 한다. 그분 앞에 우리 자신을 내려놓고 통곡하며 회개할 때, 성령께서 우리의 모든 영역을 점점 충만하게 통치하실 것이다. 이렇게 되면 우리의 삶에 그리스도께서 역사하시는 감격과 능력과 역사들이 놀랍게 일어나게 될 것이다.

---

[55] 브루스 B. 바톤 외, 전광규 역, 《요한 1·2·3서》 LAB 주석시리즈 (서울: 한국성서유니온선교회, 2007), 84–86, 93–94.
[56] 박영돈, 《성령충만, 실패한 이들을 위한 은혜》, 89.
[57] 위의 책, 21–39.

D. 성령은 거룩한 수줍음이 있는 분이다

기억할 것은 성령은 자신의 것을 드러내는 분이 아니라 오직 예수 그리스도의 것을 가지고 예수 그리스도의 영광만을 드러내는 분이라는 사실이다. 그래서 성령에게 나타나는 대표적인 특징이 바로 '거룩한 수줍음'이다.[58] 성령의 사람을 구분하는 기준이 바로 여기 있다. 성령으로 충만한 사람은 거룩한 수줍음으로 가득한 사람이다. 자신을 드러내기를 부끄러워하며, 오직 주님을 기쁘시게 하고 영화롭게 하는 데 집중하는 사람이다. 이런 맥락에서 우리는 성령 운동이란 말을 재고할 필요가 있다. 성령은 결코 자신을 드러내고 선전하지 않는다. 흔히 광고에 등장하는 것을 보면 능력의 종, 기름 부으심의 종, 강력한 임파테이션이 나타나는 종 등의 표현이 등장한다. 하지만 성령은 자신을 감추시고 오직 예수 그리스도만 드러내신다.

6) 직통계시, 뒤틀린 성령의 음성을 경계하라

예수를 믿고 기도 생활을 시작하며 성령의 직통계시를 추구하는 이들이 있다. 의외로 많은 이들이 자신의 마음에 떠오르는 생각, 감동 등을 '하나님이 이렇게 말씀하셨다', '주께서 내게 말씀하셨다'는 말로 서슴없이 표현한다. 우리는 이런 표현을 어떻게 이해해야 할까?

첫째, 하나님이 우리에게 말씀하시는 계시 사건은 예수 그리스도를 통한 특별계시가 결정적임을 기억해야 한다. 성령께서는 특별계시 외에 다른 시시콜콜한 정보들을 우리에게 특별히 말씀하시는 분이 아니다. 성령은 예수 그리스도께서 주신 말씀을 생각나게 하시고 가르치신다(요 14:26). 성령은 스스로, 자의적으로 말씀하지 않으시고 오직 예수 그리스도의 말씀을 말하며 장래 일을 알리실 것이다(16:13). 여기서 장래 일이란 예수 그리스도를 통해 이루어질 십자가와 부활 즉 구속사역을 말한다. 성령은 예수 그리스도의 것을 가지고 신자들에게 알리시는 분이며, 자신의 영광이 아닌 예수 그리스도의 영광만을 나타내시는 분이다(16:14).

---

[58] 박영돈, 《일그러진 성령의 얼굴》, 58.

아직도 많은 이들이 1992년의 종말론 소동을 기억한다. 이때 종말론을 주장하는 이들이 의지했던 것이 무엇인가? 바로 직통계시와 환상이다. 이들은 환상 가운데 '1992년'이라는 글씨를 여러 사람이 집단적으로 보고, '10월 28일'이라는 계시를 받았다. 성경이 말씀한 것이 아님에도 불구하고 여기에 몰두하다 보니, 엉뚱한 날짜를 계시받아 성경과 다른 거짓 계시를 주장한 것이다. 기억할 것은 성경은 그날과 그 시를 말씀하지 않는다는 것이다(마 24:36). 심지어는 아들도 모른다. 그렇다면 우리는 성경이 멈춘 곳에서 멈추어야 한다. 그러나 이단들은 성령이 임하면 성경이 멈춘 곳에서 더 나아갈 수 있다고 주장한다. 하나님을 사랑하는 특별한 택함을 받은 종들에게는 특별히 알려주신다고 하며 계시를 추구하는 것은 잘못된 태도다(참조 암 3:7).

둘째, '하나님이 말씀하셨다'는 말은 오직 하나님으로부터 계시를 받은 구약의 선지자들과 신약의 사도들만이 사용할 수 있었다.[59] 만약 우리가 이런 표현을 사용한다면 우리는 기록된 특별계시인 성경 말씀을 전할 때 한해서만 사용해야 한다. 성경 외에 다른 말을 하면서 주님이 말씀하셨다고 하는 것은 성경 외의 다른 거짓 계시를 주장하는 것과 같다.

셋째, 마음속에 즉흥적으로 떠오르는 것을 말하는 것은 주님의 음성이 아니다. 하나님의 음성을 듣는 법을 가르치는 일부 단체, 예언을 가르친다고 하는 단체들에서는 하나님 음성을 듣는 법을 훈련한다고 하면서 함께 모여 마음에 떠오르는 생각들, 환상들을 취합하여 하나님의 뜻을 짜 맞춘다. '내게 이런 것이 보입니다'라고 하며 마음에 떠오르는 것을 분별없이 쏟아 낸다. 때로는 이런 것이 맞아들어 가는 것 같기도 하지만 많은 경우는 틀리기도 한다. 하나님의 음성이 확률적으로 임하는 것 같다. 상태가 좋을 때는 정확하게 임하는 것 같고, 기도자의 상태가 좋지 않을 때는 미혹하는 영이 장난을 치는 것 같다. 하지만 엄중한 하나님의 말씀은 사람의 마음에 이렇게 즉흥적인 것들을 통해 역사하지 않는다.

[59] —— 위의 책, 32.

우리는 우리의 마음을 좀더 주의 깊게 살필 필요가 있다. 사람의 마음은 성령뿐 아니라 육신의 욕망과 공중권세 잡은 세력에 의해 조장된 온갖 잡다한 생각과 메시지가 복잡하게 교차하는 곳이기에, 마음에 언뜻 떠오른다고 이것을 하나님이 주시는 말씀이라고 단정해서는 안 된다.[60] 마음의 감동은 '내게 이런 감동이 있다'라고 표현해야지, 이것을 주님의 말씀이라고 판단해서는 안 된다. 이것을 말씀인양 말하는 것은 예레미야가 경고하는 것처럼 자기 마음에 떠오르는 것을 말하는 작위적인 거짓 예언이 될 위험이 크다(참조 렘 23:16-17).

어떤 이는 하나님이 주식 선물에 투자하라고 말씀하셨다고 해서 며칠을 두고 순종할까 말까를 놓고 기도하다가 결국 투자했다 큰 재산을 잃었다. 또 어떤 자매는 기도 중에 하나님이 어떤 형제와 결혼하라고 말씀하셔서 그 말씀을 전했더니 그 형제가 해외로 도망갔다. 어떤 이는 기도 중에 하나님이 교회의 어떤 어려운 지체에게 돈을 빌려주라고 해서 빌려주었다가 큰 어려움을 당했다. 이런 음성들은 마음에 떠오르는 작위적인 음성이다. 우리는 이런 것에 좀더 냉정한 분별력을 가져야 한다.

넷째, 따라서 마음이 예민한 이들, 영적인 것에 민감한 이들은 마음에 일어나는 다양한 환상과 음성을 좀 잠재우고 스스로 제지시킬 필요가 있다. 내면에서 스스로에게 말을 거는 것은 성령일 수도 있지만, 나의 또 다른 초자아일 수 있고, 내 안에 불안을 느끼는 또 다른 인격일 수도 있고, 광명의 천사를 가장한 더러운 귀신의 영일 수 있다. 이런 것을 따라가다 보면 말씀에서 벗어나 체험 위주의 해석을 내리기 쉽다. 만약 꼭 필요한 음성, 꼭 필요한 환상이라면 내가 어떻게든 붙잡으려고 예민하게 나서지 않아도 하나님이 들려주시고 보여 주실 것이다. 그러나 가능한 내 안에 역동적으로 일어나려는 이런 영적 반응을 절제시켜야 한다. 교회에 이런 소위 말하는 '신기(神氣)' 있는 이들이 의외로 많다. 문제는 이런 신기가 나타나면 종종 누구의 통제도 받기를 거부하고 마치 자신이 들은 음성, 자신이 받은 환상이 절대적인 하나님의 말씀인양 교만하게 떠들고, 나아가 이것으로 사람들을 겁박한다는 것이다. 이런 이

---

[60] 위의 책, 33.

들은 공동체 내에서 절제하라고 해도 절제하지 않는다. 다른 영에 의해 제지받지 않고 마치 자신이 절대적인 것처럼 말한다(고전 14:32). 마음에 무엇인가가 즉흥적으로 떠오르면 일단 하나님의 말씀이라고 하면서 무아경 가운데 방언으로 기도하며 알아들을 수 없는 말로 떠든다. 이런 상태라면 이제는 정신을 차려라! 온전한 정신으로 말하라! 그리고 공동체의 제제와 분별을 받아라!

다섯째, 하나님의 음성은 무엇을 위한 것인가? 초대교회에 나타났던 예언의 은사는 덕을 세우고, 권면과 위로를 위해, 또 숨은 죄를 드러내기 위해 성령께서 사용하시는 도구였다(14:3, 25). 만약 하나님의 음성이 성경에 없는 내용을 말씀하시고, 다른 사람이 궁금해하는 사업상의 문제 해결, 도저히 가늠할 수 없는 선택의 기로 앞에서 동쪽으로 갈지 서쪽으로 갈지를 알려 주고, 언제 가야 하는지 날짜를 알려 주는 계시라면 그 내용은 점쟁이의 계시와 다를 바 없다.

여섯째, 하나님의 음성은 공동체와 성경에 의해 분별되고 절제되어야 한다. 고린도 교회에서 행해졌던 예언의 은사는 개인적 은사가 아니라 두세 사람에 의해 분별되고 제지받는 공동체적 은사였음을 기억해야 한다(고전 14:29). 이는 인간의 예언이 때로 오류가 있고 실수가 있기 때문이었다. 고린도 교회에 나타났던 예언의 은사는 하나님의 말씀과 동등한 권위를 갖지 않았다.

오늘날 예언이 갖는 위험성이 있다. 그것은 하나님의 말씀을 신뢰하기보다 예언을 말씀 이상의 권위로 두고 따라가는 경향이 있다는 것이다. 어떤 단체에서는 '예언학교'라는 이름으로 예언을 훈련시킨다. 상대방을 바라보며 하나님이 주시는 영감을 구한다. 그리고 그 감동을 따라 그 사람의 상태에 대해서 마음에 일어나는 생각을 말한다. 이렇게 하면 처음에는 20-30퍼센트의 확률로 맞던 것이 훈련을 거듭할수록 점점 정확해진다고 한다. 그러다 70퍼센트의 확률까지 오르면 예언의 은사가 발휘된 것으로 주장한다. 하지만 이런 시도는 위험하다.

때로는 오류가 있는 예언을 따라가다 어려움을 겪고 큰 충격과 시험을 겪기도 한다. 우리는 우리가 의지하는 것에 지배를 받는다. 만약 하나님의 말씀보다 예언에 더 의존하게 되면 예언자의 오류와 부패를 통해 역사하는 거짓의 영이 수많은 사람들을 미혹할 수 있음을 경계해야 한다.

일곱째, 하나님의 음성은 소망과 회복을 위한 것이지 저주를 위한 것이 아니다(렘 29:11). 불균형한 성령 사역에 치우쳐 있는 단체일수록 성경을 제쳐 두고 예언 사역에 몰두하는 경향이 많다. 예언의 내용도 종종 성도를 겁박하며 이 교회를 떠나면 저주받고, 구원받지 못한다는 식의 억지 주장인 경우가 종종 있다. 심지어는 구원을 빼앗기지 않기 위해 '부모와 처자식, 남편도 돌보지 말고 갈라서라'는 예언도 서슴지 않는다(참조 눅 14:26). 가정의 회복이 아니라 도리어 분열을 조장하는 것이다. 만약 성경 말씀을 작위적으로 인용하며, 여기를 떠나면 저주받는다는 예언을 종종 듣는다면 매우 주의해야 한다.

박영돈은 그렇기에 예언은 교회를 허무는 미혹의 영이 가장 교묘하면서도 무섭게 역사하는 영역이며 교회를 최악의 혼돈으로 몰고 갈 수 있는 위험성이 있다고 경고한 바 있다.[61] 따라서 예언을 무조건적으로 선포하고 여과장치 없이 받아들일 것이 아니라, 고린도 교회와 같이 반드시 교회와 성경의 검증을 받을 필요가 있다.

여덟째, 우리는 우리에게 주신 하나님의 음성이 풍성함을 자각해야 한다. 오늘날 우리는 믿음의 선조들이 갖지 못했던 온전한 신구약 66권의 말씀을 다양한 역본으로 소유하고 있다. 우리는 신구약의 말씀을 지금보다 더 깊고 넓게 파야 한다. 이 말씀이 부족하여 신상 문제 해결을 위하여 부가적인 음성과 예언을 쫓아다니는 것은 안타까운 일이다. 우리는 하나님의 최종적인 특별계시인 이 성경을 보다 깊이 알고 깨닫기 위해 힘써야 한다. 성경을 붙들고 씨름할 때 엘리야에게 임했던 세미한 성령의 음성이 들릴 것이다(왕상 19:12). 이 음성은 크고 우렁차고 화려하고 사람들을 깜짝 놀라게 할 충격적인 음성이 아니다. 세미하고도 수줍게 우리를 일깨우시는 성령의 음성이다. 또한 교회 강단을 선포되는 말씀에 열심으로 귀 기울이라. 공동체를 통해서 주시는 하나님의 음성을 듣게 될 것이다. 교회 강단에서 말씀을 선포하면 성도들 중에 누

---

[61] 위의 책, 37.

가 내 사정을 목사님께 일러바쳤냐고 하며 어쩌면 내 사정을 그렇게 정확하게 알고 말씀하시는지 모르겠다고 하는 경우가 있다. 이처럼 하나님께서는 오늘날 그의 백성들에게 교회를 통해 여전히 그분의 음성을 들려주고 계시다. 이 계시는 성경 외의 특별한 계시가 아니다. 성경의 말씀을 우리의 삶에 특별하게 적용하게 하시는 성령의 역사다. 따라서 우리는 직통계시를 추구하기보다 말씀을 통한 계시를 추구해야 한다. 말씀을 통한 감동, 말씀을 통한 깨달음, 말씀을 통한 결단, 말씀을 통한 순종이 우리에게 있어야 한다. 이럴 때 우리는 바른 하나님의 사랑으로 서갈 수 있을 것이다.

3.3 견인

1) 견인이란?

견인이란 하나님께서 중생시키고 효과적으로 부른 사람들을 하나님의 능력으로 보전하여 은혜의 신분에서 이탈하지 않고 끝까지 견디어 내어 영생을 잃지 않고 영원히 구원받게 한다는 교리다. 한마디로 예수 믿고 구원 얻은 성도를 은혜 안에서 끝까지 지키고 구원하는 것이다.

하나님이 성도들을 견인하시는 이유가 무엇일까? 바로 예수 그리스도 안에서 그의 피로 맺은 새 언약 때문이다. 성도들은 하나님의 언약백성이다. 하나님의 언약은 인간이 비록 연약함에도 불구하고 하나님의 신실하심으로 반드시 이루어 가신다.

2) 견인에 대한 오해와 수정

견인 교리는 자칫 오해를 불러일으킬 수 있다.

첫째, 한 번 믿으면 무슨 일이 있어도 영생이 보장된다는 것이다. 어떤 단체는 일단 구원받으면 그리스도 안에서 과거, 현재, 미래의 모든 죄가 사라졌기에 영생이 보장되고 죄가 없다고 주장하기도 한다. 하지만 견인은 신앙을 고백하고 교회를 다닌다고 안심하도록 하기 위한 교리가 아니다.

둘째, 견인은 내 힘과 노력으로 해야 한다는 것이다. 믿음은 있지만 견디는 행함이 없으면 구원에서 이탈할 수 있고, 그렇기 때문에 끝까지 견디는 나의 노력과 공로가 있어야 한다고 생각한다.

그렇다면 견인에 대한 올바른 이해는 어떻게 가져야 할까?

첫째, 견인의 교리는 참된 믿음을 소유한 성도들을 위한 교리다. 그리스도와 연합하여 그리스도 안에 거하는 이들을 위한 것이다. 예정의 교리가 불신자들을 위한 운명론이 아니듯, 견인의 교리 역시 불신자나 중립자를 위한 것이 아니다.[62] 견인의 교리는 고난 중에 있는 성도들에게 구원의 확신과 위로와 격려를 주기 위한 교리다. 이는 성도에게 시작된 성화가 끝까지 계속되어 영화에 이르도록 격려하기 위한 것이다.

둘째, 견인의 교리는 성령의 사역이고, 믿음으로 얻는 은혜의 교리라는 것이다(엡 1:13-14). 성도는 믿음으로 말미암아 하나님의 능력으로 보호하심을 얻는 자들이다(벧전 1:5). 견인의 주체는 인간이 아니다. 성령이다. 성령은 구원의 날까지 성도를 인치시고 그의 삶에 내주하여 붙들어 주신다(엡 4:30). 내 힘으로 견디는 것이 아니라 주께서 견딜 수 있는 힘을 주셔서 견디는 것이다. 때로 사탄의 공격은 우리를 넘어뜨릴 만큼 위력적이고 집요하다. 예수께서는 십자가에 달리시기 전 베드로에게 '사탄이 너희를 밀 까부르듯 하려고 요구하였다'고 말씀한다(눅 22:31). 이런 공격 앞에 우리의 힘으로 대항하는 것은 불가능하다. 주께서 도우시고 견딜 수 있는 힘을 주셔야 한다. 그래서 예수께서는 '그러나 내가 너를 위하여 네 믿음이 떨어지지 않기를 기도하였다'고 말씀한다(22:32) 견인이 신자 홀로 감당하는 것이 아니라 주께서 붙들어 주시는 은혜의 사역임을 알 수 있다. 환난이나 곤고나 박해나 기근이나 위험이나 칼이나 그 어떤 것도 우리를 붙드시는 그리스도의 사랑에서 끊을 수 없다(롬 8:35). 그래서 벌코프는 견인을 다음과 같이 정의하였다. 견인이란 "심령 안에 시작된 신적 은혜의 사역이 지속되고 완성에 이르게 하는 신자 안에서의 성령의 지속적 사역"이다.[63] 하나님이 포기하지 않고 붙들어 주시는 한 신자들은 끝까지 견딜 수 있다. 신자가 하나님을 붙들지만, 동

---

62 ──── 루이스 벌코프, 《조직신학 (하)》, 799.
63 ──── 위의 책, 799.

시에 하나님이 신자를 굳건하게 붙들어 주신다.

셋째, 견인은 그리스도 안에 거하는 자의 표지다. 히브리서 3장 14절은 '우리가 시작할 때에 확실한 것을 끝까지 견고히 잡고 있으면 그리스도와 함께 참여한 자가 되리라'고 말씀한다. 우리가 그리스도 안에 거하는 믿음을 가졌다면 우리는 죽는 순간까지 또는 주께서 재림하실 때까지 이 믿음을 지켜 내는 것을 보여 주어야 한다. 우리의 현재적 구원은 옛 세대와 새 창조가 겹치는 종말적 긴장 가운데 그리스도와 연합하여 그 안에 머무는 것이다. 이는 세상 풍조와 유혹에 휩쓸리지 않고 날마다 그리스도를 의지하며 견뎌 내는 삶을 의미한다. 현 세대를 휩쓰는 죄의 유혹을 견뎌 내며 믿음을 지켜 내는 것이다. 믿음으로 말미암아 끝까지 하나님의 능력으로 보호하심을 얻어야 한다. 이것이 견인으로 드러나야 한다.

넷째, 견인은 하나님이 인류와 맺으신 언약이 인간의 불성실함에도 불구하고 하나님의 신실함으로 말미암아 반드시 성취될 것을 확증하는 교리다. 인간의 불의함이 하나님의 신실하심을 폐할 수 없다. 인간의 연약함과 완악함에도 불구하고 하나님의 신실하심이 그의 자녀들을 반드시 영광에 이르도록 붙드실 것이다.

3) 견인에 대한 성경적 근거

성경은 여러 곳에서 견인에 대해 말씀한다. 예수께서는 하나님께서 자신에게 주신 자 중 하나도 잃어버리지 않고 마지막 날에 다시 살릴 것을 선언하셨다(요 6:38-40). 또한 자신을 따르는 양에게 영생을 주시는데, 이들은 영원히 멸망치 않고 잃어버린 자가 되지 않을 것이라고 하면서, 누구도 주님의 손에서 성도들을 빼앗을 수 없다고 말씀하셨다(10:27-29). 이런 견인의 역사에는 끝까지 지키시는 하나님의 신실하심이 전제된다. 그래서 데살로니가후서에서 바울은 '주는 미쁘사 너희를 굳게 하시고 악한 자에게서 지키시리라'고 말씀한다(살후 3:3). 그는 성도 안에서 '착한 일을 시작하신 이가 그리스도 예수의 날까지 이루실 줄을 우리는 확신'하였다(빌 1:6). 또한 주님께서 자신을 모든 악한 일에서 건져내시고 마침내 천국에 들어가도록 구원하실 것을 확신하고 찬송하였다(딤후 4:18). 하나님의 은사와 부르심에는 후회가 없다(롬 11:29). 성도를 붙드셔서 예수 그리스도의 날에 책망할 것이 없는 자로 끝까지 견고하게 하실 것이다(고전 1:8). 사망이나 생명이나 천사들이나 권세자들이나 현재 일이나 장래 일이나 능력이나 높음이나 깊음이나 다른 어떤 피조물이라도 우리를 우리 주 그리스도 예수 안에 있는 하나님의 사랑에서 끊을 수 없다(롬 8:38-39). 왜? 성령께서 성도를 끝까지 지키시고 보호하시기 때문이다. 이 믿음으로 끝까지 견디는 자는 구원을 얻을 것이다(마 10:22).

4. 구원의 미래시제

4.1 영화

영화(glorification)는 신자의 전 존재가 영광스럽게 되는 것이다. 영화는 구원의 최종 단계로, 궁극적으로 죄와 사망의 권세가 물리쳐지고 더 이상 구원의 일이 남아 있지 않은 구원의 최종적 완성 단계를 말한다(롬 8:30). 이때는 우리의 영혼만이 아니라 몸도 영광스럽게 되어 영혼과 연합하여 완전한 구속을 이룬다. 따라서 영화는 구체적으로 반드시 몸의 부활을 포함한다(8:11). 예수께서는 이러한 영화의 모습을 변화산에서 잠깐 그의 제자들에게 보여 주셨다. 이때 예수께서는 얼굴이 해같이 빛나며 옷이 빛과 같이 희어진 영광스런 모습으로 변화되셨다(마 17:2, 막 9:2-3, 눅 9:29, 벧후 1:16-17). 이는 성도가 장차 입을 영광을 보여 준다. 더 중요한 것은 이러한 영광스런 모습 가운데 나타난 하나님의 음성이다. '이는 내 사랑하는 자요 내 기뻐하는 자니 너희는 그의 말을 들으라'(마 17:5). 이 음성은 단순한 영광의 계시만이 아니라 삼위 하나님과의 교제로의 초대다. 영화는 성도로 하여금 그리스도와 연합하여 삼위 하나님이 나누시는 영광스럽고 영원한 사귐과 교제에 동참하게 한다. 그리스도 안에서 그리스도의 영광에 참여하는 것, 여기에 구원의 최종 목적이 있다(요 17:24).

4.2 영화의 두 단계

영화는 크게 두 가지 단계를 통하여 이루어진다. 먼저는 영혼의 영화, 둘째는 육체의 영화다. 이렇게 두 단계로 이루어지는 이유가 있다. 사람은 천사와 같이 영만 있는 존재도 아니고, 짐승과 같이 몸만 있는 존재도 아니다. 사람에게는 영혼과 몸이 함께 연합된 통전적인 존재다. 이런 사람이 죄로 인해 타락할 때 영혼과 몸이 모두 타락했다. 그렇다면 우리의 구원 역시 영혼과 몸 모두에게서 이루어져야 한다. 따라서 구원의 최종 완성도 영혼과 몸 모두에서 총체적으로 일어난다.

1) 영혼의 영화

성도는 죽음을 통해 영혼이 몸과 분리되어 하늘나라에 들어간다. 성도가 죽는 순간 그의 영혼은 천국에서 완전한 거룩함을 맛보며 하나님과 영광스런 교제를 누린다. 성도는 그리스도의 얼굴을 직접 대하여 볼 것이고 그를 온전히 알게 될 것이다(고전 13:12). 성도는 주 앞에서 점도 없고 흠도 없고 완전한 평강을 맛보며 죄에서 완전히 해방될 것이다(벧후 3:14). 또한 그리스도의 형상을 온전히 이루어 그를 완전하게 닮을 것이다(갈 4:19).

2) 육체의 영화

영혼이 죽음을 통하여 육체와 분리되어 하늘나라에 들어가 하나님과의 완전한 교제에 들어가 있는 동안, 성도의 몸은 이 땅에 남아 최종적인 구속, 즉 부활을 기다린다. 로마서 8장 23절은 '우리 곧 성령의 처음 익은 열매를 받은 우리까지도 속으로 탄식하여 양자 될 것 곧 우리 몸의 속량을 기다리느니라'고 말씀한다. 이 말씀에 따르면 성도의 양자 됨은 몸의 부활을 통해 완성됨을 말씀하고 있다.

우리의 몸이 부활하여 영혼과 연합하여 영광스럽게 되어 하나님과의 영원한 교제 안에 들어갈 때 우리의 구원은 최종적으로 완성된다. 이때까지 우리의 영혼은 하늘나라에서 완전한 구원을 기다리는 중간기 상태에 돌입하게 된다. 물론 하늘나라에서 그리스도와의 친밀한 교제로 영혼의 영화를 경험하는 것은 더할 나위 없이 영광스러운 경험이다.

하지만 몸이 부활하여 완성될 최종적인 영화에 미치지는 못한다. 이를 위하여 그리스도께서도 죽음에서 부활하여 성도들에게 부활의 첫 열매가 되셨다(고전 15:20, 23).

그렇다면 몸의 부활은 언제 일어날까? 이는 그리스도께서 재림하실 때 일어난다. 이때 먼저 죽은 자들의 육체가 부활하고, 그 후 이 땅에 살아 있는 성도들의 몸이 영화로운 부활의 몸으로 변화한다(살전 4:16-17). 이때 부활의 몸은 더 이상 아픔과 눈물과 고통과 질병과 사망에 사로잡히지 않고 완전히 해방될 것이다(고전 15:52-55).

몸의 부활을 통해 온전히 영화된 성도는 천국에서 하나님과의 완전한 교제를 누리며 다른 성도와도 완전한 교제를 맛보며 또한 피조세계도 온전히 회복되어 아름다운 교제를 맛볼 것이다(롬 8:18-23, 계 21:1, 5).

4.3 영화와 그리스도의 몸

성도의 영화는 공동체적 차원에서 그리스도의 몸 된 지체들의 영화, 즉 교회의 영화를 의미한다. 그리스도께서 부활의 첫 열매가 되셨다면, 그의 몸인 교회 또한 부활의 소망 가운데 있게 된다. 하지만 교회의 지체된 성도는 아직 영화되지 않았다. 마찬가지로 이 땅의 교회도 아직 완전히 영화된 것이 아니다. 그럼에도 불구하고 그리스도께서 구원의 첫 열매가 되신 것처럼, 그의 몸 된 교회도 그리스도의 충만함을 드러내야 할 사명이 있다(엡 1:23).[64] 교회는 그리스도와 함께 영화 될 소망을 간직하고 사명을 감당해야 한다.

---

[64] 강웅산, 《구원론》, 425.

VI. 교회론 백신

교회를 바로 알아야 교회를 든든히 세운다

우리는 예수 그리스도를 믿음으로 구원을 받았다. 그리고 교회에 출석한다. 구원을 받았으면 그것으로 끝이지 교회에 계속 다녀야 하는 이유는 무엇일까? 의외로 많은 이가 교회에 다니면서 이런저런 참여의 기회가 주어지는 것을 부담스럽게 생각한다. 사람들과 만나고 관계로 엮이는 것을 부담스러워 한다. 작고 큰 상처를 주고받기라도 하면 이제부터는 아무것도 안 하고 교회만 다니리라는 생각이 들기도 한다. 주변 사람의 간섭을 받지 않고 차라리 혼자 조용히 신앙생활을 하면 안 될까? 개인의 구원과 교회는 어떤 관계가 있을까?

다른 한편, 이단에 빠진 이들은 이단 단체에서 나오는 것을 매우 두렵게 생각한다. 이는 대부분의 단체가 자기네들이 바로 종말에 이루어질 새 하늘과 새 땅이며, 하나님의 왕국이라고 주장하기 때문이다. 또한 자기 단체가 소유하고 있는 교인 명부가 곧 생명책이라고 주장한다. 그래서 이단에 있던 이들은 자기들의 이름이 생명책, 곧 이단 단체에 기록된 명단에서 삭제되는 것에 대한 상당한 두려움이 있다. 이 책에서 삭제되면 구원을 잃을 것으로 생각하기 때문이다. 이런 양극단의 생각들 사이에서 건강하게 균형을 잡으려면 어떻게 해야 할까?

1. 교회란 무엇인가

1.1 구약의 교회

구약에서 교회의 의미로 사용되는 단어는 크게 두 가지가 있다. 먼저는 '부르다'는 의미를 가진 '카할'이다. '카할'은 총 123회 사용되었으며, 부름받은 사람들의 모임을 말한다(출 12:6, 민 14:5, 신 4:10, 렘 26:17). 구약에서 성도들의 공동체는 특별한 부름을 전제한다. 이는 하나님의 언약적 부르심을 전제한다. 하나님의 언약적 부름으로 그의 언약 백성된 이들이 함께 이룬 언약 공동체가 바로 '카할'이다.

둘째, 구약의 교회를 일컫는 단어로 '에다'가 있다. 이는 총 149회 사용되었으며 약속에 따라 지정된 장소에 모인 사람들의 모임을 말한다. 약속에 따라 지정된 장소에 모인 것은 주로 절기와 날을 따라 하나님께 제사, 즉 예배를 드리기 위함이다. 따라서 '에다'는 하나님의 예배 공동체를 말한다.

이러한 구약의 교회는 일차적으로 이스라엘의 광야 생활 가운데 세워진 성막을 중심으로 한 진영 배치에 구현되었다. 이스라엘 회중 한 가운데는 하나님의 성막이 있고 여기에 하나님의 임재가 있었고 불기둥(밤)과 구름기둥(낮)이 머물렀다. 구약 교회는 이차적으로 예루살렘 성전을 중심으로 한 이스라엘 12지파를 의미한다. 예루살렘에는 성전이 있었고 성소와 지성소가 있었다. 구약의 교회는 인과응보의 원리가 적용되며 제사 제도를 통해 죄 사함을 받았고, 제사장과 레위인을 통해 하나님의 말씀(율법)이 선포되었다.

1.2 신약의 교회

신약 성경에서 교회는 주로 '에클레시아'라는 단어로 사용되었다(115회). 이는 '출처'를 의미하는 접두어 '에크'(ek-from)와 '부르다'는 동사에서 온 '클레오'(call, claim)라는 단어가 합쳐진 단어로, 어둠 가운데 빛으로 부름받은 사람들의 모임을 뜻한다. 이는 죄 가운데서 예수 그리스도를 통해 구원으로 부름받은 사람들의 모임을 의미하는 동시에, 어둠 가운데서 세상의 소금과 빛으로 부름받은 사람들의 모임을 의미한다.

에클레시아라는 이름 자체에도 세상과 구별되는 '거룩', '변화', '복음 전파'의 의미가 포함되어 있다(마 5:13-14, 5:16, 벧전 2:9).

신약의 교회는 구약의 교회와 같이 하나님의 영광, 즉 성령의 임재가 머무른다(마 18:20, 행2:1-4). 구약의 제사가 아닌 예수 그리스도를 믿음으로 말미암아 죄 사함을 받는다. 또한 신약의 교회는 구약의 율법을 요약한 사랑의 계명인 하나님 사랑과 이웃 사랑을 선포한다(마 22:37-40, 요일 4:7-13). 나아가 신약의 교회는 구약의 불완전한 교회를 온전히 성취하며 불완전한 율법을 온전히 성취한다(마 5:18).

1.3 종말의 교회

종말의 교회는 천상의 교회가 이 땅으로 내려와서 완전한 교회, 완전한 하나님의 나라를 실현하는 교회다(계 21:10-11).

2. 교회의 구분

2.1 형태적 구분 - 유형 교회와 무형 교회

유형 교회와 무형 교회는 이를 '가시적 교회'와 '불가시적 교회', 또는 '보이는 교회'와 '보이지 않는 교회'라고도 한다. 보이는 교회 혹은 가시적 교회는 말 그대로 우리의 눈에 보이는 교회를 말한다. 눈에 보이는 교회는 조직체로서의 교회이며, 이곳에 모인 성도의 모임이다. 하지만 이들이 참된 신자인지, 불신자인지는 알 수 없다. 밭에 알곡과 가라지가 섞여 있는 것처럼, 가시적 교회에도 참된 신자와 가짜 신자가 섞여 있다. 어떤 단체는 눈에 보이는 교회를 강조하며 무조건 교회 안에 들어오면 구원이 있는 것처럼 주장하지만, 이것은 사람의 눈에 부합한 기준일 뿐이다. 이런 면에서 우리 눈에 보이지 않는 불가시적 무형 교회가 존재한다. 이는 하나님께서 보시는 교회를 말한다. 하나님은 자기 백성을 아신다(딤후 2:19). 이들은 하늘에 기록된 백성들이다(히 12:23). 루터나 칼뱅과 같은 종교개혁자들은 감독과 교황 제도를 주장하며 가시적 조직교회를 강조했던 로마 가톨릭에 반대하여 무형적 교회를 강조했다.[1] 교회는 외형적 조직 형태를 갖출 수 있으나 이것이 참된 교회의 표징은 아니다. 중요한 것은 우리의 인간적인 시선으로 무형적 교회를 판단할 수 없다는 사실이다. 이것은 하나님께 속한 것이다. 그렇기에 우리는 유형 교회 안의 불신자를 지나치게 의식하지 말아야 한다. 자칫 참된 신자들의 구원마저 의심할 수 있기 때문이다. 이러한 위험성을 인지한 칼뱅은 우리로 너그럽게 판단함으로 그리스도에 대한 신앙을 고백하는 모든 이를 교회의 교인으로 받아들여야 한다고 권면했다.[2]

2.2 언약적(시간적) 구분 – 구약 교회와 신약 교회

하나님의 언약을 옛 언약과 새 언약으로 나누는 것처럼, 하나님의 언약으로 세워진 교회도 구약 교회와 신약 교회로 나눌 수 있다. 예수 그리스도는 신약에 갑자기 나타난 것이 아니라 아담이 타락한 직후인 창세기 3장 15절부터 예언되어 여자의 후손, 아브라함의 후손, 다윗의 후손으로 점차 구체화되어 나타났다. 구약 교회의 성도들은 하나님의 언약에 선포된 오실 예수 그리스도를 믿고 구원받는 교회였고, 신약 교회의 성도는 언약이 성취되어 이 땅에 오신 예수 그리스도를 믿음으로 구원받는 교회였다.

2.3 공간적 구분 – 지상 교회와 천상 교회

교회는 공간적으로 이 땅에서 치열하게 영적 전쟁을 수행하는 지상 교회와 천상에서 승리한 성도들이 모여 하나님을 예배하는 천상 교회로 나눌 수 있다. 지상 교회는 세상과 악과 마귀와 치열하게 싸우고 있는 교회인 반면(엡 6:10-18), 천상 교회는 이 땅에서 믿음의 선한 싸움을 싸우고 승리한 성도들이 천상에서 안식을 누리고 있는 교회다(계 14:13). 그래서 지상 교회를 전투적 교회(Church Militant), 천상 교회를 승리한 교회(Church Triumphant)라고 한다.

---

1 ──── 웨인 그루뎀, 《조직신학 (하)》, 23.
2 ──── 위의 책, 26.

2.4 크기적 구분 – 지역 교회와 보편 교회

교회는 지역 교회(local church)와 보편 교회로 나눌 수 있다. 성경에는 교회를 가정에서 모이는 성도들의 공동체로(롬 16:5, 고전 16:9, 골 4:15, 몬 2), 때로는 한 도시 안에 있는 성도들의 공동체로(고전 1:2, 고후 1:1, 살전 1:1), 도시보다 더 큰 당시 로마 제국의 행정구역인 속주나 한 지역 전체를 가리키는 것으로 사용된다(행 9:31, 벧전 1:1-2). 나아가 전 세계의 보편적(catholic)이거나 우주적인(universal) 교회를 가리킬 때도 사용된다(마 16:18, 엡 1:22-23).

3. 교회의 본질[3]

3.1 교회의 본질적 특징

1) 임마누엘

교회는 임마누엘 공동체다. 임마누엘이란 '하나님이 우리와 함께 계시다'(God with us)란 뜻이다. 이는 교회에 주님의 임재가 성령을 통하여 세상 끝날까지 머무름을 의미한다(마 28:20, 18:20, 1:23). 성도는 교회에 와서 교회와 함께하시는 주님을 만나야 한다. 이는 세상 사람들도 마찬가지다. 그리스도가 계심을 어떻게 알 수 있을까? 교회에 와서 우리가 그리스도의 몸을 이루며 서로 사랑할 때 주님이 우리와 함께 계심을 알 수 있게 된다(요일 4:12).

2) 대안가족

교회는 하나님을 아버지로 부르는 모든 자녀가 함께 모인 곳이다 (막 3:33-35). 이들은 적어도 매주 한 번 이상씩 만난다. 가족보다 더 가까운 믿음의 가족들이다(행 2:46).

---

[3] 아래의 내용은 김동수, "신약이 말하는 교회", 《신약성서해석》 (서울: 한국성서학연구소, 2017), 9-18쪽을 참조하였다.

3) 제자 공동체

교회는 예수 그리스도를 따르고, 그의 가르침을 배우고 지키고 그를 닮아 가는 제자들의 공동체다(마 28:19-20).

4) 그리스도의 몸

교회는 예수 그리스도의 몸을 이루며, 교회의 머리는 그리스도다(엡 4:15). 따라서 그의 교회를 이루는 성도는 그리스도의 몸을 이루는 지체이며, 함께 연결되어 교회를 이루어 간다(2:21). 성도 개개인은 곧 교회의 일부이다. '내가 교회'라는 의식이 있어야 한다. 우리가 함께 서로의 짐을 지며 교회를 이루어 갈 때 그리스도의 법을 성취할 수 있다(갈 6:2). 한편, 그리스도의 몸은 여러 지체가 모였기에 다양성이 공존하지만, 머리이신 그리스도를 중심으로 하나가 되기에 통일성으로 조화롭게 머물러야 한다(고전 12:20-27, 1:10).

우리가 그리스도의 몸 됨을 강조하다 보면 상대적으로 그리스도의 교회의 머리 되심이 약화될 수 있다. 교회의 머리는 그리스도이며, 이는 교회는 그리스도의 주권을 인정해야 함을 의미한다. 성도는 그리스도께서 교회를 세우셨음을 기억하며 그의 주권을 인정하고 순종해야 한다.

5) 성령 공동체

교회는 성령의 능력에 붙잡힌 공동체다. 교회의 첫 시작은 성령의 능력을 체험한 데서 출발한다(행 2:1-2). 하나님께서는 예수 그리스도의 지상사역 동안 성령과 능력을 기름 붓듯 하셨고(10:38), 이제는 교회를 통해 성령의 능력을 부어 주신다(롬 15:13, 19, 고전 2:4, 엡 3:16, 살전 1:5, 히 2:4). 성도는 교회를 통해 성도 개개인에게 주신 성령과 은혜를 소멸하지 않을 수 있다(살전 5:19, 행 2:46, 히 10:24-25).

6) 영광이 머무는 공동체

교회는 하나님의 임재와 함께 그의 영광이 함께 거하며, 그리스도의 주권이 머물러 있는 모임이다(엡 3:21). 그렇기에 교회에는 하나님의 영광을 높이는 예배가 있다(요 4:23-24). 하나님의 영광이 머무는 교회에는 세상이 갖지 못한 신령한 지혜가 있다(엡 3:10).

7) 성도의 교통

교회(敎會)는 교회(交會)이기도 하다. 교회는 하나님과 신자가 사귀는 곳이며, 또한 그것을 바탕으로 신자 간의 사귐이 있는 곳이다(요일 1:3, 4:10-13). 신앙 생활의 본질은 관계 생활이다. 영성이란 하나님과의 관계 형성, 또한 이를 바탕으로 한 이웃과의 관계 형성을 말한다. 따라서 성도는 지체를 향하여 참된 것을 말하며 분을 내어 마귀에게 틈을 주지 말아야 한다(엡 4:25-27). 신약성경에는 '서로'라는 표현이 100회 정도로 참 많이 등장한다. 성도는 서로 지체가 된 사이로, 서로 친절하게 대하고, 서로 용서해야 하며(4:32), 서로 용납해야 하며(4:2-3, 골 3:13), 서로 비방하지 말고(약 4:11), 서로 나누어야 한다(히 13:16). 무엇보다 서로 뜨겁게 사랑해야 한다(엡 4:8-11).

8) 하나님의 백성

교회는 하나님의 소유된 백성이다(벧전 2:9-11). 여기서 하나님의 '소유'란 말은 출애굽기에서 하나님이 하신 말씀이다.

> 세계가 다 내게 속하였나니 너희가 내 말을 잘 듣고 내 언약을 지키면 너희는 모든 민족 중에서 내 소유가 되겠고 너희가 내게 대하여 제사장 나라가 되며 거룩한 백성이 되리라 너는 이 말을 이스라엘 자손에게 전할지니라(출 19:5-6)

여기서 '소유'는 히브리어 '세굴라'로, '재산', '보석' 또는 '보물'이란 의미다. 이는 교회가 하나님의 단순한 백성이 아닌 특별하고 소중한 소유물임을 의미한다(시 135:4). 그래서 성경은 이를 '보배로운 백성'(신 26:18), '특별한 소유'(말 3:17), '친백성'(딛 2:14)이라고 번역한다.

3.2 교회의 본질에 대한 오해

1) 비유 속에 감추어진 참된 교회?

이단 단체들이 성경 공부를 하면서 성도들에게 작업하는 것이 교회에 거리를 두게 하는 것이다. 성도가 다니는 교회가 잘못된 교회이고 진리가 없는 거짓 교회라는 인상을 심어야, 지금 다니는 교회를 멀리하고 이단 단체를 가까이 하기 쉽다. 처음부터 지금 다니는 교회가 잘못된 바벨론 교회라고 한다면 화들짝 놀라 이단 단체의 성경 공부 모임을 떠날 것이다. 그래서 이들은 교묘하게 무엇인가 오묘하게 짝이 들어맞는 것 같은 비유 풀이를 통해 접근한다. 비유 풀이 공부를 하다 보면 지금 있는 자신들이 다니는 교회는 진리가 없는 잘못된 교회라는 생각으로 점점 가득 차게 될 것이다.

이단에서 시작하는 비유 풀이의 출발은 마태복음 13장이다. 우리가 잘 알고 있는 이 비유의 핵심은 하나님 나라가 어떻게 이루어져 가는지를 설명하는 것이다. 그러나 이단 단체는 비유를 종말에 이루어질 이단 단체의 형성에 관한 비밀스런 가르침으로 교묘하게 포장하여, 이 비유를 제대로 깨달아야 한다고 주장한다.

이들은 씨는 곧 말씀이고 이 말씀이 좋은 땅, 즉 좋은 마음에 뿌려져야 하는데, 겨자씨 한 알의 비유(마 13:31-32)에서 말하는 것처럼 이는 작은 겨자씨 한 알이 거대한 나무로 자라 새들이 와서 깃들이는 것으로 완성된다고 한다. 이는 자신들이 형성한 이단 조직체로 형성되는 비밀이 그 속에 감추어져 있는 것으로 주장한다. 씨는 말씀이고, 밭은 마음이며, 나무는 사람 혹은 사람이 모인 조직체이며(요 15:1, 겔 17:22-23, 31:3), 새는 영이다(마 3:16, 13:4, 눅 8:12). 겨자씨 나무가 자라 천국이 완성되는 것은 하나님의 말씀의 씨로 자란 나무, 곧 이단 단체의 성도들이 나중에 그 나무에 깃든 새, 곧 순교자 14만 4천 명의 영혼과 신인합일 하는 장면을 상징한다는 것이다.

이런 자신의 조직은 진리의 목자와 진리의 말씀으로 형성된, 좋은 새 곧 성령이 깃든 좋은 나무이지만, 어떤 나무는 사탄의 씨, 곧 비진리로 심겨지고 악령의 가증한 새가 깃든 나쁜 나무다(참조 마 13:36-40). 이단 교주는 성령과 신인합일을 한 참된 목자이지만, 기성 교회의 목사는 비진리 곧 사단의 씨가 심겨진 사단의 영이 함께 하는 거짓 목자다. 참된 진리의 교회는 이 감추어진 비유의 비밀을 성도에게 알려 준다. 그러나 이 비밀을 가르쳐 주지도 않고 알려 주지도 않는 교회는 비진리를 가르치는 거짓 목자의 거짓 교회다. 여기서 이단 단체는 교회를 비방하고 이단 단체가 진리를 가진 우월한 단체임을 강조하기 시작한다.

그렇다면 여기서 이들이 주장하는 좋은 말씀이란 무엇인가? 예수 그리스도의 십자가와 부활의 참된 복음을 전하는 것이 아니다(참조 갈 6:14). 이들이 말하는 좋은 말씀은 자신들의 교주가 알려 준 자의적인 비유 해석이다. 그것으로 형성되어야 하늘이 열리며 위에서 이 땅에 내려온 참 교회가 되는 것이고(계 15:5), 이것으로 형성되지 않으면 바벨론 교회(18:2-3)에 불과하다.

이처럼 많은 이단 단체가 자신들만이 진리를 소유한 참된 교회이고, 기성 교회는 자신들이 소유한 진리를 모르는 바벨론 교회에 불과하다고 주장한다. 이런 가르침을 듣다 보면 지금 다니는 교회가 자꾸 비진리의 바벨론 교회 같이 보이고, 참된 진리를 배우는 지금의 단체에서 더 말씀을 배우고 싶은 소망이 생기기 시작한다. 이런 마음을 일으키는 것은 이단의 교묘한 수법임을 기억하라.

그렇다면 겨자씨 비유가 말하는 나무와 나무에 새가 깃들이는 것을 어떻게 이해해야 하는가? 이것은 구약의 심상에서 가지고 온 것이다. 대표적인 것이 에스겔서 본문이다.

> 주 여호와께서 이같이 말씀하시되 내가 백향목 꼭대기에서 높은 가지를 꺾어다가 심으리라 내가 그 높은 새 가지 끝에서 연한 가지를 꺾어 놓고 우뚝 솟은 산에 심되 이스라엘 높은 산에 심으리니 그 가지가 무성하고 열매를 맺어서 아름다운 백향목이 될 것이요 각종 새가 그 아래에 깃들이며 그 가지 그늘에 살리라(겔 17:22-23, 참조 겔 31:3-6, 단 4:21)

원래 이러한 나무 아래 새들이 깃들이는 심상은 고대 근동에서 범세계적인 제국을 묘사하는 데 흔히 사용된 우주적 나무(cosmic tree)의 심상과 유사하다.[4] 우주적 나무는 강력한 제국의 통치 아래 모든 이방 백성이 깃들어 평안을 구가하며 살고 있음을 의미한다. 앗수르 제국이 그랬고, 바벨론이 그랬고, 페르시아, 로마가 그랬다. 이러한 대제국의 통치 아래 온 세계의 열방이 모여들어 그 안에 제국이 이룩한 평화를 누리며 살았다. 물론 로마를 제외하고는 그 평화가 생각보다 길지 않았다. 따라서 여기서 나무는 비록 작게 시작했지만 결국 온 세상을 재패한 제국을, 각종 새는 제국의 통치 아래 들어온 온 열방의 이방 속국들을 빗댄 것이다. 에스겔 17장과 유사한 우주적 나무 심상을 약간 다르게 묘사한 에스겔 31장은 이것을 잘 보여 준다. '공중의 모든 새가 그 큰 가지에 깃들이며 들의 모든 짐승이 그 가는 가지 밑에 새끼를 낳으며 모든 큰 나라가 그 그늘 아래에 거주하였느니라'(겔 31:6).

여기서는 가지에 새가 깃들이고, 모든 짐승이 가지 아래 새끼를 낳고, 모든 큰 나라들이 그늘 아래 거주한다고 한다. 즉 가지에 새가 깃들이는 것이, 모든 큰 열국들이 제국, 특히 여기서는 앗수르 제국의 통치 아래 거한다는 뜻이다(31:2).

백향목 가지를 심는다(17:22)는 것은 다윗 왕의 회복된 통치를 심을 것을 상징한다. 이러한 심상을 가져온 겨자씨의 비유에서는 이 나무가 장차 예수 그리스도를 통하여 시작되는 하나님 나라를 상징한다. 이 가지가 자라면 모든 새가 그 아래 깃들어 살게 될 것인데, 이는 모든 민족이 주께로 돌아와 하나님 나라의 백성으로 진정한 샬롬을 경험하며 살 것을 말씀한다. 이렇게 볼 때 이단 단체의 작위적인 비유 해석은 하나님 나라의 웅장한 비전을 설명하는 것이 아니라, 도리어 교회를 깎아내리고 교회에 대한 신뢰를 무너뜨리는 교묘하고 치명적인 독이다.

2) 비유, 십자가와 부활로 완성되는 하나님 나라의 비밀

비유를 깨닫는 것의 핵심에는 '죄 사함의 문제'가 자리 잡고 있다. 예수께서는 비유를 말씀하신 것이 '그들로 보기는 보아도 알지 못하며 듣기는 들어도 깨닫지 못하게 하여 돌이켜 죄 사함을 얻지 못하게 하려

---

4 ——— 조엘 마커스, 장성민 외 역, 《마가복음 I (1-8장)》 앵커바이블 (서울: CLC, 2016), 544-545.

함이라'고 하셨다(막 4:11-12). 이는 이사야 6장 9-10절 말씀을 인용한 것인데, 이 말씀의 성취와 긴밀한 관계가 있다. 중요한 것은 그다음 11절 말씀이다. 이 말씀을 듣고 이사야가 묻는다. '주여 어느 때까지니이까?' 그러자 하나님께서 이 성읍이 황폐하여 초토화된다고 말씀하시고, 사람들이 포로로 끌려갈 것이고(12절), 그중에 10분의 1이란 소수의 숫자, 조금 남은 이들이 있을지라도 아직 때가 되지 않았는데, 이것은 이 땅의 그루터기가 될 거룩한 씨가 나타날 때까지(13절)라고 대답하신다.

여기서 거룩한 씨는 단수다. 한 사람이 될 것을 말한다. 그런데 씨 바로 앞에 정관사가 있어 바로 '그 거룩한 씨'가 나타날 때까지 듣기는 들어도 깨닫지 못하고, 보기는 보아도 알지 못하여 회개하지 못할 것이라고 말씀한다. 그렇다면 여기서 '그 거룩한 씨'는 누구인가? 이어지는 이사야 9장 6절은 그가 '한 아기'로 올 것을 예고한다. 그런데 그의 이름이 기묘자, 모사, 전능하신 하나님, 영존하시는 아버지라는 놀라운 말씀을 한다. 7절은 그가 다윗의 후손으로 오셔서 그 나라를 굳게 세우고 영원히 통치하실 것을 말씀한다. 11장 1절은 그 거룩한 씨가 다윗의 아버지인 이새의 줄기이고, 거기서 한 싹이 나오고 뿌리에서 가지가 결실할 것을 예고한다. 곧 예수 그리스도를 말한다. 11장 10절은 그 때가 되면 만민이, 열방이 주께 돌아온다고 말씀한다.

이는 예수 그리스도가 오셔서 모든 사람의 죄를 대신하여 십자가에 죽으시고 부활하실 때까지다. 그래서 예수께서 죄 사함을 얻게 하는 십자가 사역을 예고하시지만 제자들은 깨닫지 못한다.

> 이는 제자들을 가르치시며 또 인자가 사람들의 손에 넘겨져 죽임을 당하고 죽은 지 삼 일만에 살아나리라는 것을 말씀하셨기 때문이더라 그러나 제자들은 이 말씀을 깨닫지 못하고 묻기도 두려워하더라(막 9:31-32)

· 당시 제자들은 이 말씀을 깨닫지 못했다.

> 이 말을 너희 귀에 담아 두라 인자가 장차 사람들의 손에 넘겨지리라 하시되 그들이 이 말씀을 알지 못하니 이는 그들로 깨닫지 못하게 숨긴 바

되었음이라 또 그들은 이 말씀을 묻기도 두려워하더라(눅 9:44-45)

아직 깨닫지 못한다. 그렇다면 언제 깨닫는 것이 허락될까? 누가복음 끝부분에서 살펴본 것처럼 예수 그리스도께서 부활하신 후부터 본격적으로 깨닫는 것이 허락된다.

죽은 자 가운데서 살아나신 후에야 제자들이 이 말씀하신 것을 기억하고 성경과 예수께서 하신 말씀을 믿었더라(요 2:22)

요컨대, 비유는 예수 그리스도의 십자가와 부활로 완성되는 하나님 나라의 폭로된 비밀이며, 이것이 어떻게 퍼져가며 열매를 맺는지는 사도행전 이후, 교회의 역사를 통해 생생하게 증거되고 있다. 따라서 참된 교회의 분별 기준에는 비유 풀이로 대표되는 진리의 소유 유무가 아니라 예수 그리스도의 십자가와 부활, 그리고 죄 사함의 복음이 핵심으로 자리 잡아야 한다.

4. 교회와 하나님의 나라

교회는 하나님의 나라인가? 대부분의 이단 단체는 자신들의 단체야말로 이 땅에 이루어진 천국이요, 새 하늘 새 땅이라고 한다. 만약 그런 주장대로라면 이단 단체에는 더 이상 고통과 눈물과 아픈 것과 사망이 없어야 한다(계 21:4). 그러나 현실은 어떨까? 여전히 이단 단체 안에도 고통이 있고, 눈물이 있고, 병들고, 늙고 죽는 일이 일어난다. 그곳은 천국도 아니요, 새 하늘과 새 땅도 아니며, 미혹하는 거짓 단체임을 증명할 뿐이다. 그렇기에 이들이 주장하는 생명책 또한 거짓 주장이다. 생명책은 하나님의 보좌 앞에 있는 것이지, 일개 단체의 교인 명부가 아니다. 생명책은 사람이 그 이름을 명부에 올리고 삭제하고 열람할 수 있는 것이 아니다. 생명책은 하나님께서 최후의 심판대에서 펼치실 책이다(계 20:12-15).

그렇다면 교회는 어떠한가? 교회는 하나님의 나라인가? 신약학자

조지 래드(George Ladd)의 주장을 바탕으로 설명하면 다음과 같다.[5] 첫째, 교회는 장차 임할 하나님의 나라 자체는 아니다. 예수님과 초대 교회는 하나님의 나라가 가까웠다고 했지 교회가 가까웠다고 선포하지 않았다(행 8:12, 19:8, 20:35, 28:23, 31). 둘째, 교회는 예수 그리스도를 통해서 이 세상에 들어온 하나님의 나라의 결과다. 하나님의 나라가 교회를 창조했다. 이 세상은 공중권세 잡은 자들이 통치하는 세상이다. 그 가운데 시작된 하나님의 통치는 교회라는 가시적 형태를 통하여 시작되지만, 아직 100퍼센트 영화된 완전하고 거룩한 하나님의 나라는 아니다. 셋째, 교회는 하나님의 나라를 증거한다(마 24:14). 또한 가시적인 하나님의 나라가 어떠한지를 교회를 통하여 불완전하지만 보여 준다(행 2:43-47). 넷째, 교회는 하나님 나라의 통로다. 하나님 나라의 일들이 예수 그리스도를 통해서 이루어졌던 것처럼, 교회를 통해서 일어난다(마 10:8, 눅 10:17). 귀신이 떠나가고, 병자가 치유되며, 죽은 자가 살아난다. 음부의 권세와 치열하게 싸우고 있지만, 결코 교회를 이기지 못할 것이다(마 16:18). 다섯째, 교회는 하나님의 나라의 관리자다(막 12:9).

요컨대, 하나님의 나라는 교회를 창조하고, 교회를 통해서 일하며, 교회에 의해 세상에 전파된다. 교회 없이 하나님의 나라가 있을 수 없고, 하나님의 나라 없이 교회가 있을 수 없다. 교회는 우리의 몸이 완전한 구속 즉 영화를 기다리는 것처럼, 그리스도의 신부가 되어 그리스도와 함께 완전히 영화될 것을 기다린다(계 19:9). 그때까지 교회는 하나님의 통치를 인정하고 그 통치 아래 살아가는 연습을 신실하게 감당해야 한다. 비록 불완전하지만 가시적인 하나님 나라를 구체적으로 생생하게 보여 주어야 한다. 그래서 천국을 이루어 가는 그리스도의 몸이 되어야 한다.

5. 교회의 속성

로마의 콘스탄티누스 황제가 주후 313년 기독교를 공인하자 교회를 향

---

[5] ──── 조지 래드, 신성종 외 역, 《신약신학》 개정증보판 (서울: 대한기독교서회, 2001), 139-148.

한 긴 박해도 끝났다. 교회에 평화 시대가 찾아왔다. 하지만 평화와 함께 각종 이단 교리들이 나타나고 이를 반박하기 위한 교회의 변증이 시작되었다. 이를 위하여 교회의 공의회가 모여 공통된 신앙고백문을 채택했는데, 주후 381년에 채택한 니케아-콘스탄티노플 신경이 대표적이다. 여기에는 교회가 '하나이고, 거룩하며, 보편적이고, 사도적인 교회'(one, holy, universal and apostolic church)라고 정의되어 있다. 이는 교회의 대표적인 네 가지 특징인 통일성, 거룩성, 보편성, 사도성을 반영한다. 이를 구체적으로 살펴보자.

5.1 통일성

전 세계의 모든 교회는 그리스도 안에서 본질적으로 하나다(롬 12:5). 교회의 하나 됨은 첫째, 하나님의 삼위일체 되심에 근거한다. 예수께서는 '우리가 하나가 된 것같이 그들도 하나가 되게 하려 함이니이다'고 기도했다(요 17:21-22). 이는 교회의 하나 됨이 성부, 성자, 성령 하나님의 하나 되심에 기초함을 나타낸다. 또한 교회의 하나 됨은 둘째, 교회와 예수 그리스도와의 연합에 기초한다. 예수께서 포도나무 되시고 우리가 그의 가지가 된 것처럼(요 15:5), 머리와 몸이 연합하는 것처럼(고전 12:12-13), 신랑과 신부가 연합하는 것처럼(엡 5:25, 27, 32), 교회는 그리스도와 연합하여 서로 하나가 된다. 하나 됨은 구체적으로 한 성령 안에서(고전 12:11, 13), 진리(교리)에 있어서, 유형적으로(예배, 신앙고백, 교제, 연합과 협력) 구현되어야 한다(1:10, 엡 4:3).

5.2 거룩성

교회는 하나님을 섬기기 위해 부름받아 세상으로부터 구별된 거룩한 존재다. 교회의 거룩은 두 가지 차원을 갖는다. 첫째, 법적 차원이다. 교회는 그리스도의 의를 힘입어 그리스도 예수 안에서 신분적으로 거룩하게 되었다(고전 1:2, 히 10:10). 둘째, 실제적인 성화의 차원이다. 이를 위해 교회는 진리로 거룩해져야 한다(요 17:17). 이는 교리적 차원과 도덕적 차원을 포함한다. 먼저, 교회는 교리적으로 순결해야 하는데, 이는 곧 이단으로부터 자신을 지켜 나가는 것을 포함한다(딛 3:10-11, 요이

1:10-11). 또한 교회는 도덕적 순결을 지켜야 한다(고전 3:16-17). 이는 세상풍조와의 부단한 싸움을 의미한다. 교회는 세속으로부터 자신을 지켜 물들지 않도록 부단히 영적 씨름을 경주해야 한다(약 1:27).

이 땅을 살아가는 동안 교회의 거룩성은 완전히지 않다. 이는 성도의 성화가 불완전하기 때문이고, 또한 악인과 이단들의 공격이 끊임없이 계속되기 때문이다. 그럼에도 교회는 하나님 앞에 거룩하고 흠 없이 세워져 가기 위하여 계속해서 거룩을 위한 믿음의 씨름을 계속해야 한다(엡 5:26-27).

5.3 보편성

교회의 보편성은 교회가 어느 특정한 지역이나 민족, 계층, 신분, 언어와 시대에 제한되지 않고 모든 지역, 모든 민족과 열방을 포함하고 있음을 의미한다(마 28:19). 교회의 첫 시작은 이러한 보편성을 잘 보여준다. 오순절 성령 강림으로 말미암아 흩어졌던 언어가 통합되고, 다양한 민족이 모두 교회 안에 들어왔다(행 2:8-11). 성령은 지역, 민족, 계층, 신분, 언어를 가리지 않고 모든 육체 위에 부어졌다(2:17).

한 가지 주의할 것은 교회의 보편성을 로마 가톨릭의 보편 교회(Catholic Church)와 혼동하지 말아야 한다는 점이다. 천주교를 흔히 '가톨릭'이라고 한다. '가톨릭'(catholic)이란 '보편'을 의미하며, '가톨릭 교회'라고 하면 '보편 교회'라는 의미를 지닌다. 하지만 이는 하나의 특정한 '보편적 교회' 중 하나이지 그 자체가 보편적 교회의 전부는 아니다. 이와 같은 논리는 로마 가톨릭과 갈라선 정교회에서도 찾아볼 수 있다. 정교회(Orthodox)란 '정통 교회'라는 뜻이다. 이는 정교회만이 바른 정통 교회란 배타적 의미를 내포한다.

교회의 보편성은 교회가 나아가야 할 사명이 무엇이 깨닫게 한다. 교회는 지역을 가리지 않고 모든 나라와 모든 종족에게 복음을 전해야 한다. 또한 남녀노소, 빈부귀천을 막론하고 복음을 전해야 한다. 인종, 성, 지역, 학벌 등으로 전도와 회원 자격을 제한하지 말아야 한다. 누구든지 예수 그리스도를 믿는 믿음으로 받아들이고 하나 되어야 한다.

5.4 사도성

사도성은 교회가 사도들의 신앙고백을 계승하고 있음을 의미한다. 교회는 사도들의 대표격인 베드로의 고백처럼, '주는 그리스도시요 살아계신 하나님의 아들'이라는 고백(마 16:16)을 기초로 세워졌다(16:18). 나아가 사도성은 사도들이 신약성경에 기록한 신앙을 교회가 함께 고백하고 인정함을 의미한다.

여기서 우리는 사도에 대한 바른 이해가 필요하다. 일반적으로 사도란 특별한 사명을 위해 부름받아 보냄을 받은 자로서, 자기를 보내는 자를 대표할 만한 충분한 권위를 가진 자를 의미한다. 이것이 좁은 의미로 신약의 사도를 가리킬 때는 예수 그리스도께서 특별하게 선택하고 부른 열두 제자와 사도 바울에게 주로 적용된다.[6] 예수께서 제자들 가운데 열둘을 택하여 특별히 '사도'라 칭하셨다(눅 6:13). 그리고 이후 바울을 사도로 부르셨다(갈 1:1). 이러한 사도는 그의 부활을 직접 목격한 자들이었다(행 1:21-22). 사도들은 교회의 기초를 놓는 사명을 감당했다(엡 2:20). 사도들이 기록한 신약성경이 대표적이다. 신약성경 27권 중 21권은 사도들이 썼다(사도 마태가 1권, 사도 요한이 5권, 사도 베드로가 2권, 사도 바울이 13권). 사도들이 직접 기록하지 않은 나머지 6권도 사도들의 동역자나 제자 혹은 사도들과 가까운 사람들이 기록했기에, 모두 공통적으로 사도성을 지닌다(베드로의 동역자 마가가 1권, 바울의 동역자 누가가 2권, 예수님의 친동생 야고보가 1권, 친동생 유다가 1권, 저자가 사도 바울로 추정되는 히브리서 1권 등). 이런 면에서 사도 시대는 교회의 신앙의 초석을 놓는 신약성경을 기록한 중요한 시대이고, 교회는 사도들과 선지자들(사도 외에 사도성을 가진 성경 저자들)의 터 위에 세우심을 입었다(엡 2:20). 이후 사도 시대는 종결되고 속사도 시대가 시작된다.

사도성을 바로 이해하면 요즈음 일어나는 '신사도 운동'이 주는 사도에 대한 혼동에서 벗어날 수 있다. 이들은 에베소서 4장 11-12절

---

[6] 신약성경은 12사도와 바울 외에도 바나바를 사도로 부른다(행 13:43, 14:14). 이는 교회로부터 복음 전파의 사명을 받아 보냄을 받은 예수 그리스도의 대사 혹은 일꾼이라는 사도에 대한 보다 일반적인 정의에서 이해해야 한다.

말씀을 근거로 하나님이 교회에 주신 직분 중 사도 직분이 있는데, 오늘날 세속화된 교회들과 사악한 교회의 지도자들이 자신의 특권을 지키기 위해 사도를 압살하여 사라지게 하였다고 주장한다. 그러나 종말의 대추수 때 하나님은 사도를 다시 회복하기 위해 역사하기 시작하셨고, 이제 새로운 사도들이 등장하기 시작한다는 것이다. 이것이 이른바 '신사도'라 부르는 근거가 된다.[7]

하지만 에베소서 4장 11-12절에서 언급하는 '사도' 직분은 아직 사도들이 살아서 활동하던 신약 교회의 과도기에 해당하는 말씀이다. 바울이 디모데와 디도에게 보낸 목회서신을 보면 사도를 세우고 양육하는 법에 대해 일체의 언급을 하지 않는다. 바울은 오직 교회의 직분과 다스림의 체계를 집사와 장로 혹은 감독 중심으로만 설명하였다.[8] 이는 사도 이후에 또 다른 사도들이 양육되고 세워지지 않았음을 암시한다. 세월이 지나 사도들이 죽고 사라진 후 그 자리를 차지한 것이 바로 완성된 성경이다. 이는 계시의 종결성을 의미한다. 교회가 사도적인 것은 사도들이 남긴 성경의 신앙을 계승하기 때문이다. 이러한 교회에 속한 성도의 신앙 또한 사도적이다.

이런 면에서 우리는 사도직이 계승된다는 일체의 주장에 주의할 필요가 있다. 종말의 시대에 하나님이 많은 사도를 세운다는 주장에 귀 기울이지 말아야 한다. 신사도 운동이 위험한 것은 성경과는 별도로 직통계시를 특징적으로 추구하기 때문이다. 천사가 와서 알려 주고 도와주며 특별한 말씀을 받는다는 것은 사도성을 벗어날 심각한 위험을 초래할 수 있다. 이뿐만 아니라 사도직이 한 사람에게 특별한 직분을 통해 계속해서 계승된다는 주장 또한 경계해야 한다. 요컨대 교회는 사도들의 신앙고백을 계승한 사도성을 간직해야 하지만, 자칭 사도라고 주장하는 이들 또는 사도직을 계승했다고 하는 이를 경계해야 한다(계 2:2-3).

---

7 ——— 정이철, 《신사도 운동에 빠진 교회》, 71-91 참조.
8 ——— 위의 책, 85.

6. 참된 교회의 표지

새로운 도시로 이사 온 어떤 성도가 주일이 되어 예배드릴 교회를 찾던 중, 가까운 곳에 있는 교회 간판을 보고 들어갔다가 무엇인가 이상한 기분을 느꼈다. 교회라고 해서 들어갔더니 예배 형식도 이상하고, 찬송도 이상하고, 비유를 알아야 한다며 성경 공부를 하자고 권유받았기 때문이다. 느낌이 이상해서 나중에 알고 보니 이단이 운영하는 소위 '위장교회'였다. 이단으로 미혹하기 위하여 겉으로 멀쩡한 교회 간판을 내건 가짜 교회였던 것이다. 오늘날 교회 간판을 내건 많은 교회가 있지만, 참된 교회, 바른 교회를 찾기가 만만치 않다. 이는 이단이 만연하던 초대교회, 그리고 종교개혁 시대에도 마찬가지였다. 그렇다면 참된 교회의 표지는 무엇일까?

6.1 말씀의 바른 전파

말씀의 바른 전파는 참된 교회의 가장 중요한 표지다.[9] 왜냐하면 교회는 하나님의 말씀을 듣고 믿고 순종하는 그리스도의 몸이기 때문이다(요 8:31, 32, 47, 14:23, 요일 4:1-3, 요이 9). 따라서 교회는 성경을 바른 교리 위해 균형 있고 바르게 해석하고 적용하여 선포해야 한다. 참된 교회는 말씀을 바르게 고백하고 또한 바른 신앙고백을 한다.

이단의 특징은 말씀을 요절 중심으로 편식한다는 것이다. 저마다 자기들이 강조하는 특정 성경, 특정 구절들만을 반복해서 가르치기에, 성경 전체의 창조, 타락, 구속, 새 창조의 구도를 모르고 이단들의 교리에 빠진다. 어떤 성도는 집에서 성경을 통독하다가 이단에서 빠져나온 경우도 있다. 이단이 가르쳐 준 것만 보다가 차분하게 성경 전체를 읽다 보니 이단들이 가르쳤던 것들의 모순점이 보였기 때문이다. 교회는 바른 교리 위에 하나님의 말씀을 균형 있고 바르게 선포해야 한다. 이 표지는 성례에 관계없이 존재하는 가장 중요한 표지다. 반면, 성례는 말씀 없이 독립적으로 존재하지 못한다.[10]

---

[9] 루이스 벌코프, 《조직신학 (하)》, 835.

6.2 성례의 바른 시행

성례는 말씀의 가시적인 선포다. 따라서 성례는 말씀의 사역자들에 의해 하나님이 세우신 제도에 따라 자격을 갖춘 성도들에게 시행되어야 한다. 성례가 말씀으로부터 분리될 때 사람들은 마술적인 효력을 부여하여 말씀을 왜곡시키는 결과를 초래한다.

대표적으로 죽어 가는 이들을 위한 성례를 행하는 단체가 있다. 사역자가 죽어 가는 사람의 눈과 코와 귀와 손과 발에 기름을 붓고 기도를 하는 예식을 행하면 그의 죄가 모두 사해진다고 주장한다. 하지만 이는 성경 말씀과 분리된 마술적 의식에 불과하다. 성례는 그 자체로 어떤 효력과 은혜의 원인이 될 수 없다.

성례는 말씀이 약속한 은혜의 표지(signs)와 인(seals)이 된다. 표지란 성례가 어떤 실재를 기념하고 있음을 나타내고, 인이란 성례를 행할 때 그 실재가 은혜로 임하는 것을 확증해 주는 것이다(참조 롬 4:11).

기독교의 성례는 세례와 성찬이다. 세례는 신자가 그리스도 예수를 믿음으로 말미암아 그와 연합하여 그 안에 거하는 언약 관계에 들어갔음을 확증해 준다. 성찬은 성도가 그리스도의 살과 피, 곧 그리스도의 생명을 나누고 교제하는 자임을 보여 주는 것이다. 이러한 성찬을 통해 교회는 하나님의 은혜의 언약을 기념하는 표지를 확인하는 동시에, 실제로 성례를 통해 성도가 그러한 존재임을 경험하며 성령의 인침을 경험한다.

6.3 권징의 시행

오늘날은 권징이 점점 사라져가는 시대이지만, 권징은 바른 교회의 중요한 표지 중 하나다. 권징이 없다면 진리가 왜곡되고, 교회는 부도덕과 방탕으로 세상의 지탄을 받을 것이다. 따라서 권징은 첫째, 교회의 거룩과 영적 건강을 유지하기 위하여, 둘째, 범죄한 성도의 성화를 위하여, 셋째, 하나님의 영광을 위하여 지속적으로 시행되어야 한다.

권징은 먼저 피해자가 가해자에게 일대일로 찾아가 자신이 입은

---

10 ─── 위의 책, 835.

피해를 말함으로 사실을 확인해야 한다. 가해자가 먼저 피해자에게 찾아가 용서를 구해야겠지만, 만약 그렇게 한다면 굳이 권징까지 내릴 필요는 없을 것이다. 많은 경우 가해자는 자신의 잘못을 모르고 넘어간다. 피해자가 말하지 않고 가만히 있다면 가해자는 이유도 모른 채 있을 것이고 피해자는 이런 가해자에 대해 오해한 채로 관계가 멀어지기 쉽다. 따라서 불필요한 오해를 막기 위해 피해자가 가해자에게 먼저 찾아가는 것이 좋다. 만약 가해자가 자신의 잘못을 인정하지 않는다면, 피해자는 두세 명의 증인 혹은 중재자들을 데리고 가해자에게 다시 가야 한다. 그래도 계속해서 자신의 잘못을 시인하지 않으면, 이 사실을 교회에 알리고, 교회는 이 죄를 공동체적으로 간주하여 처리해야 한다. 교회는 죄의 정도에 따라 성찬 금지, 직분 정지, 출교 등의 징계 수위를 결정한다(마 18:15-17, 참조 고전 5:1-12). 이러한 권징은 신중하게 실행되어야 한다. 자칫하면 교회에 큰 부작용이 생길 수 있기에 교회는 온유와 겸손한 마음으로 이를 시행해야 한다(갈 1:6).

6.4 참된 교회의 표지에 대한 오해

잘못된 단체에 빠진 이들의 공통점은 자신들이 다니고 있는 단체야말로 마지막 시대의 참된 교회라는 확신 가운데 있다는 것이다. 이들이 나름대로 확신하고 있는 참 교회에 대한 이유들을 보면 다음과 같다.

1) 배타적 교회관-여기에만 진리와 구원이 있다

신앙생활에서 위험한 관점 중 하나가 배타적 교회관이다. 즉, 우리 교회, 우리 단체에만 참 진리, 참 복음, 참 구원이 있다고 확신한다. 이곳에만 구원이 있다면 다른 교회는 어떻게 될까? 이들이 보기에 다른 교회는 참 교회가 아니고 진리가 없는 사람의 단체요, 바벨론 성읍과 같은 곳이다. 거기에는 구원이 없다. 이러한 배타성의 기저에는 기성 교회는 제대로 된 말씀을 가르치지 않는다는 교만함이 있다. 제대로 된 말씀, 복음, 진리가 없기에 기성 교회는 교회가 아니라고까지 주장한다. 그러니 그 교회를 빨리 나와 자기네 단체로 들어와야 한다고 한다. 따라서 참된 진리를 가르치는 유일무이한 이 교회를 떠나면 신명기 28장에 나오는 것과 같은 온갖 저주가 임한다고 생각한다.

배타적 교회관은 교단과 연합체도 무시한다. 오직 자기네 개별 교회만 특별하고 여기에만 구원이 있다고 한다. 참된 14만 4천 명이 바로 여기에 있다고 한다. 이런 교회관은 교회의 통일성을 부시하고, 보편 교회를 무시한다. 오직 자기네 지역 교회의 특별함만을 강조할 뿐이다.

성도가 자신이 다니고 있는 교회의 건강함에 대한 자부심을 갖는 것은 어느 정도 필요하다. 이런 자부심은 신앙생활을 생기 있게 하는 데 도움이 된다. 그러나 교회에 대한 자부심을 넘어 자만심과 배타성으로까지 나아가면 위험하다. 자기네만 참된 진리와 구원이 있다는 배타적이고 독단적인 주장 이면에는 역설적으로 보편교회를 거부하는 이단성을 내포하기 쉽다. 이런 단체일수록 건강하지 못한, 그러나 사람의 마음을 끄는 매혹적인 독성 있는 이단적 교리의 요소가 내포되어 있을 가능성이 크다.

2) 직통계시와 예언사역

배타적 교회관을 주장하는 단체에는 직통계시 또는 교주가 받은 특별한 깨달음의 말씀이 절대적인 비중을 차지한다. 또 이와 유사한 예언사역이 활발한 경우가 많다. 직통계시와 예언은 그 단체를 특별하게 만드는 주요한 요인이다. 이런 특별한 계시와 예언이 있기에 이 교회는 하나님이 마지막 때에 세우신 특별한 교회라는 것이다. 그리고 이런 계시를 받고 깨달은 교주, 선생님은 하나님이 특별히 보내신 마지막 시대의 엘리야 격, 모세 격 또는 사도 요한 격 선지자로 하나님의 참된 사자요, 종이라고 한다. 이런 단체에 속한 사람들은 성경보다 교주 혹은 계시받은 목자의 가르침과 예언에 더 집중할 것을 요구받는다.

그러나 앞서 살펴본 것처럼 성경과 공동체에 의해 건강한 분별없이 쏟아지는 직통계시와 예언은 위험하다. 건강한 성도라면 복음과 성경을 기준으로 이런 직통계시와 예언의 내용이 무엇인가를 점검해 보아야 한다. 만약 예언이 교주 한 사람을 특별한 사람으로 드러낸다면 주의해야 한다. 또 성도를 극한 두려움으로 몰아가며 정죄하고 저주하면서 열심을 제대로 내지 않으면 이러다 지옥 간다는 식의 협박이어도 주의해야 한다. 이러한 단체일수록 직통계시와 예언의 은사를 드러내는 특정한 한두 사람에게 리더십이 집중되어 사교화(邪敎化) 되어 타락하기 쉬운 가능성을 내포한다. 여기서 특정한 한두 사람은, 이단 단체의 교주나 교주의 아내일 가능성이 크다.

3) 요란한 영적 현상 추구

어떤 단체는 자기네 단체에만 구원과 진리가 있기에 성령은 자기네 단체에서만 역사한다고 주장하며, 때로 요란한 영적 체험과 눈에 보이는 극단적인 신비 현상을 추구한다. 성경이 언급하지 않은 기이한 웃음과 울부짖음 같은 현상까지도 추구한다. 이런 요란한 나타나심은 성도들로 이 교회야말로 하나님의 성령이 함께하시는 참된 교회의 표지를 갖고 있는 특별한 교회라는 생각을 하게 만든다. 그러나 성도는 요란한 신비 현상의 끝에 어떤 열매가 맺는가를 주의 깊게 살펴보아야 한다.

이러한 성령의 나타내심으로 맺어지는 열매는 사랑과 희락과 화평과 오래 참음과 자비와 양선과 충성과 온유와 절제이어야 한다(갈 5:22-23). 만약 나타나는 열매가 정죄, 겁박, 상처, 떠남, 비난, 저주, 분열과 상처라면 참된 교회됨을 깊이 고민해야 한다.

어떤 단체는 자신들의 장소에 하나님의 영이 구름같이 임한다며 특별한 성령의 임재를 강조했다. 실제로 예배당 안에는 분무 연기로 가득 차기도 하였다. 모든 이가 황홀해하며 이곳은 하나님이 택하신 특별한 곳이고 이곳에서 하나님의 말씀을 대언하는 선생님(교주)은 이 시대의 특별한 종이라고 치켜세웠다. 알고 보니 예배당의 자욱한 연기는 분무기를 설치해서 뿌린 것이었다. 작위적으로 신비 현상을 조작한 것이다.

요컨대 신비 현상 또는 영적 현상 자체로는 하나님의 생명력이 약동하는 현상으로 단정할 수 없다(이에 관해서는 〈V. 구원론 백신〉, 〈3.2 성화에 대한 오해〉를 참조). 참된 영적 신비는 죄인이 눈물로 회개하며 그리스도께 돌아오는 것이다(눅 15:7, 10). 우리는 성경이 말하지 아니한 다른 영을 받아 일어나는 교묘한 현상들을 경계해야 한다. 사도 바울은 일찍이 고린도 교인들에게 '너희가 우리에게서 받지 아니한 다른 영을 받게 할 때에는 너희가 잘도 용납한다'고 염려한 바 있다(고후 11:4). 주지할 것은 이단 단체에 빠졌다가 돌아온 이들의 간증을 들어보면, 상당수가 이단 단체에 빠지면서 논리적으로 설명할 수 없는 신비한 체험을 했다는 점이다. 이런 신비 체험을 통해 이들은 자신들이 지금 다니고 있는 단체가 참된 진리를 가르치는 곳이라는 확신을 갖게 되었다. 여기에는 교주가 하나님이 이 시대에 보내신 특별한 존재라는 것을 확신하는 체험도 포함된다. 이렇게 볼 때 모든 신비 체험이 우리를 그리스도에게로 인도하는 것이 아님을 알 수 있다. 다른 영이 역사하는 교묘한 신비 체험은 우리를 그리스도와 그의 몸 된 교회가 아닌 엉뚱한 존재와 신앙으로 향하게 한다. 신비 체험은 너무나도 교묘하게 우리의 마음을 사로잡을 수 있기에, 우리는 신비 체험에 대한 지혜로운 분별력을 가져야 한다. 이런 신비한 영적 현상에 사람들이 많이 몰려들 수는 있겠지만, 사람이 많이 모였다는 것이 참된 교회 됨과는 상관이 없다.

4) 복음의 감격이 아닌 율법의 열심을 강요

역설적인 것은 자신의 단체가 참된 교회라고 주장하는 단체일수록 복음의 감격이 아닌 율법의 열심을 강요한다는 점이다. 이런 단체에 다니는 이들은 그곳에 다닐수록 구원에 자신이 없어진다. 율법적인 열심, 공로를 쌓기 위한 열심을 강조하며, 이런 식으로 하면 지옥 간다는 식의 두려움을 많이 강조하기 때문이다. 구약의 예언서와 율법서를 인용하여 저주와 두려움을 강조한다. 그러다 보니 현재의 부족한 모습으로는 도저히 천국에 갈 자신이 없다는 생각을 많이 하게 한다. 율법의 열심을 강조하다 보면 상대적으로 제대로 하지 못하는 이들을 향해서는 매서운 정죄가 쏟아진다. 행위의 준수 여부가 마치 천국과 지옥을 가를 것처럼 이야기한다. 결국 신앙생활이 메마르고 피곤해진다. 반면 참된 교회는 예수 그리스도의 십자가와 부활을 핵심으로 하는 복음의 본질이 살아난다. 회개와 눈물과 사랑의 고백이 풍성하다. 풍성한 은혜 가운데 말씀을 깊이 뿌리내린다. 이런 은혜와 감격에 기초한 열심은 건강하고 바람직하다. 그러나 율법적인 열심이 마치 구원의 가부를 결정할 것처럼 무섭게 강조하는 것은 건강하지 못하다.

5) 가족을 버리라

배타적 교회관을 강조하는 단체일수록 신도들에게 가족들이 이 곳에서 신앙생활을 못하게 하면 차라리 가족을 버리라고 한다. 이단성이 강한 단체일수록 신도들이 자기네 단체를 이탈하는 것을 사력을 다해 막으려 한다. 많은 이단 단체에서는 가족이 너의 신앙생활을 방해하면 차라리 가출을 하거나 이혼을 하라고 부추긴다. 가족을 미워하라고 정을 떨쳐 내라고 한다. 남편과 타협하고 살면서 영생을 잃어버릴 바에야 차라리 찍어 내라고 한다. 그러면서 다음과 같은 성경을 인용한다. '무릇 내게 오는 자가 자기 부모와 처자와 형제와 자매와 더욱이 자기 목숨까지 미워하지 아니하면 능히 내 제자가 되지 못하고'(눅 14:26).

가족을 버리라고 하는 단체일수록 이단성이 농후하다. 가족은 하나님께서 목숨 걸고 사랑하라고 주신 이들이다. 신앙생활의 가장 기초적인 단위이고, 전도의 가장 일차적 대상들이다. 인내하며 이들을 그리스도게로 인도해야 한다. 왜냐하면 사랑의 본질은 오래 참는 것이기 때문이다(고전 13:4). 가족과의 분리를 요구하고, 이혼과 가출을 조장하며, 더 이상 참지 말고 법적으로 대처하라고 부추기고, 당사자에게 그 단체에서 나가면 커다란 저주를 받는다고 겁박하는 단체라면 차라리 빨리 뛰쳐나오는 것이 낫다.

6) 삶의 현장을 뒤로 하고 단체에 올인하라

이단 단체에 빠져 하루 종일 이단 단체의 활동에 반강제적으로 동원되는 이들의 삶을 보면 피폐하다. 이들은 이단 단체에서 말하는 구원을 얻기 위해 모든 것을 포기한다. 가정도, 직장도, 학교도, 모든 것을 포기한다. 한창 미래를 준비해야 할 때에 이단 단체에 올인한 결과, 이들은 극빈자로 전락한다. 이단 단체의 활동에 밤낮으로 정신없이 동원되다 보면 제대로 된 직장생활을 할 수 없다. 공부도 제대로 할 수 없고 졸업하기도 어렵다. 그러나 이단 단체는 경제활동을 제대로 하지 못하는 이들에게까지도 온갖 명목의 헌금을 강요한다.

전에 이단 단체에 10년간 몸담았다 나온 한 청년은 10년간 알고 지내던 이단 단체 청년들의 삶을 보면 암울하고 힘들었다고 간증했다.

변변한 직장도 없고, 매번 자기네 단체의 행사에 밤낮 동원되며 미래를 준비하지 못하다 보니 소중한 젊음의 기회를 다 날려 버리고 어려운 장년기를 보내는 경우가 많다. 어떤 이는 이단 단체 교주의 비서로 20대 중반에 들어가 40세가 넘도록 있다가 속은 것을 알고 나왔다. 거의 20년의 가장 소중한 세월을 이단 단체에 올인하다 나온 것이다. 이런 경우에는 세월을 낭비한 안타까움과 세상에서 적응할 것에 대한 두려움으로 우울증과 무력감에 빠지는 경우가 많다.

건강한 신앙생활은 삶의 현장을 하나님 나라로 바꾸어 가는 것이다. 실력과 영성으로 무장하여 삶의 현장 구석구석을 복음으로 변혁시킬 수 있는 이들이 필요하다. 삶의 현장을 포기하고, 자기네 단체에 올인하며 탈세상적인 신앙생활을 하라고 강요하는 단체일수록 이단성이 농후하고 건강한 신앙생활을 저해하기 쉽다.

7) 사도신경과 주기도문의 부재

이단성이 있는 단체일수록 사도신경과 주기도문을 하지 않는다. 이런저런 이유로 주님께서 가르쳐 주신 기도를 폄하하고, 바른 신앙고백을 기피한다. 어떤 이유에서든 사도신경과 주기도문을 회피하는 단체의 가르침은 주의해야 한다.

8) 생명책

이단성이 있는 단체는 자기네 단체만이 참 구원이 있고, 자기네 단체의 교적부에 기록된 것이 곧 생명책에 기록된 것인 양 주장한다. 이는 성도들로 하여금 상당한 자부심을 느끼게 하는 동시에, 두려움을 자극한다. 어떤 성도가 이 단체에 열심으로 활동을 하다가 건강하지 못한 요소를 발견하고 이탈하려 하면, 이단 단체는 그 성도에게 이곳을 떠나면 하나님의 생명책에서 지워지게 되고 구원받지 못한다고 협박한다. 이처럼 생명책에 기록되는 것이 단체와 그 단체의 지도자에 의해 좌우되는 것처럼 말하면 이단성을 의심해야 한다.

7. 교회의 권세

예수 그리스도는 교회를 세우시고 그에 필요한 영적, 사역적 권세 혹은 권위를 주셨다. 사역적 권세라는 것은 교회의 권위가 독립적 권위가 아니라 그리스도의 주권적 권위에 종속되어 그리스도의 이름으로 행해지는 권세를 의미한다. 이는 크게 세 가지로 나눈다.

7.1 가르치는 권세(선지자적 권세)

예수 그리스도께서는 교회에 가르치는 권세와 권위를 주셨다.

첫째, 말씀을 수호하는 권세다. 교회는 모든 불신앙과 이단의 세력에 대항하여 진리를 수호하고 유지할 막중한 책임이 있다(딤전 1:3-4, 딤후 1:13, 딛 1:9-11). 이를 위해 교회는 진리를 깊이 묵상해야 할 뿐 아니라 믿는 바를 신앙고백서로 작성하고 함께 고백해야 한다. 이를 위해 교회는 신학 연구에도 정진해야 한다.

둘째, 말씀을 선포하는 권세다. 교회는 때를 얻든지 못 얻든지 항상 말씀을 바로 분별하여 올바르게 전파하는 데 힘써야 한다(고후 5:20, 딤전 4:13, 딤후 2:15, 4:2, 딛 2:1-10). 교회는 말씀의 기초적인 것만을 가르치는 것으로 만족해서는 안 되고 더 높은 단계로 나아가 그리스도 안에서 성도가 장성한 단계에 이를 수 있도록 단단한 말씀으로 양육해야 한다(엡 4:12, 13, 히 5:11-6:3).

7.2 봉사하는 권세(제사장적 권세)

교회는 하나님을 예배하고, 복음을 전파하며, 가난한 자를 구제하고 섬기는 권위를 갖는다.

7.3 다스리는 권세(왕적 권세)

교회는 그리스도로부터 다스리는 권세를 위임받았다. 이는 교회의 질서를 유지하고 거룩함을 보존하기 위한 것이다. 따라서 교회는 질서를 유지하고, 권징을 시행하며, 병을 고치고, 귀신을 쫓아내고 다스리는 권세를 받았다.

8. 교회의 직분

교회에는 다양한 직분이 있다(엡 4:11-12). 다양한 직분들은 교회 안에 은사의 다양성이 있음을 보여 준다(고전 12:9-10). 이는 모두 교회를 세우기 위한 것인데, 이는 교회 안에 질서와 권위를 갖고 있다(벧전 5:5).

오늘날 교회의 직분은 행정적 기준에서 항존직(장로, 안수집사, 권사 등)과 임시직(서리집사)으로 나누고, 은사적 혹은 사역적 기준에서 다양한 직분을 갖는다(교사, 찬양대 등).

이러한 직분은 그리스도의 몸 된 교회를 아름답게 세우기 위한 것으로 직분을 충성되게 감당하면 상급이 있다(딤전 3:13). 또한 직분을 감당하는 동안 하나님의 능력을 경험하고 기도 응답을 경험한다. 그래서 직분은 은혜와 성숙의 통로가 된다. 직분을 잘 감당하기 위해서는 양육과 훈련이 큰 도움이 되며 이를 통하여 더욱 기도와 말씀으로 자라 간다.

9. 은혜의 방편

하나님께서 교회에 주시는 은혜의 통로로, 하나님의 말씀, 찬양, 기도, 세례, 성찬 등이 있다.

VII. 종말론 백신

종말관이 정확해야 견고한 신앙으로 선다

필자가 젊은 시절 신병 훈련을 마치고 자대에 배치되어 처음 내무반에 신고를 할 때였다. 내무반에서 가장 서열이 높은 고참 병장이 물었다. "야, 너 종교가 뭐야", "네, 기독교입니다." 그러자 대뜸 물었다. "야, 1992년에 세상이 망한다고 하는데, 정말이냐?" 갑자기 무슨 말인가 싶었다. 나중에 알고 보니 내무반에 당시 우리나라에 종말론 열풍을 불러일으켰던 이단 단체의 종말론 관련 서적들이 꽂혀 있었다. 그 책들을 보니 얼마나 생생하고 흡인력 있게 설명을 해놓았던지 불신자들도 읽고 쏙 빠져들 정도였다. 이후에 휴가차 서울역에 왔을 때였다. 대낮에 어떤 남자가 이제 곧 예수님이 재림한다고 큰 소리로 외치면서 홍보지를 나누어 주면서 준비하라고 했다. 잘 준비되어야 공중에 들림받는 휴거가 될 수 있다는 것이었다. 이 사람은 종말을 확신하고 직장도 그만두고 휴거되기 위해 재림을 알리는 일에 전력투구하는 모양이었다.

그 후 그 단체에서 지정했던 1992년 10월 28일의 다음 날 저녁뉴스에서 보도한 내용이 선명하게 기억난다. 많은 사람이 종말론 이단 단체의 건물로 속속들이 모여들고, 찬양을 하며 그날 자정에 오실 예수님을 맞이하기 위해 뜨겁게 찬양을 부르고 기도하며 기다리고 있었다. 바로 그 순간, 누군가가 소리쳤다. "어, 올라간다!" 그러자 순식간에 카메라가 어지럽게 공중을 향했다. 그러나 아무 일도 없었다. 알고 보니 선교회 건물에 사람이 너무 많이 모여들다보니 그 안에 신발을 가지고 들어갔던 사람이 떠밀려 창가로 갔다가 그만 손에 들었던 신발을 놓쳐 떨어뜨린 것이었다. 그것을 보고 공중에 들림받는 줄 알고 바깥에서는 호들갑을 떨었다. 결국, 그날의 종말론 열풍은 이렇게 해프닝으로 끝났다. 자기 재산을 다 팔고 재림을 준비했던 사람들은 깊은 허탈감에 빠졌다. 이를 주도했던 이는 감옥에 들어갔다.

이따금씩 우리를 섬뜩하게 하는 종말의 징조에 대한 이야기가 들린다. 이럴 때마다 우리는 혹해서 여기에 기웃, 저기에 기웃거리며 불안해한다. 이런 것은 과학기술의 발달로 더 현실감 있게 들리기도 한다. 종말에 일어날 짐승의 표가 대표적인 예다. 예전에는 바코드가 이마에 새겨져 짐승의 표 666이 될 것이라는 소문이 파다했다. 그러다 후에 바코드 기술이 보편화되자 결국 해프닝으로 끝났다. 그랬던 것이 최근에는 베리칩의 등장으로 이것이야말로 종말에 일어날 짐승의 표가 될 것이라는 소문이 파다하게 퍼졌다. 이미 미국에서는 일부 사람들에게 시행되고 있고, 오바마 정부에서 헬스케어를 시행하면 미국의 전 국민이 이 베리칩을 받아야 하고, 우리나라도 곧 이어서 도입될 것이라는 소문이었다. 여기에 더해 사람의 호르몬을 조정해서 비인간적으로 통제하는 일이 가능해지고, 짐승의 정부가 사람들을 통제할 것이라는 소문도 있었다. 이러한 소문도 오바마 정부가 끝나고 트럼프 행정부가 들어오면서 시들해지는 모양새다.

분명한 종말에 대한 지식과 기준이 없으면 성도는 그럴듯한 사이비 종말론에 쉽게 휘둘린다. 다가오지 않은 미래이기 때문에 이에 대한 그럴듯한 말로 불안감을 조장하면 거기에 넘어가기 쉽다. 그래서 사이비 이단 단체는 잘못된 종말론으로 사람들을 미혹한다. 그리고 임박한 종말에 구원을 받기 위하여 재산을 팔아 이단 단체에 모두 헌납하라고 강요하기도 한다. 그러나 종말론이 불발되면 여기에 자신의 모든 것을 걸었던 개인의 인생은 심각하게 파탄을 겪는다.

한 이단 전문가는 이단은 종말론 비즈니스를 잘한다고 한다. 무슨 말인가? 곧 종말이 온다고 두려움을 갖게 한 후 신도들에게 갖고 있는 것을 다 바치라고 부추긴다. 그러다가 종말이 불발되면, 신도들이 열심히 기도해서 종말이 연기되었다고 둘러댄다. 이런 식으로 종말이 온다고 했다가 연기되었다고 하면 그 이단 단체에는 천문학적인 액수의 헌금이 들어온다고 한다. 개인으로서는 세상이 끝날 줄 알고 갖고 있는 것을 다 포기했다가 그만 허탈하게 빼앗기는 것이다. 이런 면에서 이단들에게 종말론은 큰 수입으로 직결되는 중요한 비즈니스인 것이다.

어떤 사이비 단체는 1988년 올림픽 때 세상이 망하고 주님이 오신다고 했다. 폐막식이 생중계될 때 세상의 모든 사람이 보는 가운데 재림주가 오시고 모든 성도가 들림받는다는 것이었다. 그래서 신도들이 올림픽 티켓을 사들고 올림픽 폐막식에 들어갔다. 그러나 이 예언은 불발로 끝났다. 이때 이 단체에서는 재림이 불발되었다고 하지 않고 연기되었다고 했다. 왜? 신도들이 열심히 준비하고 기도하고 또 동방의 한국이 올림픽 경기를 잘 치러서 세계 4위에 들었기에 하나님이 재림을 연기해 주셨다는 것이다. 아이러니한 것은 이렇게 종말이 온다고 부추기는 동안 자기네 이단 단체의 대형 신축 건물을 짓기 시작했다는 것이다. 그러다 1998년에 Y2K 사건으로 재림이 온다고 했다가 또다시 연기되었다고 했고, 2002년도에 온다고 했다가 월드컵 경기를 잘해서 또 연기해 주었다고 했다. 이런 식으로 허황된 종말론으로 위협하며 많은 재산을 끌어 모았다가 재정 위기에 처한 기성 교회의 건물들을 사들여 교세를 확장시켰다. 이러한 거짓 주장에 휩쓸리는 것은 종말에 대한 분명한 지식이 없기 때문이다.

아메리카 대륙을 발견했던 크리스토퍼 콜럼버스도 그의 생전 각종 종말론과 날짜 계산으로 7천 년의 인류 역사가 150년이 지나면 멸망한다고 믿고 있었다. 그가 남긴 《예언서》에는 다음과 같은 종말에 대한 계산이 기록되어 있다.

> 가장 정확한 것으로 알려진 [한] 계산에 따르면, 세계의 창조부터 혹은 아담부터 예수 그리스도가 오셨을 때까지 5343년 318일이 지났다. ⋯ 여기에 1501년을 더하면 종말이 완수되기까지 6845년의 세월을 기다린 셈이다. ⋯ 이 계산에 따르면 ⋯ 앞으로 인용했던 박학한 견해대로 이 세상이 완수되는 데 7천 년이 걸린다고 하므로 이제 150년이 남았다.[1]

1501년은 콜럼버스가 이 예언서를 기록한 해다. 그는 당시에 유행하던 이런저런 계산 방법을 종합한 끝에 약 150년이 조금 더 지난 1656년이 세상의 끝이라고 믿었다. 종말에는 하나님이 세우셨던 에덴 동산을 발견하게 될 텐데, 그는 그 에덴 동산이 예루살렘 정반대 편에 있다고 믿었다. 그래서 그는 하나님이 그에게 보여 주신 '새 하늘과 새 땅'인 신대륙에서 금을 얻어 십자군을 다시 일으킨 뒤 성지 예루살렘을 탈환할 종말론적 비전을 갖고 있었다. 그의 종말론적 비전이 신대륙 탐험이라는 어마어마한 모험을 감행하게 했던 것이다.

이처럼 종말론은 삶의 의미와 동기, 실행력과 최종 목적을 결정하는 매우 중요한 분야다. 건전한 종말에 대한 관점이 현재 삶의 방향을 건강하게 결정한다. 나는 어떠한가? 종말에 대한 분명한 체계적인 지식과 기준이 있는가? 이제는 제대로 정리해야 한다. 그래야 앞으로도 수없이 반복될 종말의 거짓 소문에 휘둘리지 않을 수 있다(살후 2:2).

1. 개인적 종말

이 세상의 종말, 즉 우주적 종말 소식에 귀 기울이다 흔히 간과하는 것이 있다. 그것은 개인적 종말이다. 그동안의 인류 역사를 보면 이 세상의 종말이 오기 전 항상 개인의 종말이 먼저 왔다. 이는 지금도 마찬가지다. 내가 살아 있을 때 주님께서 재림하실 수도 있지만, 그전에 나를 먼저 부르실 가능성도 크다. 질병으로, 갑작스런 사고로, 그 밖의 어떤 통로를 통해서든지 주님께서는 오늘이나 내일이라도 우리 개개인을 부르실 수 있다. 그래서 우리에게는 우주적 종말을 알고 대비하는 것도 중요하지만, 그에 못지않게 개인의 종말에 대해 알고 준비하는 것이 매우 중요하다.

---

1 ──── 주경철, 《크리스토퍼 콜럼버스》 (서울: 서울대출판문화원, 2013), 294.

1.1 육체적 죽음

1) 죽음이란?

개인적 종말은 구체적으로 한 개인의 죽음으로 찾아온다. 죽음은 모든 사람에게 예외 없이 정해졌다(히 9:27). 성경에 따르면 일반적으로 죽음이란 영혼과 육체의 분리를 말한다(전 3:20-21, 마 27:50, 눅 8:55). 분리의 결과, 영혼 없는 몸은 죽은 것이다(약 2:26). 죽음으로 우리의 몸은 흙으로 돌아간다(전 12:7, 창 3:19). 하지만 죽음은 한 사람 존재 전체의 사라짐 혹은 소멸을 의미하지 않는다. 우리의 죽은 몸은 흙으로 돌아가지만, 우리의 영혼은 하나님께로 돌아가기 때문이다. 이렇게 볼 때 성경에서 죽음은 존재적 사멸이 아니라 관계적 분리다.

관계적 분리의 관점에서 성경은 구체적으로 세 차원의 죽음을 말한다. 첫째, 영적 죽음이다. 이는 하나님과 인간 영혼이 죄로 인해 분리된 것을 의미한다(창 2:17, 겔 18:4). 둘째, 육체의 죽음이다. 이는 개인적 종말로, 한 사람의 육체와 영혼이 분리되는 것이다. 셋째, 영원한 죽음이다. 이는 육체와 영혼 모두가 하나님과 영원히 분리되어 지옥에서 형벌 받는 것이다(살후 1:8-9, 계 20:6, 10). 성경은 이를 '둘째 사망'이라고 한다(계 21:8).

죽음에 있어 우리가 정말 두려워해야 할 것은 셋째 차원이다. 예수께서는 '몸은 죽여도 영혼은 능히 죽이지 못하는 자들을 두려워하지 말고 오직 몸과 영혼을 능히 지옥에 멸하시는 자를 두려워하라'고 말씀하셨다(마 10:28, 참조 눅 12:4-5).

2) 죽음의 원인

그렇다면 죽음의 원인은 무엇일까? 근원적인 이유는 죄 때문이다. 성경은 분명 죄의 삯은 사망임을 명시하고 있다(롬 6:23, 고전 15:21 창 2:17, 3:19). 한 사람 아담으로 인해 죄가 세상에 들어왔고, 죄로 말미암아 사망이 모든 사람에게 이르렀다(롬 5:12). 그리고 사망은 이후로 사람들에게 왕노릇하였다(5:17). 성경에서 죽음은 종종 죄와 함께 등장하며(5:21, 6:16, 7:5, 8:2, 고전 15:56, 약 1:15), 정복하고 멸망받아야 할 원수로 묘사된다(고전 15:26, 55-57). 죽음은 사람에게 자연스러운 것이 아니라 거스르고 싸우고 정복해야 할 것이다. 그래서 예수께서는 나사로가 죽었을 때 통분히 여기시며 우셨고(요 11:33, 35, 38), 죽은 자들을 살리셨다(막 5:41, 눅 8:54-55).

이렇게 볼 때 육체적인 죽음은 하나님이 원래 의도하신 결과가 아니다. 그렇다고 해서 사람이 본성상 불멸의 존재로 창조된 것으로 보기는 어렵다. 하지만 인간은 죄를 짓지 않고 하나님과의 언약에 신실했을 때 영원한 생명을 얻을 가능성이 있었다. 에덴 동산에 있는 생명나무는 인간이 하나님의 말씀에 온전히 순종할 때 허락될 영원한 생명의 가능성을 암시한다(창 2:9, 3:22).

3) 신자가 죽는 이유는?

신자는 그리스도 안에서 죄 사함을 받고 의롭다 함을 얻어 죄 문제를 해결받은 사람들이다. 그럼에도 불구하고 신자가 여전히 죽음을 경험하는 이유는 무엇인가?

첫째, 아직 우리 안에 있는 죄의 오염 때문이다. 우리는 거룩하다 칭함을 받았지만, 여전히 성령의 능력 안에서 거룩함을 이루어 가야 할 사람들이다. 여전히 죄의 유혹과 힘을 경험하고, 죄에 대하여 싸워야 할 선한 싸움이 있다. 이런 면에서 이 땅에서 성도가 갖는 '이미'와 '아직 아니'의 종말론적 긴장이 주는 실존의 상태는 죽음을 성도에게도 필연적으로 찾아오는 인간 존재의 조건이 되게 한다. 죽음이 인간 존재의 조건들 중 하나가 되었기에 성도는 육체적 죽음을 경험해야 한다.[2]

둘째, 이런 면에서 죽음은 하나님의 백성이 성화를 이루어 가는 데 있어서 하나님이 사용하시는 징계의 극치라는 벌코프의 주장에 귀기울일 필요가 있다.[3] 성도의 죽음은 이 땅에서 성도가 겪는 성화의 마지막 과정으로 영혼의 성화를 완성한다. 성도에게 죽음은 종말이 아닌 완전한 거룩, 영화로운 생활의 출발점이다. 더 이상 사망의 쏘는 것이 존

---

2 ──── 밀라드 J. 에릭슨, 신경수 역, 《복음주의 조직신학 (하)》 (고양: 크리스찬다이제스트, 1995), 376.
3 ──── 루이스 벌코프, 《조직신학 (하)》, 938-939.

재하지 않고(고전 15:55), 선한 싸움을 마친 성도는 이제부터 영원토록 주와 연합하고 그 안에 거하며 안식을 누린다(딤후 4:7-8, 살전 4:16-17).

4) 죽음의 의미

그렇다면 성도에게 죽음은 어떤 의미일까?

첫째, 죽음은 이생의 마지막인 동시에, 그리스도와 온전히 함께하는 삶의 시작이다. 바울은 내가 둘(삶과 죽음) 사이에 끼었으니 차라리 세상을 떠나 그리스도와 함께 있는 것이 훨씬 좋은 일이기에 그렇게 하고 싶다고 고백한다(빌 1:23). 죽음은 그리스도와 함께 있는 것이다.

둘째, 죽음은 이생에서의 모든 선한 싸움이 끝나는 날이며, 상급과 면류관을 받는 날이다(딤후 4:7-8).

셋째, 성도에게 죽음은 영화의 시작이다. 성도는 죽음을 통해 이생에서 '옛 사람'에 대한 반복적인 죽음을 끝내고 죄에서 해방되어 새 생명을 시작한다. 바울은 '나는 날마다 죽노라'고 고백했다(고전 15:31). 이 땅을 살아가며 성도는 날마다 육체와 함께 그 정과 욕심을 십자가에 못 박으며 살아야 한다(갈 5:24, 6:14). 하지만 죽음을 통하여 성도는 더 이상 육체와 정과 욕심을 못 박아 자아가 죽지 않아도 된다. 이제는 영광스런 모습으로 영원히 주와 함께 새 생명을 누린다.

넷째, 죽음은 시간의 한계에 속박된 인간이 영원에 들어가는 관문이 된다.[4]

다섯째, 죽음은 각 사람의 운명을 영원히 고정시킨다. 죽음 후에는 구원의 가능성이 없다(눅 16:22-23, 26).

1.2 영혼의 불멸

1) 불멸성이란?

영혼의 불멸(the immortality of the Soul)이란 육체가 죽은 후에도 영혼의 생명이 계속해서 지속되어 의식을 가지고 존재하는 것을 의미한다. 영혼의 불멸성을 이해할 때 중요한 전제가 있다.

---

[4] 이종성, 《종말론 I》 (서울: 대한기독교출판사, 1990), 88.

첫째, 절대적인 의미에서 불멸성은 오직 하나님에게만 있다. 성경은 '오직 그에게만 죽지 아니함이 있다'(he alone who has immortality, NRSV)고 진술한다(딤전 6:16). 이는 하나님만이 본래적이고, 영원하며, 필연적 속성으로 불멸성, 즉 영원성의 기원을 갖고 있다는 뜻이다.

둘째, 하나님은 불멸성의 기원을 갖고 계신 분으로, 자신의 신적 의지에 의하여 피조물에게 불멸성을 부여하기도 하신다. 천사와 같은 피조물들은 하나님의 신적 의지에 종속되어 불멸성을 부여받았다. 이는 사람의 영혼 또한 마찬가지인데, 몸이 영혼으로부터 분리되어 해체되어도 영혼은 없어지지 않고 개체적 존재로서의 정체성을 유지한다.

2) 성경이 말하는 영혼의 불멸

성경에서 악인 혹은 어리석은 자의 영혼은 그 상태로 멸절되거나 사라지는 것이 아니라, 스올로 내려가는 것으로 묘사된다(시 16:10, 49:14). 이를 음부에 들어가는 것으로도 표현된다(9:17, 눅 16:23). 이런 영혼의 불멸성으로 인해 예수께서는 '몸은 죽여도 영혼은 능히 죽이지 못하는 자들을 두려워하지 말고 오직 몸과 영혼을 능히 지옥에 멸하실 수 있는 이를 두려워하라'고 말씀하셨다(마 10:28). 여기 몸과 영혼을 지옥에서 멸한다는 것은 존재 자체의 사멸이 아니라 하나님과의 관계 단절로 인하여 바깥 어두운데, 즉 지옥에서 내어 쫓겨 슬피 울며 이를 갊이 있는 둘째 사망을 의미한다(마 8:12, 13:42, 50, 22:13, 24:51, 25:30).

반면 의인의 영혼은 죽음 이후 하나님께로 영광 중에 가게 되는데(욥 19:26, 시 17:15, 49:15, 73:24, 전 3:20-21, 12:7), 이를 아브라함의 품에 들어가거나(눅 16:22), 낙원에 들어가는 것으로 표현하기도 한다(23:43). 예수께서는 우리를 위하여 거처를 예비하겠다고 약속하셨다(요 14:3, 참조 고후 5:1).

1.3 중간 상태

중간 상태(intermediate state)란 육체의 죽음 이후 우리 몸의 완전한 부활 때까지 죽은 자들이 처해 있는 영혼의 상태를 말한다. 우리 몸은 종말에 있을 최후의 심판 때 그리스도 안에 있던 자든, 밖에 있던 자든 모두 부활한다(계 20:11-15). 몸이 부활하여 완전한 온전한 통합적 인간으로 심판받을 때까지 우리의 영혼은 중간 상태에 있게 된다. 종말에 있을 최후의 심판 때 사망 곧 음부(헬. 하데스)는 그동안 죽어서 이곳에 머물던 모든 자들을 다 내주어 최후의 심판대 앞에 서게 한다(계 20:13-15).[5] 최후의 심판 이후에는 음부도 영원한 불못에 던져진다. 이렇게 볼 때 음부는 죽은 자들의 영혼이 최후의 심판 때까지 머무는 중간 상태의 장소임을 알 수 있다.[6] 이를 좀더 구체적으로 살펴보자.

1) 의인의 영혼

그리스도 안에서 죽음을 맞이한 자는 곧바로 그리스도와 함께 거하게 되는데, 이곳을 '낙원'이라 한다. 예수께서 십자가에 달리셨을 때 함께 있던 강도가 예수께 '당신의 나라에 임하실 때에 나를 기억해 달라'고 요청했다. 그러자 예수께서는 '오늘 네가 나와 함께 낙원에 있으리라'고 약속하셨다(눅 23:42-43). 여기서 낙원은 죽음 이후 그의 영혼이 그리스도와 함께 거하며 완전한 몸의 부활이 있을 때까지 중간 상태에서 아름다운 교제를 나누는 곳을 의미한다.[7] 이런 낙원에 대한 소망이 있었기에 스데반 집사는 돌에 맞아 죽어 가며 '주 예수여 내 영혼을 받으시옵소서'라고 기도할 수 있었다(행 7:59). 죽어 가던 스데반에게 하늘이 열리며 이 낙원의 장면이 보였다. 그곳에는 하나님이 계시고, 예수께서 하나님 우편에 서 계셨다. 하나님이 계시고 예수 그리스도가 계신 곳이 바로 낙원이었다. 나사로의 이야기에는 이를 '아브라함의 품'으로도 묘사한다(눅 16:22). 사도 바울은 이 낙원을 경험했다. 그는 셋째 하늘이라고도 하는 낙원에 이끌려 가서 말로 표현할 수 없는 황홀한 경험을 하고 돌아왔다(고후 12:3-4).

나아가 요한계시록 2장 7절에는 낙원에 생명나무가 있음을 묘사

---

5 ────── 이필찬, 《요한계시록: 내가 속히 오리라》 (서울: 이레서원, 2006), 859.

6 ────── Joachim Jeremias, "γέεννα", *Theological Dictionary of the New Testament*, Vol.1, ed.by Kittel, 658.

7 ────── Joachim Jeremias, "παράδειοος", *Theological Dictionary of the New Testament*, Vol.5, ed. by Kittel, 769-772.

하고 있다. 이렇게 볼 때 낙원은 천국의 중간 상태라기보다 오히려 완성된 상태의 셋째 하늘이자 완성된 천국이다.[8] 즉 낙원은 결코 미완성 천국의 어정쩡한 중간 상태가 아니라 하나님의 장엄한 임재가 함께하시고, 그 아들 예수 그리스도께서 계시는 영광의 나라다(히 12:23). 에녹은 일찍이 이 땅에서 하나님과 매일 동행하다 하나님이 그를 낙원으로 데려오셨다(창 5:24). 우리는 이 영광의 나라에 영혼만으로도 들어갈 수 있다. 핵심은 그리스도와 함께 거하는 것이다(빌 1:21-23). 하지만 이것으로 끝이 아니다. 장차 예수 그리스도께서 재림하시고 우리가 완전한 몸의 부활을 입을 때 낙원 곧 천국은 이 땅에 내려와 새 하늘과 새 땅을 이룬다(계 21:2-5).

2) 악인의 영혼

악인의 영혼은 곧바로 음부에 떨어진다. 음부는 히브리어 '스올'에 해당하는데, 구약성경은 이를 무덤을 가리키는 용어로도 사용하지만(창 37:35, 욥 17:13-14, 시 141:7, 전 9:10), 많은 경우 악인에 대한 형벌의 처소로 사용한다(신 32:22, 욥 21:13, 26:6, 시 9:17, 16:10, 55:15, 139:8, 잠 9:18, 23:14, 사 14:15). 신약성경에서는 이를 '하데스'로 쓰는데, 이는 최후의 심판 이전에 악인이 거하는 중간 상태의 처소로 사용된다. 참고로, 70인역 헬라어 성경에서는 히브리어 '스올'을 헬라어 '하데스'로 번역하여 사용한다. 이를 '감옥'(헬. 필라케)이라고도 한다(계 20:7).

부자와 나사로의 이야기에서 부자가 죽음 이후 곧바로 간 곳이 음부(헬. 하데스)다. 부자는 죽음 이후 '하데스'에서 고통 중에 눈을 들어 쳐다보았다(눅 16:23). 부자는 음부에서 불꽃 가운데서 고통스러워하고 있었다(16:24). 성경은 악인이 음부에서 중간 상태로 거하며 계속되는 형벌 아래 두어 심판날까지 지키신다고 말씀한다(벧후 2:9). 이렇게 볼 때 음부에서 받는 고통은 영원히 계속되는 것이 아니라 최후의 심판 직전까지 계속되는 것임을 알 수 있다.[9]

---

8 ——— 앤서니 후크마, 류호준 역,《개혁주의 종말론》(서울: 기독교문서선교회, 2002), 149.
9 ——— 위의 책, 147.

1.4 중간 상태에 대한 오해

1) 영혼수면설

어떤 단체는 중간기에 사람의 영혼이 낙원이나 음부에서 거하는 것을 부정한다. 이들은 사람이 죽으면 무덤에서 무의식 상태로 잠들어 있는데, 예수의 재림 때 하나님의 기억하심으로 이들을 깨우시고 영원한 생명을 부여하시고, 악인의 영혼은 영원히 멸절시킨다고 주장한다.

이들은 예수께서 회당장 야이로의 딸의 죽음에 대해 '소녀가 죽은 것이 아니라 잔다'(마 9:24)고 하셨고, 나사로의 죽음을 가리켜 '나사로가 잠들었으니 내가 깨우러 간다'고 하셨으며(요 11:11), 스데반도 돌에 맞아 죽기 전에 '이 죄를 그들에게 돌리지 말라고 기도한 후 잤다'(행 7:60)고 나온다면서 이렇게 주장한다. 또한 다윗은 하나님의 뜻을 좇아 섬기다가 잠들었다(13:36). 다니엘서에 따르면 마지막 때 '땅의 티끌 가운데에서 자는 자 중에서 많은 사람이 깨어나 영생을 받는 자가 있을 것'이라고 한다(단 12:2). 데살로니가전서도 성도들이 예수 안에서 잔다고 표현한다(살전 4:13-15). 이렇게 볼 때 낙원을 예수께서 재림할 때까지 잠을 자는 장소로 여기는 것이다.

영혼수면설은 인간 존재의 구성을 이분설 혹은 삼분설이 아니라 하나의 긴밀한 통일체로 본다. 따라서 육체가 기능을 중지하면 영혼도 더 이상 기능하지 않는다고 보기에 영혼불멸과 영혼의 지속적인 활동을 부인한다. 그렇다면 우리는 이러한 주장을 어떻게 이해해야 할까?

첫째, 성경에서 '잔다'고 하는 표현들은 죽음에 대한 문학적인 완곡한 표현일 뿐이다(참조 창 24:2). 죽은 사람의 육체 상태가 마치 잠자는 상태인 것처럼 보이는 것을 빗대어 '잔다'고 표현한 것이다.

둘째, 성경은 인간의 사후 도리어 영혼의 의식적인 활동을 자주 언급한다. 성경은 영혼이 무덤에 버려지지 않고 의식이 각성된 상태에서 활동한다고 말한다(시 16:10, 49:15, 삼상 2:6, 빌 1:22-24, 3:20-21, 고후 5:8-10, 눅 16:22-23, 요 14:2, 계 6:9).

셋째, 칼뱅을 비롯한 종교개혁자들은 영혼수면설에 반대하였다. 칼뱅은 1542년 출판된 《영혼수면론(De Psychopannychia)》에서 인간 영혼은 본질상 불멸이며 죽은 후 소멸되거나 수면 상태에 있는 것이 아님

을 변증하고 반박했다.[10]

2) 영혼멸절설

어떤 단체는 '범죄하는 영혼이 죽으리라'(겔 18:4)는 말씀을 근거로 범죄하는 영혼은 벌을 받지 않고 죽는다고 주장한다. 즉 '범죄하는 사후의 영혼은 멸절한다'는 것이다. 하지만 에스겔 18장 4절을 1절부터 이어지는 내용의 흐름으로 볼 때, 이는 죽음 이후 영혼의 사망을 주장하는 것이 아니라, 범죄하는 사람의 죄는 그 사람 본인에게만 해당된다는 말씀이다. 여기서 '영혼'은 육체와 분리되는 영혼을 말하는 것이 아니라 총체적인 한 사람을 지칭한다.

3) 연옥설

연옥(purgatory)은 이 땅에서 완전히 성화되지 않고, 여전히 작은 죄가 있는 사람들이 천국에 들어가기 전 영혼의 정화를 위해 들어가는 장소다. 연옥에 관한 가톨릭의 입장은 다음과 같다.

> 연옥은 세상에서 고해성사로 죄의 용서는 받았지만 거기에 해당되는 보속을 다 못했다든지 또는 소죄를 지니고 죽은 영혼들이 천국에 들어가기까지 보속하는 곳이다. 연옥에도 지옥과 같은 실고와 각고가 있다. 그러나 지옥과 근본적으로 다른 점은 연옥은 영원한 곳이 아니고 잠정적인 곳이라는 것이다. 연옥의 영혼들은 감옥살이를 하는 사람들과 같아서 자기들 힘으로는 그 보속을 경감할 수 없다. 그래서 이 세상 사람들이 바치는 기도와 희생을 통해서 그들의 보속은 경감될 수 있다. … 우리는 연옥 영혼들을 위해서 기도해야 한다.[11]

연옥에 있는 영혼은 이 땅에서와 달리 보속을 위한 선행을 행할 수 없기에 오직 수동적인 고난으로 속죄할 수 있다. 그러나 지상에 있는

---

10 이에 관해서는 홍원표 《깔뱅의 개인종말론 연구: '영혼수면설 논박(De Psychopannychia)'을 중심으로》 (장로회신학대학 미간행 박사학위 논문, 2014)를 참조하라.
11 박도식, 《가톨릭 교리 사전》 개정판 (서울: 가톨릭출판사, 2012), 211-212.

충실한 신자들의 도움을 받을 수 있는데 이들을 위한 기도, 미사, 선행은 연옥에 있는 영혼이 받아야 할 고난의 기간을 줄여 준다. 또한 이 땅에서 특별한 기회를 통하여 전대사를 받아 양도하거나, 공덕이 충분한 성인들에게 전대사를 증여하도록 기도하면 그 영혼은 모든 벌을 면제받고 천국에 이르게 된다고 주장한다. 이런 연옥의 교리는 공덕 사상과 성인 숭배, 성인들의 유물과 성상, 면벌부를 정당화하는 구실을 제공한다. 연옥 교리는 1439년 피렌체 공의회와 1546년 트렌토 공의회를 거쳐 공식화되었다. 특히 트렌토 공의회 때는 외경 중 에스드라 1, 2서를 제외시켰는데, 에스드라 2서 7장 105절에는 죽은 자를 위한 기도를 반대하는 구절이 있기 때문이다.

연옥을 지지하는 근거로 이들은 크게 두 가지를 든다. 먼저는 죽은 자를 위한 기도를 언급하는 마카베오 하 12장 38-45절이다.

> … 유다와 그의 부하들은 전사자의 시체를 묻어야 할 날이 촉박하였으므로 시체들을 거두러 가야만 했다. … 그런데 그 시체 하나하나의 옷을 들쳐보니 그들은 얌니아의 우상을 부적으로 지니고 있었다. 유다인이 이와 같은 물건(우상)을 몸에 지니고 있는 것은 율법이 금하는 일이었다. 그래서 그들이 죽은 것이 바로 그것(우상 숭배) 때문이었다는 것이 분명하게 되었다. … 그들은 … 죽은 자들이 범한 죄를 모두 용서해 달라고 애원하면서 기도를 드렸다. … 그리고 유다는 각 사람에게서 모금을 하여 은 이천 드라크마를 모아 그것을 속죄의 제사를 위한 비용으로 써 달라고 예루살렘으로 보냈다. … 그가 죽은 자들을 위해서 속죄의 제물을 바친 것은 그 죽은 자들이 죄에서 벗어날 수 있게 하려는 것이었다.

여기서 연옥을 직접적으로 언급하지는 않지만, 죽은 자를 위한 기도와 속죄 제사(미사)를 통한 죄로부터의 벗어남은 연옥설을 지지하는 데 충분한 근거를 제공한다. 주목할 것은 여기서 언급하는 죽은 자들은 우상 숭배의 죄로 형벌을 받아 죽은 자들로, 이들을 구원해 달라는 기도라는 것이다. 이는 정경의 주장과 정면으로 배치된다(엡 5:5, 고전 6:9-10, 계 21:8, 22:15). ·

둘째, 연옥을 지지하는 근거로 마태복음 12장 32절을 든다.

또 누구든지 말로 인자를 거역하면 사하심을 얻되 누구든지 말로 성령을 거역하면 이 세상과 오는 세상에서도 사하심을 얻지 못하리라

이들은 이 구절을 근거로 성령을 거역하는 죄 이외의 다른 죄는 오는 세상에서 용서함을 받게 될 수 있다고 주장한다. 그러나 이 구절은 성령을 거역하는 죄는 절대 용서받지 못하니 순종하라는 말씀의 강조점을 저버리고, '오는 세상에서도 사하심을 얻지 못하리라'는 구절을 자의적으로 확대 해석한 것이다. 이는 연옥에서 고통을 받고, 지상에 있는 자들이 선행과 기도와 미사를 하면 연옥에 있는 이들이 죄 용서함을 받는다는 것을 결코 지지하지 않는다.[12]

4) 림보설

림보는 '경계'를 의미하는 라틴어 'limbus'에서 유래한 것으로 가톨릭의 정식 교리로 공식 채택된 적은 없으나 폭넓게 받아들였던 일종의 신학적 이론이고 가설이다. 이를 우리말로 '고성소'(古聖所)라고도 한다.

림보는 지옥의 주변 가장자리에 있는 장소로 천국이나 지옥 또는 연옥 그 어디에도 머무르지 못하는 사람들이 머무르는 장소다. 이곳에 머무는 이들은 누가 있을까? 전통적으로 가톨릭에서는 예수 그리스도가 오기 전까지 경건한 신앙생활을 했던 구약의 선조들, 그리고 유아 세례를 받지 못해 원죄의 문제를 해결받지 못하고 일찍 죽은 유아들이 있다고 여겼다. 가톨릭에서는 세례를 통해 원죄가 사해진다고 주장하기에, 유아들이 세례를 받지 않고 죽는 경우는 심각한 문제를 초래하였다. 의도적으로 세례를 거부한 것도 아닌데, 세상에 태어난 지 얼마 되지도 않아 질병과 건강, 그 밖의 기타 이유로 죽는다면 구원받지 못하고 지옥에 가는 심각한 문제가 초래되기 때문이다.

림보는 크게 성조(聖祖)들의 고성소 혹은 선조 림보(limbus patrum)와 유아들의 고성소 혹은 유아 림보(limbus infantium)로 나눈다. 성조들의 고성소는 구약 시대 성도들의 영혼이 죽은 후부터 그리스도께서 부

---

12 ──── 밀라드 J 에릭슨, 《복음주의 조직신학 (하)》, 384.

활하시기까지 머물러 기다렸던 장소다. 이들의 주장에 따르면 그리스도는 십자가에서 돌아가신 후 성조들의 고성소에 내려가서 그들을 구금에서 풀어 주시고 이들에게 복음을 전하시고 하늘나라로 데리고 가셨다고 주장한다. 이렇게 볼 수 있는 근거로 그리스도께서 부활하시고 마리아에게 '내가 아직 아버지께로 올라가지 않았다'고 하신 말씀(요 20:17)을 들 수 있다. 이는 예수께서 십자가에 죽으시고 고성소에 있는 영들에게 가서 말씀을 선포했다는 베드로전서의 구절로도 뒷받침되는 듯하다(벧전 3:19). 하지만 이에 대해 칼뱅은 제네바 요리문답 65항에서 예수께서 음부에 내려가신 것은 육신과 영혼의 분리인 자연적 죽음을 겪으신 것뿐만 아니라 나아가 베드로 사도가 사망의 고통(행 2:24)이라 불렀던 놀랄 만한 고민 가운데 그의 영혼이 갇힌 것이라 하였다.[13] 칼 바르트는 이에 대해 다음과 같이 진술한다.

> 음부에 내려가심은 예수 그리스도가 절망 속에, 마음의 번민 속에, 하나님이 그를 대적하고 있다는 생각 속에 내던져졌다는 것을 다룬다. 말하자면 음부에 내려가심은 죽음과 무덤 속에서 외적으로 일어난 것에 대한 내적인 설명이다. 육신이 매장되자마자, 영혼은 음부에, 다시 말하면 하나님으로부터 멀리 떨어져 있는 곳에, 하나님이 단지 대적자이고, 적으로 있을 수밖에 없는 장소에로 가신 것이다. 우리를 대신하여 그리스도는 당연히 우리의 것이어야 하는 이 상황을 감당하셨다.[14]

한편 유아들의 고성소는 너무 어린 나이에 죽어 아직 죄를 짓지 않았으나 그리스도를 믿고 세례를 받지 못하고 죽었기에 원죄가 남아 있는 유아들이 머무는 곳이다. 가톨릭의 교리에 따르면 세례받지 못한 어린이는 하나님의 나라에 들어갈 수 없다(요 3:5). 하지만 이런 유아들이 지옥의 고통을 받아야 한다는 사상에 대해서는 늘 자연적 반감이 있어 왔고, 그래서 로마 교회의 신학자들은 이 어려움을 피할 수 있는

---

13 ──── 이장식,《기독교신조사(1)》(서울: 컨콜디아사, 1982), 154.
14 ──── 칼 바르트, 최영 역,《교회의 신앙고백》(서울: 다산글방, 2000), 166.

길들을 모색해 왔다.[15] 벌코프에 따르면 유아는 이곳에서 구원의 희망이 전혀 없는 상태로 영원히 거하게 된다.[16] 하지만 이런 유아 림보 교리는 2007년 로마 바티칸 산하 국제신학위원회가 신학보고서를 작성하고 교황 베네딕토 16세가 이를 수용함으로 사실상 폐기되었다.[17] 이 보고서는 림보 개념이 구원 문제에 대해 지나치게 제한적인 관점이며, 세례받지 않는 어린이들에게 어떤 일이 일어날지 확실히 알 수 없다면서 자비로우신 하나님께서 이들을 보살피고 구원에 이르게 하실 것이라는 희망을 가져야 한다고 진술했다.

고성소에 대한 가설은 믿음으로 구원 얻는 이신칭의의 교리와 배치된다. 사람은 오직 믿음으로 의롭다 함을 얻음에도 불구하고 고성소는 세례로 인해 주입되는 은총으로 원죄를 사한다고 주장하여, 세례가 구원의 유일한 길인 것처럼 주장하기 때문이다. 또한 이는 하나님의 예정하심과도 배치된다.[18] 하나님이 구원하기로 작정하신 사람이 세례받지 못한 것으로 그 계획이 취소될 수 없다는 것이다. 이는 가톨릭이 주장하는 7성사와도 배치된다.

5) 죽으면 귀신이 될까

불신자의 사후 영혼을 가리켜 '귀신'이라 주장하는 이들이 있다. 이들의 주장에 따르면 원래 하나님이 정하신 인간의 최고 수명이 120년인데 보통 90-120년의 자연수명대로 살지 못 하면 신자는 낙원에 가지만, 불신자는 귀신이 되어 구천을 떠돌며 남은 자연수명을 다 살고 나서 무저갱으로 들어간다고 한다. 한 남자의 자연수명이 120세인데 89세에 갑자기 죽으면 남은 31년 동안 이 남자는 귀신이 되어 구천을 떠돌면서 그 자손들에게 들어가 병이나 사고를 일으킨다는 것이다. 귀신이 자손들의 죄 된 육체에 들어가 온갖 질병과 몸의 이상을 일으키는데, 감기, 배탈은 물론이거니와, 차멀미나 배멀미도 조상 중에 차 사고나 배

---

15 ───── 루이스 벌코프, 《조직신학 (하)》, 957.
16 ───── 위의 책, 957.
17 ───── "교황, 800년 된 가톨릭 중요 교리 '유아 림보' 폐기", 연합뉴스, 2007. 4. 23.
18 ───── "고성사", 가톨릭사전, http://dictionary.catholic.or.kr.

사고로 죽은 귀신이 들어와서 일으키는 것이라고 한다.[19] 술과 담배도 마귀 때문이고, 임신하고 헛구역질을 하는 것조차 귀신 탓이라고 주장한다. 또 신경통, 관절염과 같은 것들은 귀신이 병균을 파송하는 것이기에 귀신을 쫓아도 병이 즉시 낫지 않는다고 한다. 무엇인가를 잘 잃어버리는 것도, 아내가 매를 자주 맞는 것도 그 속에 귀신이 있기 때문이다. 심지어는 연탄가스를 마시게 하는 것도 귀신이다. 결국 모든 병과 사고의 원인을 귀신으로 돌린다. 이에 따르면 귀신이 육체에 들어가는 것이기 때문에 육체에 고통을 주면 귀신이 나가기도 한다고 한다. 여기서 비성경적인 폭력적인 안찰기도의 근거가 나온다.

그렇다면 불신자의 사후 영이 귀신이라는 성경적 근거는 어디서 온 것일까? 이는 민수기 25장에 나오는 바알브올의 음행 사건을 배경으로 한 시편 106편 28절 이하의 말씀이다.

> 그들이 또 브올의 바알과 연합하여 죽은 자에게 제사한 음식을 먹어서 그 행위로 주를 격노하게 함으로써 재앙이 그들 중에 크게 유행하였도다(시 106:28-29)

여기 보면 죽은 자에게 제사한 음식을 먹었다는 표현이 나온다. 여기 죽은 자에게 제사한다는 표현이 곧 불신자의 사후 영인 귀신에게 제사를 지내는 근거라는 것이다. 하지만 여기서의 '죽은 자'는 죽은 조상을 말하는 것이 아니다. 공동번역을 살펴보자.

> 브올에서는 그 곳 바알신에게 굴종하고 생명도 없는 것들에게 바쳤던 제물을 먹었다(시 106:28, 공동번역).

쉬운성경은 이를 좀더 뚜렷하게 드러낸다.

> 그들이 브올 지방의 바알에게 제사드리고 생명도 없는 신들에게 바쳐진

---

[19] ── 김기동,《마귀론 하》베뢰아신서14 (서울: 베뢰아, 1986), 166 이하.

음식을 먹었습니다(시 106:28, 쉬운성경)

이로서 우리는 '죽은 자'는 죽은 조상이 아니라 생명이 없는 죽은 신들, 즉 바알 하솔, 바알 세붑, 바알 브릿 등 즉 여러 우상을 가리키고 있음을 분명하게 알 수 있다.

성경은 거듭난 그리스도인들에게 귀신이 들어올 수 없음을 분명하게 말씀하고 있다(요 10:28-29, 롬 8:14-15, 살후 3:3, 약 4:7, 요일 4:4, 5:18).

또한 성경은 영적 역사가 우리 안에 일어나는 곳을 육체(귀신이 역사하는 처소)와 영혼(성령이 역사하는 처소)으로 구별하지 않는다. 영적 역사가 일어나는 처소는 우리의 '마음'이다(겔 11:19, 렘 17:9, 잠 4:23, 마 15:19, 롬 1:21-23).

또한 성경은 불신자의 사후 영혼을 귀신으로 말하지 않는다. 귀신은 사탄의 수하로, 성경은 귀신의 몰락을 사탄의 몰락으로 동일하게 여긴다(막 3:22-30). 성경은 귀신과 마귀, 사탄을 특별히 다른 것으로 구별하지 않는다(행 10:38, 계 16:14, 20:8). 예수께서 거라사 지역에 오셨을 때 귀신들은 예수님께 자신들을 무저갱으로 들어가지 말게 해달라고 간청한다(눅 8:30-31). 만약 귀신이 불신자의 사후 영혼이라고 한다면 이렇게 말할 필요가 없을 것이다(참조 계 16:13-14).

하나님이 인간을 얼마나 아끼고 소중하게 생각하실까? 참새 한 마리도 하나님의 허락이 없으면 떨어지지 않는데, 하물며 사람은 얼마나 더 소중히 여기고 아끼실까?(마 10:29-31) 그런데 이렇게 아끼는 사람을 제명에 살지 못하게 하고 구천을 떠도는 귀신으로 방치해 두실까? 절대 그럴 수 없다. 나사로의 이야기에서 나오는 부자와 같이 사람의 생명이 끝나면 곧바로 음부로 떨어진다(눅 16:27-28). 또한 심판받는 불신자의 사후 영혼은 다른 장소로 이동할 수 없다(16:26). 제명에 살지 못하고 구천을 떠돌다 귀신이 되었다는 것은 우리 내면의 무의식에 깊이 깔려 있는 민간신앙을 절묘하게 결합하여 우리의 관심을 끌게 하기 위한 미혹하는 교리일 뿐이다.

2. 우주적 종말

성경은 예수 그리스도께서 다시 오실 것이고, 이때 온 세상에 마지막 심판이 있고, 세상은 종말을 맞게 될 것을 말씀한다. 이러한 종말에 대한 수많은 추측과 해석이 난무하기에 우리는 성경이 말하는 정확한 우주적 종말에 대해 알고 있어야 한다.

2.1 그리스도의 재림

1) 재림의 확실성

우주적 종말의 핵심은 예수 그리스도의 재림이다. 이는 무엇보다 주님 자신이 공생애 동안 수차례 예고하셨던 부분이다(마 24:30, 25:19, 31, 26:64, 요 14:3). 이는 그만큼 재림이 확실한 다가올 사건임을 의미한다. 이뿐만 아니다. 예수께서 승천하실 때 그의 곁에 있던 천사들도 예수 그리스도의 미래적 재림을 예고했다(행 1:11). 그리스도의 승천을 목격했던 사도들은 또한 성경 여러 곳에서 재림의 소망을 말했다(3:20, 21, 빌 3:20, 살전 4:15-16, 5:2, 살후 1:7, 10, 딤전 6:14, 딛 2:13, 히 9:28, 약 5:7-8, 벧전 1:7, 13, 요일 3:2, 계 1:7, 22:12, 20).

2) 재림을 나타내는 용어

그리스도의 재림을 나타내는 용어는 크게 세 가지로 나눈다.

첫째, '아포칼립시스'다. 이는 덮개 혹은 베일을 벗긴다는 뜻으로, 그리스도를 볼 수 없도록 만드는 장애물을 제거하는 사건을 의미한다(고전 1:7, 살후 1:7, 벧전 1:7, 13, 4:13).

둘째, '에피파네이아'다. 이는 나타남, 현현을 의미하는 단어로 그리스도께서 출현하심으로 복된 결과가 함께 나타날 때 사용한다(살후 2:8, 딤전 6:14, 딤후 1:10, 4:1, 8, 딛 2:13).

셋째, '파루시아'다. 이는 '곁에', '가까이'를 의미하는 접두어 '파라'와 '있다', '존재하다'를 의미하는 '에이미' 동사가 결합한 단어로, 임재(presence), 현존, 도착(arrival), 강림(advent, coming) 등을 의미한다. 파루시아는 신약성경에 102회 사용될 정도로 그리스도의 재림을 가리킬 때 가장 많이 사용된 단어다(마 24:3, 27, 37, 고전 15:23, 살전 2:19, 3:13, 4:15, 5:23, 살후 2:1-9, 약 5:7, 8, 벧후 1:16, 3, 4, 12, 요일 2:28).

3) 재림의 방식

A. 육체적 강림
예수께서는 특별한 모습으로 변화되어 이 땅에 오시는 것이 아니다. 제자들이 부활하신 몸으로 승천하신 것을 본 그대로 다시 오실 것이다(행 1:11).

B. 가시적 강림
예수께서는 모든 사람이 보는 가운데 강림하신다. 결코 깨어 믿음을 지킨 소수의 사람들만 볼 수 있게 비밀리에 임하지 않는다. 그가 이 땅에 오실 때는 우주적 대파국이 임하므로 모든 사람은 그의 강림을 목도하게 된다(마 24:30, 26:64, 골 3:4, 딛 2:13, 계 1:7).

C. 단회적 강림
그리스도의 재림은 은밀한 공중 재림과 공개적인 이 땅의 재림 등의 이중 재림, 또는 성도들을 위한 재림과 성도들을 동반하는 재림으로 나누어서 일어나지 않는다. 그리스도의 재림은 모든 이가 볼 수 있게 단회적으로 임한다. 이중 재림을 지지하는 이들은 '파루시아'를 공중 재림 때 일어나는 휴거를 나타내는 전문용어로 간주한다. 그러나 이 용어는 그리스도의 강림을 나타내는 용어로 다양하게 사용되기에(참조 살전 4:15-17, 살후 2:8) 휴거를 지지하는 구절로 사용될 수 없다.[20]

D. 돌발적 강림
그리스도는 예상하지 못했던 때 갑작스럽게 오신다(마 24:37-44, 25:1-12, 막 13:33-37, 살전 5:2, 3, 계 3:3, 16:15).

---

20 ──── 밀라드 J. 에릭슨, 《복음주의 조직신학 하》, 396-397.

E. 영광스러운 강림

그리스도의 강림은 육체적이고 가시적이지만 재림 때는 자기를 비워 겸손하게 오셨던 초림과는 달리 큰 영광과 능력과 위엄을 갖고 오실 것이다. 그는 하늘 구름을 타고, 천사들의 호위를 받으며, 천사장의 소리와 하늘 나팔소리와 함께 강림하실 것이다(마 24:30, 막 13:26, 눅 21:27, 살전 4:16). 이때 그는 모든 성도와 함께 강림하실 것이고(살전 3:13), 뭇 성도들에게 영광을 받으실 것이다(살후 1:10). 또한 장차 영광스런 보좌에 앉아 모든 민족을 심판하실 것이다(마 25:31-46).

F. 인격적 강림

그리스도의 강림은 인격적 강림이다. 이는 우리를 사랑하사 자기 목숨을 내어 주셨던 그 그리스도께서 우리를 사랑하시는 그 주님으로 우리에게 다시 오신다는 것이다(행 1:11). 주께서 다시 오시는 것은 우리를 사랑하사 처소를 예비하신 후 우리를 그가 있는 곳에 함께 있도록 하기 위함이다(요 14:3). 그리스도께서 강림하시는 것은 죄 사함을 받고 자기를 바라는 자들을 위해서다(히 9:28). 따라서 그리스도를 사랑하는 성도에게 그리스도의 강림은 두렵고 무서운 것이 아니라 소망 중에 사모하는 것이다.

G. 완성적 강림

그리스도의 재림은 성도의 구원을 완성시킨다. 또한 인류 역사 가운데 하나님의 구속 사역을 완성시킬 것이다. 이때 모든 피조물은 죄와 사망의 종노릇에서 해방되어 영광의 자유에 이를 것이다(롬 8:19-23). 그리스도의 재림으로 모든 의미가 완성되고 모든 존재가 완성된다(참조 마 24:32).[21]

---

[21] 김덕복,《기독교 신앙의 본질: 평신도를 위한 조직신학》(서울: 쿰란출판사, 2006), 497.

4) 재림의 시기와 징조

재림의 정확한 시기는 아무도 모른다(마 4:36, 막 3:32). 심지어 하늘의 천사도, 아들도 모른다. 그렇다면 우리는 시기를 알려는 시도를 멈추어야 한다. 그럼에도 불구하고 그동안 많은 이들이 시기를 알기 위해 계산하고, 또 거짓 계시를 근거로 수많은 추측을 내놓았다. 그러나 지금까지의 모든 예측 혹은 예언은 모두 빗나갔다. 시기에 관하여 우리는 알 수 없고 알려고 해서도 안 된다. 사도 바울도 데살로니가 성도들에게 때와 시기에 관하여는 쓸 것이 없다고 선언한다(살전 5:1). 하지만 시기를 모른다는 것이 재림이 아직 먼 미래의 일이라는 뜻은 아니다. 성경은 재림의 때가 가까이 왔고 깨어 있어야 한다는 것을 여러 차례 강조했다(마 24:44, 눅 12:40, 벧전 4:7, 히 10:25, 약 5:8, 계 1:3, 22:10).

그렇다면 우리는 재림이 가까이 왔다는 것을 어떻게 알 수 있을까? 성경은 재림이 가까울 때 일어날 여러 징조에 대해 말씀하고 있다. 이러한 징조들이 일어나는 것을 보면 재림이 가까운 줄 알고 깨어 있어야 한다.

첫째, 복음이 모든 나라에 전파된다(마 24:14, 막 3:10, 롬 11:25). 둘째, 온 이스라엘 백성이 대규모로 회개하고 구원을 받는다(롬 11:25-26, 참조 슥 13:1). 셋째, 많은 이단과 거짓 그리스도와 거짓 선지자가 일어나 성도들을 미혹하여 배교의 역사가 일어날 것이다(살후 2:1-10, 마 24:4-5, 11, 요일 2:18, 22, 4:3, 계 13:11-14). 넷째, 성도들에게 많은 박해가 찾아올 것이다(마 24:9-10, 계 12-13장). 다섯째, 사회질서가 파괴되고 곳곳에 전쟁이 일어날 것이다(마 24:6-7, 막 3:7-8, 계 6:1-4). 여섯째, 자연 질서가 파괴되고 곳곳에 기근과 지진, 전염병이 일어날 것이고, 생태계와 자연계가 파괴될 것이다(마 24:7, 막 3:24-25, 눅 21:25-27, 계 6:5-8, 12-13, 8:7-11, 16:2-9, 벧후 3:10). 이러한 징조들은 크게 세 가지로 나눌 수 있다.[22]

먼저, 하나님의 은혜를 보여 주는 징조들이다. 첫째, 둘째 징조가 이에 해당된다.

---

[22] 이와 같은 분류는 백금산·김종두, 《만화 종말론》 (서울: 부흥과개혁사, 2011), 74-153을 참조하라.

두 번째, 하나님을 대적하는 징조들이다. 셋째는 교회 내부적인 대적의 징조이고, 넷째는 외부적인 대적의 징조다.

세 번째, 하나님의 심판을 보여 주는 징조들로, 다섯째는 인간 사회의 심판 징조들이고, 여섯째는 자연 세계의 심판 징조들이다.

이러한 징조 외에도 성경은 종말에 사람들의 내면에 나타나는 공통적인 특징을 다음과 같이 묘사한다.

> 사람들이 자기를 사랑하며 돈을 사랑하며 자랑하며 교만하며 비방하며 부모를 거역하며 감사하지 아니하며 거룩하지 아니하며 무정하며 원통함을 풀지 아니하며 모함하며 절제하지 못하며 사나우며 선한 것을 좋아하지 아니하며 배신하며 조급하며 자만하며 쾌락을 사랑하기를 하나님 사랑하는 것보다 더하며 경건의 모양은 있으나 경건의 능력은 부인하니 이같은 자들에게서 네가 돌아서라(딤후 3:2-5)

이러한 종말의 징조 아래 성도들은 첫째, 정신을 차리고 깨어 기도하며 주님의 재림을 기다려야 하고(마 24:42-44, 벧전 4:7, 계 22:20), 둘째, 주님 앞에 거룩하고 흠이 없도록 준비하며 서로 뜨겁게 사랑해야 하고(살전 3:12-13, 5:23, 벧후 3:11-12, 요일 4:12), 셋째, 끝까지 인내하며 하나님의 말씀과 믿음을 지켜야 한다(히 10:36-37, 계 14:12).

5) 재림의 시기와 징조에 대한 오해
A. 무화과나무 비유에 대한 왜곡된 해석

많은 이가 무화과나무 비유에 대한 왜곡된 해석을 기초로 재림의 시기를 예측하려 한다. 비유의 말씀은 다음과 같다.

> 무화과나무의 비유를 배우라 그 가지가 연하여지고 잎사귀를 내면 여름이 가까운 줄을 아나니 이와 같이 너희도 이 모든 일을 보거든 인자가 가까이 곧 문 앞에 이른 줄 알라 내가 진실로 너희에게 말하노니 이 세대가 지나가기 전에 이 일이 다 일어나리라 천지는 없어질지언정 내 말은 없어지지 아니하리라(마 24:32-35)

여기서 무화과나무는 이스라엘을 의미하며, 무화과나무의 가지가 연하여지고 잎사귀를 낸다는 것은 이스라엘이 다시 회복되는 이스라엘의 건국을 의미하는 것으로 해석한다. 이스라엘은 1948년 새롭게 건국했다. 그런데 이로부터 '이 세대', 즉 '한 세대'가 지나가기 전에 재림이 있다고 말씀하신 것이다. 그렇다면 시기를 알 수 있는 핵심은 '한 세대'를 어느 정도의 기간으로 계산하느냐 하는 것이다.

한 세대를 40년으로 보아, 1988년에 재림이 온다고 주장했던 이단 단체가 있었다. 이때 1988년 올림픽 폐막식 때 모든 사람이 보는 가운데 주님이 재림한다고 하여 그 단체에 속한 많은 신도가 일부러 폐막식 표를 구하여 올림픽 스타디움에 종말을 맞이하러 가는 일이 있었다. 하지만 재림은 불발되었다. 그러자 그 단체에서는 우리나라에서 올림픽 경기를 너무 잘 치러 종합 4위를 해서 하나님이 재림을 연기해 주었다고 주장했다.

또 어떤 단체에서는 한 세대를 50년으로 해석하여 1998년에 Y2K의 대혼란과 함께 재림이 온다고 주장하였지만, 이 역시 불발되었다. 그러자 어떤 이는 한 세대가 사람의 평균 수명 70년으로 보아 2018년에 오신다고 계산했고, 또 다른 이는 100년으로 계산하여 2048년에 주님이 오신다고 주장하였다.

이처럼 재림의 시기를 자꾸만 계산하는 이유는 크게 두 가지 이유를 들 수 있다.

첫째는, 인류의 역사를 구약 4천 년, 신약 2천 년의 도식에 끼워 맞추려는 세대주의적 관점 때문이다. 이 관점에 따르면 인류의 역사는 2천 년을 전후하여 주님의 재림으로 끝나고 7천 년째가 시작되는 새 천년의 시작에 천년왕국이 시작된다. 그러니 어떻게든 가능한 2천 년을 전후하여 주님께서 오셔야 하는데, 1948년에 일어난 이스라엘의 건국을 주님 재림의 임박함을 알리는 대표적인 신호로 본 것이다.

둘째는, 무화과나무의 비유를 제대로 해석하지 않았기 때문이다. 무화과나무에 관한 진술, 즉 가지가 연하여지고 잎사귀를 내는 것은 이제 무화과나무가 본격적으로 자라나는 여름이 가까이 왔다는 신호다. '이와 같이'(33절)는 '무화과나무 가지가 연하여지고 잎사귀가 나는 것이 여름이 가까이 왔다는 신호인 것처럼'이란 뜻이다. 마치 가로수에 매미가 울기 시작하면 한여름이 가까이 왔다는 것을 아는 것과 같다. 이와 같이 예수께서 예고하신 모든 징조가 나타나면 종말이 가까웠다는 것을 알라는 뜻이다. 이 말씀은 결코 무화과나무의 잎사귀가 이스라엘의 회복에 빗대는 것이 아니다. 이를 누가복음은 좀더 이해하기 쉽게 말씀했다.

> 이에 비유로 이르시되 무화과나무와 모든 나무를 보라 싹이 나면 너희가 보고 여름이 가까운 줄을 자연히 아나니 이와 같이 너희가 이런 일이 일어나는 것을 보거든 하나님의 나라가 가까이 온 줄을 알라 내가 진실로 너희에게 말하노니 이 세대가 지나가기 전에 모든 일이 다 이루어지리라 천지는 없어지겠으나 내 말은 없어지지 아니하리라 (눅 21:29-33)

그렇다면 예수께서 예고하신 '이런 일'들은 구체적으로 무엇일까? 그것은 '예루살렘이 군대들에게 에워싸이는 것'이다(20절). 돌 하나도 돌 위에 남지 않고 다 무너지는 것이다(마 24:2). 이는 곧 주후 70년에 일어날 예루살렘의 멸망을 의미한다. 로마제국은 예루살렘 성으로 진격하여 주후 66년부터 70년까지 예루살렘을 포위하여 공격하였고, 마침내 디도 장군의 진두지휘 아래 무너졌다. 이때 로마 군인들은 성전에 보물이 감추어져 있다는 소문을 듣고 성전 돌 하나까지 다 들추어 냈다고 한다. '이 세대'는 1948년 이스라엘 건국 후 오늘날의 세대가 아니라 예수님의 예언의 말씀을 들을 때 함께 있던 무리의 세대를 말한다. 예수께서 공생애를 30세부터 시작하시고 주후 70년에 예루살렘 성전이 무너졌다면, 이는 예수님 당대에 40년이 채 되지 않는 기간이다.

따라서 무화과나무의 비유를 오늘날의 일로 해석하여 연도를 계산하는 것은 성경의 의도와 거리가 있다. 그동안 너무나도 많은 사람이 비유를 이런 식으로 해석하여 종말 예언을 시도했지만, 모두 빗나갔다. 우리는 무화과나무 비유의 원래 의도를 이해해야 한다. 비유는 신비롭고 감추어진 비밀을 발견하는 도구가 아니라 이미 주신 말씀을 보다 쉽게 이해하기 위해 쉬운 예를 들어 표현한 것임을 기억해야 한다.

B. 멸망의 가증한 것은 무엇인가

예수께서는 종말이 이르기 전 '다니엘의 말한 바 멸망의 가증한 것'이 세워지거든 그때에 유대에 있는 자들은 산으로 도망가라고 말씀하셨다(마 24:15-16). 이에 대해 임박한 세대주의 종말론을 주장하는 이들은 이를 다양한 것으로 주장했다. 먼저, 안식일을 토요일로 지킬 것을 강조하는 어떤 단체는 이를 교황으로 보았다. 둘째, 어떤 이는 이를 마리아 동상으로 보았다. 셋째, 어떤 이들은 다니엘서의 '가증한 것이 날개를 의지하여 설 것'(단 9:27)이라는 말씀을 인용하여 이것이 교회에 세워진 십자가(우상)이라고 보았다. 넷째, 어떤 이는 이것이 예루살렘이 세계 단일정부의 수도가 되어 성전에 세워질 GPS를 통해 전 세계를 통제할 전산통제 시스템이라 한다.

하지만 역사적으로 다니엘이 말한 것은 주전 167년 12월 8일, 헬라제국의 분할 왕국 중 하나인 시리아 왕국의 셀류코스 왕조 제8대 왕인 안티오쿠스 에피파네스 4세가 유대의 충성을 강요하며 강력한 헬라화 정책을 추진하는 중에 예루살렘 성전에 들어가 제우스 신상을 세우고 번제단에 부정한 짐승인 돼지의 피를 뿌린 사건을 의미한다. 이는 하나님의 성전이 이방인에 의해 모독당한 충격적인 사건이었다. 결국 이것이 마카비 혁명을 일으켜 유대독립전쟁이 일어난 계기가 되었다. 이런 가증한 신상과 돼지 피가 뿌려진 사건은 다니엘 예언이 성취된 사건이었다(단 9:27, 11:31, 12:11, 참조 마카베오 상 1:54, 마카베오 하 8:17).

예수께서는 주후 70년 장차 로마제국에 의해 무너질 예루살렘 성전을 내다보시며 다니엘이 예언하여 성취되었던 것과 유사한 사건이 일어날 것을 예고하셨다. 이는 역사적으로 주후 70년 예루살렘 성이 무너질 때 로마 군대가 예루살렘 성전으로 들어와 로마 황제의 형상을 그린 깃발을 들고 들어와서 그곳에서 이교 제사를 드린 사건으로 해석한다.[23] 이렇게 볼 때 마태복음 24장 1-35절은 일차적으로 주후 70년의 예루살렘 멸망을 내다보며 주신 임박한 심판에 관한 예언으로 보는 것

---

[23] 더글라스 헤어, 최재덕 역, 《마태복음》 현대성서주석 (서울: 한국장로교출판사), 379; 양용의, 《마태복음 어떻게 읽을 것인가》 (서울: 한국성서유니온선교회, 2005), 409.

이 적절하다.[24]

C. 짐승의 표 666과 베리칩

주님의 재림과 관련하여 많은 오해와 논란이 되고 있는 것 중 하나가 짐승의 표 666에 관한 것이다. 이에 관해서는 건강한 성경적 관점에서 한 번쯤은 정립할 필요가 있다.[25] 한동안 인터넷과 서적 등을 중심으로 주님 오실 날이 가까이 왔으니 짐승의 표 666을 받지 말아야 한다며, 그것이 곧 전 세계 모든 사람에게 시행될 베리칩이라는 주장이 꽤 많이 퍼져 나갔다. 베리칩(verichip)이란 식별(verification)을 위한 반도체칩(chip)의 합성어다. 베리칩은 쌀알만 한 크기의 칩으로 사람의 피부 속에 주사기를 통하여 주입하는데, 이 칩에는 각 개인을 식별하는 16자리의 고유번호가 있어 스캐너 주변으로 지나가기만 해도 자동적으로 그 사람의 신원을 조회할 수 있다.

베리칩은 세대주의 종말론자들이 주장하는 적그리스도를 중심으로 하는 새로운 세계질서(New World Order)를 세우는 데 핵심적인 정책이다. 마지막 때가 되면 적그리스도가 멸망의 가증한 것, 즉 세계단일정부의 본부를 예루살렘에 두고 글로벌 GPS 전산통제 시스템을 장악하여 새로운 지배 체계를 구축할 것인데, 이때 적그리스도는 전 세계의 경제권을 장악하여 짐승의 표를 받지 아니하면 어떤 물건이든지 매매를 못하도록 통제한다는 것이다. 적그리스도가 전 세계 사람들을 통제하는 수단은 사람의 몸 안에 심는 좁쌀만 한 작은 전자 생체칩이며, 여기에 GPS 기능과 신용카드 기능이 들어 있어 이것만 있으면 전 세계 어디에서도 매매 행위를 하며 살아갈 수 있다. 이들의 주장에 따르면 이 칩은 한 번 이식하면 절대 빼낼 수 없다. 또한 EU본부가 있는 브뤼셀에

---

[24] ────── 이와 같은 해석에 관해서는 양용의, 《마태복음 어떻게 읽을 것인가》, 400-402; 도널드 해그너, 채천석 역, 《마태복음 14-28》 WBC 33하 (서울: 솔로몬, 2006), 1057-1061을 참조하라.

[25] ────── 대한예수교장로회(합신) 이단사이비대책위원회, "베리칩은 과연 666 짐승의 표인가?", 교회와신앙, 2014. 8. 22에서 재인용, http://www.amennews.com/news/articleView.html?idxno=13287.

전 세계 사람들의 베리칩을 통제하기 위한 슈퍼컴퓨터가 설치되어 있는데, 그 슈퍼컴퓨터의 이름이 짐승을 의미하는 비스트(B.E.A.S.T.-Biometric Encryption And Satellite Tracking)고, 이제 사람들이 본격적으로 베리칩을 이식받기 시작하면 베리칩이 사람의 호르몬과 DNA까지 조작하여 심지어 성격까지 짐승같이 변하게 되고 적그리스도의 통제를 받게 된다고 한다. 그리고 베리칩을 받은 사람들은 모두 지옥에 간다고 주장한다. 그럼 그들이 베리칩을 666으로 주장하는 좀더 구체적인 이유는 무엇인가?

첫째, 베리칩은 구성 면에서 짐승의 수를 나타내는 컴퓨터와 교신하는 표이기 때문이다. 이들은 컴퓨터가 짐승의 표 666을 나타낸다고 주장하는데 그 근거는 다음과 같다. 바벨론어(갈데아어)에서 알파벳의 첫 시작이 성경에서 말하는 불완전의 숫자이자 사람의 수인 6을 의미하는 것에 기반하여 영어 알파벳의 순서에 따라 6을 더해 다음과 같은 배열을 만든다.[26] 이를 통해 컴퓨터(computer)의 알파벳 숫자를 더하면 그 합이 666임이 드러난다.

A=6	I=54	Q=102	Y=150
B=12	J=60	R=108	Z=156
C=18	K=66	S=114	
D=24	L=72	T=120	
E=30	M=78	U=126	
F=36	N=84	V=132	
G=42	O=90	W=138	
H=48	P=96	X=144	

C(18)+O(90)+M(78)+P(96)+U(126)+T(120)+E(30)+R(108)=666

[26] 이영제, "666比較 考察과 컴퓨터 '666' 主張에 대한 反論", 1992. http://kcm.co.kr/bible/rev/666/c666-04.html.

이처럼 컴퓨터가 666을 나타내므로 컴퓨터와 교신하는 베리칩은 구성 면에서 짐승의 표 666이라는 것이다.

둘째, 세계단일정부주의자들이 인류의 근본 유전자를 자기들이 만든 코드로 바꿔 개인을 통제하는 표로 만들게 되고, 이 표로 경제 행위를 할 수 있는 자격이 부여된다.

셋째, 결국에는 적그리스도가 통치할 때 전 세계 모든 사람에게 칩 이식이 의무화된다.

한때 미국 오바마 행정부 때 통과된 오바마 헬스케어 법안(H.R.4872)에 베리칩 이식 의무화가 명시되었다며 2017년 1월부터 베리칩을 맞지 않으면 범법자가 된다는 주장이 돌았던 적이 있다. 하지만 이는 모두 거짓으로 드러났다. 컴퓨터가 사람의 수라고 주장하며 A를 6으로 상정하여 컴퓨터를 짐승의 수 666이라고 하는 것도 그 근거가 작위적이다.

짐승의 표를 바코드, 베리칩 등으로 해석하는 것은 구원론에 심각한 오류를 야기한다.

첫째, 구원의 여부가 믿음의 여부가 아니라 베리칩을 받는 여부에 달려 있게 되기 때문이다. 베리칩을 받지 않음으로 의롭게 되는 역사(?)가 일어나는 것이다. 베리칩이 구원의 여부를 좌우한다면 예수의 복음 외에 다른 복음을 주장하는 것이다(갈 1:6-9, 고후 11:4).

둘째, 베리칩이 구원의 당락을 결정하는 것이라면 창세 이후로 (계 13:8, 17:8) 베리칩이 나오기 전까지의 불신자들은 어떻게 짐승의 표를 받았을까?

셋째, 어떤 단체는 마지막 때에 베리칩을 받지 않는 안전한 장소로 남태평양의 피지와 같은 곳이 있다고 주장하며 신도들을 모두 그곳으로 이주할 것을 종용하기도 하였다.[27] 이는 구원을 믿음의 문제가 아닌 물리적 장소의 문제로 제한시키는 심각한 오류를 초래한다(참조 마 24:23, 눅 17:21).

그렇다면 짐승의 표를 받는다는 것은 구체적으로 무엇을 의미하

---

[27] 백상현, "'피지 노동력 착취' 신옥주집단 본거지 과천 은혜로교회 가 보니", 국민일보, 2018. 8. 13.

는 것일까?

첫째, '표'가 의미하는 바를 살펴볼 필요가 있다. 표(헬. 카라그마)는 원래 칼과 송곳과 같은 날카로운 것으로 동판 같은 것에 새기는 식각법(에칭), 또는 뜨거운 인두로 피부에 달구어 지울 수 없는 흔적 혹은 낙인을 남기는 것을 말한다. 이것을 흔적(헬. 스티그마)(갈 6:17)이라고도 한다. 고대 사회에서 이러한 표는 '소유'를 나타냈다. 주인이 노예의 팔목이나 등 같은 곳에 주인의 소유임을 나타내기 위해 표를 주었고, 낙타, 소, 나귀, 양과 같은 가축들에도 자신의 소유임을 나타내기 위해 흔적 곧 스티그마를 남겼다. 이뿐만 아니다. 당시 많은 사람이 여러 신전에서 자신이 신에 속했음을 표시하기 위해 자신의 손이나 이마 등의 신체에 신의 이름을 새겼다.[28] 이를 간략히 표기하기 위해 신의 이름을 약어로 표기하기도 하였고, 헬라어 각 알파벳에 들어 있는 숫자의 의미를 합쳐 게마트리아식으로 표현하기도 하였다(참조 겔 9:4). 이는 이름을 새긴 그 신에 자신이 속했음을 나타내는 일종의 충성 표현이다. 이렇게 볼 때 여기서 '표'는 주인에게 속한 소유임을 의미한다.

둘째, '표'가 주인에게 속한 소유를 의미한다면 짐승의 표란 이 표를 받은 이가, 짐승을 주인으로 인정하며 그에게 속한 소유임을 나타낸다는 뜻이다.

셋째, 요한계시록에 나온 이 표는 '사람의 수'다(13:18). 즉 이 표를 받은 이는 어떤 특정한 사람에게 충성해야 하는 그에 속한 소유임을 의미한다. 사람의 수를 짐승의 수로 말하는 것은 그가 가진 짐승 곧 우상적, 사탄적 특징을 가리킨다.

넷째, 짐승의 수가 666이라는 것은 어떤 특정 인물의 이름에 담겨 있는 헬라어 혹은 히브리어 알파벳의 숫자를 더했을 때 나오는 합이 666임을 암시한다. 이처럼 숫자를 통해 어떤 인물이나 사물을 표현하는 방법을 '게마트리아'라고 한다.

다섯째, 666을 게마트리아로 표현할 때 유력한 인물은 로마 황제 '네로'다.[29] 이는 요한계시록이 로마제국의 네로 황제 치하에서 핍박당

---

28 ———— Wilckens, "χάραγμα", TDNT IX, 416–417.

하는 성도들에게 네로의 핍박에 굴하지 말고 끝까지 고난을 견딜 것을 권고한 일종의 암호식 표현이다. 당시 황제를 주로 숭배하기를 거부하는 그리스도인들은 경제활동을 제대로 할 수 없을 뿐 아니라 잡혀 고난과 핍박 가운데 내던져졌다.

여섯째, '표'는 불신자 배교자들만 받는 것이 아니라 성도들도 받는다. 성도들이 받는 표는 짐승의 표가 아니라 성령의 인치심이다. 다음의 말씀을 보자.

> 그 안에서 너희도 진리의 말씀 곧 너희의 구원의 복음을 듣고 그 안에서 또한 믿어 약속의 성령으로 인치심을 받았으니(엡 1:13)

복음을 믿기 전, 우리는 본질상 진노의 자식이었다(엡 2:3). 복음을 믿을 때 성령께서 인쳐주심은 성도가 곧 하나님께 속한 하나님의 소유임을 성령으로 확증하는 것이다.[30] 요한계시록에는 하나님의 천사가 성령의 표를 성도들에게 인치는 역사를 다음과 같이 기록한다.

> 이르되 우리가 우리 하나님의 종들의 이마에 인치기까지 땅이나 바다나 나무들을 해하지 말라 하더라 내가 인침을 받은 자의 수를 들으니 이스라엘 자손의 각 지파 중에서 인침을 받은 자들이 십사만 사천이니(계 7:3-4)

하나님은 그의 백성을 자신의 소유로 삼기를 기뻐하셨고, 그리스도 안에서 성령으로 인쳐 그의 소유로 삼으신다(출 19:5, 시 135:4, 슥 2:12, 말 3:17, 벧전 2:9).

일곱째, 성령의 인침을 받는다는 표현은 예수 그리스도를 주로 삼고 그의 소유된 백성을 의미하는 것이다. 구약의 백성들도 하나님의 백

---

29 ──── 그랜트 오스본, 김귀탁 역, 《요한계시록》, BECNT (서울: 부흥과개혁사, 2012), 656-658.
30 ──── Fitzer, "σφραγίς, σφραγίζω", TDNT VII, 951.

성이자 선민임을 인증하는 표가 있었다. 그것은 바로 '할례'였다. 이 할례로 유대인들은 배타적인 선민의 자부심을 갖고 있었다. 하지만 로마서는 할례는 단지 아브라함이 믿음으로 말미암는 의를 얻고 나서 이를 확증하기 위해 인친 표에 불과하다고 말씀한다(롬 4:11). 이것이 믿음으로 말미암아 의롭다 함을 얻은 신약의 성도들에게는 성령으로 인침을 받아 하나님의 소유된 백성의 증표로 삼는다. 반면 짐승의 표를 받는다는 것은 우상을 주로 삼고 그의 소유된 백성을 의미하는 것이다.

여덟째, 만약 짐승의 표가 베리칩으로 받는 것이라면, 하나님의 인치심도 베리칩과 같은 물리적인 방법으로 일어나야 한다.

아홉째, 짐승의 표 666은 시대가 변함에 따라 하나님을 떠나 우상 숭배하게 하는 인물로 확대 적용될 수 있다. 종교개혁자들은 이를 교황으로 간주하기도 하였고, 이후 전쟁과 재난을 일으키는 주요한 인물에 적용되기도 하였다. 이들을 절대적 구원자로 믿고 따르는 것이 짐승의 표를 받는 행위로 적용되었다(참조 출 20:3-5).

D. 적그리스도는 누구인가

종말의 징조를 이 시대의 징조를 들어 설명할 때 빠지지 않고 등장하는 것이 적그리스도다. 마지막 때에 한 인물이 나타나 그리스도를 대적할 텐데, 그 인물이 나타난 것이 종말이 가까운 징조라는 것이다. 역사적으로 이런 인물로 지목된 이들은 여럿이었다. 초대교회 때는 네로와 같은 로마 황제가 적그리스도일 것이라 생각하였다. 또 교회를 어지럽게 하는 이단사설을 가르치는 거짓 교사들을 가리키기도 했다. 종교개혁자들은 이를 로마의 교황으로 지목하였다. 세계대전 때는 히틀러, 스탈린 등과 같은 인물을 지목하기도 하였다. 어떤 이들은 유럽연합이 10개국이 되면 그 가운데 적그리스도가 나타난다고 주장하였다가 27개국이 되자 조만간 국가들이 이탈하여 10개국으로 통합될 것이라고 주장하기도 했다. 초대교회의 일부 교부들은 적그리스도는 단 지파에서 나올 것인데 그 근거로 '단은 길섶의 뱀이요 샛길의 독사로다 말굽을 물어서 그 탄 자를 뒤로 떨어지게 하리로다'는 창세기(49:17) 말씀을 인용하기도 했다. 어떤 이는 요한계시록의 14만 4천 명 중에 단 지파의 이름이 빠져 있다며(계 7:5-8), 단 지파의 후손들이 고조선으로 와서 단군왕조를 세웠다고까지 주장한다. 단군(檀君)의 '단'이 바로 단 자손을 의미하며 여기서 적그리스도가 나올 것이라는 것이다. 하지만 계시록에서 단 자손이 빠진 것은 구약의 열두 지파와 계시록의 열두 지파가 다를 것임을 의미한다. 계시록의 열두 지파는 천국에서 예수 그리스도를 중심으로 모인 하나님의 새로운 이스라엘, 열두 지파임을 상징하는 것이다. 이처럼 적그리스도는 시대가 바뀌면서 끊임없이 다르게 해석되어 왔다.

적그리스도가 시대마다 바뀌는 것을 우리는 어떻게 이해해야 할까? 이를 위해서는 '적그리스도'가 사용된 성경의 사례를 살펴볼 필요가 있다. '적그리스도'라는 용어가 나오는 것은 요한서신에서다(요일 2:18, 22; 4:3; 요이 7). 적그리스도에 해당하는 헬라어 '안티그리스토스'의 접두어 '안티'는 대적하여(against), 또는 대신하여(in place of)의 의미가 있다. 이는 그리스도를 대적하고, 그리스도를 대체한다는 의미를 갖는다. 요한 사도는 그 당시 '지금도 많은 적그리스도가 일어났다'고 하며 적그리스도가 특정한 한 인물이 아님을 말하고 있다(요일 2:18). 여럿일 수 있다는 것이다. 단 이들의 공통된 특징이 있는데 그것은 '아버지(성부)와 아들(성자)를 부인한다'(2:22). 구체적으로 이들은 그 당시에 예수께서 육체로 오심을 부인하는 가현설을 주장하는 영지주의 거짓 교사들이었다(요이 7). 나아가 적그리스도는 특정한 인물만이 아니라 그리스도를 대적하게 하는 영 또는 하나의 원리를 의미한다(요일 4:3).

적그리스도는 데살로니가후서 2장 1-12절에 등장하는 '멸망의 아들'과 같은 한 특정한 인물로도 나타난다. 그는 하나님을 대적하고 거짓 교훈으로 자기를 하나님으로 내세운다. 동시에 적그리스도는 '불법의 비밀'로, 사람들을 미혹하는 세력으로도 나타난다.

이렇게 볼 때 우리는 적그리스도에 대한 이해를 단순히 종말에 등장할 특정한 한 인물로만 볼 것이 아니라, 종말에 등장하는 하나님을 대적하는 사람들 내지는 총체적 세력으로 이해할 필요가 있다. 역사상 각 시대마다 하나님을 대적하게 하는 사람들과 정치, 사회, 경제, 문화적 세력이 일어났다. 이런 것들 또한 적그리스도인 것이다. 물론 우리는 동시에 역사가 최후의 종말로 가면서 이 모든 총체적인 악이 한 사람에게 집중될 것을 기대하지만, 사도 요한과 같이 유연성을 갖고 하나님을 대적하는 이들을 총체적인 실체로 보는 것이 바람직하다.

E. 은밀한 공중 재림?

예수 그리스도의 재림은 분명 모든 사람이 볼 수 있게 가시적으로 임한다. 그러나 많은 이단 단체들은 시한부 종말론을 주장하고, 그것이 불발되면 그리스도가 이미 영적으로 오셨거나, 종말의 다음 단계를 진행하고 있다고 주장한다. 하지만 예수께서는 은밀하게 사람들이 모르게 영적으로 재림하지 않는다. 그리스도께서 재림하실 때는 모든 이들이 볼 수 있게 강림하신다.

예수께서 이미 영적으로 재림했다고 주장하는 한 단체는 예수께서 1914년에 이미 영적으로 재림하셨다고 주장한다. 이는 예루살렘이 바벨론에 함락된 주전 607년부터 시작해서 다니엘 4장 16절이 말한 바 '일곱 때를 지내리라'는 말씀을 해석하여 나온 것이다. 요한계시록의 세 때 반이 1260일임을 근거로 일곱 때는 그 두 배인 2520일이며, 날짜를 계산하는 방법은 하루를 1년으로 계산하는 민수기(14:34)와 에스겔(4:6)을 근거로 주전 607년에 2520년을 더한 결과 1914년이 나온 것이다. 이들은 고레스 칙령이 반포된 고레스 원년인 주전 538년을 기점으로 하여 이스라엘이 바벨론의 포로로 있던 기간 70년을 역으로 계산하여 예루살렘이 함락된 시기를 주전 607년으로 잡는다.[31]

이러한 해석에는 오류가 많다. 먼저 예루살렘의 함락 시기다. 예루살렘은 주전 586년에 함락되었다. 함락 시기를 주전 607년으로 잡는 것은 역사를 함부로 왜곡시키는 것으로 정상적인 계산 방법은 예루살렘과 성전이 함락된 주전 586년부터 예루살렘에 제2성전이 건축된 주전 515년까지를 70년으로 잡는 것이다.

둘째, 다니엘서에서 말한 일곱 때가 지나가는 것은 바벨론의 통치

---

[31] "고대 예루살렘은 언제 멸망되었는가?-제1부", 워치타워 온라인 라이브러리. https://wol.jw.org/ko/wol/d/r8/lp-ko/2011736.

자인 느부갓네살 왕이 쫓겨 날 7년간의 기간을 예언한 것이다.[32] 이것을 요한계시록의 세 때 반과 연결시키는 것은 성경을 무작위로 끼워 맞추는 것이며 요한계시록의 세 때 반은 1260년을 의미하지 않는다. 게다가 민수기와 에스겔에서 말한 하루를 1년으로 계산하는 것은 여기에서만 해당되는 특별한 계산법이고 정확하지 않다. 민수기는 이스라엘 정탐꾼이 가나안을 정탐했던 40일을 하루에 1년씩으로 계산하는 반면, 에스겔 선지자는 민수기와는 정반대로 40년을 1일씩 계산해서 죄악을 담당한다. 전자는 1일을 1년씩 계산하지만, 후자는 1년을 1일로 계산한다. 만약 이들 주장대로 일곱 때가 2520일이라면, 7년(2520일)을 1일로 계산해서 7일 후로 보아야 하는가, 아니면 2520년으로 보아야 하는가? 이 둘 사이에 어느 것이 맞는지 결정할 기준은 없다.

F. 재림 전에 있어야 할 조사심판?

미국의 어떤 단체는 1844년에 세상의 종말과 그리스도의 재림이 온다고 주장했다가 빗나가자 이를 합리화하기 위하여 1844년에 예수께서 하늘 성소에서 지성소로 들어가심으로 조사심판이 시작되었고, 이로써 본격적인 종말이 임박했다고 주장했다. 1844년이 재림하여 심판하는 날이 아니라, 재림을 위하여 하늘나라의 지성소로 자리를 옮겨 조사심판하러 들어가신 날이라는 것이다. 법정에서도 심판이 있기 전에 언도심판이 있고, 예심이 있는 것처럼 예수께서도 최후의 심판 이전에 조사심판을 행하신다는 것이다. 그래서 조사심판을 재림 전 심판이라고도 한다.

조사심판은 이 땅에서 구원받은 성도들의 행실을 조사하는 심판이다. 예수께서는 지성소에 들어가셔서 그 앞에 펼쳐진 생명록에 있는 성도들의 삶을 하나하나 점검하는 가운데 회개하지 않은 죄가 있거나 용서받지 못한 죄가 남아 있으면 그 이름을 생명책에서 빼버리고, 그가 행했던 선행도 하나님의 기억에서 모두 지워 버린다. 그래서 이들은 구

---

[32] 이희학, 《다니엘》 대한기독교서회 100주년 기념주석 25 (서울: 대한기독교서회, 2004), 273-274.

원을 믿음으로 얻는 1차 구원(얻은 구원, 큰 구원, 첫째 구원)과 성화된 품성과 행함으로 얻는 2차 구원(얻을 구원, 영원한 구원)으로 나눈다.

그렇다면 이들이 조사심판이 시작된 시기를 1844년으로 주장하는 근거는 무엇인가?[33]

먼저 이들은 에스라 7장에 아닥사스다가 내린 성전 중건령의 시기를 주전 457년으로 보고, 여기서 다니엘서 8장 14절에 '2300주야가 지나야 성소가 청결하게 되리라'는 말씀을 결합했다. 이들은 여기 나오는 2300주야의 하루를 민수기(14:34)와 에스겔(4:6)에 근거하여 1년으로 계산하여 1844년이 성소가 깨끗하게 되어 예수께서 지성소에 들어가신 해라고 주장한다. 특별히 성전 중건령의 기준점을 아닥사스다로 잡은 것은 에스라 6장 14절에 나오는 예루살렘 성전이 바사 왕 고레스와 다리오와 아닥사스다의 조서를 좇아 건축했다고 하는 말씀에 근거했다. 최초로 조서를 내린 사람은 고레스지만 이를 성전 공사를 완결한 사람은 아닥사스다이기 때문이라는 것이다.[34] 이들은 2300주야의 예언이 1844년에 성취되어 조사심판이 시작되었고, 종말은 더욱 가까이 왔다고 한다.

이러한 주장에 대하여 우리는 크게 세 가지로 살펴볼 필요가 있다.

첫째, 1844년을 계산하는 기준점이다. 이 단체가 주장하는 에스라 6장 14절의 아닥사스다 왕의 중건 명령은 성전을 건축하라는 중건령이 아니라 페르시아의 포로들이 예루살렘으로 돌아가도 좋다는 귀환령이다. 에스라서를 자세히 읽어 보면 예루살렘 성전 중건령은 두 차례에 걸쳐 내려진다. 첫째는 고레스 원년인 주전 538년이고(스 1:1-3), 이후 대적들의 방해로 고레스의 후임인 캄비세스, 스메르디스 왕 때 성전 건축이 중단되었다가 주전 520년 다리오 왕 제2년에 중건령이 떨어졌다(스 4:24). 그리고 그로부터 5년 후인 다리오 제6년(주전 516년)에 성전이 완공되었다(6:15). 에스라 6장 14절에 언급하는 아닥사스다 왕은 에스라

---

[33] ───── 보다 구체적인 논의는 다음을 참조하라: 진용식, 《안식교의 오류》, 47-81; 정운기, "안식교 조사심판 교리 비판 및 반증", 교회와신앙, 2015. 1. 2, http://www.amennews.com/news/articleView.html?idxno=13468.

[34] ───── 엘렌 지 화잇, 《각 시대의 대쟁투 합본》 (서울: 시조사, 1974), 366.

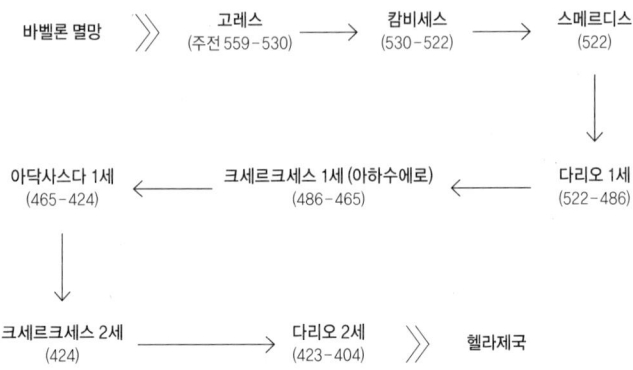

서에 이어지는 느헤미야서에 등장하는 왕으로 느헤미야에게 예루살렘 성벽을 재건하도록 허락했던 왕이다. 이를 위해서 페르시아 제국의 왕들을 기억해 둘 필요가 있다.

에스라 6장 14절이 아닥사스다 왕의 이름을 넣은 것은 예루살렘 성전과 성벽의 총체적인 회복을 하나의 총체적인 과업으로 보고 이에 기여한 왕들을 기록했기 때문이다.[35]

둘째, 2300주야를 2300년으로 계산해야 할 근거가 없다. 앞서 언급했듯이 민수기(14:34)는 하루를 1년으로 계산하지만, 에스겔(4:6)은 1년을 하루로 계산한다. 성경은 기간을 종종 문자적으로 성취한다. 하나님께서 아브라함의 후손이 애굽에 들어가 400년간 있게 될 것이라고 예언하셨고(출 15:13) 이는 실제로 430년의 기간을 통하여 성취되었다. 이스라엘의 70년 바벨론 포로 기간도 실제로 70년으로 성취되었다. 노아 홍수의 40주야의 강수 예언은 40년이 아닌 실제 40일로 성취되었다(창 7:4). 이들은 느부갓네살이 짐승처럼 지냈던 일곱 때(단 4:16)를 7년으로 해석하면서 뒤에 나오는 '한 때와 두 때와 반 때'(7:25)는 3년 반이 아닌 1260년으로 해석한다. 기준이 오락가락한다. 이는 이들의 해석이 진

---

[35] ──── H. G. M. 윌리암슨, 조호진 역,《에스라·느헤미야》WBC 16 (서울: 솔로몬, 2008), 209; 김덕중, "에스라 주해", 198, 묵상과설교, 성서유니온, 2018. 4.

리에 기반한 것이 아닌 작위적인 해석임을 보여 준다.

셋째, 예수께서 하늘 성소에 있다가 지성소에 가셨다는 것은 성경적으로 오류가 있다. 왜냐하면 예수 그리스도께서는 자기 피로 영원한 속죄를 이루시고 승천하여 곧바로 지성소에 들어가셨기 때문이다(히 6:20, 9:12).**36** 이는 예수 그리스도의 죽음과 부활이 단번에 이루신 완벽한 구원임을 의미한다(10:10, 12, 14). 또한 더 이상 성소와 지성소의 구분이 필요 없음을 의미한다. 예수께서는 십자가에 죽으심으로 우리를 위하여 성소와 지성소의 휘장을 찢어 열어 놓으셨다(10:19-20). 히브리서 10장 19-20절을 공동번역으로 보면 다음과 같다.

> 그러므로 형제 여러분, 예수께서 피를 흘리심으로써 우리는 마음 놓고 지성소에 들어가게 되었습니다. 예수께서는 휘장을 뚫고 새로운 살길을 우리에게 열어 주셨습니다. 그 휘장은 곧 그분의 육체입니다

요한계시록의 비전을 보면 이는 더욱 뚜렷하게 드러난다. 계시록 21장 22절에 따르면 거룩한 성 예루살렘에는 더 이상 성전이 존재하지 않는다. 전능하신 하나님과 어린 양이 친히 그 가운데 계셔서 성전이 되시기 때문이다. 이는 성소와 지성소의 구분이 존재하지 않음을 의미한다. 이렇게 볼 때 그리스도께서 승천하신 후 하늘 성소에서 지성소로 들어갔다는 것은 비성경적인 주장이며, 이에 따른 1차 구원과 2차 구원도 지지될 수 없다.

G. 1260일, 한 때 두 때 반 때, 마흔두 달, 3년 반?

시한부 종말을 주장하는 단체들이 재림의 시기를 계산하면서 단골로 들어가는 메뉴가 바로 일천 이백 육십 일(1260일), 한 때 두 때 반 때, 마흔두 달, 3년 반의 기간이다. 이는 모두 동일하게 3년 6개월을 나타내는 용어들이다. 이러한 용어들은 주로 다니엘서(7:24-26, 12:7-13)와

---

36 ── 개역개정성경의 '성소'는 '지성소'(표준새번역)를 의미한다. NIV는 이를 'Most Holy Place' 즉 지성소로 번역하였다.

요한계시록(11:1-3, 12:5-6, 13:4-5)에 등장하는데, 동일한 표현이 두 곳에 등장하는 것은 요한계시록이 먼저 기록된 구약의 다니엘서에 쓰인 용례를 파악하고 있음을 의미한다.[37]

다니엘서에서 사용된 3년 반은 어떤 기간일까? 먼저 다니엘서 7장 24-26절은 다니엘이 환상 중에 본 넷째 짐승에 관한 말씀을 살펴보자. 이 짐승은 온 천하를 삼키고 밟아 부서뜨리며, 그 짐승의 열 뿔, 곧 열 왕에서 나온 열한 번째 뿔인 한 왕이 세 왕을 제압하고 성도들을 핍박하며 하나님을 예배하는 율법을 변개시키고자 할 것이다. 다니엘서에서 이 짐승은 헬라제국을 상징하며, 이 뿔은 주전 170년경 나타난 셀류코스 왕조의 안티오쿠스 에피파네스 4세를 상징한다. 성도들은 그의 손에 한 때 두 때와 반 때를 고난받을 것이다. 이를 합치면 모두 세 때 반이다. 이는 심판의 완전한 기간인 일곱 때의 절반을 상징하는 것으로, 하나님의 주권 아래 있는 제한된 고난의 기간을 의미한다(참조 단 9:27).

다니엘서 12장 7절의 '한 때 두 때 반 때' 역시 성도들에게 임할 제한된 고난의 기간을 의미한다. 뒤이어 12장 11, 12절에 나오는 1290일, 1335일은 사람이 예상하는 제한된 심판 기간보다 조금 더 긴 기간으로, 하나님의 때를 둘러싼 신비감을 고조시키며 인간의 지혜로는 하나님이 임하실 때가 지난 것처럼 보일 때조차도 성도들이 신실하게 인내해야 할 필요성을 강조하는 것이다.[38]

요한계시록에 등장하는 3년 반의 기간은 다음과 같이 나타난다.

첫째, 이방인이 거룩한 성을 짓밟는 기간(마흔두 달)인 동시에 두 증인이 증언하는 기간(1260일)이다(계 11:1-3). 여기서 거룩한 성이 짓밟히는 기간은 교회가 핍박받는 기간을 의미하며, 두 증인이 증언하는 기간은 참된 진리를 증언하는 교회가 복음을 선포하는 기간을 말한다. 즉 42개월, 1260일은 교회가 핍박 가운데 복음을 전하는 기간을 의미한다.

---

[37] ── 이인규, "3년 반(한때 두때 반때)", 예레미야이단연구소, 2015. 6. 7. http://researchheresy.com/board12/1176.

[38] ── 이언 두기드 외, 이용중 역, 《ESV 스터디 바이블》 (서울: 부흥과개혁사, 2014), 1643.

둘째, 해, 달, 별을 입은 여자가 아이를 낳고 광야로 도망가서 하나님께 양육받는 1260일의 기간이다(12:5-6). 해, 달, 별을 입은 여자란 야곱의 자손들로 대표되는 구약의 교회를 상징한다(참조 창 37:9). 이는 구약의 교회가 그리스도를 낳고 그리스도가 십자가의 죽음 후 부활하여 승천하자, 이후 교회는 수많은 핍박 속에 광야 같은 환경으로 흩어졌지만 이런 중에도 하나님은 핍박의 기간을 제한하시고 제한된 핍박의 기간인 1260일 동안 교회를 돌보시고 양육하신다는 뜻이다.

셋째, 용이 일곱 머리 열 뿔 난 짐승에게 권세를 주어 신성모독하게 하는 기간인 마흔 두 달이다(계 13:4-5). 여기서 일곱 머리 열 뿔 난 짐승은 다니엘서 7장을 반영하는 표현으로 로마제국을 상징한다. 로마제국은 교회를 마흔두 달 동안 핍박할 것인데 이는 교회가 완전히 무너질 정도의 완벽한 핍박의 기간인 7년, 84개월, 2520일이 아닌 그 절반에 해당하는 42달 동안이다.

이렇게 볼 때 다니엘서와 요한계시록에 등장하는 3년 반의 기간은 문자적 3년 반으로 한정할 것이 아니라 종말적으로 겪게 성도들의 제한된 핍박 기간, 또는 적그리스도의 박해 기간으로 보아야 하고, 또한 이 기간을 하나님의 주권 아래 있음을 상징하는 것으로 보아야 한다. 여기에 인류 전체의 역사를 아우르는 연일계산법이 들어설 여지가 없다.

H. 70이레

종말과 관련하여 흔히 언급되는 것 중 하나가 다니엘서 9장 24-27절에 등장하는 70이레에 관한 예언이다. 70이레는 490일인가, 490년인가? 이를 이해하는 핵심은 이레가 무엇인가 하는 것이다. 이레(히. 샤부임)는 일곱 기간을 의미하는데 이는 일곱 일(day) 즉 한 주(week)를 의미할 수도 있고 일곱 해(year) 즉 7년을 의미할 수도 있다. 70이레를 490일로 이해할 때 1년 4개월이 조금 넘는 기간이 되고, 490년으로 이해할 때는 하나님의 종말 역사를 이루는 긴 시간이 된다. 일반적으로는 후자로 해석한다.

어떤 단체는 70이레의 기점을 2300주야의 기점과 동일하게 잡고 예루살렘 중건을 주전 457년부터 시작하여 일곱 이레(49년) 후인 408년에 마쳤다고 주장한다. 하지만 실제 예루살렘의 중건은 106년 전인 주전 516년에 마쳤다. 주전 408년에는 아무 일도 일어나지 않았다.

또한 이들은 9장 27절의 마지막 한 이레의 언약을 굳게 정하고, 이레의 절반에 제사와 예물을 금지하며 성읍과 성소를 무너뜨리는 왕(26절)을 예수 그리스도로 해석한다. 하지만 이는 예수 그리스도와 비슷해 보이는 구절을 부분적으로 취한 결과다. 27절을 자세히 보면 그 왕은 성전을 더럽히고 성전에 우상을 세우는 가증한 일을 행하여 하나님의 진노가 그에게 쏟아지는데, 어떻게 이런 인물을 예수 그리스도라 할 수 있을까? 그 왕은 헬라제국의 분할왕국이었던 시리아의 셀류코스 왕조의 제8대 안티오쿠스 에피파네스를 가리킨다. 이는 다니엘서가 기록된 주전 2세기 전후의 역사적 클라이맥스를 반영한다. 다니엘서에서 안티오쿠스 4세의 종말은 하나님이 정한 마지막 때로 여겨진다.[39]

다니엘서의 70이레는 세대주의의 경우 70이레 중 69이레를 메시아의 도래로, 이후 메시아가 끊어졌다가 마지막 70번째 이레에 휴거와 재림이 있는 7년 대환란으로 해석한다. 하지만 이는 다니엘서의 기록을 자의적으로 해석한 결과다. 69주 뒤에 메시아가 끊어진 후 2천 년의 시간을 대괄호 시대로 건너 뛰어 갑자기 휴거 때부터 70번째 주로 해석하기 때문이다.

70이레에 대한 건강한 해석은 무엇일까? 먼저 70이레를 490년으로 해석하는 근거에 대하여 살펴보자. 이레를 7년으로 해석하는 것은 땅이 안식을 얻는 것이 7년 주기의 안식년이기 때문이다(레 26:34-35). 사람이 안식년을 누리는 것처럼 땅이 황폐하게 되면 안식년을 누린다. 가나안 땅이 이스라엘의 범죄로 황폐하게 되었을 때는 일반적인 토지의 안식년과 다르게 칠십년을 안식했다(대하 36:21). 땅이 안식하는 주기를 칠십년으로 본다면, 이러한 칠십 주기의 칠년인 490년이다.

둘째, 70이레가 지나면 이스라엘의 허물이 그치고(억제되고), 죄악

---

[39] 배정훈, "연대기로 읽는 다니엘서의 종말론"《구약논단》 제19권 3호(통권49집), 2013. 9., 339.

다니엘 9장의 70이레 - 세대주의적 해석

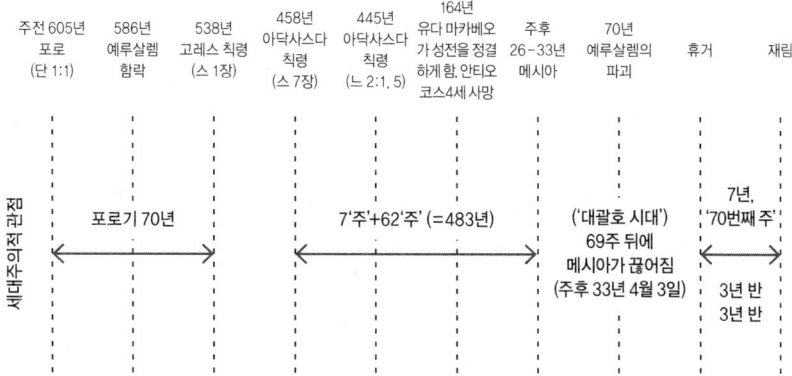

이 용서되며, 영원한 의가 드러나고, 지극히 거룩한 자가 기름 부음을 받을 것이다. 여기서 지극히 거룩한 자는 사람이 아닌 거룩한 장소 예루살렘 성전을 지칭한다.[40] 이는 성전에 기름을 붓고 새롭게 성전이 봉헌될 것을 의미한다.

셋째, 70이레는 고레스 왕이 예루살렘으로 돌아가 성전을 건축하라는 중건령을 내릴 때까지 일곱 이레가 지날 것이고, 그때부터 기름 부음을 받은 자 곧 왕이 일어나기까지 62이레가 지날 것이다. 일곱 이레는 바벨론 포로기(주전 587년)부터 바벨론이 멸망하고 바사의 고레스 왕이 등극한 538년까지의 49년을 가리키고, 이후 62이레는 이후 434년 동안으로 이 기간은 곤란한 기간, 즉 페르시아와 헬라제국이 통치하는 어려움이 있는 기간들이지만 그 와중에 광장과 거리(수로)들이 세워질 것이다(단 9:25). 이후 기름 부음을 받은 자가 끊어져 없어질 것이고 장차 한 왕의 백성이 와서 성읍과 성소를 무너뜨릴 것이다. '기름 부음 받은 자'는 히브리어로 '메시아'이지만, 여기서 메시아는 기름 부음을 받은 주전 170년경 예루살렘의 대제사장 오니아스 3세를 가리킨다. 장차 올 한 왕은 안티오쿠스 4세를 가리킨다. 원래 오니아스

---

40 ──── 이희학, 《다니엘》 대한기독교서회 창립 100주년 기념주석 25 (서울: 대한기독교서회, 2004), 440.

3세는 안티오쿠스 4세가 즉위할 당시 대제사장이었으나, 그의 동생 야손이 안티오쿠스 4세에게 뇌물을 주고 대제사장의 자리를 빼앗아 갔다. 이후 오니아스 3세는 야손의 후계자 메넬라우스의 배후 조종으로 주전 170년에 살해되었다(마카베오 하 4:1-38).[41] 기름 부음을 받은 자가 끊어져 없어지는 일이 일어난 것이다(단 9:26). 170년부터 시작되는 마지막 한 이레 기간의 절반이 지나가는 주전 167년 기슬르월 15일, 한 왕(안티오쿠스 4세)은 3년 반 동안 성전제사와 헌물을 금지시켰다. 이 기간 동안 예루살렘에 매일 드리는 제사가 완전히 금지되었다. 성전에는 제우스 상이 세워졌고, 부정한 짐승인 돼지가 바쳐졌다. 포악하여 가증한 것(27절) 또는 멸망하게 하는 가증한 것(11:31, 12:11)이 세워진다. 이후 약 3년이 조금 지난 주전 164년 25일, 마카베오는 다시 성전을 정결케 하고 장엄한 성전봉헌식을 거행한 후 제사를 재개한다. 이후 얼마 지나지 않아 안티오쿠스는 침상에서 최후를 맞이한다(마카베오 상 6:1-16). 이것이 마지막 70째의 한 이레에 일어날 일이다. 이를 요약하면 다음 도표와 같다.

다니엘 9장의 70이레

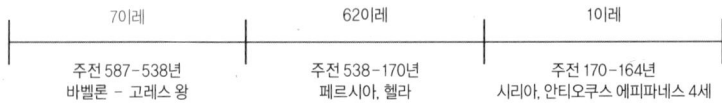

7이레	62이레	1이레
주전 587-538년 바벨론 - 고레스 왕	주전 538-170년 페르시아, 헬라	주전 170-164년 시리아, 안티오쿠스 에피파네스 4세

I. 14만 4천 명은 누구인가

성경은 종말과 관련하여 하나님의 인을 맞은 구원얻을 백성의 수를 14만 4천 명이라고 한다(계 7:4, 14:1, 3). 14만 4천 명에 대해서 이단 단체들은 자신들의 단체에 14만 4천 명의 성도가 들어와 실제 숫자가 차면 종말이 온다고 주장한다. 또 어떤 이들은 이것은 '이스라엘 자손의

---

41 ──── W. 시블리 타우너, 신정균 역, 《다니엘》 현대성서주석 (서울: 한국장로교출판사, 2004), 204.

각 지파 중에서' 인 맞은 사람들이기에 이스라엘의 구원받은 성도의 숫자라고 주장하기도 한다(7:4). 그렇다면 요한계시록에서 말하는 14만 4천 명은 누구일까?

첫째, 계시록에 등장하는 14만 4천 명은 이스라엘 각 자손의 지파 중에서 인 맞은 자들의 총합이다(7:4-8). 그러나 자세히 살펴보면 계시록에 등장하는 이스라엘 열두 지파의 이름은 구약성경에 등장하는 실제 지파의 이름과 차이가 난다(참조. 민 1장). 계시록에 등장하는 열두 지파에는 단 지파가 빠진다. 에브라임 지파도 빠지고, 대신 요셉 지파가 들어간다. 원래 에브라임과 므낫세는 요셉 지파에서 나온 것이다. 열두 지파에 요셉이 빠지고, 대신 에브라임과 므낫세가 들어갔었다. 그런데 계시록에서는 요셉과 므낫세가 나란히 들어간다. 또 레위 지파는 성막과 성전 봉사를 위해 따로 구별되었는데, 여기서는 정식 지파로 들어간다. 또 신명기 33장에 빠진 시므온 지파가 계시록의 열두 지파에는 등장한다. 원래 시므온 지파는 유다 지파 중에서 기업을 나누어 받았으나 후에 유다 지파에 흡수된다(참조 19:1-9, 삿 1:3).[42] 열두 지파는 구약의 열두 지파와 다른 열두 지파다. 이는 계시록의 열두 지파가 종말에 새롭게 하나님의 백성을 구성하는 새로운 열두 지파, 참 이스라엘을 의미한다.

구약 이스라엘 12지파와 계시록 12지파 비교

이스라엘 12지파	르우벤, 시므온(유다에 흡수), (레위), 유다, 잇사갈, 스불론, 에브라임, 므낫세, 베냐민, 단, 납달리, 갓, 아셀
계시록 12지파 (계 7:4-8)	르우벤, 시므온,　　　　　레위, 유다, 잇사갈, 스불론, 요셉,　　　므낫세, 베냐민, 단, 납달리, 갓, 아셀 유다, 르우벤, 갓, 아셀, 납달리, 므낫세, 시므온, 레위, 잇사갈, 스불론, 요셉, 베냐민(계 7:5-8의 지파 순서)

둘째, 14만 4천 명이 이스라엘 자손이라고 할 때, 여기서의 이스라엘은 현재의 이스라엘 국가를 의미하는 것이 아니라 예수 그리스도를 통하여 하나님의 백성이 된 신약의 성도들을 의미한다. 육적인 이스라엘이 다 이스라엘이 아니고(롬 9:6), 그리스도 안에 있는 이들이 하나님의 백성 즉 이스라엘이다(2:28-29, 9:30-32, 마 19:29).

---

42 ─── 김진산, 《성경지도》 (서울: 사랑마루, 2015), 23쪽 지도 참조.

셋째, 14만 4천 명은 구약 이스라엘의 열두 지파에 신약의 열두 제자, 그리고 많음을 의미하는 1,000을 곱한 상징이다. 즉 14만 4천 명은 신구약의 구원 얻은 수많은 성도들을 의미한다. 계시록 21장에 등장하는 거룩한 성 새 예루살렘에 대한 묘사는 이러한 해석을 더욱 지지한다. 성곽의 문에는 열두 지파의 이름이 있고(계 21:12), 성곽의 열두 기초석에는 어린 양의 열두 사도의 이름이 있다(21:14). 이는 각각 구약과 신약의 하나님 백성의 대표를 상징한다. 성의 크기는 가로 세로가 1만 2천 스타디온이었고, 사도들의 이름이 기록된 성곽의 크기는 144규빗이었다. 이는 각각 12×1000, 12×12를 의미한다. 이는 신구약의 구원받은 백성들이 살 성읍의 크기를 나타내는 치수가 백성들의 수와 유사함을 보여 주는데 여기에는 신구약 하나님의 백성들을 나타내는 상징이 들어 있기 때문이다.

넷째, 14만 4천 명의 구원받은 성도는 '능히 셀 수 없는 큰 무리'(7:9)와 동일하게 그리스도 안에서 믿음으로 구원받은 수많은 성도들이다(참조 창 13:16, 15:5, 32:12). 이들이 하나님의 보좌 앞에서 흰 옷을 입고 손에 종려가지를 들고 있다는 것은 승리한 천상적 교회의 정체성을 가지고 있다는 의미로, 14만 4천 명을 다른 각도에서 조명한 표현이다.[43] 14만 4천 명과 흰 무리를 구분하는 이단적 해석은 어떻게든 14만 4천 명 안에 들어가기 위해 이단 교주에게 충성을 다하게 하려는 이단 단체의 자의적 해석에 불과하다.

J. 재림과 강림

어떤 단체는 그리스도의 강림과 재림을 구분한다. 그리스도의 재림은 구름을 타고 오는 것이며(마 24:30-31), 이는 곧 성도의 구원을 위해 오시는 것이다. 반면 강림은 최후의 심판을 위해 불꽃 가운데 오시는 것이고(사 66:15-16, 살후 1:7) 이는 형벌을 위해 오시는 것이다.

그들은 구름을 타고 온다고 할 때의 구름을 비유 풀이를 통하여 곧 육체라고 주장한다(참조 히 12:1). 구름 타고 온다는 것은 육체를 입고 온

---

[43] 이필찬, 《신천지 요한계시록 해석 무엇이 문제인가?》 (서울: 새물결플러스, 2015), 132.

다는 것이고 이는 곧 예수의 영이 한 육체를 통하여 오는 것을 의미한다. 그렇게 온 재림 예수가 곧 자신들의 교주라는 것이다. 교주가 이 세상에 옴으로 그리스도의 재림은 성취되었다. 교주가 재림한 것은 다가올 불심판 가운데 형벌을 받지 않고 구원을 얻도록 하기 위함인데, 그렇게 하기 위해서는 교주가 가르치는 거짓 교리를 믿고 유월절을 믿고 어머니 하나님을 믿어야 한다. 그래야 강림 때 온전한 구원을 얻을 수 있다고 한다.

하지만 재림과 강림은 어원적으로 같은 헬라어 '에르코마이'를 쓴다. 재림과 강림의 어원적 구분은 없다. 이단의 이러한 구분은 도리어 예수 그리스도의 초림과 재림의 도식을, 예수 그리스도의 초림, 교주의 초림(재림)과 강림으로 나누는 기괴한 결과를 초래한다.[44]

6) 재림의 목적

그리스도께서 재림하시는 궁극적인 목적은 피조물을 그리스도 안에서 영광스럽게 하기 위함이다(골 3:4). 이를 위해 그리스도의 재림은 여러 가지 일을 완성시킬 것이다.

A. 죽은 성도들의 부활

그리스도의 재림은 이 세상에서 그리스도를 믿고 죽은 성도들을 다시 살려 부활시키기 위한 목적을 갖고 있다.

> 이를 놀랍게 여기지 말라 무덤 속에 있는 자가 다 그의 음성을 들을 때가 오나니 선한 일을 행한 자는 생명의 부활로, 악한 일을 행한 자는 심판의 부활로 나오리라(요 5:28-29)

> 주께서 호령과 천사장의 소리와 하나님의 나팔 소리로 친히 하늘로부터 강림하시리니 그리스도 안에서 죽은 자들이 먼저 일어나고(살전 4:16)

---

[44] 이에 관한 보다 자세한 논의는 이인규, "재림과 강림이 다르다는 하나님의 교회", 예레미야이단연구소, 2015. 7. 13.을 참조하라. http://researchheresy.com/board43/1582.

그리스도가 재림하실 때 무덤 속에 있던 성도의 육체는 그리스도의 음성을 듣고 낙원에 있던 영혼과 재결합하여 생명의 부활로 나아온다. 죽음으로 분리된 인간의 중생한 영혼이 성령의 능력으로 재림 때 온전하고도 영원한 생명으로 완성된다.

반면 이때는 불신자(악인)의 육체도 부활한다. 이는 영생을 위한 부활이 아니라 최후의 심판과 영벌을 위한 심판이다.

B. 살아 있는 성도들의 변화

그리스도가 재림하실 때 먼저 죽은 자들이 부활하고 그 후에 현 세대에 살아 있는 성도들을 변화시킨다.

> 그 후에 우리 살아 남은 자들도 그들과 함께 구름 속으로 끌어 올려 공중에서 주를 영접하게 하시리니 그리하여 우리가 항상 주와 함께 있으리라(살전 4:17)

살아 있는 성도의 변화는 순식간에 홀연히 일어나며(고전 15:51), 더 이상 썩지 않고 죽지 않고 영원히 거룩하게 살아가는 신령한(spiritual) 몸이 된다(15:44).

C. 구원의 완성

그리스도의 재림으로 죽은 성도가 부활하는 것과 살아 있는 성도에게 신령한 몸을 덧입히는 것은 그리스도께서 자신의 피값을 치르고 사신 성도들의 생명을 완성시키기 위함이다. 성도는 부활의 신령한 몸으로 변화되어 다시는 죄와 사망과 상관없는 완전한 인간, 아담보다 더 완전한 인간으로 완성된다.

> 이와 같이 그리스도도 많은 사람의 죄를 담당하시려고 단번에 드리신 바 되셨고 구원에 이르게 하기 위하여 죄와 상관없이 자기를 바라는 자들에게 두 번째 나타나시리라(히 9:28)

그리스도가 재림하실 때 성도는 더 이상 죄에 얽매이지 않고 그리스도와 온전히 연합하여 그 안에 항상 영원토록 거하게 된다(살전 4:17, 딤후 2:11).

D. 의인들에 대한 칭찬과 상급
그리스도의 재림은 이 땅에서 그리스도를 위해 힘써 달려갔던 성도들에게 상급을 주시고 영광을 부여하기 위해 일어난다.

> 이제 후로는 나를 위하여 의의 면류관이 예비되었으므로 주 곧 의로우신 재판장이 그날에 내게 주실 것이며 내게만 아니라 주의 나타나심을 사모하는 모든 자에게도니라(딤후 4:8)

예수께서는 애쓰고 수고한 종들에게 상급을 부여하시는 비유를 종종 말씀하셨다(마 25:14-30, 31-46, 눅 19:11-27). 주께서는 열심히 일한 이들에게 '잘 하였도다 착하고 충성된 종'이라며 칭찬하시며, 수고한 것에 따라 갚아주신다. 그리스도의 재림은 성도들이 이 땅에서 수고하고 애쓴 것에 대해 결산하는 때이며, 이때 해의 영광과 달의 영광과 별의 영광이 다른 것 같이 하나님께서 각 성도들의 수고와 헌신에 따라 부여하시는 영광이 다를 것이다(고전 15:41).

E. 악인의 심판과 악의 최후
그리스도의 재림은 악인 또한 부활시켜 그들을 하나님의 심판대 앞에 세운다.

> … 주 예수께서 자기의 능력의 천사들과 함께 하늘로부터 불꽃 가운데에 나타나실 때에 하나님을 모르는 자들과 우리 주 예수의 복음에 복종하지 않는 자들에게 형벌을 내리시리니 이런 자들은 주의 얼굴과 그의 힘의 영광을 떠나 영원한 멸망의 형벌을 받으리로다(살후 1:7-9)

그리스도의 재림은 악인뿐 아니라 이 세상에 악을 부추기고 미혹했던 사탄과 그의 세력, 더 나아가 사망과 음부까지도 심판하신다(계 20:10, 13-14, 21:8).

F. 만물의 회복

그리스도의 재림은 죄와 악으로 신음하던 모든 피조세계를 처음 창조 때와 같이 회복시킬 것이다. 인류의 타락 이후로 피조물들은 인류가 범한 죄와 이로 말미암은 악으로 인해 고통받으며 신음하고 있다(롬 8:22). 그리스도의 재림은 허무한 데 굴복하며 썩어질 종노릇하는 피조물들을 해방하고 첫 창조의 영광을 회복시켜 영광의 자유에 이르게 하는 것이다(8:20-21). 만물이 새롭게 될 것이고(계 21:5), 이때가 되면 온 피조세계는 더 이상 상함과 해됨이 없을 것이고 물이 바다를 덮음 같이 여호와를 아는 지식이 세상에 충만할 것이다(사 11:9). 이때가 되면 '이리가 어린 양과 함께 살며 표범이 어린 염소와 함께 누우며 송아지와 어린 사자와 살진 짐승이 함께 있어 어린 아기에게 끌리며 암소와 곰이 함께 먹으며 그것들의 새끼가 함께 엎드리며 사자가 소처럼 풀을 먹을 것이며 젖 먹는 아기가 독사의 구멍에서 장난하며 젖 뗀 어린아기가 독사의 굴에 손을 넣을 것이라'(11:6-8)는 말씀이 성취될 것이다.

G. 그리스도의 완전한 통치와 하나님 나라의 완성

그리스도의 재림으로 세상의 악이 소멸되고, 피조세계가 완전히 회복되어 새 하늘과 새 땅으로 바뀌며(계 21:1), 이후로 세상 나라가 우리 주와 그리스도의 나라가 되어 그가 세세토록 왕노릇 하실 것이다(11:15). 이때가 되면 우리는 이 땅에서 저 먼 천국으로 이동하는 것이 아니다. 오히려 하늘에 있는 거룩한 성 새 예루살렘이 하나님께로부터 하늘에서 이 땅으로 내려오게 되고 하나님이 친히 사람들과 함께 이 땅에서 거대한 성전이 될 것이다(21:22-23). 이 땅에 하나님의 영광이 가득하여 해나 달의 비침이 쓸데없을 것이다. 그리스도와 그의 자녀들은 다시 밤을 맛보지 못할 것이고 이곳에서 세세토록 왕노릇 할 것이다(22:5)

2.2 천년왕국

그리스도의 재림 전후로 어떤 일들이 일어날 것인가? 이는 종말론을 이해하는 데 매우 중요한 질문이다. 요한계시록은 재림 전후로 천년왕국이 도래할 것을 진술한다(20:1-6). 천년왕국의 성격과 시기를 어떻게 이해하느냐에 따라 앞서 살펴본 재림의 여러 징조도 다양하게 배치되고 이해될 수 있다. 따라서 천년왕국의 이해가 종말론 이해의 중요한 부분을 차지한다. 천년왕국은 그리스도의 재림과 관련하여 크게 전천년설, 세대주의적 전천년설, 후천년설, 무천년설의 네 가지의 입장이 있다. 이러한 명칭들은 그리스도 재림의 시기와 천년왕국이 실현되는 장소를 기준으로 차이를 보인다. 좀더 구체적으로 재림이 천년왕국 전과 후, 언제 일어나는가와 천년왕국이 지상과 천상 중 어디서 이루어지느냐에 따라 달라진다. 천년왕국 전에 재림이 온다는 것을 지지하는 것(전 재림, 후 천년왕국)이 전천년설이고, 천년왕국 후에 재림이 온다는 것(전 천년왕국, 후 재림)을 지지하는 것이 후천년설이며, 천년왕국이 지상에 이루어지지 않고 천상에 이루어지는 것을 지지하는 주장이 무천년설이다.

1) 전천년설

전천년설은 교회의 환난 이후 그리스도의 재림이 있으며 이후 지상에 천년왕국이 임한다는 입장이다. 종말이 가까우면 먼저 교회의 환난이 있고 거짓 선지자와 적그리스도가 등장한다. 이후 그리스도께서 재림하신다(19:11-21). 이때 무덤에 있던 신자의 부활이 일어난다. 이후 지상에 문자적인 천년왕국이 이루어지고 그리스도는 성도들과 함께 이 땅을 다스린다. 이 기간 동안 사탄은 무저갱에 감금되어 있다. 천년왕국의 끝에 사탄이 잠시 무저갱에서 풀려나 반역을 시도하지만 패하여 최후의 심판을 받고 영원한 불못으로 던져진다. 이때 불신자들도 부활하여 최후의 심판을 받는다. 마침내 천년왕국이 끝나고 새 하늘과 새 땅이 시작된다.

전천년설은 핍박과 고난이 많던 초기 기독교 시대의 입장을 가장 잘 반영한다.[45] 주후 165년 아우렐리우스 황제의 박해 때 순교한 순교자 유스티누스(Justinus Martyr)와 사도 요한의 제자인 폴리카르포스의 제자로 알려진 이레나이우스(주후 202년 순교) 등이 이 입장을 견지하였다. 이들은 극심한 핍박 가운데 로마 황제를 적그리스도로 보았다, 세상 보좌에 앉은 그가 곧 그리스도의 재림으로 격변 가운데 멸망당할 것이고 이때 핍박 가운데 순교한 성도들이 육체적으로 부활하여 이 땅에 하나님의 나라가 천 년 동안 임할 것으로 기대했다. 천 년의 마지막 때에는 죽은 자의 나머지, 곧 불신자의 부활이 있을 것이고 모두 최후의 심판을 받을 것이다. 이후 새로운 창조계가 나타나 구속받은 이들이 하나님의 임재 속에 영원히 살게 될 것이다.

기독교는 박해의 종교이기도 하다. 전천년설은 기독교 역사를 통틀어 많은 박해가 있을 때 붙들었던 종말관으로, 그래서 이를 '역사적 전천년설'이라고도 한다.[46]

하지만 역사적 전천년설은 그 해석에 있어서 어려운 점들이 있다. 계시록 20장 1-6절의 순교자들이 그리스도와 더불어 천 년간 통치하는 것을 지상에서의 천년왕국 통치로 해석한다. 그러나 이것이 과연 지상적 통치인지를 결정적으로 보여 주지는 못한다.[47] 오히려 이 부분은 순교자들의 영혼이 하늘에서 그리스도와 더불어 왕노릇 하고 있는 상태를 보여 주는 듯하다. 게다가 완전한 몸으로 부활한 신자들이 아직 죄와 사망이 존재하는 땅으로 온다는 것은 이들의 영화가 결정적으로 완성되었다는 사실과 충돌한다.[48] 완전히 부활하였으면 영원히 천국에서 살아야지 왜 애매한 이 땅으로 내려올까? 천년왕국은 신약 성경이 주로 묘사하는 현세대, 즉 공중권세와 현세대로 침투하는 하나님 나라의 긴장이 공존하는 세대가 끝나고 최종적으로 임할 하나님의 영광이 연기된 상태를 묘사할 수도 있다.

---

45 ── 루이스 벌코프,《조직신학 (하)》, 983.
46 ── 역사적 전천년설에 관한 구체적인 논의로는 박수암, "요한이 가진 천년왕국 사상은 역사적 전천년설", 교회와신앙, 2015. 5. 11, http://www.amennews.com/news/articleView.html?idxno=13676.
47 ── 앤서니 후크마,《개혁주의 종말론》, 263.
48 ── 위의 책, 265.

2) 세대주의적 전천년설

세대주의(dispensationalism)적 전천년설에 따르면 교회의 시대가 끝나갈 무렵 전쟁과 기근, 지진과 같은 징조가 있고, 복음이 모든 민족에게 증거되는 역사가 일어난다. 이후 그리스도의 공중 재림이 있으며, 이때 거룩한 믿음으로 잘 준비된 참 성도들은 그리스도께서 오신 공중으로 들림(휴거)받는다. 이때 무덤에 잠든 성도들의 몸도 부활하여 휴거된다. 공중에서는 문자적으로 7년간 들림받은 성도들을 위한 혼인잔치가 열리고, 이 기간 동안 지상에서는 휴거되지 못한 교회의 7년 대환난이 일어난다. 7년 환난 기간 중 후 3년 반 동안 적그리스도가 등장하며, 이 기간에 이스라엘의 대규모 국가적 회심(14만 4천)과 세계복음화가 일어난다. 7년 환난이 끝나갈 무렵 사탄은 땅의 왕들과 짐승들의 군대들과 거짓 선지자들을 규합하여 아마겟돈 전쟁을 시작한다. 하지만 그리스도께서 예수님이 지상에 재림하셔서 전쟁에서 승리하시고 마귀는 결박되어 무저갱 속에 천 년 동안 갇혀 있게 된다. 그리스도께서 지상에 재림할 때 7년 환난 기간에 죽은 신자들의 부활이 일어나고, 천년왕국의 황금시대가 열린다. 구약 성도들도 이때 부활한다. 이 기간 동안 하나님이 구약의 다윗 왕과 선지자들, 그리고 이스라엘 백성들에게 약속하신 것들이 성취될 것이다(시 72:1-20, 사 2:1-4, 11:1-9, 11-16, 65:18-25, 렘 23:5-6, 암 9:11-15, 미 4:1-4, 슥 14:1-9, 16-21). 이스라엘 백성들은 다시 한 번 가나안 땅에 모여들 것이고 다른 민족 위에 특별한 지위를 얻을 것이며 다윗의 자손인 그들의 메시아의 자비롭고 완전한 지배하에 살게 될 것이다.[49] 이때는 인류 최고의 황금기로 최고의 번영과 평화를 맛보며 물이 바다 덮음 같이 여호와를 아는 지식으로 충만하게 될 것이다(사 11:9, 합 2:14). 이 기간에는 예루살렘 시온산에 제3성전 시대가 열릴 것이며 이곳으로 모든 나라들이 하나님께 예배드리러 올 것이다. 짐승을 잡아 드리는 제사가 다시 드려질 것인데, 이 제사 의식들은 대속적 제사가 아니라 그리스도의 죽음을 회상하는 기념제사가 될 것이다.[50]

---

49 ── 위의 책, 270.
50 ── 위의 책, 274.

세대주의적 전천년설은 존 넬슨 다비(John Nelson Darby)에 의해 체계적으로 정립되었고, 이후 19-20세기에 영국과 미국에서 크게 유행하였다. 19세기 초반까지는 후천년주의가 대세였다. 조나단 에드워즈의 대각성운동은 많은 이들에게 천년왕국의 황금시대가 현재의 역사 가운데 실현될 것을 기대하게 했다. 이는 곧 후천년주의의 비전이 실현되던 시기였다. 그러나 미국에서 남북전쟁이 발발하면서 세대주의적 종말론이 발흥하게 되었다.[51] 1909년 세대주의 종말론을 구체적으로 이해할 수 있도록 한 킹제임스성경 기반의 스코필드 관주성경(Scofield Reference Bible)이 처음 발행되었고 이것이 큰 인기를 끌어 당시 무려 2백만 부 이상 발간되었다. 이후 1967년에 9명의 세대주의 신학자들에 의해 개정 발행된 뉴 스코필드 관주성경(New Scofield Reference Bible)은 세대주의가 주장하는 주요 주장들을 잘 정리하여 보여 주고 있다. 이후 세대주의자들은 1, 2차 세계대전의 격변기를 겪으며 스탈린, 히틀러와 같은 적그리스도적 인물들에 주목하였고, 공산주의의 발흥과 몰락, 유럽연합의 형성과 같은 큰 변화를 타고 많은 주목을 받았다. 세대주의적 전천년설을 바탕으로 《레프트 비하인드》(홍성사 역간)라는 소설이 북미에서 큰 인기를 끌기도 하였는데, 이는 세대주의자들이 갖고 있는 종말에 대한 생생한 상상력을 보여 준다.

세대주의적 전천년설이 역사적 전천년설과 비교할 때 갖고 있는 다른 특징들이 있다.

첫째, 세대주의는 역사를 일곱 개의 특수한 세대(dispensation)로 나눈다. 그 세대들은 ①홍수 이전까지의 족장 세대, ②노아 세대, ③아브라함 세대, ④이스라엘 세대, ⑤이방인 세대, ⑥성령 세대, ⑦천년왕국 세대다. 세대주의자들은 그때그때마다 하나님이 그의 백성을 다스리는 방식이 다르다고 주장한다. 하나님은 각각의 시대에 인간을 각각 다르게 통치하신다. 우리는 은혜의 '성령시대'를 살고 있기에 십계명과 같은 율법을 지키는 것보다 회개하고 믿음으로 돌아와야 한다고 강조한다.

둘째, 세대주의는 성경을 가능한 문자 그대로 해석한다. 계시록

---

[51] ──── 이필찬, "1907년 대부흥 운동과 해석의 관계", 성서학 학술 세미나, 2007. 6. 551.

에 나오는 상징적이고 비유적인 것들도 모두 문자적으로 해석하려 한다. 따라서 천 년의 통치기간도 문자적 천 년으로, 7년 대환란도 문자적 7년으로 해석한다.

셋째, 세대주의는 구약의 예언 말씀은 육적 이스라엘에게 해당되는 예언으로 보고, 에스겔서 40장과 48장에 나오는 성전을 문자 그대로 유대인들을 위한 성전으로 보고, 이사야 65장 17-25절, 11장 11-16절도 다윗 왕국이 회복되는 천년왕국에 대한 묘사로 보고 이 세상에서 문자적으로 이루어진다고 가르친다. 이들은 믿는 성도를 모두 영적 이스라엘로 보는 시각을 거부한다. 이들에게 천년왕국의 목적은 다윗에게 약속되었지만 아직 성취되지 않았던 약속들을 성취하여 지상적 왕국을 세우는 일이며, 이 왕국에서 다윗의 자손인 그리스도가 예루살렘에 있는 지상적 왕위에 앉아 개종한 한 민족인 이스라엘을 다스리는 것에 국한된다.[52]

넷째, 성도는 대환난이 오기 전 휴거되어 환난을 면하고(pre-tribulation rapture) 유대인들 중 남은 자가 교회를 맡게 되며, 이들을 통해 이스라엘 나라와 이방민족이 돌아온다고 본다. 그리스도의 재림이 공중 재림과 지상 재림의 이중 재림이다. 하지만 이들이 제시하는 휴거의 근거인 계시록 4장 1절은 교회의 휴거가 아니라 요한 사도 개인을 올라오라고 한 음성이기에 휴거를 위한 성경적 근거로 보기에 부족하다.

다섯째, 세대주의 전천년설은 현 역사를 대입시켜 계시록과 기타 성경을 풀이하므로 현시대에 임박한 종말에 대한 강력한 두려움과 긴장감을 초래한다. 그리하여 현재의 환난을 이겨 나가게 할 강력한 동기를 부여한다. 또한 성경의 예언을 현시대에 대입시켜 날짜 계산을 시도하고, 재림의 구체적 날짜를 예견하는 시한부 종말론으로 빠질 가능성이 크다.

---

52 ———— 앤서니 후크마,《개혁주의 종말론》, 315.

★ 한국교회와 세대주의 종말론

우리나라에는 선교사들의 유입과 활동이 본격화되었던 19세기 말 20세기 초에 북미에서 파송된 선교사들이 이러한 세대주의 종말론을 갖고 들어왔다. 이러한 영향의 배후에는 무디(D. L. Moody)를 중심으로 한 학생자원운동(Student Volunteer Movement)의 영향이 크다. 한국에 온 초기 선교사들의 60퍼센트는 학생자원운동 출신 선교사들이었는데, 무디는 학생자원운동의 주강사로 설교하며 세대주의적 전천년설에 입각한 그리스도의 임박한 재림을 기대하였다.[53] 그는 고든(A. J. Gordon), 피어선(A. Pierson), 어드만(G. Eerdmann), 블랙스톤(W. Blackstone) 등과 함께 세대주의적 전천년설의 주축을 이루었는데 우리나라의 교회 지도자들은 이러한 영향을 많이 받았다. 무디는 1889년 시카고에 무디성경학교를 세우고, 세대주의를 따르던 토레이(R. A. Torrey)에게 운영을 맡겼다. 무디성경학교는 스코필드 관주성경을 교재로 사용하기도 하였다. 무디의 안수를 받고 내한한 캐나다 출신 선교사 게일은 1913년 미국의 유명한 세대주의 종말론자인 블랙스톤의 책《Jesus Is Coming》을 '예수의 재림'이라는 제목으로 번역하여 조선야소교서회에서 출간하였다.[54] 이 책은 그 당시 많은 한국 기독교 지도자들에게 영향을 끼쳤다. 1903년 원산대부흥운동을 이끌던 학생자원운동 출신 하디(R. A. Hardie, 한국명 하리영) 선교사가 세대주의 종말론에 기초한 요한계시록 관련 논문 및 글을 발표하는 데 영향을 끼쳤고, 이후 약 30여 종에 이르는 종말론 관련 서적들이 나오는 데 자극제가 되었다. 특별히 일제 치하에 많은 옥고를 치른

---

[53] ——— "Appendix A: List of Sailed Volunteers", *Students and the Present Missionary Crisis: Addresses Delivered before the Sixth International Convention of the Student Volunteer Movement for Foreign Missions, Pochester, New York, December 29, 1909 to January 2, 1910*, 513-532, 류대영의《초기 미국 선교사 연구 1884-1910》(서울: 한국기독교역사연구소, 2001), 51에서 재인용.

[54] ——— 홍상태, "미국 개신교 근본주의 신학운동과 내한 선교사와의 관계고찰: 세대주의 종말론을 중심으로", 오늘의 생명신학 2, 33.

길선주 목사가 저술한 《말세학》은 전형적인 세대주의 종말론의 입장이었다.[55] 길선주 목사의 경우 에스겔 4장 6절과 민수기 14장 34절을 근거로 한 연일계산법을 적용하여 그리스도의 재림을 1939년 또는 희년제도를 적용하여 2002년으로 예고한 적도 있다. 이처럼 세대주의 전천년설은 극심한 고난이 있었던 구한말, 일제강점기를 지나면서 많은 성도로 하여금 주님의 재림을 사모하며 깨어 기도하게 만드는 강력한 동기가 되었다. 이런 재림에 대한 강렬한 열망은 시한부로 표출되기도 하였다. 하지만 평화와 번영의 시기를 지나며 세대주의 종말론이 역사에 대입시켰던 위기들이 종종 빗나가며 빈번한 해석의 오류를 초래하였으며, 시한부 종말론도 몇 차례 불발되며 세대주의에 대한 거부감과 무감각함을 양산하기도 하였다. 하지만 세대주의적 종말론은 과학기술의 발전과 국제 정세가 바뀌면서 끊임없이 변형되어 나타나고 있다.

3) 후천년설

후천년설(Postmillennialism)은 그리스도의 재림이 천년왕국 후에 온다고 보는 해석이다. 후천년설은 모든 민족에게 복음을 전해야 세상 끝이 온다고 믿는다(마 28:18-20). 계시록 20장 1-3절에 나오는 사탄의 결박과 무저갱 감금은 예수 그리스도의 초림 때 일어난 일이다. 무저갱에 감금되었다는 것은 영원한 불못인 지옥에 떨어진 것이 아니다. 사탄은 여전히 만국에서 방해하고 활동하지만, 미혹하여 통치하지 못할 정도로 결박당했다(16:18). 악의 활동은 제한적일 뿐이다. 이 가운데 복음의 진보가 이 세상에 악을 감소시키고 선을 증가시키며, 이는 결국 천년왕국으로 들어가게 하는데, 이때는 개인의 가치와 자유가 존중되고, 정치적 평화와 경제, 사회, 문화의 황금시대가 이루어진다. 이때의 천 년은 꼭 문자적 천 년이 아닌 자유와 번영의 항구적인 기간을 말한다. 이렇게 천년왕국이 끝나갈 때 잠시 사탄이 무저갱에서 석방되어 교회를 공격

---

[55] 이필찬, "1907년 대부흥 운동과 해석의 관계" 성서학 학술 세미나, 2007. 6. 547-575.

하지만, 그리스도께서 재림하여 사탄의 세력을 완전히 멸망시키고 최후의 심판을 통해 영원한 천국과 지옥을 나눈다.

이러한 후천년설은 크게 복음적 후천년설과 진화론적 후천년설로 나눌 수 있다.

복음적 후천년설은 16-17세기 동안 코게이우스, 알팅, 비트링가, 호른벡, 코엘만, 브라켈 등 네덜란드의 개혁파 신학자들에 의해 정립된 것으로, 그들은 복음이 전 세계를 향하여 퍼져 나가고 결국에는 지금과 비교할 수 없을 정도로 엄청난 효력을 발휘하여 교회를 위한 풍성한 복의 시대가 시작될 것으로 보았다. 이들에게는 교회의 시대와 천년왕국의 시대는 명확한 구분이 되기보다는 복음이 강력한 영향력을 발휘하며 자연스럽게 도래하는 것으로 묘사된다. 그래서 스트롱과 같은 학자는 천년왕국이 '전투하는 교회'(Church Militant)의 후기 시대로서, 성령님의 특별한 영향 아래 놓일 것이고 참된 신앙이 촉진되어 부흥할 것이며 성도들은 그리스도 안에서의 능력을 강하게 의식하게 되어 안팎의 악의 세력에 대항해 이전과는 비교할 수 없을 정도로 승리하게 될 것이라고 말한 바 있다.[56] 이러한 미래에 대한 낙관적 기대는 후천년설을 주장했던 찰스 핫지(Charles Hodge)나 벤자민 워필드(Benjamin B. Warfield)와 같은 이들에게도 있었다.

진화론적 후천년설은 복음에 대한 확산과 별도로 천년왕국이 사회 진보와 발전 과정에 의해 점차적으로 생겨나게 될 것이며 이상적인 유토피아로 진화해 간다는 주장이다. 이러한 주장의 대표적인 학자인 라우센부쉬는 "천년왕국에 대한 우리의 주된 관심은, 가장 미천한 인간적 존재의 가치와 자유까지도 존중되고 보호받으며, 사회의 경제적인 자원을 공유함으로써 인간의 형제 됨이 표현되고, 인간의 정신적인 선함이 모든 물질주의적 그룹의 사적인 이윤 동기보다도 더 높이 평가받는 그런 사회 질서에 대한 열망에 있다"라고 주장했다.[57] 이들은 역사의 진보에 대한 낙관을 갖고 과학기술의 발달과 역사의 진전으로 인류는

---

[56] ──── 루이스 벌코프, 《조직신학 (하)》, 991.
[57] ──── 위의 책, 992.

더욱 나아질 것이고 이로 인해 아직 정복되지 않은 악도 하나님의 파국적 간섭이 아니라 끈질긴 노력과 점차적인 개혁에 의해 제거될 것으로 기대했다.

이러한 후천년설은 기독교가 번영하던 시대의 세계관을 반영한다. 이러한 관점은 4세기 초, 주후 313년 콘스탄티누스 황제의 기독교 공인으로 인하여 본격적으로 꽃피기 시작했다. 참고로 이전의 박해 시대에 초대 교인들은 역사적 전천년설을 견지하였다. 하지만 본격적인 신앙의 자유와 번영의 시대가 찾아오자 종말과 천년왕국을 바라보는 관점과 해석도 바뀌기 시작했다. 후천년설을 처음 주장한 이는 4세기의 티코니우스였다. 이후 아우구스티누스가 이를 받아들여 교회에 확산시키는 데 기여했다. 이때 교회는 로마제국을 발판으로 제국의 성장과 함께 영역을 확장했고, 이에 따라 재림에 대한 열망이 사라지고 현세에 집중하는 경향이 나타났다. 천년왕국의 완성 시기는 결정되지 않았지만 그 당시 대부분은 주후 1000년경에 일어날 것으로 가정하였다.[58] 이후 1000년이 되는 중세에는 종말에 대한 기대로 감옥에 있던 이들을 풀어주기도 했다. 하지만 종말은 일어나지 않았고 이후 천 년이라는 기간에 대한 수정 작업이 이루어지며 문자적 천 년이 아닌 지속적인 대번영의 기간을 의미하는 상징적인 기간으로 해석되었다.

이후 종교개혁과 산업혁명으로 유럽의 문명이 눈부시게 발전하였다. 과학기술의 발전과 사회제도의 발전으로 개인의 자유와 활동이 보장되며 점점 살기 좋은 세상으로 변해 갔다. 게다가 아메리카 대륙을 발견하여 새로운 개척과 항해의 시대가 열리면서 사람들은 전례 없는 대번영의 시기를 맞이하였다. 복음은 전 세계로 전파되었다. 이런 가운데 인류 문명에 대해 낙관하는 후천년설이 발전하였다. 이때의 분위기를 반영하는 찬양이 찬송가 138장 〈햇빛을 받는 곳마다〉이다. "햇빛을 받는 곳마다 주 예수 다스리시고 이 세상 끝날 때까지 그 나라 왕성하리

---

[58] Adlolf von Harnack, "Millennium" in Encyclopedia Britannica, 9th ed. (New York: Scribner, 1883), vol. 16. pp. 314-18; 밀라드 J 에릭슨, 《복음주의 조직신학 하》, 413에서 재인용.

라"라는 1절의 가사처럼 복음의 진보에 대한 낙관과 이 땅에 가득한 하나님의 통치를 기대하는 열망이 가득했다. 이 곡을 만든 영국의 아이작 왓츠(Isaac Watts) 목사는 이 찬송의 가사를 1719년에 작사했다. 이는 그 당시의 후천년적 종말론에 대한 기대를 보여 준다. 복음의 진보와 문명의 발전을 통하여 천년왕국의 도래를 기대했던 것이다. 물론 이런 기대는 후에 미국의 남북전쟁을 비롯하여, 1, 2차 세계대전이 지나며 크게 쇠퇴되었다. 후천년설이 재림 전에 있을 교회의 큰 환난과 핍박, 배도를 진지하게 다루지 않기 때문이다(마 24:6-14, 21-22, 눅 18:8, 21:25-28, 살후 2:3-12, 딤후 3:1-6, 계 13장). 또한 천년왕국이 세상의 파국적인 변화로 도래하는 것이 아니라 복음과 문명의 진보에 따라 자연스럽게 들어가게 된다는 것도 성경에 부합하지 않는다(마 24장, 히 12:26-27, 벧후 3:10-13).

4) 무천년설

무천년설(Amillennialism)은 그리스도의 재림 전이나 후에 지상에 문자적인 천년왕국이 이루어지는 것을 인정하지 않는다. 그렇다고 천년왕국 자체가 없다는 것이 아니다. 도리어 천년왕국은 이 땅이 아니라 천상에서 그리스도의 초림(승천)과 재림 사이의 전 기간으로 확장되고, 이 기간에 신앙생활을 하다가 죽어 하늘로 간 성도들이 그리스도와 함께 천상에서 통치하며 실현되는 것으로 본다. 흔히 무천년설이라고 하면 천년왕국이 없다는 선입견 때문에 무천년설에 대한 거부감부터 드는 경우가 있다. 하지만 무천년설은 천년왕국을 이 땅에서의 천년왕국 대신 천상에서의 천년왕국으로 본다. 거부감이 있는 이들에게는 '천상적 천년왕국설'이라고 하면 이해가 더 빠를 것이다. 이를 실현된 천년설(Realized Millennialism)이라고도 한다.

무천년설에 따르면 그리스도의 초림으로 사탄은 결박당하고, 그리스도는 승천하여 하늘 보좌에 앉으시고 만물을 통치하신다(참조 엡 1:20-22, 빌 2:9-11). 하늘에 올라간 성도들은 그리스도와 함께 거하며 하늘에서 그의 통치에 참여한다. 동시에 그리스도의 초림부터 재림 때까지, 즉 교회의 시대에 지상의 교회는 박해를 당하고, 이단으로 인하여 어려움을 겪는다. 그런 가운데서도 복음을 온 세상에 증거한다. 이후 천년왕국이 끝나갈 무렵 사탄이 잠시 석방되어 다시 교회를 공격한다. 하지만 그리스도가 모든 사람이 보는 가운데 육체적으로 재림하여 사탄의 세력을 완전히 멸망시킨다. 이후 신자와 불신자 모두의 육체적 부활이 있고, 모두가 최후의 심판대 앞에 선다. 신자들은 새 하늘과 새 땅에 들어갈 것이고, 불신자는 영원한 불못, 곧 지옥에 들어간다(계 20:11-15).

이러한 무천년설이 갖는 특징은 무엇일까?

첫째, 계시록에 대한 문자적 해석이 아닌 상징적 해석을 선호한다. 천년왕국도 문자적 천 년이 아닌 긴 시간을 의미하는 상징으로 보고, 이 땅에 이루어진 것이 아닌 천상에 이루어진 것으로 본다.

둘째, 사탄의 결박(20:2)을 그리스도의 초림 때, 십자가에서 승리함으로 이루어진 것으로 본다. 십자가의 승리를 결정적이고 최종적인 승리로 본다. 사탄은 결박당하였고 지금은 힘을 쓰지 못하기에 교회는 복음을 전할 수 있고, 사탄이 장악하고 있던 사람들을 그리스도께로 인도할 수 있게 되었다(마 12:29, 막 3:27, 눅 11:20-22).

셋째, 첫째 부활(계 20:5)은 영적 부활로, 둘째 부활은 육체의 부활로 본다. 성도의 부활이 먼저 있고 후에 불신자의 부활이 있는 것으로 보지 않는다.

넷째, 단회적 재림과 함께 단회적 최후의 심판이 있고 이로 인해 의인과 악인이 영원한 최종 상태, 즉 천국과 지옥에 거하는 것으로 본다. 즉 이 땅에서의 믿음과 불신이 영원한 상태를 결정한다(참조 마 7:21-22, 18:8-9). 세대주의적 전천년설에서 주장하는 것과 같이 공중 재림 후 7년 대환난이 있고 이후 지상 재림이 있는 것으로 보지 않는다. 이렇게 되면 첫 공중 재림 때 믿음을 갖지 못한 사람이라 하더라도 다시 구원을 얻을 가능성이 있게 된다.

다섯째, 구약성경의 예언을 문자적 다윗 왕국의 회복으로 보지 않고, 역사적인 것이나 상징적인 것으로 해석한다.

여섯째, 종말의 때(마지막 때)를 초림과 재림 사이의 전체 시대를 기술하는 표현으로 본다. 우리는 이미 종말적 시대의 선물인 '성령'을 선물로 받았고, 마지막 시대를 사는 사람들이다.

일곱째, 천상에서 그리스도와 함께 왕노릇 하는 성도들은 몸의 부활을 기다리고 있다. 성도들은 그리스도의 재림과 함께 몸의 부활을 얻고(고전 15:51-52) 새 하늘과 새 땅이 펼쳐지며 그곳에서 영원토록 살 것이다(계 21장).

여덟째, 무천년설은 예수 그리스도를 통하여 이루어지는 하나님의 나라가 현 세대에 이어 곧바로 완성된 형태가 될 것을 지지한다. 전천년설이나 후천년설은 천년왕국을 예수 그리스도가 지상에서 천 년간 통치하는 잠정적인 나라로 보게 만든다.

이상으로 살펴본 무천년설은 전천년설이 유행했던 2-3세기에 전천년설 못지않은 많은 지지를 받았다. 이는 아우구스티누스, 종교개혁자 루터, 칼뱅에 의해 지지받았으며, 이후의 개혁신학자들인 아브라함 카이퍼, 헤르만 바빙크, 루이스 벌코프, 윌리암 헨드릭슨 등에 의해 많은 지지를 받았다. 현재의 여러 장로교단과 미국의 개혁교회들이 이러한 견해를 지지하고 있다.

이상으로 살펴본 다양한 천년왕국에 대한 구조는 옆의 도표와 같다.

5) 천년왕국 쟁점 이해 - 계 20장

천년왕국을 말씀하는 계시록 20장 1-6절을 어떻게 이해하느냐에 따라 천년왕국과 종말론이 달라진다. 그 핵심 쟁점은 크게 두 가지다. 첫째, 사탄을 천 년 동안 결박하여 무저갱에 가두어 두는 부분이다(2-3절). 둘째, 순교자들이 살아서 그리스도와 천 년 동안 왕노릇 한다는 부분이다(4절). 셋째, 여기서 더 나아가 사탄을 가두어 두는 것과 순교자들이 살아서 왕노릇 하는 것을 시간적 순서로 볼 것인가 아니면 동시적 사건으로 볼 것인가 하는 것이다.

첫째, 사탄을 천 년 동안 결박하여 무저갱에 가두는 부분이다. 우선 사탄을 결박한다는 것은 무엇을 의미하는가? 완전한 감금인가, 아니면 부분적 결박인가? 사탄은 완전히 활동을 못하게 되는가 아니면 결정적으로 못한다 하더라도 부분적으로는 할 수 있는 것인가? 결박 정도에 따라 만국에 미치는 악의 영향력이 달라지는데 이는 전천년설과 무천년설의 핵심 쟁점이다.

천년왕국설

1. (역사적) 전천년설 / (Historical) Premillennialism

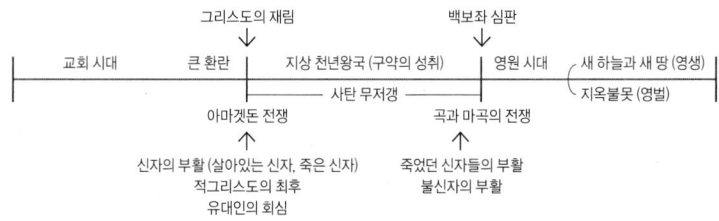

2. 세대주의적 전천년설 / Dispensational Premillennialism

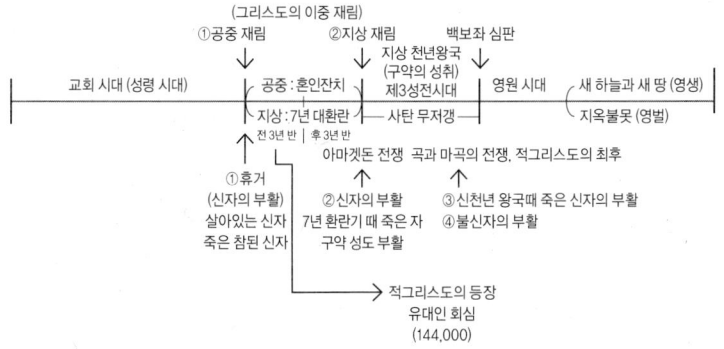

3. 후천년설 / Postmillennialism

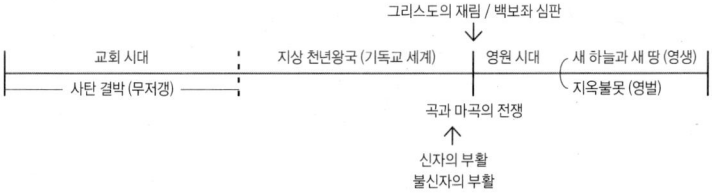

4. 무천년설 / Amillennialism

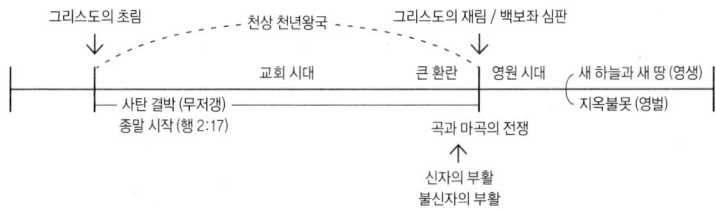

결박에 대한 해석의 여지가 있는 이유는 앞서 언급한 것처럼 예수께서 사탄을 제압하심으로 그의 영역을 결박했다는 성경의 진술 때문이다(막 3:27, 마 12:29, 눅 10:17-19). 예수 그리스도께서 사탄을 번개 같이 떨어뜨리시고(눅 10:18) 그의 머리를 십자가에서 부수었다(창 3:15, 롬 16:20). 사탄은 결박당했고 영원한 형벌을 기다리고 있다. 하지만 전천년설을 주장하는 이들은 이러한 주장을 인정하면서도 결박과 함께 사용한 다른 용어들의 의미를 강조하며 사탄의 결박이 완전한 결박이 되어야 한다고 주장한다.

그렇다면 사탄의 완전한 결박을 주장하는 전천년설의 입장을 좀 더 구체적으로 살펴보자. 계시록 20장 3절에 따르면 사탄을 결박하여 무저갱에 던져 넣어 잠그고 그 위에 '인봉'을 하였다. 이는 천 년이 차도록 '다시는' 만국을 미혹하지 못하도록 하기 위함이다. 이렇게 볼 때 사탄의 결박은 완전한 결박이다.[59] 사탄이 더 이상 세상에 활동할 여지가 없다. 그렇다면 천년왕국 기간 동안 이 세상은 악의 활동이 전혀 일어날 수 없다.

이에 대해 무천년을 지지하는 입장은 먼저, 사탄이 결박당하여 무저갱에 갇혀 있다는 것이 구약적 배경(사 24:21-22)에 비추어 볼 때 완전한 형벌로 끝났다는 것을 의미하지 않는다고 본다.[60]

> 그 날에 여호와께서 높은 데에서 높은 군대를 벌하시며 땅에서 땅의 왕들을 벌하시리니 그들이 죄수가 깊은 옥에 모임 같이 모이게 되고 옥에 갇혔다가 여러 날 후에 형벌을 받을 것이니라(사 24:21-22)

여기서 옥에 가두는 것은 완전한 형벌로 파괴된 것이 아니라 완전히 정복되어 최종 형벌을 기다리고 있음을 의미한다. 성경은 적의 세력을 정복했다는 의미로 옥에 가두다, 무저갱에 가두다는 표현을 사용한다. 그런데 이런 세력을 잠그고 인봉했다는 것은 철저한 정복을 의미

---

[59] 그랜트 오스본, 《요한계시록》, 877-880.
[60] 이필찬, 《내가 속히 오리라》, 836-837.

한다. 이런 면에서 사탄은 결정적으로 패배하고 정복당하였지만, 그리스도께서 재림하실 때까지 임시적으로 무저갱에 갇혀 있다.

하지만 사탄은 십자가에서 결정적으로 제압당했으나, 동시에 재림 때까지 왕성하게 활동하는 이중적 특성을 갖는다.[61] 성경은 곳곳에서 이러한 사탄의 활동을 진술한다(고후 4:3-4, 11:14, 엡 2:2, 6:11-12, 딤후 2:26, 벧전 5:8). 이는 계시록 12장에서도 드러난다. 12장에서 용이 하늘에서 미가엘과의 전쟁에서 패하여 땅으로 내쫓겼음에도 불구하고, 여전히 여자(교회)를 핍박한다. 이는 계시록에 드러난 사탄의 이중적 특성을 잘 보여 준다.

'다시는'이란 단어는 무엇인가 계속되던 행동이 멈추게 되었음을 의미한다. 즉 사탄은 그동안 만국을 미혹해 왔다가 더 이상 그러한 행동을 하지 못하게 된 것이다. 이러한 만국을 미혹하는 행위는 계시록 20장 7-10절의 내용과 연결되는데, 이는 교회 공동체를 멸절시키는 행위를 말한다. 이렇게 볼 때 초림과 재림 사이에 사탄은 그리스도의 신부 된 교회를 멸절시킬 수 없고 결박당해 그 활동이 여전히 제한된다고 볼 수 있다. 따라서 '다시는'은 악의 전무한 상태를 말하는 것이 아니라, 치명적인 공격이 다시는 일어나지 않는다는 뜻으로 본다.

둘째, 순교자들이 살아서 왕노릇 한다는 것(계 20:4)은 지상에서의 육체적 부활인가, 아니면 영적 부활인가? 전자를 지지한다면 전천년의 입장에 서는 것이고, 후자를 지지하면 무천년의 입장에 서는 것이다. 어떤 이단 단체들은 이를 순교자와 이단단체 신도들 간의 신인합일 혹은 영육합일 교리를 지지하는 것으로 주장하지만, 이는 근거가 없다. 앞서 언급했듯이 4절은 동일한 순교자를 다양하게 진술하는 표현이기 때문이다. 이는 다른 역본(NIV, 표준새번역, 공동번역) 등을 보면 더욱 선명하게 드러난다.

순교자들이 '살아서'(헬. 에제산) 그리스도와 더불어 천 년 동안 왕노릇 한다는 것은 어떤 상태를 의미하는가? 전천년을 고수하는 이들은 이것이 육체적 생명을 얻은 몸의 부활을 의미한다고 본다.[62] 하지만 여

---

[61] 위의 책, 838.

기서 '살아서'는 순교자들이 목 베임을 당한 정황을 배경으로 묘사된다.[63] 이는 사도 요한이 하늘의 천상 보좌를 바라보며 그곳에 목 베임을 당해 죽은 순교자들이 비록 육신은 죽었으나 그의 영혼은 하늘에 올라가 살아서 천상에 계신 그리스도와 함께 왕노릇 하는 것을 본 것이다. 이는 하늘 보좌에서 이루어진 그리스도가 통치하는 나라, 즉 천상적 천년왕국이 이루어진 것을 묘사하는 것이다.[64] 이는 이 땅에 천년왕국이 임했다고 주장하는 이단단체들, 또는 새 하늘 새 땅이 임했다고 주장하는 이단 단체들의 주장을 단호히 배격한다.

계시록 20장 5절에 등장하는 '그 나머지 죽은 자들'을 직역하면 '그 죽은 자들의 나머지'로, 이는 목 베임을 당한 영혼들을 제외한 나머지 즉 예수님과 관계없이 죽은 불신자들을 말한다.[65] 이들은 그리스도와 함께 왕노릇 하지 못하고 음부에서 고통당할 것이다. 후반절은 이를 '첫째 부활'이라고 한다. 이는 14절에 등장하는 '둘째 사망'과 함께 우리로 첫째 부활과 첫째 사망, 둘째 부활과 둘째 사망이 무엇인가를 추론할 근거를 제공한다. 첫째 부활이란 순교자들을 비롯한 성도들이 죽어서 그리스도가 계시는 낙원 즉 천상에 올라가는 것을 말한다. 반면 첫째 사망은 불신자들이 음부에 갇히는 것을 의미한다. 성도가 첫째 부활에서 부활의 몸을 입고 완전한 영화와 구속을 입을 때 둘째 부활을 경험할 것이고, 불신자가 음부에서 나와 최후의 심판 이후 영원한 불못에 들어갈 때 둘째 사망을 경험할 것이다. 따라서 첫째 부활에 참여한 이들은 영원한 심판을 받지 않을 것이다.

셋째, 사탄을 가두어 두는 것과 순교자들이 살아서 왕노릇 하는 것을 시간적 순서로 볼 것인가 아니면 동시적 사건으로 볼 것인가 하는 점이다. 전천년설의 입장에서 1-3절을 천년왕국의 시작점으로, 4-6절을 이후의 순서로 보는 것이 자연스럽다. 사탄의 세력이 무저갱에 갇히

---

62 ——— 그랜트 오스본, 《요한계시록》, 883-884.
63 ——— 이필찬, 《내가 속히 오리라》, 851.
64 ——— 앤서니 후크마, 《개혁주의 종말론》, 330.
65 ——— 이필찬, 《내가 속히 오리라》, 852.

지 않고는 천년왕국의 통치를 시작하는 것이 불가능하기 때문이다. 하지만 무천년의 관점에서 1-3절의 사건과 4-6절의 사건은 동시적이다. 사탄이 무저갱에 갇히고 이와 동시에 천상에서의 천년왕국이 시작된다. 요한계시록은 1장부터 22장까지를 시간적 순서로 보기에는 무리가 있다. 계시록은 진행이 될수록 동일한 사건을 반복적으로 점점 강조하며 나아가는 구조다.

이상을 종합해 볼 때, 천년왕국에 관한 다양한 견해는 현시대를 살아가는 성도들에게 건강한 종말론의 토대를 제공한다. 서로 다른 천년왕국에 대한 차이점은 다음의 도표를 참조하라.[66]

천년왕국설 비교

	(역사적)전천년설	세대주의적 전천년설	후천년설	무천년설
계 20장 천 년의 해석	문자적	문자적	문자적 또는 상징적	상징적
천년왕국 시기	예수님의 재림 후	예수님의 재림 후	예수님의 재림 전	예수님의 재림 전
천년왕국 장소	지상	지상	지상	천상
천년왕국 때의 예수님의 임재	예수님 지상 육체적 임재	예수님 지상 육체적 임재	예수님 지상 영적 임재	예수님 천상 육체적 임재
요한계시록 해석법	주로 미래적 해석법 사용	주로 미래적 해석법 사용	주로 과거적 해석법 사용	주로 상징적 해석법 사용
계 19장과 20장의 순서	연속적	연속적	연속적	불연속적
계 19장의 흰 말 탄 자의 승리	예수님의 재림	예수님의 재림	예수님의 초림 이후 복음 전파의 승리	예수님의 재림
20장의 사탄의 결박당함	예수님의 재림	예수님의 재림	예수님의 초림	예수님의 초림
20장의 사탄의 불못 던짐	천년왕국의 끝	천년왕국의 끝	예수님의 재림	예수님의 재림

2.3 죽은 자의 부활

그리스도께서 재림하실 때 죽은 자들이 부활한다. 혹 어떤 단체

---

[66] 백금산, 《만화 종말론》, 173.

들은 부활이란 육체의 부활이 아니라 영적 부활이라고 주장하지만, 영은 그 자체로 소멸되거나 사라지는 것이 아니기에 영적 부활이라는 것은 논리적 모순이다. 부활이란 반드시 우리의 몸이 살아나야 사용 가능한 용어다. 헬라적 영지주의나 이원론은 몸을 부정하고 완전한 존재가 되는 것의 방해물로 취급한다. 하지만 성경은 몸을 긍정한다. 몸은 사람의 최종적인 인간의 온전한 영화를 위해 반드시 필요하다.

하나님께서 성도에게 부활의 소망을 주시는 것은 만물이 회복될 때 사람도 창조 본연의 온전한 모습으로 회복시키기 위함이다. 창조 본연의 온전한 모습이란 온전한 전인적인 모습으로 하나님의 형상을 반영하며 하나님과 깊은 연합 가운데 거하는 것이다. 이를 위해서는 죄와 사망으로 인해 죽음을 경험하고 영혼과 육체가 분리된 성도가 종말에 영혼과 육신이 온전히 하나 되어 총체적이고도 전인적인 모습으로 하나님 앞에 서야 한다. 우리의 영혼뿐 아니라 우리의 몸도 하나님의 영광을 위한 몸으로 영혼과 온전한 통합체를 이루어, 온전한 사람으로 하나님 앞에 서야 하는 것이다. 만약 종말에 인간이 육체 없이 영혼만으로 하나님 앞에 서게 된다면 그는 사람인가 천사인가? 이는 온전한 사람이라 할 수 없다. 천사도 흠모할 만한 온전한 사람으로 서려면 우리의 영혼과 육체가 온전한 전인체를 이루어야 한다.

이런 최종적 회복 사역을 위해 성경은 부활이 삼위일체 하나님의 사역임을 말하고 있다. 성부 하나님께서 죽은 자를 일으키시지만(고후 1:9), 성부께서 하시는 것처럼 성자도 부활의 사역을 감당하신다(요 5:21, 25, 28-29, 요 6:38-40, 44, 54, 살전 4:16). 또한 성령께서도 성도의 죽을 몸을 살리시는 부활 사역을 감당하신다(롬 8:11). 부활은 성부의 사역인 동시에 성자의 사역이고, 성자의 사역인 동시에 성령의 사역이다.

그렇다면 종말에 일어날 최종적인 부활은 어떤 특징을 갖고 있을까?

1) 선인과 악인의 동시적 부활

부활은 신자(선인)와 불신자(악인) 모두에게 동시적으로 일어난다. 앞서 살펴보았던 전천년설과 세대주의적 전천년설은 부활의 횟수와 시기를 여러 번으로 나누어 본다. 전천년설에 따르면 부활은 2회에 걸쳐 일어난다. 천년왕국 전에 먼저 신자들의 부활이 일어나고, 천년왕국 후에 불신자들의 부활이 일어난다. 반면, 세대주의적 전천년설에 따르면 부활은 4회에 걸쳐 일어난다. 7년 대환란 전에 공중 재림의 부활, 7년 대환란 끝에 지상에서 순교한 성도들의 부활, 천년왕국 끝에 천년왕국 기간 동안 죽었던 성도들의 부활, 그리고 불신자의 부활이다.

부활을 여러 번에 걸쳐 나누어 보는 핵심적인 이유는 계시록 20장 4절에 '순교자들이 살아서 그리스도와 더불어 왕노릇 하리라'는 말씀을 천상에서의 통치로 보지 않고 문자적으로 살아난 부활로 보기 때문이다. 여기에 세대주의자들은 부활에 순서가 있다고 보고, 먼저 신실하게 믿었던 죽은 신자들의 부활과 이 땅에서 신실하게 살았던 참 신자들의 휴거가 있다고 주장한다(살전 4:16-17, 고전 15:23-24). 여기에 장차 이스라엘의 모습을 노래한 이사야 65장의 비전을 문자적으로 적용하여, 천년왕국시대에는 장수할 것이고 '백 세에 죽는 자를 젊은이라 하겠고, 백 세가 못되어 죽는 자는 저주받은 것이리라'(20절)는 말씀을 근거로 천년왕국 시대에도 죽음이 있다고 본다. 천년왕국시대에 죽은 이들은 후에 흰 보좌 심판대(계 20:11-15)에서 다시 부활한다고 보고, 부활을 총 4회에 걸쳐 일어날 것으로 주장한다.

하지만 성경은 곳곳에서 선인과 악인의 동시적 부활을 진술하면서 서로 다른 대상의 부활을 구분하지 않는다.

> 땅의 티끌 가운데에서 자는 자 중에서 많은 사람이 깨어나 영생을 받는 자도 있겠고 수치를 당하여서 영원히 부끄러움을 당할 자도 있을 것이며 (단 12:2)

> 이를 놀랍게 여기지 말라 무덤 속에 있는 자가 다 그의 음성을 들을 때가 오나니 선한 일을 행한 자는 생명의 부활로, 악한 일을 행한 자는 심판의 부활로 나오리라(요 5:28-29)

> 그들의 기다리는 바 하나님께 향한 소망을 나도 가졌으니 곧 의인과 악인의 부활이 있으리라 함이니이다(행 24:15)

이러한 구절들에서 말하는 부활을 살펴보면 신자와 불신자, 선인과 악인의 부활을 시기적으로 구분하지 않는다. 이는 최후의 심판 때 일어날 동시적 부활을 의미한다. 최후의 심판을 상술하는 계시록 20장 11-15절에서도 선명하게 드러난다.

> 또 내가 크고 흰 보좌와 그 위에 앉으신 이를 보니 땅과 하늘이 그 앞에서 피하여 간 데 없더라 또 내가 보니 죽은 자들이 큰 자나 작은 자나 그 보좌 앞에 서 있는데 책들이 펴 있고 또 다른 책이 펴졌으니 곧 생명책이라 죽은 자들이 자기 행위를 따라 책들에 기록된 대로 심판을 받으니 바다가 그 가운데에서 죽은 자들을 내주고 또 사망과 음부도 그 가운데에서 죽은 자들을 내주매 각 사람이 자기의 행위대로 심판을 받고 사망과 음부도 불못에 던져지니 이것은 둘째 사망 곧 불못이라 누구든지 생명책에 기록되지 못한 자는 불못에 던져지리라(계 20:11-15)

세대주의를 포함한 전천년설의 입장에서 볼 때 본문의 부활은 불신자들의 부활이다. 신자들의 부활은 이미 앞서(계 20:4-6) 일어났기 때문이다. 하지만 본문을 자세히 살펴보면 불신자만의 부활이 아님을 알 수 있다. 크고 흰 보좌, 즉 배보좌에서의 심판은 생명책에 기록된 자와 기록되지 못하고 행위책에만 기록된 자들 모두의 심판에 대해 진술하기 때문이다. 이는 바다, 사망, 음부 가운데서 나온 부활한 이들이 신자와 불신자 모두를 포함하고 있음을 의미한다.

게다가 예수께서는 신자의 부활이 일어날 때를 '마지막 날'이라 칭하셨다.

> 나를 보내신 이의 뜻을 행하려 함이니라 나를 보내신 이의 뜻은 내게 주신 자 중에 내가 하나도 잃어버리지 아니하고 마지막 날에 다시 살리는 이것이니라 내 아버지의 뜻은 아들을 보고 믿는 자마다 영생을 얻는 이것이니 마지막 날에 내가 이를 다시 살리리라 하시니라(요 6:39-40)

나를 보내신 아버지께서 이끌지 아니하시면 아무도 내게 올 수 없으니

오는 그를 내가 마지막 날에 다시 살리리라(요 6:44)

내 살을 먹고 내 피를 마시는 자는 영생을 가졌고 마지막 날에 내가 그를 다시 살리리니(요 6:54)

이는 부활의 역사가 먼저 천년왕국 전에 일부 일어나고, 천 년 후에 나머지가 일어날 것을 전제하지 않는다. 예수께서는 마지막 한 때에 일어날 부활을 염두에 두셨다.

2) 부활 쟁점 이해(고전 15:22-24, 살전 4:16-17)

부활을 여러 단계로 나누어 보려는 전천년주의의 입장이 중요한 근거로 삼는 성경이 고린도전서 15장 22-24절이다.

> 아담 안에서 모든 사람이 죽은 것 같이 그리스도 안에서 모든 사람이 삶을 얻으리라 그러나 각각 자기 차례대로 되리니 먼저는 첫 열매인 그리스도요 다음에는 그가 강림하실 때에 그리스도에 속한 자요 그 후에는 마지막이니 그가 모든 통치와 모든 권세와 능력을 멸하시고 나라를 아버지 하나님께 바칠 때라

이 구절을 근거로 전천년주의 입장에서는 부활을 첫째, 그리스도의 부활, 둘째, 신자들의 부활, 셋째, 악인의 부활로 본다. 전천년설은 23절과 24절 사이에 등장하는 '그 후에는'(헬. 에이타)에 주목한다. 이것이 천년왕국의 시간적 간격을 의미한다는 것이다. 하지만 이러한 주장은 성경에 등장하는 헬라어 '에이타' 혹은 이와 유사한 '에페이타'의 용례를 살펴볼 때 설득력이 없다. 모두가 곧장 일어나게 될 일과 잠시 후에 일어나게 될 일을 가리키는 데 사용되기 때문이다(막 8:25, 눅 16:7, 요 13:5, 19:27, 20:27, 약 4:14).[67]

여기에 덧붙여 본문에는 불신자의 부활에 대해 한마디도 언급하

---

[67] 루이스 벌코프, 《조직신학 (하)》, 1001.

지 않고 있다. 이는 고린도전서 15장 전체가 오직 신자들의 부활에 집중하기 때문이다.[68]

데살로니가전서 4장 16-17절도 부활의 단계를 이해하는 중요한 근거 구절이다.

> 주께서 호령과 천사장의 소리와 하나님의 나팔 소리로 친히 하늘로부터 강림하시리니 그리스도 안에서 죽은 자들이 먼저 일어나고 그 후에 (헬. 에페이타) 우리 살아 남은 자들도 그들과 함께 구름 속으로 끌어 올려 공중에서 주를 영접하게 하시리니 그리하여 우리가 항상 주와 함께 있으리라

단계적 부활을 지지하는 입장에서 볼 때 16절의 '그리스도 안에서 죽은 자들이 먼저 일어나고'라는 표현은 그 이면에 그리스도 밖에서 죽은 자들은 나중에 일으키심을 받게 될 것이라는 의미를 내포한다. 따라서 먼저 신자의 부활이 있고 후에 불신자의 부활이 있다는 것이다. 하지만 17절은 '그 후에' 일어날 일로 이 땅에 살아남은 신자들의 부활을 언급한다. 이는 본문이 신자와 불신자의 부활을 말하는 것이 아니라 모두 신자들의 부활만을 언급하고 있기 때문이다.[69]

게다가 여기서 '그 후에는'에 사용된 헬라어 '에페이타'는 앞서 언급한 것처럼 긴 시간의 간격이 아닌 곧바로 일어나기 전의 잠깐의 간격을 의미한다. 따라서 먼저 죽은 자와 후에 살아남은 자들의 부활은 시간적 격차를 두고 일어나는 사건이라기보다는 논리적인 선후의 구분은 있지만 거의 동시적으로 일어나는 사건임을 알 수 있다.

3) 특별한 부활의 몸

신자가 장차 입게 될 부활의 몸은 어떤 몸일까? 가장 본질적인 특징은 이 몸이 그리스도의 부활의 몸과 같은 몸이라는 것이다. 그리스

---

[68] 앤서니 후크마, 《개혁주의 종말론》, 345.
[69] 루이스 벌코프, 《조직신학 (하)》, 1002.

도께서는 죄와 사망의 권세를 이기시고 부활의 첫 열매가 되셨다(고전 15:20, 참조 골 1:18). 그리고 신자들의 낮은 몸을 자기 영광의 몸의 형체와 같이 변하게 하실 것이다(빌 3:21).

어떻게 이런 일이 일어날 수 있을까? 성경은 이에 대한 구체적인 설명을 제공하지 않는다. 다만 부활에 관한 고린도전서 15장 35-38절을 근거로 신자의 부활이 어떻게 일어날 것인지를 대략적으로만 알 수 있을 뿐이다.[70]

첫째, 씨가 씨로서 죽지 않는다면 부활의 육체가 나타나지 않듯, 육체가 현 상태의 육체로서 죽지 않는다면 부활의 육체가 나타나지 않을 것이다.

둘째, 씨앗의 형체를 보고 장래의 형체를 말할 수 없듯이, 사람은 현재의 육체를 보고 장래의 부활한 몸이 어떠할 것인가를 정확하게 말할 수 없다.

셋째, 씨앗과 그 씨앗의 식물 사이에 연속성이 있는 것처럼 현재의 육체와 부활의 육체 사이에도 연속성이 있다.

부활의 몸은 이전 육체와 현저한 차이가 있다(고전 15:42-44).

먼저, 이전 육체는 부패하는 육체였으나 부활의 몸은 부패되지 않는다. 육체가 부패하는 것은 병과 죽음의 씨앗들이 그 속에 있기 때문이다. 이런 육체로는 죽음을 향하여 가는 존재로 전락한다. 하지만 부활의 몸으로 우리는 죄와 부패로부터 벗어나 영원을 향해 가는 존재가 된다.

둘째, 이전 육체는 욕됨(헬. 아티미아), 즉 수치스럽고 불명예스러운 것(dishonor)이었다면, 부활의 몸은 영광스러운 것이다(골 3:4). 성도는 이미 그리스도의 영광에 참여하는 언약을 받았다(롬 8:17-18). 하지만 이 땅에서의 몸으로는 종종 하나님의 영광을 가리는 일도 있었다. 장차 우리의 몸을 영광의 몸으로 부활하게 하실 성령이 우리 가운데 거하시면 우리는 우리 몸을 하나님이 기뻐하시는 거룩한 산 제물로 드리기 시작하지만(12:1), 여전히 우리의 이 땅에서 종말론적 긴장 가운데 곤고함을 하소연하곤 한다(7:24).[71] 하지만 장차 우리가 얻을 부활의 몸은 하늘의

---

[70] 앤서니 후크마, 《개혁주의 종말론》, 350-353.

영광을 누리고 하나님께 영광을 돌리며, 그의 영광 가운데 거하는 데 완전히 최적화된 몸이다.

셋째, 이전 육체는 약함을 특징으로 한다면, 부활의 몸은 강함을 특징으로 한다. 우리는 연약한 육체로 이 땅을 살아가며 한계를 절감한다. 하루를 자지 못해도 몸이 천근만근이고, 몇 시간만 집중해도 쉽게 피로를 느낀다. 또한 휴식을 필요로 한다. 육신이 약하여 깨어 기도하지 못하고(마 26:41, 막 14:38), 무엇을 먹을까 무엇을 마실까 무엇을 입을까로 늘 유혹받는다(요일 2:21, 참조 마 4:1-11). 하지만 부활의 몸은 이런 연약한 육신의 한계를 강하게 극복한다. 이런 강한 육신으로 아마도 밤낮 쉬지 않고 계속되는 천상의 찬양과 기도에 동참할 수 있을 것이다(참조 계 4:8, 7:15).

넷째, 이전 육체는 육(헬. 프쉬키코스)의 몸, 즉 자연적인 몸(새번역)이었다면, 부활의 몸은 신령한 몸이 될 것이다. 여기서 신령한(spiritual) 몸이란 무엇인가? 비물질적 특성을 지녔다는 뜻인가? 그리스도께서 부활하신 육체는 물질적, 신체적 특성을 지니고 있었다. 만지고 붙들 수 있었고, 음식을 잡수실 수도 있었다(눅 24:38-43, 요 20:17, 27). 주목할 것은 육의 몸과 신령한 몸의 대비가 무엇을 의미하느냐 하는 것이다. 다음의 말씀을 주목해 보자.

> 육에 속한 사람은 하나님의 성령의 일들을 받지 아니하나니 이는 그것들이 그에게는 어리석게 보임이요. 또 그는 그것들을 알 수도 없나니 그러한 일은 영적으로 분별되기 때문이라 신령한 자는 모든 것을 판단하나 자기는 아무에게도 판단을 받지 아니하느니라(고전 2:14-15)

여기 '육에 속한 사람'(헬. 프쉬키코스)은 생명, 목숨을 의미하는 헬라어 '프쉬케'에서 왔다. 이는 아담으로부터 물려받은 자연적인 몸으로 자연적 충동과 반응으로 유지되는 생명, 혹은 공중권세 잡은 자가 지배하는 현 세대의 충동과 반응으로 자연스럽게 유지해 나가는 생명을 의

---

71 ──── 양형주, 《평신도를 위한 쉬운 로마서》, 156-163 참조.

미한다. 이런 몸으로는 육체의 일을 추구하게 되고 하나님의 나라를 유업으로 받을 수 없다(갈 5:19-21). 이는 '신령한 자'(헬. 프뉴마티코스)와 대비를 이루는데, 여기서 신령한 자란 성령의 인도함을 받고 살아가는 자를 말한다. 이렇게 볼 때 신령한 몸이란 그리스도의 부활하신 몸과 같은 것으로 그리스도를 닮아 가고 성령께 온전히 순종하며 하나님을 기쁘고 자유롭게 섬길 수 있는 몸을 말한다.

2.4 최후의 심판

1) 심판의 이중적 차원

심판이란 어떤 일이나 상황, 문제 등을 자세히 조사하여 잘잘못을 밝히고 판정하는 일이다. 하나님 앞에 인간은 불의하다. 불의한 상태로 인간은 언젠가 하나님 앞에 심판을 받게 된다. 인간의 불의함을 덮고 의롭다 함을 얻으려면 예수 그리스도를 구주로 믿고 받아들여야 한다. 그렇다면 심판은 언제 임하는가? 성경이 말하는 심판은 이중적이다. 먼저는 현재적 심판이다. 그리스도를 믿는 자는 심판을 받지 않고, 믿지 아니하는 자는 이미 현재적으로 심판을 받는다(요 3:18, 3:36, 5:24).

하지만 성경은 현재적 심판으로 끝이 아니라, 세상의 끝에 신자와 불신자를 망라한 모든 사람에게 내려질 최후의 심판 또한 말하고 있다. 신자와 불신자는 모두 선악 간에 하나님의 심판대 앞에 서게 된다.

2) 최후의 심판이란?

첫째, 마지막 심판이다. 현재적 심판은 다시 내려질 여지가 있다. 현재 예수 그리스도를 믿지 아니함으로 정죄를 받았어도, 이후 어느 순간 예수 그리스도의 복음을 듣고 회개하여 믿음을 갖는다면, 현재의 정죄와 사망이 생명으로 옮겨 가게 된다. 하지만 최후의 심판은 더 이상 번복의 여지가 없다(고후 5:10). 심판이 마지막이란 것은 이 심판 이후로 영원한 운명이 결정되고 번복되거나 뒤바뀔 수 없다는 것을 의미한다. 최후의 심판은 이 땅에 살았던 모든 사람들과 심지어는 사탄과 마귀들도 심판받는 마지막 결정적인 심판이다. 이를 요한계시록 20장은 크고 흰 보좌에서 벌어지는 심판, 즉 백보좌 심판으로 묘사한다.

둘째, 단회적 심판이다. 심판은 여러 차례에 걸쳐 일어나지 않는다. 일부 세대주의 종말론이 이야기하는 것처럼 먼저 7년 대환난 전에 휴거받을 자들이 심판받고, 이후 대환난 이후 부활할 자들이 심판받고, 천년왕국이 끝날 때 심판받고, 이후 백보좌 심판에서 모두가 심판받고 하는 식으로 여러 차례에 걸쳐 일어나는 것이 아니다. 최후의 심판은 누구든지 생명책에 기록되지 못한 자는 불못에 던져지고 영원한 운명이 결정되는 단회적 사건이다(계 20:15).

셋째, 최후의 심판은 종말에 일어날 사건으로 그리스도의 재림 직후, 신자와 불신자의 단회적 부활 직후에 일어날 사건이다. 최후의 심판은 우주적 대격변의 사건으로 이를 전후로 천지의 변화와 갱신이 일어난다(계 20:11, 벧후 3:7).

넷째, 심판의 기간은 어느 정도 될 것인가? 성경은 이를 '날'로 표현한다. '심판날'(마 11:22, 12:36), '그 날'(마 7:22, 살후 1:10, 딤후 1:12), '진노의 날'(롬 2:5, 계 11:18) 등 다양한 수식어를 동원하는데, 이날을 정확하게 하루 24시간이라고 단정하기는 어렵다. 왜냐하면 성경에서 '날'은 하루보다 길지만 어느 정도의 짧은 기간을 의미하기 때문이다. 따라서 날은 그리 길지 않은 어느 정도의 기간을 의미한다. 어떤 단체는 이 '날'이 천년의 기간을 의미하며 새 세계의 첫 천 년간 심판이 이루어진다고 주장하기도 하지만 이는 명확한 성경적 근거가 부족하다.

3) 심판자와 조력자들

온 세상을 심판하시는 이는 성부 하나님이다(마 18:35, 살후 1:5, 히 11:6, 약 4:12, 벧전 1:17, 2:23, 계 20:11-12). 그러나 성경은 예수 그리스도가 심판자임을 말한다(행 17:31, 딤후 4:1). 최후의 심판 때 심판하실 이는 예수 그리스도다. 이는 성부 하나님이 심판을 다 성자에게 맡기셨기 때문이다(요 5:22, 27). 성자 예수 그리스도는 그리스도의 심판대 앞에서 우리를 세우시고(고후 5:10), 의로우신 재판장으로 온 세상을 심판하실 것이다(딤후 4:8). 하지만 이 심판은 동시에 성부 하나님의 심판이기도 하다. 왜냐하면 하나님이 예수 그리스도를 통해 하시는 심판이기 때문이다(롬 2:16).

이때 천사와 성도들은 심판의 협조자가 된다. 천사들은 최후의 심판 때 인자의 보냄을 받아 택하신 자들을 세상 사방에서 모으고, 불신자들에게 형벌을 시행하며(행 12:23), 심판의 임박함을 알리고(계 14:6-7), 모든 넘어지게 하는 것과 불법을 행하는 자들을 거두어 내어 풀무불에 던져 넣을 것이다(마 13:41-43, 24:31). 이처럼 천사는 심판의 추수꾼 역할을 한다. 또한 최후의 심판대에 그리스도와 함께 있을 것이다(25:31).

성도는 세상을 심판하고, 천사를 심판하는 일에 참여한다(고전 6:2-3). 예수께서는 자신의 신실한 제자들은 그리스도의 심판에 참예할 것이라 예고하셨다(마 19:28, 눅 22:30, 참조 시 149:5-9).

4) 심판의 대상

첫째, 사탄과 마귀들이 심판받을 것이다. '대적하는 자'란 뜻을 가진 사탄은 타락한 천사들의 우두머리이며, 마귀는 그의 졸개들이다. 그리스도는 이들을 반드시 심판하신다(마 25:41, 고전 6:3, 엡 6:12, 벧후 2:4, 유 1:6, 계 20:10).

둘째, 불신자들이 심판받을 것이다(행 10:42, 딤후 4:1, 벧전 4:5, 계 20:12-15). 불신자는 소극적인 의미로는 예수 그리스도의 복음을 믿지 아니한 사람이며, 적극적인 의미로는 인본주의적 가치관을 가지고 사탄과 마귀의 하수인으로 살며 하나님과 그 진리를 대적하는 생활로 그 삶을 악용한 사람들을 말한다.[72]

셋째, 거짓 선지자들이다. 거짓 선지자들은 진리를 왜곡하고 사탄과 마귀의 불의를 진리로 포장하여 세상과 교회에 퍼뜨리는 자들이다. 입술로는 주님의 이름을 부르지만 저들의 행실과 가르침에는 거짓이 가득하다(마 7:15-23). 또 다른 부류의 거짓 선지자들이 있다. 이들은 그리스도를 믿다가 타락하여 그리스도와 그의 몸 된 교회를 자기 이익의 재료로 사용하는 파렴치한 자들이다.[73] 이들은 불신자들보다 더 엄중한 형벌에 처하게 될 것이다(히 6:5-8, 10:26-31, 벧후 2:17-21).

넷째, 성도들이다. 성도들도 심판대에 선다는 것이 당혹스러울지

---

[72] ——— 김덕복, 《기독교 신앙의 본질》, 535.
[73] ——— 위의 책, 535.

모르겠다. 그러나 성경은 이 땅에 살았던 모든 사람이 최후 심판대에 설 것을 진술한다(마 25:32, 롬 2:5-6, 롬 3:6, 계 20:12-13). 여기에는 하나님의 백성들도 포함된다. 그리스도는 신자들의 행위 또한 심판하신다(고후 5:10, 히 10:30, 롬 14:10, 약 3:1, 벧전 4:17). 하지만 신자들은 심판대에 서는 것을 두려워할 필요가 없다. 그리스도 예수 안에서 정죄함이 없기에 성도는 심판 앞에 담대함을 가질 수 있다(요일 4:17, 참조 롬 8:1).

성도의 심판은 첫째, 상급을 위한 심판이 될 것이고(말 3:16, 마 16:27, 딤후 4:8, 약 1:12, 벧전 5:4, 계 2:10), 둘째, 성도로서 지은 부덕한 일들을 최후로 드러내고 평가받기 위한 심판이 될 것이다(마 12:36, 롬 2:16, 고전 4:5, 딤전 5:24-25). 고린도전서 3장 10-15절은 성도가 나무나 지푸라기와 같은 열등한 재료들로 그리스도에 대한 믿음의 기초를 놓아가고 있다면 구원받을 것이지만 손실도 겪게 될 것이라고 한다.[74] 이 말씀에 따르면 신자가 신실하지 못하고 요령을 부리고 잘못한 것들은 심판 날에 다 드러나게 될 것이다. 이런 것들은 심판의 불로 태워져 남아 있는 것이 없게 되고, 신자는 구원을 받되 불 가운데서 받은 것 같을 것이다. 신자는 그리스도 안에 있기에 이러한 것으로 인하여 구원을 잃지는 않지만, 공적에 큰 차이가 있게 되고 그리스도의 심판대 앞에서 자기들이 은밀하게 말하고(마 12:36) 행하고(16:27) 생각했던 모든 것들(고전 4:5)에 대하여 모두 드러나 평가받을 것이다. 이것은 다른 한편 성도가 왼손이 모르게 구제하고, 은밀한 중에 하나님을 기쁘시게 순종하고 잊었던 것 또한 다시 드러내실 것을 의미한다(마 6:3-4, 25:37-39). 이미 잊고 있던 일을 주님이 기억하시고 이를 드러내시며 뜻밖의 큰 상급을 내리실 때, 우리는 당황하며 '우리가 어느 때에 그랬느냐'고 되물을 때가 올 것이다.

5) 심판의 근거

최후의 심판의 근거를 알아보기 위해서는 최후의 심판대 앞에 펼쳐진 두 종류의 책에 주목할 필요가 있다. 하나는 생명책이고 다른 하

---

[74] 앤서니 후크마, 《개혁주의 종말론》, 365.

나는 행위책이다(계 20:12). 이 두 책은 최후의 심판 때 있을 하나님의 심판 기준을 보여 준다.

첫째, 생명책은 최후의 심판에서 영생과 영벌을 가르는 것이 그리스도와의 관계를 기준으로 한다는 것을 말해 준다. 생명책에 이름이 기록되면 천국으로 가지만, 누구든지 생명책에 이름이 기록되지 못하면 불못에 던져진다(20:15). 이 생명책은 '어린 양의 생명책'(21:27) 또는 '죽임을 당한 어린 양의 생명책'(13:8)이다. 이는 어린 양이 그를 믿는 이들을 대신하여 죗값을 치르고 어린 양의 의를 주었기 때문이다. 그의 생명책에는 믿음으로 말미암아 그리스도 안에 그와 연합된 이들의 이름이 기록되어 있다.

둘째, 행위책이다. 하나님은 종말에 사람들의 행위를 심판한다. 행위에는 그의 생각과 믿음이 드러난다. 하지만 하나님의 심판대 앞에서는 행위만이 드러나는 것이 아니다. 종말에 하나님께서는 각 사람들의 말과 행동과 은밀한 생각들을 모두 심판하신다(마 12:36, 16:27, 고전 4:5). 행위책에 기록된 각 사람의 심판과 형벌의 정도는 기록된 하나님의 말씀인 성경을 기준으로 기록된다.

그렇다면 계시된 하나님의 말씀을 잘 모르거나 복음을 듣지 못한 사람에 대해서는 무엇을 기준으로 심판이 이루어질까? 각 사람에게 비추어진 계시의 빛에 반응한 정도에 따라 이루어질 것이다.

예수께서는 많은 권능을 베푸신 고을들이 회개하지 않자 이들을 책망하시며 이들이 더 큰 심판을 받을 것이라고 하셨다(마 11:20-22). 이는 이 고을들이 예수 그리스도의 말씀과 계시의 빛을 더 많이 받았기 때문이다. 만약 이런 원리가 구약의 성도들에게 소급된다면, 구약만을 갖고 있던 성도들은 구약에 나타난 하나님의 계시의 빛을 따라 오실 그리스도를 바라며 이에 반응한 정도에 따라 심판이 이루어질 것이다. 나사로의 비유에 보면 부자가 아브라함에게 요청하여 나사로를 살려 다시 자기 형제들에게 보내어 경고하도록 요청한다. 그때 아브라함은 '만일 저희가 모세와 선지자들에게 듣지 아니하면 비록 죽은 자 가운데서 살아나는 자가 있을지라도 권함을 받지 아니하리라'고 하였다(눅 16:31). 이는 비록 모세와 선지자들에 의해 덜 선명하고 불완전하게 나타난 하나님의 뜻이라도 이에 반응하여 순종하면 이에 따른 하나님의 구원 역사가 있었을 것이라는 의미다. 이렇게 볼 때 구약성경의 율법을 수여받은 유대인들은 율법을 기준으로 심판받는다. 문제는 율법에 따르면 하나님 앞에 의롭다 할 자가 없다는 것이다(갈 3:10).

여기서 더 나아가 우리는 구약이나 신약에 나타난 하나님의 뜻에 대한 계시의 빛을 전혀 보지 못한 자들에 관해 조심스럽게 살펴볼 수 있다. 그들은 하나님이 허락하신 만큼의 자연계시의 빛 아래에서 심판받게 될 것이다. 이에 관한 로마서의 말씀을 보자.

> 하나님의 진노가 불의로 진리를 막는 사람들의 모든 경건하지 않음과 불의에 대하여 하늘로부터 나타나나니 이는 하나님을 알 만한 것이 그들 속에 보임이라 하나님께서 이를 그들에게 보이셨느니라 창세로부터 그의 보이지 아니하는 것들 곧 그의 영원하신 능력과 신성이 그가 만드신 만물에 분명히 보여 알려졌나니 그러므로 그들이 핑계하지 못할지니라 하나님을 알되 하나님을 영화롭게도 아니하며 감사하지도 아니하고 오히려 그 생각이 허망하여지며 미련한 마음이 어두워졌나니(롬 1:18-21)

이 말씀에 따르면 자연 안에 나타난 하나님의 능력과 신성에 관한 계시만을 가졌던 이들이라 하더라도 하나님을 영화롭게 하고 감사하지 않았으면 반드시 핑계 댈 수 없는 심판에 처할 것을 경고한다. 비록 완전한 구원의 계시는 아니라 하더라도 하나님은 이방인에게 비추었던 계시의 빛에 따른 반응을 고려하는 것을 알 수 있다.

6) 최후 심판의 의미

첫째, 최후의 심판은 결국 하나님의 완전한 정의가 불의하고 악이 횡행하는 세상을 바로잡을 것이란 확신을 준다. 최후의 심판이 없다면 이 세상은 불의한 세상으로 끝까지 계속 남아 있을 것이다. 완전하고도 공의로운 최후의 심판에 대한 확신은 이 세상이 바로잡힐 것이라는 희망과 소망 속에 의롭게 행동할 동기와 의롭게 살아갈 이유를 제공한다.

둘째, 최후의 심판은 개인적인 복수를 막아 준다. 우리가 당하는 불의에 대해 우리는 직접 갚아 주기를 원한다. 그러나 우리도 완전한 의인이 아니기에 우리의 복수는 또 다른 불의를 야기하며 미움과 복수의 연속적인 사슬을 형성하고 이를 끊기가 거의 불가능해진다. 그러나 최후의 심판을 확신하는 성도는 복수를 하나님의 진노하심에 맡기고 복수를 멈출 수 있다.

> 내 사랑하는 자들아 너희가 친히 원수를 갚지 말고 하나님의 진노하심에 맡기라 기록되었으되 원수 갚는 것이 내게 있으니 내가 갚으리라고 주께서 말씀하시니라(롬 12:19)

우리는 하나님의 공의로우심에 의지하여 그의 심판에 우리가 당한 불의를 내어 맡기며 개인적인 복수와 증오를 멈출 수 있다. 이럴 때 우리는 주기도의 말씀처럼 우리에게 죄 지은 사람을 용서하며 살아갈 수 있다(참조 눅 23:34, 행 7:60).

셋째, 최후의 심판은 복음 전파를 위한 커다란 동기를 제공한다. 최후의 심판이 오기 전, 우리는 할 수 있는 한 때를 얻든지 못 얻든지 최선을 다해 복음을 전파해야 한다(딤후 4:2). 왜냐하면 하나님은 아무도 멸망치 않고 다 회개하기를 원하시기 때문이다(벧후 3:9-12).

2.5 최후의 상태 (1)-지옥

최후의 심판 이후 인류는 심판의 결과로 최종적인 장소와 최종적인 상태에 이르게 된다. 악인의 경우, 지옥에 거하게 되고, 의인은 천국, 곧 새 하늘 새 땅에 거하게 된다. 천국과 지옥은 장소적인 의미와 함께 상태의 의미가 있다. 하나님과 영원이 함께하는 상태인가, 아니면 영원히 격리된 상태인가를 보여 주는 것이다. 이를 성경은 의인은 영원한 생명의 상태로 들어가고, 악인은 영원한 형벌의 상태로 들어간다고 말한다(마 25:46).

1) 최후의 상태-음부와 지옥의 차이

음부와 지옥은 모두 불신자가 들어가는 곳이다. 차이점은 임시적

이냐 영구적이냐 하는 것이다. 음부는 앞서 살펴보았듯이 최후의 심판 전 불신자의 영혼이 머무르는 임시적인 장소이고, 지옥은 심판 이후 불신자의 육체가 부활하여 전인적으로 형벌받으며 영원히 머무르는 장소다(계 20:13-15). 영혼이 하나님과 분리되는 것도 고통스럽지만, 마지막 때에 원래 하나님이 창조하셨던 영혼과 육체의 통합체로서의 전인적 인간으로 부활하여, 이 상태로 지옥 불에 내던져지는 것은 더 고통스럽다. 음부가 하나님을 믿지 않고 불신했던 것에 대한 영혼의 고통을 최후의 심판 이전까지 주었다면, 지옥은 하나님을 떠난 것에 대한 전인적인 고통을 세세토록 준다.

2) 지옥은 없다?

지옥에서 영원히 당해야 할 고통이 끔찍하기에 이에 대한 혐오감과 거부감을 갖고 있는 이들이 있어 왔다. 그 시작은 초대교회 시대의 교부였던 오리게네스(주후 185-254년)에게서부터 시작한다. 오리게네스는 하나님은 사랑이시기에 나중에는 결국 모든 인간뿐 아니라 마귀와 귀신들도 구원받게 된다고 주장했다. 안식교도 지옥불에 대한 공포와 함께 심한 거부감이 있었다. 이런 지옥에 대한 두려움과 거부감은 일반적으로 크게 두 가지 방식으로 표출된다. 첫째는 보편주의이고, 둘째는 전멸주의다.

먼저 보편주의. 보편주의는 어느 누구도 궁극적으로 버림받지 않고 구원에 이른다는 것이다. 이것을 가리켜 만인구원론(universal salvation)이라 부른다. 만인구원론은 하나님의 사랑을 강조하며, 사랑의 하나님이 어떻게 사람을 영원한 형벌에 처하게 할 수 있는가에 의문을 제기한다. 그러면서 구원은 하나님의 은혜이며 주도적 결단이기에 인간의 믿음에 달려 있지 않고, 최후의 심판으로 결국 만물이 새롭게 되고(계 21:5), 그리스도의 십자가가 모든 악의 세력보다 더 위대하기 때문에 영원한 지옥이 있을 수 없고, 그리스도가 십자가에 달려 지옥의 경험을 몸소 겪었기 때문에 지옥은 파괴되었다고 주장한다.[75]

하지만 이러한 만인구원론은 다음과 같은 점에서 비판받는다.[76]

첫째, 인간의 결단은 버리고 하나님의 결단만을 취하였다. 둘째,

하나님의 사랑을 강조한 나머지 하나님의 자유와 공의를 희생시켰다. 셋째, 최후의 심판에서 희망을 이야기한 것은 장점이지만, 성경이 분명하게 언급하고 있는 최후의 심판 이후의 인간 운명의 이중적 구조, 영원한 지옥, 하나님의 영원한 진노의 문제를 충분히 해명하지 못하였으며, 지옥의 궁극적 실재성을 드러내지 못하였다. 다섯째, 전체적으로 만인구원론을 주장하는 이들은 성경을 본문의 맥락이나 저자들의 전체적 의도를 고려하지 않고 자의적으로 해석하였다. 결론적으로 우리의 답은 만인구원이 아니라 하나님의 의의 심판 이후에 예수 그리스도를 통한 하나님의 의를 믿는 자들이 영원한 생명이다.

둘째, 전멸주의를 살펴보자. 전멸주의란 영혼이 지옥에서 고통받는 것이 아니라 죽음과 함께 영혼과 육체가 소멸한다는 주장이다. 이러한 주장은 이미 4세기경에 초기 기독교 변증가였던 아르노비우스(Arnobius)가 주장한 바 있다. 아르노비우스는 영혼은 육신보다 오래 존속되는 것이 사실이지만, 하나님의 은혜가 아니고서는 없어질 수밖에 없다고 보았다. 그래서 악한 자의 영혼은 지옥에 떨어져 결국 불타 없어질 것이고, 의인의 영혼은 하나님의 은혜를 누릴 것이라 주장하였다. 16세기 중엽에 삼위일체 하나님을 부인하고, 성자의 선재마저 부정했던 소시니안파(the Socinians)들은 사람은 죽도록 창조되었기에 사멸의 법칙에 의해 결국 소멸될 것이라고 주장하고 지옥을 부정하였다.[77] 반면 신자의 경우에는 그리스도와의 연합을 통해 불멸한다고 보았다.

이러한 전멸주의를 받아들여 영혼의 소멸과 지옥을 부정하는 단체들이 아직까지 있다. 이들의 주장을 살펴보자.

---

[75] 이에 관한 대표적인 독일의 신학자로 위르겐 몰트만이 있다. 대표작으로는 위르겐 몰트만, 김균진 역, 《오시는 하나님: 그리스도교적 종말론》 (서울: 대한기독교서회, 1997)이 있다. 이에 관한 일목요연한 설명으로는 김명용, "몰트만의 만유구원론과 구원론의 새로운 지평", 《장신논단》 16, 장로회신학대학교, 2000, 269-297을 참조하라.

[76] 김도훈, "만유구원론에 대한 비판적 고찰: 만유구원론의 출발점과 성서적 근거에 대한 비판", 《장신논단》 30, 장로회신학대학교, 2007, 173-202.

[77] 앤서니 후크마, 《개혁주의 종말론》, 375.

… 홀로 불멸(不滅)이신 하나님께서는 당신의 구속받은 백성들에게 영원한 생명을 부여하실 것이다. 그날까지 죽음은 모든 사람들에게 있어서 무의식 상태다. 우리의 생명이신 그리스도께서 재림하실 때에 부활한 의인들과 살아 있는 의인들은 영광스럽게 되어 주님을 만날 수 있도록 끌어올려질 것이다. 불의한 사람들의 부활인 둘째 부활은 그 후 천 년이 지난 다음에 있게 될 것이다. … 둘째 부활 시에 육신으로 부활한 불의한 사람들은 심판의 불에 사루어짐으로써 영원히 멸절될 것이다. 다시 말하면, 영혼 불멸 대신 영혼멸절(靈魂滅絕)을, 영원지옥 대신 악인소멸(惡人消滅)을 믿는다.[78]

한 단체의 주요 교리서인 《성서는 실제로 무엇을 가르치는가?》는 다음과 같이 주장한다..

일부 종교에서는 사람이 악하게 살면 죽은 다음에 불타는 고초의 장소에 가서 영원히 고통을 당할 것이라고 가르칩니다. 이러한 가르침은 하느님께 불명예를 돌립니다. 여호와는 사랑의 하느님이시며 결코 사람들이 그런 식으로 고통을 당하게 하실 분이 아닙니다.[79]

이러한 단체들이 영혼 멸절을 주장하는 성경의 근거들은 다음과 같다.

… 주께서 그들의 호흡을 거두신즉 그들은 죽어 먼지로 돌아가나이다 (시 104:29)

그의 호흡이 끊어지면 흙으로 돌아가서 그 날에 그의 생각이 소멸하리로다(시 146:4)

---

[78] ──── 신계훈, 《어두움이 빛을 이기지 못하더라》, 182; 진용식, 《안식교는 왜 이단인가》, 35에서 재인용.
[79] ──── 워치타워성서책자협회, 《성서는 실제로 무엇을 가르치는가?》, 65.

…범죄하는 그 영혼은 죽으리라(겔 18:4)

범죄하는 그 영혼은 죽을지라…(겔 18:20)

이에 말씀하시되 내 마음이 매우 고민하여 죽게 되었으니…(마 26:38)

위와 같은 성경 구절들을 근거로 이들은 인간의 영혼이 소멸되는 것으로 본다. '주께서 그들의 호흡을 거두신 즉'이라는 표현(시 104:29)에서 '호흡'은 히브리어로 '루아흐'인데, 이를 '영혼'을 의미하는 것으로 본다. 즉 '주께서 사람의 영혼을 거두시면 사람은 죽고 모든 것이 끝난다'고 본다. 이를 보여 주는 또 다른 구절이 시편 146편 4절이다. 사람의 영혼이 끝나면(끊어지면) 그 생각이 소멸한다는 것은 그 영혼이 소멸하는 것으로 본다. 에스겔 18장에서도 범죄하는 영혼은 죽는다고 하는데, 영혼이 죽는다는 것은 영혼의 소멸을 의미한다고 본다. 이들은 심지어 예수님조차 그 영혼(마음)이 고민하여 죽게 되었다고 하실 정도면, 영혼의 소멸에 대해 심각하게 고민하셨음을 의미하는 것으로 본다. 영혼은 생명의 본질이다. 그런데 이런 영혼이 죽는다면 이는 완전한 소멸을 의미한다는 것이다.

이들의 주장을 검토해 보려면, 두 가지를 검토해 보아야 한다. 첫째, 이 구절들이 말하는 구절에서 나오는 '영혼'이 과연 생명의 본질인 영혼을 의미하는지, 둘째, 이 구절들에서 말하는 '죽는다', '소멸한다'는 표현이 이들이 주장하는 완전 소멸을 의미하는 것인지를 살펴보아야 한다.

에스겔 18장 4절과 20절의 영혼은 히브리어로 '네페쉬'다. 이는 영혼이라기보다 생명 또는 육신의 목숨을 의미하는 단어다. 여기서는 범죄하는 사람의 생명이 끊어질 것이라는 뜻이다. 네페쉬는 구약성경에서 때로 사람의 육체를 포함한 전 존재를 의미하는 단어로도 사용된다(창 12:13, 19:20, 46:18, 27, 레 7:18, 20, 22:6, 11, 23:29).

시편 104편 29절과 146편 4절에 나오는 '호흡'은 히브리어 '루아흐'다. 이는 하나님의 숨, 호흡, 바람, 영 등의 의미가 있다. 영이라는 뜻도 있지만 호흡, 숨, 육신의 생명을 의미하기도 한다. 그래서 루아흐를 개역개정에서는 이 두 구절 모두에서 '호흡'으로 번역했고, 공동번역에서는 '목숨'으로 번역하고 있다. 예수께서 '내 마음'이 매우 고민하여 죽게 되었다고 하실 때 '마음'은 헬라어 '프쉬케'로, 인간의 육체와 구분되는 마음, 내면의 깊은 속 등을 의미한다. 따라서 이러한 구절들을 근거로 영혼의 멸절을 주장하는 것은 언뜻 그럴듯해 보이나 자세히 들여다보면 그렇지 않음을 알 수 있다.

이러한 구절들에 등장하는 '죽는다', '소멸한다'는 단어는 그 자체로 완전 멸절을 의미하는 단어가 아니다. 시편 146편 4절에서 소멸하는 것은 살아 있던 사람이 갖고 있던 계획, 생각 등을 의미한다. 개역한글은 이를 사람의 영혼이 소멸되는 것이 아니라 '도모'(계획)가 소멸된다고 명시한다. 또한 '죽는다'는 표현 자체도 '잃어버리다', '쓸모없게 되다', '죽이다' 등의 의미이지, 존재의 완전한 사라짐을 의미하는 것이 아니다.

오히려 성경은 육신이 죽어도 영혼은 사라지지 않음을 곳곳에서 말씀한다(창 35:18, 왕상 17:21-22, 시 31:5, 고후 5:4-9, 눅 23:46, 행 7:59). 예수께서는 인간의 영혼이 멸절되지 않음을 다음과 같이 말씀한다.

> 몸은 죽여도 영혼은 능히 죽이지 못하는 자들을 두려워하지 말고 오직 몸과 영혼을 능히 지옥에 멸하실 수 있는 이를 두려워하라(마 10:28)

3) 지옥에 대한 성경의 가르침

지옥이 있다는 것은 신약성경의 지속적인 일관된 가르침이다. 사랑의 하나님이 어떻게 지옥을 만들 수 있느냐고 하지만, 하나님은 최후의 공의로운 심판자로 불의한 악인을 위한 지옥을 준비하셨다. 이 지옥의 존재는 무엇보다 예수께서 먼저 가르치셨다.

A. 예수

예수께서는 여러 차례에 걸쳐 지옥에 대해 말씀하셨다.

나는 너희에게 이르노니 형제에게 노하는 자마다 심판을 받게 되고 형제를 대하여 라가라 하는 자는 공회에 잡혀가게 되고 미련한 놈이라 하는 자는 지옥 불에 들어가게 되리라(마 5:22).

만일 네 오른 눈이 너로 실족하게 하거든 빼어 내버리라 네 백체 중 하나가 없어지고 온 몸이 지옥에 던져지지 않는 것이 유익하며 또한 만일 네 오른손이 너로 실족하게 하거든 찍어 내버리라 네 백체 중 하나가 없어지고 온 몸이 지옥에 던져지지 않는 것이 유익하니라(마 5:29-30. 참조 막 9:43)

거기에서는 구더기도 죽지 않고 불도 꺼지지 아니하느니라 사람마다 불로써 소금 치듯 함을 받으리라(막 9:48-49).

만일 네 손이나 네 발이 너를 범죄하게 하거든 찍어 내버리라 장애인이나 다리 저는 자로 영생에 들어가는 것이 두 손과 두 발을 가지고 영원한 불에 던져지는 것보다 나으니라 만일 네 눈이 너를 범죄하게 하거든 빼어 내버리라 한 눈으로 영생에 들어가는 것이 두 눈을 가지고 지옥 불에 던져지는 것보다 나으니라(마 18:8-9).

예수께서는 지옥을 오른눈을 빼고라도, 손 한쪽을 잃더라도 절대 가면 안 되는 곳이라고 말씀한다. 지옥은 아무리 큰 희생을 치르더라도 절대 가면 안 되는 곳이다. 지옥의 고통은 결코 멈추지 않는다. '꺼지지 않는 불'이 계속해서 타오른다. 그곳에는 구더기도 죽지 않는다. 구더기가 죽지 않는다는 것은 무슨 뜻일까? 구더기는 살이 참 연하다. 무더운 여름에 재래식 화장실에서 구더기가 땡볕에 새까맣게 타서 죽은 것을 본 적 있는가? 그만큼 살이 연하여 열기에 노출되면 금방 타 죽는다. 그런데 지옥에서는 구더기가 죽지 않는다. 상상력을 동원해 본다면 타서 죽을 때가 되면 다시 살이 오르고 다시 살이 오르면서 계속 살아갈 것이다. 동시에 구더기가 죽지 않는다는 것은 계속해서 먹을 것이 있다는 뜻이다. 지옥의 구더기는 무엇을 먹을까? 지옥에서 죽지 않고 영원한 불로 고통받는 사람들을 뜯어 먹는 것이다. 이는 결코 그치지 않는 형벌의 잔혹함을 보여 준다. 게다가 지옥은 불로 소금 치듯 함을 받는 곳이다. 이를 새번역 성경은 '소금에 절이듯 불에 절여질 것'이라고 한다. 이 지옥불에서 벗어날 방법이 없다.

예수께서는 이런 지옥에 던져질 때 '울며 이를 갈게 된다'고 말씀하셨다.

> 그 나라의 본 자손들은 바깥 어두운 데 쫓겨나 거기서 울며 이를 갈게 되리라(마 8:12)

> 인자가 그 천사들을 보내리니 그들이 그 나라에서 모든 넘어지게 하는 것과 또 불법을 행하는 자들을 거두어 내어 풀무 불에 던져 넣으리니 거기서 울며 이를 갈게 되리라(마 13:41-42)

> 세상 끝에도 이러하리라 천사들이 와서 의인 중에서 악인을 갈라 내어 풀무 불에 던져 넣으리니 거기서 울며 이를 갈리라(마 13:49-50)

> 임금이 사환들에게 말하되 그 손발을 묶어 바깥 어두운 데에 내던지라 거기서 슬피 울며 이를 갈게 되리라 하니라(마 22:13)

> 생각하지 않은 날 알지 못하는 시간에 그 종의 주인이 이르러 엄히 때리고 외식하는 자가 받는 벌에 처하리니 거기서 슬피 울며 이를 갈리라(마 24:50-51)

> 이 무익한 종을 바깥 어두운 데로 내쫓으라 거기서 슬피 울며 이를 갈리라 하니라(마 25:30)

'울며 이를 간다'는 것은 회개를 거부하는 양심의 무감각함과 자신의 정당함과 억울한 분노에 대한 항변을 나타낸다. 특이한 점은 이런 반응을 나타내는 지옥은 불로도 묘사되지만 어두운 곳으로도 묘사된다는 점이다. 불과 어둠은 언뜻 모순되는 두 표상이다. 불이 있으면 주변은 밝아지기에 불이 있는 곳에 어둠은 물러간다. 따라서 여기서의 불과 어둠은 상징으로 이해될 필요가 있다. 불이 지옥에서 경험하게 될 피할 수 없는 무시무시한 육체적 외적 고통을 나타낸다면, 어두움은 하나님과 영원히 분리된 버림받은 자의 비참한 고독과 내면 즉 영혼의 고통을 나타낸다.[80] 이는 영혼과 육체의 전인적 고통을 모두 포괄한다.

B. 사도들

바울은 지옥에 가는 것이 하나님의 영광을 떠나 영원한 멸망의 형벌을 받는 것으로 진술한다.

> …주 예수께서 자기의 능력의 천사들과 함께 하늘로부터 불꽃 가운데에 나타나실 때에 하나님을 모르는 자들과 우리 주 예수의 복음에 복종하지 않는 자들에게 형벌을 내리시니 이런 자들은 주의 얼굴과 그의 힘의 영광을 떠나 영원한 멸망의 형벌을 받으리로다(살후 1:7-9)

여기서 '멸망의 형벌'은 완전 소멸이 아니다. 완전 소멸이면 그 앞의 '영원한'과 의미상 모순이 일어난다. 여기서의 멸망은 하나님의 앞에서 영원히 추방된다는 의미에서 '영원한 멸망의 형벌'이다. 이는 하나님의 진노가 계속해서 머물러 있는 것이며, 진노 앞에 처한 이들은 환난과 곤고를 겪는다.

> 다만 네 고집과 회개하지 아니한 마음을 따라 진노의 날 곧 하나님의 의로우신 심판이 나타나는 그 날에 임할 진노를 네게 쌓는도다 … 진리를 따르지 아니하고 불의를 따르는 자에게는 진노와 분노로 하시리라(롬 2:5, 8)

히브리서는 이런 하나님의 진노의 심판이 맹렬한 불로 임할 엄중

---

80 ——— 앤서니 후크마, 《개혁주의 종말론》, 377, 383.

한 것임을 말한다.

> 오직 무서운 마음으로 심판을 기다리는 것과 대적하는 자를 태울 맹렬한 불만 있으리라 … 하물며 하나님 아들을 짓밟고 자기를 거룩하게 한 언약의 피를 부정한 것으로 여기고 은혜의 성령을 욕되게 하는 자가 당연히 받을 형벌은 얼마나 더 무겁겠느냐 너희는 생각하라 (히 10:27-29).

계시록은 이런 지옥에서의 고난이 세세토록, 밤낮 지속될 것을 말한다.

> 그도 하나님의 진노의 포도주를 마시리니 … 불과 유황으로 고난을 받으리니 그 고난의 연기가 세세토록 올라가리로다 … 밤낮 쉼을 얻지 못하리라 하더라 (계 14:10-11)

이를 계시록 21장 8절은 '둘째 사망'이라고 한다. 둘째 사망은 지옥의 고난이 그치지 않고 계속되는 상태에 놓이는 것을 말한다. 이러한 불과 대조적으로 베드로후서는 지옥을 캄캄한 어둠(벧후 2:17), 유다서는 영원히 예비된 캄캄한 흑암(유 1:13)이라고 한다. 이는 영광의 빛 되신 하나님과 영원한 분리, 단절을 강조한다.

4) 게헨나는 무엇인가

게헨나는 신약성경에서 '지옥'으로 번역된 헬라어 단어다(마 5:22, 29, 30, 10:28, 18:9, 23:15, 33, 막 9:43, 45, 47, 눅 12:5, 약 3:6). 이는 원래 예루살렘 성 남서쪽에 있는 힌놈의 골짜기를 가리키는 말이다. 골짜기를 의미하는 '게'와 애곡을 의미하는 '힌놈'이 결합되어 '게 힌놈' 즉 힌놈의 골짜기 또는 힌놈의 아들의 골짜기로 불렸다.

힌놈의 골짜기는 아하스와 므낫세 왕의 통시 기간에 황서의 형상을 한 몰렉 신에게 인신 제사가 드려졌던 곳이다(왕하 16:3, 21:6). 이후 요시야 왕의 종교개혁으로 인신제사가 폐지된 이후(23:10) 이곳은 온갖 쓰레기와 동물의 사체, 그리고 범죄하여 매장되지 않은 시체를 버리는 곳으로 전락하였다. 부패한 시체를 보고 새와 들짐승들이 몰려왔으며, 구더기와 파리들이 가득했다. 시체를 그대로 두면 부패하므로 시체를 태우기 위한 불이 끊임없이 올라왔다. 이러한 모습들은 지옥의 모습을 연상시킨다.

지옥을 부인하는 이들은 지옥을 의미하는 게헨나가 쓰레기장을 의미하지 실제적인 지옥은 아니라고 하지만, 이 게헨나는 이후 하나님의 저주와 심판을 받는 상징적인 장소로 사용되었다. 많은 유대 묵시문헌이 최후 심판 후에 이 골짜기가 불타는 지옥이 될 것으로 묘사했고, 이를 지옥과 동일시하였다. 성경은 게헨나의 이러한 상징성을 그대로 가져왔으며, 최후 심판 후의 종말론적 영원 형벌의 장소로 사용되었다.

5) 지옥에 대한 성도의 자세

첫째, 죄의 심각성을 일깨운다. 영혼멸절설의 경우, 죽으면 끝이라는 생각이 지배하기 쉽다. 그러니 심하게 죄를 져도 죽고 소멸되면 영원히 살지 않아도 괜찮기에, 죽으면 끝이라는 생각을 하기 쉽다. 그렇다면 이 땅을 살면서 짓는 죄에 대해 그다지 심각하게 생각하지 않을 수 있다. 하지만 우리가 죄에 대한 심판, 그리고 지옥의 형벌을 안다면, 죄가 종말에 가서 얼마나 끔찍한 결과를 초래하는지 심각하게 생각하게 될 것이다.

둘째, 예수 그리스도의 대속의 죽음이 얼마나 귀한지를 깨닫게 한다. 그리스도께서는 우리가 받아야 할 지옥의 영원한 형벌을 대신 단번에 받으시고 우리로 하나님의 영광을 위해 살게 하셨다. 또한 천국의 소망을 주셨다. 이 귀한 구원의 선물을 믿음으로 말미암아 주셨다는 것은 생각할수록 놀라운 은혜다.

셋째, 복음 전파의 시급성을 일깨운다. 복음을 듣지 못하고 영원 형벌로 떨어진다면 얼마나 안타깝겠는가? 우리는 때를 얻든지 못 얻든지 내 주변뿐 아니라 온 나라와 세계 곳곳에 그리스도의 복음을 듣지 못한 이들에게 나아가 복음을 증거해야 한다.

2.6 최후의 상태 (2) - 새 하늘과 새 땅

최후의 심판 후에 신자들은 천국 하나님의 존전에서 하나님과 함께 영광과 기쁨과 사랑의 교제를 충만하게 누리며 살 것이다. 더 이상의 죄와 사망과 저주가 없다(계 22:3). 이곳은 창세로부터 신자들을 위해 예비된 나라이고(마 25:34), 그 가운데 하나님과 그 어린 양의 보좌가 있어 그의 백성들이 그를 기쁘게 섬기며 예배할 나라다. 천국에서 하나님은 자신의 임재를 가장 완전하게 드러내시며 피조물을 충만하게 축복하신다.[81] 성경은 이를 새 하늘과 새 땅이라고 한다. 이는 천국보다 하나님의 창조, 보존, 완성을 포함하는 훨씬 더 풍성한 의미를 갖는다.

1) 왕의 귀환

새 하늘과 새 땅이 펼쳐질 때 주목해야 할 것은 우리가 천국으로 올라가는 것이 아니라 왕이신 하나님이 이 땅으로 오신다는 점이다. 새 하늘과 새 땅은 온 세상의 왕이 귀환하는 사건이다. 하지만 다음의 성경 구절을 보면 주님의 재림이 왕의 귀환이라기보다는 성도들을 불러 다시 천국, 즉 왕의 나라로 데리고 가는 느낌을 받는다.

> 주께서 호령과 천사장의 소리와 하나님의 나팔 소리로 친히 하늘로부터 강림하시리니 그리스도 안에서 죽은 자들이 먼저 일어나고 그 후에 우리 살아 남은 자들도 그들과 함께 구름 속으로 끌어 올려 공중에서 주를 영접하게 하시리니 그리하여 우리가 항상 주와 함께 있으리라(살전 4:16-17)

여기 보면 그리스도께서 재림하실 때, 성도들은 부활하여 공중에서 주를 영접한다. 그 후 공중에서 그리스도와 함께 계속 있을 것인가, 천국으로 올라갈 것인가, 아니면 이 땅으로 내려올 것인가? 본문의 요점은 돌아오시는 주님을 만나러 나갔다가 그분의 땅으로, 즉 자신들이 처음 출발했던 그 장소로 왕이신 주님을 호위해 온다는 것이다.[82] 이는

---

81 ── 웨인 그루뎀,《조직신학 (하)》, 485.

재림을 뜻하는 '파루시아'라는 단어가 담고 있는 의미를 생각하면 더욱 분명해진다. 파루시아는 부재에 반대되는 의미로서 '현존'을 나타내며 보통 '오다'로 번역된다. 이는 신성의 신비로운 현존을 의미하는 동시에 왕이나 황제가 식민지나 지방을 방문할 때 사용하는 용어다.[83] 빌립보서에는 이러한 왕의 파루시아가 잘 드러나 있다.

> 그러나 우리의 시민권은 하늘에 있는지라 거기로부터 구원하는 자 곧 주 예수 그리스도를 기다리노니 그는 만물을 자기에게 복종하게 하실 수 있는 자의 역사로 우리의 낮은 몸을 자기 영광의 몸의 형체와 같이 변하게 하시리라(빌 3:20-21)

빌립보는 주전 365년에 알렉산드로스 대왕의 아버지인 마케도니아의 왕 필리포스 2세에 의해 세워졌다가 주전 168년, 로마에 점령되어 로마제국의 일부로 편입된 도시다. 옥타비아누스는 안토니우스와의 내전에서 승리한 후 로마제국을 명예롭게 섬기고 은퇴한 군인들을 이곳 빌립보에 정착시켰다. 빌립보는 로마의 식민지(colonia)였지만 로마와 같은 법적, 행정적 체제를 갖고 로마 시민과 동일한 로마법(ius italicum)의 법적 지위를 적용받았다.[84] 이는 로마 지방 행정구역에서 누릴 수 있는 최고의 특권이었다.

이를 배경으로 빌립보서 3장 20절을 보면 자신들이 천국의 시민이기 때문에 천국으로 돌아가기를 기다린다는 뜻이라기보다 황제가 모국으로부터 와서 식민지의 대적과 위험을 제거하고 식민지에 온전한 위엄을 부여해 주기를 고대함을 드러내는 구절이다.[85] 왕이신 예수가 귀환하실 때 신자들은 영광 중에 부활하여 그를 맞이하고 그와 함께 이 땅에 함께 내려오는 것이다. 손님이 오실 때 예수께서 마리아와 마르다의

---

[82] ——— 톰 라이트, 양혜원 역, 《마침내 드러난 하나님 나라》 (서울: IVP, 2009), 217.
[83] ——— 위의 책, 210.
[84] ——— 김세윤, 《빌립보서 강해》 (서울: 두란노, 2004), 12.
[85] ——— 톰 라이트, 《마침내 드러난 하나님 나라》, 217.

집을 방문하셨을 때를 보라. 마르다가 예수님을 나아가 영접한 후 다시 집으로 모시고 들어오지 않는가?(요 11:20) 왕의 귀환은 누가복음 19장의 므나의 비유에 잘 나타나 있다. 비유의 첫 시작은 다음과 같이 시작한다.

> 이르시되 어떤 귀인이 왕위를 받아가지고 오려고 먼 나라로 갈 때에(눅 19:12)

이 말씀에 따르면 귀인 즉 왕은 후에 왕권을 받아 이곳에 있는 종들을 다 데리고 먼 나라로 가려는 것이 아니라, 이곳에서 종들과 함께 다스리기 위함이다.[86] 이러한 왕의 귀환이 갖는 중요한 의미가 있다. 이는 이 세상이 악의 활동으로 망가질 대로 망가져 포기하고 버려야 할 세상이 아니라, 마침내 하나님의 아들이 이 세상의 악과 싸워 승리하시고, 이 세상을 회복시키는 온전한 일원론적 세계관을 보여 준다. 만약 우리가 휴거로 이 아름다운 지구로 내려오기를 포기하고 저 하늘 또는 우주의 또 다른 은하계 어딘가로 간다면 결국 악의 활동이 이 세상을 파괴한 것이고 이는 이 세상을 파괴시키려는 악의 승리, 사탄의 승리를 의미한다.

예수 그리스도는 사탄의 세력을 이기셨고, 그를 불못에 던지셨다(계 20:10). 그리고 이곳에 왕의 파루시아를 기다리는 백성들에게 임하셔서 백성들과 그들이 사는 터전을 모두 새롭게 하신다. 그리고는 마침내 그들과 영원히 함께하신다. 주님의 재림 때 신자가 부활하여 공중에서 주님을 맞이한다면, 그것은 공중에 오신 주님과 아예 저 먼 천국으로 사라지기 위해 가는 것이 아님을 기억하라. 우리는 공중에서 주님을 맞이하고, 그가 오셔서 새롭게 하시고 다스리실 이 땅으로 모셔드려야 한다.

---

[86] ──── 이에 관한 구체적인 논의는 톰 라이트, 박문재 역,《예수와 하나님의 승리》(고양: 크리스챤다이제스트, 2004), 924-987을 참조하라.

2) 천국인가, 새 땅인가

예수 그리스도의 초림으로 이미 시작된 하나님의 통치를 천국(하늘나라) 또는 하나님의 나라로 묘사한다. 하지만 우리는 요한계시록이 성도가 최후의 심판 이후 최종적으로 도달할 곳을 '천국'이 아닌 '새 하늘과 새 땅'으로 기록하고 있는 것에 주목할 필요가 있다(계 21:1). 영원한 하나님의 나라, 영원한 천국인 새 하늘과 새 땅은 재림 이후 새롭게 임한 것만을 묘사할 때 사용한다. 우리는 그 이유를 다음과 같이 생각해 볼 수 있다.

첫째, 새 하늘과 새 땅은 이원론적 세계관을 거부하고 하나의 통일된 세상을 추구한다. 새 하늘과 새 땅에서는 천상의 거룩한 성 새 예루살렘이 하늘에서 이 땅으로 내려와 땅과 하나가 된다(21:1-3). 이제 더 이상 하늘과 땅이 분리되지 않고 하나 되어 물이 바다 덮음 같이 여호와를 아는 지식과 여호와의 영광이 온 세상에 충만한 세상이 된다. 따라서 더 이상 천국이 별도로 존재할 필요가 사라진다.

둘째, 새 하늘과 새 땅은 하나님이 창조하신 피조세계의 온전한 구속을 포함한다. 우리가 흔히 간과하기 쉽지만 땅은 분명 성경의 중요한 주제다.[87] 땅은 주인 없는 공간이 아니라 하나님께서 함께하시는 자리요, 그와 함께하는 삶과 그로부터 얻은 약속 및 그에게 한 맹세 등에 대한 기억들로 가득 차 있는 자리다.[88] 하지만 인간의 죄로 인해 이 땅은 오염되었고 더러워졌다. 사람은 물론이거니와 모든 피조물이 죄와 썩어짐의 종노릇 하며 탄식하며 함께 고통을 겪고 있다(롬 8:22). 하나님의 궁극적 비전은 그의 백성들의 온전한 구원뿐만 아니라 모든 피조물이 죄의 종노릇 한데서 해방되어 영광의 자유에 이르는 것이다(8:21). 이를 통해 하나님은 에덴 동산을 통해 구현하기 원하셨던 모든 피조물이 하나님을 아는 지식과 은혜로 충만하여 하나님의 충만한 영광을 드러내길 원하신다(참조 엡 1:23). 이는 구속사의 흐름에서 볼 때 자연스러운 결

---

[87] 이에 대한 중요한 저작으로 월터 부르그만, 강성열 역, 《성서로 본 땅》 (서울: 나눔사, 1994)을 참조하라.
[88] 위의 책, 27.

론이다. 죄로 인해 에덴 동산에서 추방된 인류가 장차 죄 없이 올바로 통치할 회복된 땅으로 돌아가는 것은 마땅하다. 이 원대한 비전은 하나님이 이 땅에 오셔서 이 땅이 새 하늘 새 땅이 될 때 성취된다.

셋째, 새 하늘과 새 땅은 구약의 예언 성취와 밀접한 관련이 있다.[89] 이사야는 새 하늘과 새 땅의 완성을 바라보며 이리와 어린 양이 함께 먹으며 사자가 소처럼 짚을 먹을 땅을 선언한다(사 11:6-8, 65:17-25, 66:22). 장차 광야와 메마른 땅에서 장미가 필 것이며(35:1-2), 하나님의 거룩한 산 모든 곳에서 해됨도 상함도 없을 것이다. 왜냐하면 물이 바다를 덮음 같이 여호와를 아는 지식이 세상에 충만할 것이기 때문이다(11:9). 전천년설을 주장하는 이들은 이러한 비전으로 천년왕국이 문자적으로 성취될 것으로 본다. 그러나 무천년설의 입장에서 이러한

비전은 장차 하나님이 새 땅에 이루실 비전으로 본다.

새 땅은 이전의 우주가 완전히 소멸되어 사라지고 새롭게 이루어질 땅인가, 아니면 이전의 땅이 새롭게 갱신되는 땅인가? 전자의 입장은 그날에 하늘이 불이 타서 풀어지고 체질이 뜨거운 불에 녹아질 것이라는 베드로후서(3:12)와 해가 어두워지고 달이 빛을 내지 아니하며 별들이 하늘에서 떨어지며 하늘의 권능들이 흔들리리라는 마태복음(24:29)의 말씀을 근거로 제시된다(참조 사 65:17).

하지만 여기서의 새 하늘과 새 땅은 새롭게 갱신된 땅으로 본다. 근거는 '새로움'을 표현하는 헬라어 단어 '카이노스' 때문이다. 새로움을 의미하는 헬라어 단어는 '네오스'와 '카이노스'가 있다. '네오스'는 시간과 기원에 있어서 전혀 새로운 것을 의미하는 반면, '카이노스'는 본성이나 질에 있어서 옛것을 뛰어넘고 대체하는 새로움을 의미한다.[90] 이는 부활의 몸과 같이 단절성과 연속성을 갖고 있다. 단절성이란 이전의 죄로 인해 부패한 모든 것이 끝나는 것을 의미하고, 연속성은 장차 이루어질 새 땅이, 현재의 땅이 완전히 새롭게 갱신된 땅임을 의미한다.

새 땅의 특징은 무엇보다 바다가 없다는 점이다(계 21:1). 왜 바다

---

89 ──── 앤서니 후크마,《개혁주의 종말론》, 386.
90 ──── Behm, "καινός", TDNT III, 448-450.

가 없을까? 성경에서 바다는 혼돈과 공허를 일으키며 하나님의 창조질서를 위협하는 어둠의 세력으로 묘사되고 있기 때문이다. 바다는 리워야단 곧 사탄의 세력이 활동하던 곳이다(사 27:1, 계 13:1, 16:3, 18:21). 따라서 바다가 없다는 것은 이러한 악한 세력이 완전히 제거되었음을 의미한다. 새 땅에는 더 이상 저주가 없을 것이다(계 22:3).

3) 이 땅에 완성되는 하나님 나라

이 땅에 임하는 천국은 '새 하늘과 새 땅' 외에도 새 에덴 동산, 새 예루살렘, 새 성전 등으로 묘사된다. 이러한 묘사들을 통해 나타나는 천국의 상태는 어떠할까?

A. 새 에덴동산

새롭게 회복될 새 하늘과 새 땅은 보다 충만한 에덴 동산을 연상시킨다. 창세기 2장에 등장하는 에덴 동산에는 네 개의 강이 흐르고 있었고, 각종 나무들이 열매를 내고 있었으며, 동산 중앙에는 생명나무가 있었다. 새롭게 완성될 새 땅은 이런 에덴 동산의 풍성함을 보다 완벽하게 보여 준다.

새 땅에는 수정 같이 맑은 생명수의 강이 하나님과 어린 양의 보좌로부터 나와서 길 가운데로 흐른다(계 22:1-2). 강 좌우에는 생명나무가 있어 열두 가지 열매를 맺되 달마다 열매를 내고, 나뭇잎은 모든 민족들을 치료하는 치료제로 쓰인다. 이는 에덴 동산에 있던 생명나무보다 더 풍성한 열매를 맺는 모습을 보여 준다.

이러한 동산의 회복된 모습은 에스겔의 환상을 고스란히 반영한다(겔 47:1-12). 에스겔은 환상 가운데 성전 문지방 밑에서 물이 흘러오는 것을 보았다. 이 물은 점점 불어나 사람이 건너지 못할 큰 강을 형성하여 아라바 곧 사해로 흘러 들어가 사해를 살아나게 한다. 물고기가 살지 못했던 그 바다에 고기가 심히 많아지고, 각종 모든 생물이 모여 사는 생명의 보고가 된다. 좌우 강가에는 각종 과실나무가 자라서 잎이 시들지 않고 달마다 새 열매가 끊이지 않고, 잎사귀는 약 재료로 사용된다.

에스겔의 환상에 묘사되는 과실나무는 요한계시록에서 생명나무로 소개된다. 이는 새 하늘과 새 땅이 생명이 충만한 곳임을 의미한다. 달마다 열매를 맺는 것이 계시록에서는 열두 가지 열매를 매 달마다 맺는 것으로 소개하는데, 이는 새 하늘과 새 땅이 날마다 새롭고 신선하며 풍성한 삶이 계속될 것을 암시한다. 에스겔서에서는 나뭇잎이 치유하는 약 재료가 된다고 소개하는 것을 계시록에서는 이 나뭇잎으로 만국을 소성시킨다고 한다. 이는 에덴 동산의 풍성한 생명과 치유의 능력이 새 하늘과 새 땅에 사는 모든 이들에게 미칠 것을 의미한다.

B. 새 예루살렘

영원한 천국은 새 예루살렘으로 묘사된다. 이는 하나님의 이상적인 통치가 구현되는 상태를 나타낸다. 예루살렘은 하나님이 친히 다스리는 거룩한 도시였다. 종말에는 하나님이 하늘에서 다스리는 이상적인 통치의 장소인 천상의 예루살렘이 이 땅에 내려온다. 하늘에서 내려오는 예루살렘의 특징은 어떠한가?

먼저 크기다. 예루살렘의 크기는 성곽(성벽)이 144규빗이며, 성의 크기는 가로, 세로, 높이가 각각 1만 2천 스타디온으로 동일하다. 오늘날의 미터 단위로 환산하면 144규빗은 약 70미터, 1만 2천 스타디온은 약 2200킬로미터에 해당한다. 이 길이는 대략 로마제국과 동일한 정방향 크기이며, 한반도 최남단(전남 해남)에서 최북단(함북 온성)까지의 거리(1178킬로미터)의 두 배 이상, 서울톨게이트에서 부산톨게이트까지의 고속도로 길이(361킬로미터)의 6.6배가 넘는 길이다. 가로, 세로, 높이가 이렇게 어마어마한 규모로 서 있는 정육면체의 도시라면 우리의 상상을 초월하는 도시다.

이 성의 규모를 묘사하는 핵심에는 12라는 숫자가 있다. 144규빗은 12×12, 1만 2천 스타디온은 12×1000을 의미한다. 여기서 12는 하나님 백성의 수를 상징한다. 12가 열두 번 곱해진 것은 구약 시대 하나님의 백성과 신약 시대 하나님 백성의 수를 곱한 것으로 이는 신구약 백성의 하나 됨을 상징한다. 1만 2천 스타디온은 하나님의 새 이스라엘 12지파에 '많음'을 의미하는 1천을 곱한 것이다. 이런 맥락으로 계시록의 14만 4천(7:4, 14:1, 3)은 구약 백성의 수 12와 신약 백성의 수 12를 곱한 것에 많음을 의미하는 1천을 곱한 것이다. 이렇게 볼 때 예루살렘의 거대한 규모는 온 세상에 가득한 하나님 백성들이 사는 광대한 성읍을 상징적으로 표현한 것이다.

둘째, 성곽의 구조를 살펴보자. 성곽의 기초에는 열두 기초석이 있고 여기에는 어린 양의 열두 사도의 열두 이름이 새겨져 있다(21:14). 성곽의 열두 기초석들은 대제사장의 흉패에 단 보석과 같은 것들로, 마지막 때 하나님의 백성들이 거룩한 하나님의 제사장들로 서게 됨을 나타낸다. 또한 성곽에는 동서남북 각각으로 세 개의 문이 있어 모두 열두 문이 나 있는데 그 문들에는 이스라엘 열두 지파의 이름이 각각 기록되어 있다(21:12-13, 참조 겔 48:30-35). 이는 새 예루살렘이 구약 백성과 그 성취로서의 신약 백성으로 구성되어 있음을 의미한다.[91] 열두 문에는 열두 천사가 있는데(계 21:12), 이는 천사가 성벽의 파수꾼이 되어 지키고 있음을 의미한다(사 62:6). 그리고 이 문은 항상 열려 있고 도무지 닫지 않는다. 이는 악과 어둠이 심판받고 하나님의 영광만이 온 세상을 밝게 비추며 다스리기 때문이다(계 21:25).

셋째, 예루살렘의 건축 재료들은 정금과 각색 보석들과 진주들이다(21:18-21). 이는 에덴 동산에 풍성했던 금과 보석(창 2:11-12), 성전의 성소와 지성소를 장식했던 금과 보석들, 그리고 성전에서 섬기던 대제사장의 흉패에 담겼던 열두 보석 등을 종합적으로 반영한다. 이는 새 예루살렘이 구속사적으로 에덴 동산의 완성이요, 성전의 완성이며, 왕 같은 제사장으로 부름받은 신구약 하나님 백성들의 완성을 반영하는 것이다.

C. 새 성전

새 예루살렘의 주요한 특징은 성 안에 성전이 없다는 점이다(계 21:22). 이는 옛 땅에 있었던 이스라엘의 옛 예루살렘과 대조된다. 예루살렘이 거룩한 성이었던 이유는 하나님의 성전이 그 가운데 있었기 때

---

[91] 이필찬, 《내가 속히 오리라》, 901.

문이다. 그렇다면 왜 새 예루살렘에는 성전이 없을까? 그 이유는 새 예루살렘 전체가 하나의 거대한 성전이 되었기 때문이다. 이는 성의 크기에 잘 나타난다. 앞서 살펴본 것처럼 새 예루살렘 성은 가로 세로 길이가 모두 1만 2천 스타디온이라는 엄청난 크기의 정육면체다. 이 거대한 정육면체가 상징하는 것이 무엇일까? 이는 옛 예루살렘에 있던 솔로몬 성전의 지성소 모습을 반영한다.[92] 지성소는 하나님의 거룩한 임재가 거하는 곳이다. 죄 있는 모습으로 결코 들어갈 수 없다. 대제사장이라 하더라도 1년에 겨우 한 번 어린 양의 피를 갖고서만 들어갈 수 있었다. 대제사장이 들어갔던 지성소는 가로 세로 높이가 각각 20규빗, 약 9미터의 정육면체였다. 그런데 이제는 새 예루살렘 도시 전체가 측량할 수 없는 어마어마한 크기로 하나님이 영원히 거하시는 거처, 하나님의 거대한 지성소 성전이 되었다. 바로 이것이 예루살렘에서 성전을 볼 수 없는 이유다. 모든 악과 죄가 제거된 새 예루살렘에서는 하나님이 어린 양과 함께 그 가운데 계셔서 영광의 빛을 사방으로 비추셔서 밤이 사라지고 해나 달의 빛이 필요 없게 되었다. 새 예루살렘에 가득한 하나님의 영광은 성의 모든 돌과 성곽의 기초석들과 열두 문에 있는 진주와 길에 깔려 있는 정금들을 영롱하게 비춘다.

    모든 성도가 하나님의 거대한 지성소에 거한다는 것은 이제 새 예루살렘에 거하는 모든 이들이 왕 같은 제사장이 되어 하나님과 더불어 세세토록 왕노릇 한다는 것을 의미한다(계 22:5). 이곳에서 하나님의 백성들은 친히 하나님의 영광의 얼굴을 뵈며 영원하고 친밀한 풍성한 사랑의 교제를 완벽하게 누리게 된다. 강렬한 하나님의 영광이 비추며 그동안 세상을 비추었던 해와 달과 별은 퇴물이 된다. 이곳에서 하나님은 그의 백성들과 함께 계셔서 그들의 하나님이 되시고, 그들은 하나님의 영원한 백성이 된다. 하나님이 그의 백성과 함께하시는 삶, 이것을 가리켜 임마누엘이라 한다. 이 임마누엘의 역사를 온전히 이루기 위해 하나님의 아들 예수 그리스도는 임마누엘로 오셨고, 세상 끝날까지 우리와 함께 하시며, 완전한 임마누엘의 역사를 이루신다. 이는 은혜 언약의

---

92 ——— 톰 라이트, 김철민 역, 《모든 사람을 위한 요한계시록》 (서울: IVP, 2011), 259.

골자를 이루는 핵심 약속이다(참조 창 17:7, 출 19:5-6, 렘 31:33, 겔 34:30, 고후 6:16, 히 8:10, 벧전 2:9-10).[93]

하나님은 그동안 하나님의 백성이 옛 땅에서 흘렸던 모든 눈물을 그 눈에서 닦아 주시고, 모든 아픔과 애통과 슬픔을 치유하시고 회복시키신다. 이곳에서 하나님의 백성들은 영원 무궁히, 거룩하고 영광스럽게, 하나님이 약속하신 영생과 새 하늘과 새 땅, 곧 거룩한 성 새 예루살렘을 유업으로 상속받고, 영원히 하나님과 사랑의 교제를 나누며 날마다 새롭고 충만하게 살아갈 것이다.

이 모든 역사가 바로 보좌에 앉으신 하나님의 선언 '보라, 내가 만물을 새롭게 하노라'라는 선언에 들어 있다(계 21:5). 이 영광스런 하나님의 나라의 완성을 기대하며 우리는 이 땅에 아직(not yet) 오지 않은 하나님의 나라, 그러나 이미(already) 시작된 하나님의 나라를 살아가고 있다. 완성될 나라를 바라보며 우리는 주님께서 가르치신 대로 아버지의 나라가 오게 해달라고 기도하며(마 6:10) 이 땅에 임한 하나님 나라를 확장하기 위해 고군분투하며 살아가야 한다.

3. 건강한 종말 해석의 원리

성경이 말하는 종말을 어느 한쪽으로 치우치지 않고 건강하게 해석하기 위해서는 어떤 원리들을 견지해야 할까? 이를 위해서는 다음과 같은 요소들을 균형 있게 고려해야 한다.[94]

첫째, 미래주의적 종말론과 실현된 종말론 사이의 긴장이다. 미래주의적 종말이란, 미래에 일어날 대파국의 사건을 말한다. 반면 실현된 종말이란 이미 이곳에 시작된 하나님 나라의 종말적 성취를 말한다. 성도가 누리는 영생은 장차 새 하늘과 새 땅에서 맛볼 풍성한 생명을 선취적으로 맛보는 것이다. 건강한 종말론은 이 둘 사이의 균형을 적절하게 추구한다. 미래만을 추구하면, 현재의 모든 것을 헛된 것으로 보고

---

[93] 앤서니 후크마, 《개혁주의 종말론》, 400.
[94] 다니엘 밀리오리, 《기독교조직신학 개론》, 551-552.

소홀히 하기 쉽다.

둘째, 개인주의적 종말론과 집단적 종말론의 긴장이다. 종말론은 나 개인이 구원받는 것으로 끝나는 것이 아니다. 나도 구원받지만, 내가 속한 신앙의 공동체, 나아가 이 세상의 정치, 경제, 사회, 문화적 구조가 구원받는 것이기도 하다.

셋째, 역사적 종말론과 우주적 종말론의 긴장이다. 하나님의 나라는 역사 속의 인간의 삶에서의 성취뿐 아니라 우주의 과정 전체를 포괄한다.

넷째, 하나님의 활동에 중심을 두는 주권적 종말론과 인간의 활동에 중심을 두는 종말론 사이의 긴장이다. 종말은 전적으로 하나님의 사역인 동시에, 인간이 스스로의 노력으로 하나님 나라의 건설을 위해 뛰어들어야 하는 사역이어야 한다.

이러한 요소들을 바탕으로 건강한 종말 해석의 원칙을 제안하면 다음과 같다.[95]

첫째, 종말론 해석에 있어서 성경의 풍성한 상징과 이미지를 고려하라. 성경의 진술이 갖는 풍부한 상징성을 고려하지 않고 문자적으로만 해석하다가는 종말 해석의 오류를 범하기 쉽다. 성경의 상징성은 구약과 신약의 이미지 모두를 고려해야 한다.

둘째, 종말론 해석의 중심은 삼위일체 하나님이다. 무엇보다 종말론 해석의 중심에는 십자가에 달리고 부활하신 예수 그리스도가 있어야 한다. 종말론 해석에서 예수 그리스도의 십자가와 부활을 주변부로 밀어 두면, 종말론은 이상한 행위심판론으로 변질되기 쉽다. 또한 종말론 해석은 현재의 삶에 생명을 수여하고 붙드시는 성령의 현존과 약속을 고려해야 한다. 동시에 성령은 교회를 붙드시는 분이기에 그리스도를 향한 사랑과 충성의 공동체를 형성하고 계심을 기억해야 한다. 더 나아가 종말론 해석은 세상의 무서운 심판이 아니라 세상의 타락을 사랑과 공의로 구원하시는 하나님의 영광을 고려해야 한다.

셋째, 종말론 해석에서 극단적인 이원론을 경계해야 한다. 종말론

---

[95] 위의 책, 555-558.

해석의 극단적인 이원론을 제공하는 결정적 단초가 바로 휴거다. 휴거는 종말론 해석의 중심을 그리스도에서 휴거 자체로 옮기고, 이원적 종말론을 견고하게 한다. 왜냐하면 휴거는 이 세상의 고난에서 순식간에 하늘로 피하는 것이기 때문이다. 주 예수를 믿으면 너와 네 집이 구원을 받는 것이 아니라, 너만 이 모든 끔찍한 사건을 피하게 된다!

이원적 종말론은 신자와 불신자를 나누며, 천국과 세상을 가른다. 하지만 성경은 하나님의 아들들이 나타남으로 인하여 모든 피조물의 탄식과 고통이 회복될 것을 그리고 있다(롬 8:19). 종말의 초점이 다가올 재난과 공포로 면제되는 것에만 맞추어져서는 안 된다. 종말은 영과 몸, 개인과 공동체, 교회와 세상, 피조물과 온 세상이 온전히 회복되는 비전을 지향한다.

넷째, 건강한 종말 해석은 현재적 구원과 미래적 구원 사이의 건강한 긴장을 추구한다. 이 땅에 하나님의 통치가 실현되기를 추구하며 정의와 평등과 인권을 위해 투쟁하면서도, 이것보다 더 크고 이상적인 종말적 하나님 나라의 도래를 꿈꾼다. 또한 그 나라를 바라보며 그 나라가 이 땅 위에 현재적으로 임하기 위해 분투한다. 이 땅에서 성취되는 하나님의 통치는 우리의 분투가 아니라 하나님의 선물이며 은혜로 된 것을 겸허히 인정하며 나아가야 한다.

다섯째, 건강한 종말 해석은 이 땅에서 인간의 창조적 활동을 격려한다. 종말은 결정론이 아니다. 모든 것이 하나님의 타임 테이블에 따라 인간이 어떻게 할 수 없이 기계적으로 진행되는 것이 아니다. 이렇게 되면 사람은 미래의 종말에 대한 어떤 책임도 지지 않고 수동적으로 회피하고 면제받는 데 몰두하게 된다. 건강한 종말 해석은 하나님의 종말 역사에 보다 적극적으로 참여하며 그의 통치를 구현하는 데 분투하도록 격려한다.

이러한 원리들을 균형 있게 견지할 때 건강한 종말론을 기반으로 건강한 신앙생활을 영위할 수 있다.

바이블 백신 2
Bible Vaccine 2

지은이 양형주
펴낸곳 주식회사 홍성사
펴낸이 정애주
국효숙 김의연 박혜란 송민규 오민택 임영주 차길환

2019. 3. 11. 초판 발행 2025. 4. 15. 5쇄 발행

등록번호 제1-499호 1977. 8. 1.
주소 (04084) 서울시 마포구 양화진4길 3
전화 02) 333-5161 **팩스** 02) 333-5165
홈페이지 hongsungsa.com **이메일** hsbooks@hongsungsa.com
페이스북 facebook.com/hongsungsa
양화진책방 02) 333-5161

ⓒ 양형주, 2019

• 잘못된 책은 바꿔 드립니다. • 책값은 뒤표지에 있습니다.

ISBN 978-89-365-1349-8 (04230)
ISBN 978-89-365-0556-1 (세트)